고전 수사학과 고린도전서 15장

고전 수사학과 고린도전서 15장

초판 1쇄 인쇄   2014년 11월 18일
초판 1쇄 발행   2014년 11월 25일

지은이   서 인 선
펴낸이   서 인 선
펴낸곳   도서출판 한국성서연구

출판등록   2014. 5. 27(제385-2014-000039호)
주소   경기도 안양시 동안구 홍안대로 456번길 40.
            101동 1005호(평촌동 한일미래아파트)
전화번호   031-424-4993/010-7234-4993
Email   isaw1215@naver.com

ISBN   979-11-953614-1-0 93230(종이책)
            979-11-953614-2-7 95230(전자책)

이 도서의 국립중앙도서관 출판예정도서목록(CIP)은 서지정보유통지원시스템 홈페이지(http://seoji.nl.go.kr)와
국가자료공동목록시스템(http://www.nl.go.kr/kolisnet)에서 이용하실 수 있습니다.
(CIP제어번호: 2014032982)

고전 수사학과 고린도전서 15장

서인선 지음

도서출판 **한국성서연구**

또 다시,

삶과 믿음의 반려자 영순
주님의 귀중한 선물인 지은, 성은
그리고 형은에게

그리고 동시에

지난 20년의
사랑하는 제자들과
존경하는 말씀의 동역자들에게

삼가 이 책을 바칩니다!

저자 서문

이 책 『고전 수사학과 고린도전서 15장』은 필자의 출판된 박사학위 논문 *Paul's Rhetoric in 1 Corinthians 15: An Analysis Utilizing the Theories of Classical Rhetoric* (Mellen Biblical Press, 1995)을 우리말로 옮긴 것이다. 벌써 20년 전에 영문판으로 출간된 책을 굳이 우리말로 옮겨 출판하는 것에 대하여 의아하게 생각할 독자들이 꽤 있을는지 모르겠다. 근본적 이유를 든다면, 이런 유의 책이 한국신약학계에 여전히 거의 전무하다시피 한 실정이기 때문에 이 공백을 조금이나마 채우려는 것이고, 실제적인 측면에서는 보다 더 넓은 독자층을 기대하며 그렇게 하는 것이다. 이 책이 많은 후학들에게 학문적 도움과 자극이 되기를 소원한다.

영어를 우리말로 옮기는 일에 있어 초역은 사랑하는 제자 중 하나인 우성훈 목사(영국 Durham 대학교 박사후보생)에 의해 이루어졌다. 그는 상당히 어려운 작업을 무난하게 잘 수행하였다. 필자는 말하고자 하는 바를 가능한 한 더욱더 정확하게 표현하고자 이 초역을 처음부터 끝까지 꼼꼼하게 수정하고 다시 다듬었다. 이 과정에서 글의 전개에 관하여 원서의 일정 부분을 대폭적으로 수정하고 개선할 여지가 있음을 발견하였다. 첫째, 연구의 결과에 아무런 영향을 미치지 못하는 소소하나 잘못된 부분이 몇 군데 발견되어 수정하거나 보완하였다. 둘째, 원서에서 상당한 분량을 차지하는 난삽한 각주의 내용을 가급적 본문

속으로 끌어올리고, 단순화하였다. 이와 더불어 특히 2, 3장에서 본문의 글을 크게 재편하기도 하였다. 셋째, 참고문헌의 고린도 서신 부분을 업데이트하였을 뿐만 아니라, 또한 우리말로 출판된 수사학적 논문들이나 수사학 관련 책들을 최대한 첨가하였다. 마지막으로, 넷째, 책말미에 '에필로그'를 덧붙였다. 거기서는 원서 출판 이후 동일 주제에 대한 추가적인 연구를 간략하게 개관하기도 하였다. 결과적으로 이 책은 원서의 한국어 개정판인 셈이다.

이 책은 한국성서연구소에서 두 번째 단행본으로 출판하는 것인데, 그동안 재정적으로 여러 교회가 후원해주셨기에 가능한 일이다. 교회 이름 가·나·다 순으로, 강서교회(조원집 원로목사), 고천교회(김만수 목사), 신림제일교회(박충신 목사), 진주갈릴리교회(엄태호 목사), 참좋은교회(김원교 목사) 그리고 효민교회(이익로 목사)에게 이 자리를 빌려 다시 한 번 큰 감사를 표하는 바이다. 이 책의 판매에서 얻는 수익은 전액 연구소에 입금되어 지속적인 성서연구에 사용될 것이다.

가장 좋은 것은 마지막까지 남겨 놓는 법이라 하였던가? 이제 그동안 함께 연구소를 통해 활동해 온 동료 교수들인 박창영 박사(신약), 전정진 박사(구약) 그리고 최기수 박사(구약)께 감사함을 전하고 싶다. 우리가 생각한 만큼 연구소를 통하여 활발하게 연구하고 학술활동을 해오지 못한 감이 적지 아니하나, '하나님의 말씀을 흥왕하게' 하고자 하는 동일한 목표를 향하여 함께 열정을 나누는 기쁨은 말로 다 표현하기가 정말 힘들다.

이 모든 일을 이루어주신 우리 주님께 큰 영광을 돌린다!

처음에 쓴 감사의 말씀

이제 나는 박사과정 연구를 가능케 하여 주신 분들께 감사를 드리고자 한다. 우선, 지도교수로서 논문 작업을 '처음부터 끝까지' 지도하여 주신 로즈 박사님(Dr. David Rhoads)께 특별히 감사를 드린다. 로즈 박사님은 작업의 '각 단계마다' 지대한 도움을 주셨다. 박사님은 내용과 문체('스타일')에 있어 이 논문을 개선하는 데 필요한 통찰력 있는 비판과 논평을 아끼지 않으셨을 뿐만 아니라, 또한 가능한 모든 도움을 주실 수 있는 분들께 나를 소개시켜주기도 하셨다.

나는 또한 크렌츠 박사님(Prof. Dr. Edgar Krentz), 린쓰 박사님(Prof. Dr. Wilhelm Linss), 미켈 박사님(Prof. Dr. Walter Michel), 월너 박사님(Dr. Wilhelm Wuellner) 그리고 미첼 박사님(Dr. Margaret Mitchell)께 감사드리기를 원한다. 이분들은 논문 심사위원으로 혹은 기꺼이 외부 조언자로서 내 논문 계획서와 논문 중 하나 혹은 두 가지를 다 읽고 다수의 극히 귀중한 논평을 제공해 주셨다. 또한 케네디 박사님(Prof. Dr. George Kennedy)께도 감사를 드리는데, 박사님은 논문 작업의 암중모색 단계에서 내가 하고자 의도하는 바를 추구하도록 격려해 주셨다.

나는 또한 미국에서 학업을 이어가는 동안 귀중한 장학금을 7년간 지원해 주신 기독교대한성결교회 장학위원회에 심심한 감사를 드리며,

더불어 시카고루터란신학교(Lutheran School of Theology at Chicago)에서 공부하는 동안 상호 협력하여 수업료 전액 장학금을 제공해주신 대학원사무실(Graduate Studies Office) 및 세계기독교상호작용센터(Center for World Christian Interaction) 회장 댕커 박사님(Dr. William Danker)께 깊은 감사를 드린다.

나는 또한 공부하는 동안 무엇인가 필요할 때 다양한 시간에 각자 독특한 방식으로 격려해 주고 도움의 손길을 뻗쳐준 모든 '친구들'에게 따뜻한 감사와 고마움의 마음을 전한다. 이 친구들의 귀한 이름은 내 마음 깊은 곳에 기록되어 있다.

마지막으로, 나는 이 논문을 아내 영순과 우리의 귀중한 세 자녀 지은, 성은 그리고 형은에게 바친다. 아내의 기도, 지원 그리고 격려가 없었다면 내 박사과정 연구는 오래전에 '유산되고' 말았을 것이다. 그리고 우리 자녀들은 아빠가 도대체 무슨 일을 하고 계신 건지 이해하려고 무척이나 애를 썼을 것이다. 나로 말하자면, 다음과 같은 바울 사도의 말씀이 무슨 뜻인지를 이제 겨우 파악하기 시작하는 중에 있을 뿐이다.

χάριτι δε θεοῦ εἰμι ὅ εἰμι,
καὶ ἡ χάρις αὐτοῦ ἡ εἰς ἐμὲ οὐ κενὴ ἐγενήθη,
ἀλλὰ περισσότερον αὐτῶν πάντων ἐκοπίασα,
οὐκ ἐγὼ δὲ ἀλλὰ ἡ χάρις τοῦ θεοῦ [ἡ] σὺν ἐμοί
(Παῦλος).

그러나 하나님의 은혜로 내가 나 된 것이요,
내게 주어진 그의 은혜가 헛되지 아니하였으니,
나는 그들 모두보다 더 많이 수고하였으나,
내가 아니라 오직 나와 함께 하신 하나님의 은혜로다
(바울, [사역])

차례

▌ 주요 약어표

Arist. *Rh.*	Aristotle, *Rhetorica* (The "Art" of Rhetoric).
Arist. *Top.*	Aristotle, *Topica* (The Topics).
Arist. *Poet.*	Aristotle, *The Poetics.*
Rh. Al.	[Aristotle/Anaximenes], *Rhetorica ad Alexandrum.*
Rhet. Her.	[Cicero]. *Rheotorica ad Herennium.*
Cic. *De Or.*	Cicero, *De Oratore: Books I, II, III.* (On the Orator)
Cic. *Inv.*	Cicero, *De Inventione* (On Invention)
Cic. *Part. Or.*	Cicero, *De Partitione Oratoria.* (On Classification of Oratory)
Cic. *Opt. Gen.*	Cicero, *De Optimo Genere Oratorum,* (The Best Kind of Orator)
Cic. *Brut.*	Cicero, *Brutus.*
Cic. *Orat.*	Cicero, *Orator.*
Cic. *Top.*	Cicero, *Topica.*
Demetr. *Eloc.*	[Demetrius]. *On Style.*
Dion. Hal. *Comp.*	Dionysius of Halicarnassus. *On Literary Composition.*
Dion. Hal. *Lys.*	Dionysius of Halicarnassus. *On the Ancient Orators. De Lysia.*
Dion. Hal. *Dem.*	*De Demosthene.*
Dion. Hal. *Isoc.*	*On Isocrates.*
Dion. Hal. *Thuc.*	*On Thucydides. (The Three Literary Letters)*
[Longinus], *Subl.*	[Longinus], *On the Sublime.*
Pl. *Phdr.*	Plato, *Phaedrus.*
Quint. *Inst.*	Quintilian. *Institutio Oratoria.*

제1장 서 론

▌1. 문제

바울이 고린도인들에게 보낸 첫 번째 편지의 열다섯 번째 장, 즉 고린도전서 15장은 그것이 "신약에서 [예수의] 부활에 대한 최초의 기록된 증언"이기도 하며,[1] 그리스도 안에 있는 모든 신자의 궁극적인 소망인 죽은 자의 부활에 관한 신약성서 가르침의 주요 원천이기도 하기 때문에 중요하다. 따라서, 성서 해석자들은 고린도전서 15장 전체 또는 그 일부에 대하여 다양한 시각에서 빈번하게, 활발하게, 또 상세하게 정밀한 조사를 해 왔다. 다양한 시각에는 역사 비평적·종교사적·석의적·신학적·사회학적·인류학적·수사학적 시각들 혹은 이것들을 결합한 시각 등이 있는데,[2] 각각의 접근방식은 고린도전서 15장을 이해함

---

1) C. F. Evans, *Resurrection and the New Testament* (London: SCM, 1970), 42. 신약의 부활전승에 관한 논의에 대해, 에반스(Evans)의 책 41-131쪽을 더 보라.

2) S. Barton, "Paul and the Resurrection: A Sociological Approach," *Religion* 14 (1984), 67-75; H. W. Boers, "Apocalyptic Eschatology in Corinthians 15: An Essay in Contemporary Interpretation," *Int* 21 (1967), 50-65; H. C. C. Cavallin, *Life After Death: Paul's Argument for the Resurrection of the Dead in 1 Cor 15: Part I: An Enquiry into the Jewish Background* (Lund: GWK Gleerup, 1974); M. E. Dahl, *The Resurrection of the Body: A Study of 1 Corinthians 15* (SBT 36; London: SCM, 1962); J. G. Gager, "Body-Symbol and Social Reality: Resurrection, Incarnation and Asceticism in Early Christianity," *Religion* 12 (1982), 345-63; J. H. Jeyrey, "Body Language in 1 Corinthians: The Use of Anthropological Models for Understanding Paul and His Opponents," *Semeia* 35 (1986), 129-70; K. -G. Sandelin, *Die Auseinandersetzung mit der Weisheit in 1 Korinther 15* (MSÅAF 12; Åbo: Åbo Akademi, 1976); G. Sellin, *Der Streit um die Auferstehung der Toten: Eine religionsgeschtliche und exegetische Untersuchung von 1 Korinther 15* (FRLANT 138; Göttingen: Vandenhoeck & Ruprecht, 1986); B. Spörlein, *Die Leugnung der Auferstehung: Eine historisch-kritische Untersuchung zu 1 Kor 15* (BU 7; Regensburg: Pustet, 1971); 그리고 A. J. M. Wedderburn, *Baptism and Resurrection: Studies in Pauline Theology against Its*

에 있어 여러 가지 국면에 상당한 이해의 빛을 비춰주었다.[3]

하지만 몇몇 현대 신학자들은 그리스도 부활의 실재, 즉 그리스도 부활의 사실성을 거부하였다. 이에 응답하여 이러한 현상을 연구한 퀴란(Manfred Kwiran)은 다음과 같이 관찰한다.

> 그들의 고린도전서 15장 석의에 대한 우리의 연구에서 다양한 신학자들을 고찰했을 때 우리는 넓고도 다양한 해석 노선이 있음을 주목하였다. 정직하게 전통적인 기독교를 부인하고 자신의 길을 간 이들이 있는가 하면(슈트라우스 [Strauss]), 비록 바울이 현실주의적이며 역사적인 우주론적 종말론을 제시하지만 잘못된 것이라고 주장한 이들도 있다(불트만[Bultmann]).[4]

그는 한 걸음 더 나아가, "장차 종말론에 대하여 논의함에 있어, 특히 그리스도와 죽은 자의 부활에 대하여 논의함에 있어, 우리는 …… 복음으로 받은 것을 바울처럼 전해야 한다는 것을 마음에 새긴다면 좋을 터이다"라고 초대한다.[5] 그리고 연구 말미에서 다음과 같이 호소한다.

Graeco-Roman Background (WUNT 44; Tübingen: Mohr [Siebeck], 1987) 등을 보라.

3) 고린도전서 15장 해석에 관한 더 많은 간략한 논의에 대해, G. L. Borchert, "The Resurrection: 1 Corinthians 15," *RevExp* 80 (1983): 401-15; F. Foulkes, "Some Aspects of St. Paul's Treatment of the Resurrection of Christ in 1 Corinthians xv," *AusBR* 16 (1968): 15-30; M. Kwiran, "The Resurrection of the Dead: 1 Corinthians and Its Interpretation," *Springfielder* 39 (1975) 44-56; R. Sloan, "Resurrection in 1 Corinthians," *Southwestern Journal of Theology* 26 (1983): 69-91; K. W. Trim, "Paul: Life After Death: An Analysis of 1 Corinthians 15," *Crux* 14 (1978): 129-50; 그리고 G. Wagner, "If Christians refuse to act, then Christ is not risen. Once more 1 Corinthians 15," *IBS* 6 (1984): 27-39을 보라.

4) M. Kwiran, *The Resurrection of the Dead: Exegesis of 1 Cor. 15 in German Protestant Theology from F. C. Baur to W. Künneth* (Th. D. diss., University of Basel; TD 8; Basel: Friedrich Reinhardt Kommissionsverlag, 1972), 365.

5) Kwiran, *The Resurrection of the Dead*, 365.

신학의 과제란 철학화하는 것이 아니라, 철학과 언어학을 포함하여 이용할 수 있는 모든 도구를 사용하여 신학화하는 것이니, 곧 우리에게 맡겨진 것을 제시하는 것인데, 구약과 신약이야말로 우리에게 맡겨진 것에 대한 유일한 자료들이다. …… 책임 있는 기독교인으로서 우리는 되풀이하여 자료들로 돌아가, 하나님의 말씀을 들으며, 우리 자신에 대하여는 이전보다 더 비평적이면서 자료들로 하여금 말하게 해야 한다.6)

▌2. 연구 목적 및 방법론

이 연구에서 이루고자 하는 목적은 고린도전서 15장에 나타나는 수사를 분석하여 바울이 그 속에서 죽은 자의 부활에 관하여 말하고자 하는 바를 가능한 한 면밀히 듣는 것이다. 이 과정에서 본문으로 하여금 스스로 말하게 하면서 "의미의 주입"('에이서지시스', eisegesis)이 아니라, "의미의 도출, 즉 석의"('엑서지시스', exegesis)의 정신으로 본문을 읽으려고 노력한다. 이 일을 하는 데 있어 가장 좋은 방법 중 하나는 고전 수사학 이론과 수사비평을 활용하는 것이라고 생각한다.7) 수사비평의 "궁극적 목적은 …… 간단히 말해서, 저자의 의도를 발견하고 또 그것이 어떻게 본문을 통하여 청중에게 전달되는지를 발견하는 것이다."8) 그리하여 이 연구는 수사비평 방법론으로 고린도전서

---

6) Kwiran, *The Resurrection of the Dead*, 365-66.

7) S. Neill and T. Wright, *The Interpretation of the New Testament: 1861-1986* (2d ed.: Oxford and New York: Oxford University Press, 1988), 368(="그리스-로마 세계에 대한 이런 관심이 특별하면서도 잠재적으로 결실을 맺도록 적용되는 한 가지는 신약성서와 관련하여 고대 수사학을 연구하는 것이다").

8) G. A. Kennedy, *New Testament Interpretation through Rhetorical Criticism* (Chapel Hill: North Carolina University Press, 1984), 12. 또한 J. Muilenburg, "Form Criticism and Beyond," *JBL* 88 (1969), 7, 9를 참조하라.

15장을 분석하고 해석하려는 시도가 되겠다. 그렇다고 해서 이것이 곧 고린도전서 전체 혹은 특히나 고린도전서 15장에 대한 최초의 수사비평적인 연구라는 이야기는 아니다. 나중에 나올 고린도전서에 대한 수사학적 연구의 개관에서 보여주겠지만, 이미 고린도전서에 대한 수사학적 연구가 적지 않게 학계에 등장하였다. 이런 상황에서 이 연구가 내세울 만한 독특한 점이란 무엇인가? 바로 고린도전서 15장에 대하여 '포괄적이면서도 상세하게' 고전 수사학적으로 분석하여 그 결과를 제공하는 데 있다 할 것이다.[9]

▌ 3. 명제 및 계획

이 연구에서 고전 수사학 이론을 활용하여 논증하려는 명제는 "고린도전서 15장에서 바울은 역사적 사실로서와 죽은 자의 부활의 한 예로서 예수의 부활에 기초하여 미래에 있을 죽은 자의 부활의 확실성을 입증한다"는 것이다. 더 나아가 바울의 궁극적인 목적은 단지 죽은 자의 부활에 관하여 옳은 가르침을 주는 것이 아니라 청중, 곧 고린도인들을 설득하여 주의 일을 계속하도록 격려하는 것이라는 주장을 펼치게 될 것이다. 고린도전서 15장을 한 편의 심의적 수사로 이해함이 가장 좋다는 것을 보여줌으로써 이를 성취하려고 노력하고자 한다. 심의적 수사는 "권고하거나 단념시키는" 수사이니, "사적으로 조언하

---

9) 이런 유의 희귀한 연구의 한 예로, J. D. N. van der Westhuizen, "Stylistic Techniques and Their Functions in James 2:14-26," *Neot* 25 (1991), 89-107을 보라.

는 자들도, 집회에서 연설하는 자들도 변함없이 권면하거나 단념시키기 때문이다"(Arist. *Rh.* 1.3.3.1358b).

이 책은 1장 서론을 포함하여 모두 다섯 장으로 구성된다. 2장은 수사학과 수사비평에 대한 서론을 제공하는데, '수사/수사학'에 대한 정의, 고린도전서에 대한 수사학적 연구의 개관, 신약연구에 수사학을 사용하는 데 대한 충분한 정당성, 수사비평 방법론에 대한 서술 등이 포함된다. 3장은 이 책에서 활용하려는 고전 수사학에 대한 설명을 담는데, 발견, 배열, 문체 등에 대한 개요로 구성된다. 4장은 이 책의 핵심 부분이다. 거기서 고린도전서 15장을 심의적 담화로 이해하는 것이 가장 좋다는 주장이 펼쳐진다. 이는 다른 대안들에 대한 비평적 분석의 맥락 속에서 이루어진다. 이 4장에서는 또한 발견, 배열, 문체 등에 관하여 고린도전서 15장을 수사학적으로 철저하게 분석해 낸다. 이 철저한 수사학적 분석을 진행하는 가운데 발견, 배열, 문체 등의 요소들이 어떻게 바울의 입론(논증)에 공헌하고, 고린도전서 15장의 설득의 질을 실현하는지에 대한 질문에 주의를 기울이기도 한다.

그리고 5장은 이 연구의 결과를 요약하고 결론을 맺는 부분이다. 거기서 고린도전서 전체 및 그 열다섯 번째 장, 즉 고린도전서 15장의 연구와 관련된 몇 가지 쟁점들에 대하여 고찰하는데, 이 쟁점들에 대하여 수사학적 분석이 어떤 안내의 빛을 비출 수도 있음을 시사한다. 더욱이, 이 연구의 결과를 숙고하는 가운데 "수사비평은 본문의 이해에 어떤 기여를 하는가? 실질적인 문제는 수사비평의 결과로 사람이 (본문의) 의미에 관하여 얼마나 더 많이 알게 되느냐에 있기 때문이다"라는 한 비평가의 질문에 대하여 간략하게나마 답변을 제공하게 된다.[10]

---

10) O. C. Edwards, Jr., review of *New Testament Interpretation through Rhetorical Criticism*, by George A. Kennedy, in *ATR* 67 (1985), 372.

제2장

수사학과 수사비평

▌1. 서론

소울런(Richard N. Soulen)이 언급한 것처럼, "수사학적 연구로 망라되는 분야는 지극히 광범위하고 또 예부터 내려왔는데, 모든 형태의 인간 커뮤니케이션을 포함하며 또 아리스토텔레스의 『수사학』(*Rhetoric*)으로까지 거슬러 올라갈 수 있다."[1] 수사학은 고대 그리스인들에 의해 개념화되었으며 대단히 오래된 역사를 지닌다. 이 역사를 통해 볼 때, 수사학은 상당히 오랫동안 고대 그리스인들과 로마인들 가운데서 시민의 생활 및 교육의 필수적인 과정으로 자리 잡으며 유용하게 사용되고 상당한 관심을 끌던 때도 있었고, 때로는 평판이 나빠져서 거의 사용되지 않고 잊혀버린 기간도 있었다.[2] 하지만, 20세기에 들어와 수사학에 대한 관심이 되살아났음을 수사학의 역사는 보여주고 있다. 이러한 새로운 관심과 더불어, 고전 수사학도 새롭게 주목을 받게 되었고, 또 우리 당대에 많은 수사학 이론과 다양한 수사비평 방법이 제시되고 탐구되어 왔다.[3] 수사학과 수사비평의 일차적 영역들 중 하나는

---

[1] R. N. Soulen, *Handbook of Biblical Criticism* (2d ed.; Atlanta: John Knox, 1981), 170.

[2] 수사학의 역사에 대해 E. P. J. Corbett, *Classical Rhetoric for the Modern Student* (2d ed.; New York: Oxford University Press, 1971), 594-630; W. B. Horner, ed., *The Present State of Scholarship in Historical and Contemporary Rhetoric* (Columbia & London: University of Madison Press, 1983); G. A. Kennedy, *Classical Rhetoric and Its Christian and Secular Tradition from Ancient to Modern Times* (Chapel Hill: University of North Carolina Press, 1980); 그리고 C. Perelman, "The New Rhetoric: A Theory of Practical Reasoning," in *The Rhetoric of Western Thought* (ed. J. L. Golden, G. F. Berquist, and W. E. Coleman; 4th ed.; Dubuque: Kendall/Hunt, 1989), 391-95 등을 보라.

[3] 다양한 수사학 이론과 수사비평을 소개하는 것에 대해 L. F. Bitzer and E. Black, eds., *The Prospect of Rhetoric* (Report of the National

미국의 '스피치 커뮤니케이션 학부들'이었고, 그 결과로 대부분의 수사학과 수사비평 저작들은 스피치, 영어, 수사학 또는 커뮤니케이션 분야에 전문적으로 종사하는 자들에 의해 저술되었다.4) 하지만 현재는 수사학이 성서학 뿐 아니라, 문학비평, 언어학, 의미론, 해석학, 사회학, 심리학, 구조주의 그리고 여성학 등과 같은 많은 지식 분야에서도 사용되고 있다.5)

Developmental Project Sponsored by Speech Communication Association; Englewood Cliffs: Prentice-Hall, 1971); E. Black, *Rhetorical Criticism: A Study in Method* (Madison: University of Wisconsin Press, 1978), 10-35; B. L. Brock, R. L. Scott, and J. W. Chesebro, eds., *Methods of Rhetorical Criticism: A Twentieth-Century Perspective* (3d ed.; Detroit: Wayne State University Press, 1989), 9-31, 85-95, 171-82; W. E. Coleman, *The Rhetoric of Western Thought* (4th ed.; Dubuque: Kendall/Hunt, 1989); R. E. Mckerrow, ed., *Explorations in Rhetoric: Studies in Honor of Douglas Ehninger* (Glenview: Scott, Foresman and Company, 1982); M Steinmann, Jr. ed., *New Rhetorics* (New York: Charles Scribner's Sons, 1967); C. J. Stewart, "Historical Survey: Rhetorical Criticism in Twentieth Century America," *Explorations in Rhetorical Criticism* (ed. G. P. Mohrmann, C. J. Stewart, and D. J. Ochs; University Park and London: Pennsylvania State University Press, 1973), 1-31; B. Vickers, *In Defense of Rhetoric* (Oxford: Clarendon, 1988); E. E. White, ed., *Rhetoric in Transition: Studies in the Nature and Uses of Rhetoric* (University Park and London: Pennsylvania State University Press, 1980); W. R. Winterowd, *Rhetoric: A Synthesis* (New York: Holt, Rinehart and Winston, 1968) 등을 보라.

4) C. Perelman, "The New Rhetoric," 394-95; "The New Rhetoric and the Rhetoricians: Remembrances and Comments," *Quarterly Journal of Speech* [이후 *QJS*로 표기함] 70 [1984], 188; Corbett, *Classical Rhetoric for the Modern Student*, 627; 그리고 J. L. Kinneavy, "Contemporary Rhetoric," in *The Present State of Scholarship in Historical and Contemporary Rhetoric* (ed. W. B. Horner; Columbia & London: University of Missouri Press, 1983), 168-69 등을 보라.

5) D. F. Watson, ed., *Persuasive Artistry: Studies in New Testament Rhetoric in Honor of George A. Kennedy* (JSNTSup 50; Sheffield: JSOT, 1991), 7. 또한 W. C. Booth, "The Scope of Rhetoric Today: A Polemical Excursion," in *The Prospect of Rhetoric*, 93-114; 그리고 Kinneavy, "Contemporary Rhetoric," 174-98을 보라.

문제는 이러한 발전의 결과로 '수사/수사학', '수사적/수사학적', '수
사학적 비평/수사비평' 등의 술어들이 사람에 따라 각기 아주 다른 의
미로 사용되기에 이르렀다는 것이다. 가장 포괄적인 의미와 가장 특수
한 의미의 양극적인 수사학적 스펙트럼 사이에 '수사/수사학'의 다양한
개념과 정의가 나타난다. 한편으로, 부스(Wayne C. Booth)는 수사/수
사학에 대하여 넓고도 느슨하게 "사람의 마음을 변화시키는 온갖 종류
의 기술"이라 정의하고, 다른 한편으로 어떤 이들은 수사/수사학을 단
지 하나의 특정한 형태, 곧 법정에서 사용되는 사법적 수사만을 가리
키는 것으로 보려고 한다.6) 그리고 현대 수사학 이론에서 네 가지 일

---

6) Booth, "The Scope of Rhetoric Today," 95와 D. L. Clark, *Rhetoric in
Greco-Roman Education* (Morningside Heights: Columbia University Press,
1957), viii를 보라. 기본적으로 부스의 정의와 맥을 같이하는 이들이 많다. 리
처즈(I. A. Richards)는 수사학을 "말(언어)의 이해와 오해에 관한 연구"로 정
의하고(*The Philosophy of Rhetoric* [London, Oxford, New York: Oxford
University Press, 1936], 23), 스콧(R. L. Scott)은 수사를 "의사소통(커뮤니케
이션)의 한 가지 유형"으로 이해하면서 "고도로 의도적이며 공공 환경에서 일
어나는 의사소통 행위"로 정의하고("Intentionality in the Rhetorical Process,"
in *Rhetoric in Transition*, 39, 49), 골든/버퀴스트/콜먼(Golden, Berquist,
Coleman) 역시 "수사/수사학은 연설자와 저술가, 청중과 독자, 양자들을 포함
하는 의사소통 과정이며 …… 이 술어는 알려주든지 설득하든지 하려는 목적이
있는 담화를 우리에게 함의해 주고, 또 언어 상징과 비언어 상징을 다 포함한
다"고 말하고(*The Rhetoric of Western Thought,* 2), 벌크(Kenneth Burke)도
수사/수사학이 "본래 상징에 응답하는 존재들로부터 협력을 야기하는 상징적
수단으로 언어를 사용하는 것"에 뿌리를 두고 있는 것, 곧 '상황을 포위하는
전략'으로 인식하는데(*A Rhetoric of Motives* [Berkeley and Los Angeles:
University of California Press, 1969], 43), 이에 브로크/스코트/체스브로
(Brock, Scott, and Chesebro, eds., *Methods of Rhetorical Criticism*, 14-15)
가 "'수사'는 상징의 사용을 통하여 협력을 야기하려는 인간의 노력으로 정의
할 수도 있다"고 말하면서 동조하고, 화이트(E. E. White)는 "내게 '수사학적'
이라는 술어는 수신자에게서 변화를 야기하려고 시도하는 가운데 목적에 맞게
상징을 사용하는 것을 의미하며, 그것에 의해 이야기하는 사람과 듣는 사람 사
이의 상징적 상호작용을 촉발하고 가능하게 만든 긴급한 일을 파생적으로 변경
시킨다"고 말하고("Rhetoric as Historical Configuration," in *Rhetoric in
Transition*, 19, n. 9), 비커스(Vickers)는 수사/수사학을 "설득을 위한 의사소통

반적인 테마, 곧 의미로서의 수사/수사학, 가치로서의 수사/수사학, 동기
와 드라마로서의 수사/수사학 그리고 논증 및 앎의 방법으로서의 수사/
수사학 등을 찾아낼 수 있는 사람들이 있다.[7] 배스커빌(B. Baskerville)
은 수사/수사학에 관한 이러한 문제적 현상을 다음과 같이 요령 있게
잘 요약해준다.

"수사/수사학"에 관하여 (대부분의 사람들이나 다른 분야의 전문가들은 말할 것
도 없고) 서로 이야기를 나누는 것이 매일 더 어려워지고 있다. 각각의 다른 집단
들이 같은 술어들을 사용하여 다른 개념들을 지칭하고, 옛 개념들을 표현하기 위
해 새로운 술어들이 만들어지고, 우리가 생각하기에 모두가 만족할 만큼 명료해져
있던 익숙한 술어들이 익숙하지 않은 문맥들 속에 나타난다.[8]

케슬러(M. Kessler)도 "수사비평에 대한 기본적인 문제는 영문학 비

기술"로 정의하고(*In Defense of Rhetoric,* 1), 또 월레스(K. R. Wallace)는 수
사학이란 "일차적으로 담론의 기술"이라고 이해한다("The Fundamentals of
Rhetoric," in *The Prospect of Rhetoric,* 3).

특이한 것은 맥기(Michael C. McGee)가 약간 맥락을 달리하여 수사/수사학
을 유물론적 관점에서 정의 내리기를 "한 사람이나 둘 이상의 사람들의 행동과
신념 둘 다 혹은 둘 중 하나에 대하여 이러한 개인들의 이익을 위해서라며 또
이러한 주장들이 의미심장한 변화를 가져올 것이라고 강하게 가정하면서, 상징
적 주장들을 하는 상황 속에서 일어나는 자연스러운 사회적 현상"이라 하고
("A Materialist's Conception of Rhetoric," in *Explorations in Rhetoric,*
38), 맥키온(R. McKeon)이 수사/수사학을 "건축술의 생산적 기술"이라는 말로
정의하는 것이다("The Uses of Rhetoric in a Technological Age: Architectonic
Productive Arts," in *The Prospect of Rhetoric,* 44-63).

수사/수사학에 대한 이 이상의 개념이나 정의에 대해 D. C. Bryant, "Rhetoric: Its
Functions and Its Scope," *QJS* 39 (1953) 401-24; W. Wuellner, "Paul as
Pastor: The Function of Rhetorical Questions in First Corinthians," in *L'Apotre
Paul: Personnalite, Style et conception du ministere* (ed. A. Vanhoye; BETL
73; Leuven: Leuven University Press, 1986), 50-51 등을 더 보라.

7) Golden, Berquist, and Coleman, *Rhetoric of Western Thought,* 234를 참조
하라.

8) B. Baskerville, "Responses, Queries, and a Few Caveats," in *The Prospect
of Rhetoric,* 157.

평가들이 낡아빠진 술어인 '수사/수사학'이 무엇을 의미하는지 혹은 무엇을 의미해야 하는지에 관해 결코 의견일치를 보고 있지 못하다는 점이다"라고 말하면서 동일한 문제점을 인식한다.[9)

이러한 현상은 성서학에서 사용하는 수사비평에서도 동일하게 나타난다. 블랙(C. C. Black II)은 "최근 연구들의 특성은 성서의 수사/수사학에 대한 정의들 가운데 노골적인 혼란은 아닐지라도 고도의 불일치가 있다는 점이다"라고 촌평한다.[10) 이것이 구체적으로 무엇을 이야기하는 것인지를 고린도전서에 집중하는 수사학적 연구들에 대한 개관을 통해 살펴보고자 한다. 고린도전서에 초점을 맞추는 이유는 이 연구의 대상이 고린도전서 15장이기 때문이다. 개관할 때에 특히 주목하려는 점은 특히, 학자들이 주로 '어떤 수사학'을 사용하였는지, 고린도전서에서 '무슨 유형의 수사학'을 파악하였는지, 그리고 성서의 본문들을 이해함에 있어 이 수사학을 '어떻게' 활용하였는지 하는 것들이다. 차후 이 연구에서 활용하려는 수사학의 종류와 수사비평 방법론에 대한 논의를 위해서이다.

▌2. 고린도전서에 대한 수사학적 연구들

19세기에서 20세기로 세기가 바뀌려 할 즈음에 바이스(Johannes Weiss)는 바울의 편지들, 특히 로마서와 고린도전서에서 확장된 대구

---

9) M. Kessler, "A Methodological Setting for Rhetorical Criticism," in *Art and Meaning: Rhetoric in Biblical Literature* (ed. D. J. A. Clines, D. M. Gunn, and A. J. Hauser; JSOTSup 19; Sheffield: JSOT, 1982), 1.

10) C. C. Black II, "Keeping up with Recent Studies: XVI. Rhetorical Criticism and Biblical Interpretation," *ExpTim* 100 (1988/89) 253.

법 구조와 반제를 탐지하고, 바울의 수사/수사학에 대한 포괄적인 연구를 하자고 요구하였다.11) 그는 "입으로 말하여 귀에 닿도록 되어 있는 것으로 해석하게 되어 있는 것, 따라서 귀로 읽어야 하는 것으로 본문을 바라봄"의 중요성을 지적하며(Weiss, 4), 본질적으로 "바울 편지들의 문장 배열에 관하여"(um die Satzfügung in den Paulinischen Briefen) 연구하였다(Weiss, 5). 고린도전서에 대해서는, '배열'의 관점에서 주로 1:10-4:21; 7:1-7, 18-24; 9:19-22; 13:1-13을 다루었다. 후속 연구에서 바이스는 바울의 스타일에 담긴 구두 차원 및 바울의 편지들, 특히 로마서와 고린도전서에서 발견한 확장된 대구법 구조들과 반제들에 대한 심층적 연구의 필요성을 지속적으로 주장하였다.12) 하지만, 불행하게도 수사학에 대한 관심이 되살아나던 1970년대까지는 그의 요청에 동조하는 학자가 하나도 없었다.13)

고린도전서에 대한 수사학적 연구와 관련하여 바이스 이후 윌너(Wilhelm Wuelner)가 처음으로 눈에 들어온다. 그는 1979년에 「헬라 수사학과 바울의 입론(논증)」이라는 소논문을 통해 "바울의 편지들에 나타나는 여담들[=수사학적 이탈들]은 그의 수사학적 정교함을 예증하

---

11) J. Weiss, *Beiträge zur paulinishcen Rhetorik: Sonderdruck aus den Theologischen Studien, Festschrift zum 70. Geburtstage des Herrn Wirkl. Oberkonsistorialraths Weiss* (Göttingen: Vandenhoeck & Ruprecht, 1897).

12) 예를 들어, 그의 *Die Aufgaben der Neutestamentlichen Wissenschaft in der Gegenwart* (Göttingen: Vandenhoeck & Reprecht, 1908), 16-21(='바울의 수사학 및 수사학적 훈련의 문제')과 *The History of Primitive Christianity* (2 vols; New York: Wilson-Erickson, 1937), 388-421(='작가로서의 바울')을 보라. 이 문단은 Humphries, "Paul's Rhetoric of Argumentation," 5-6에서 많은 부분 빌려온 것이다.

13) 그런데 1975년에 베츠(Hans Dieter Betz, "The Literary Composition and Function of Paul's Letter to the Galatians," *NTS* 21 (1975) 353-79)가 바울의 편지들에 대한 수사학적 연구의 물꼬를 트자 비로소 상황이 달라져 수많은 수사학적 연구가 쏟아져 나오기 시작한다.

며 그의 입론(논증)을 지지하는 역할을 한다"는 논제를 입증하려고 시도하였다.[14] 특히, 그는 고린도전서에서 세 개의 주요 여담을 선정하고(1:19-3:21; 9:1-10:13; 및 13:1-3), 이 세 여담을 고찰하여 수사학적 기능을 밝히고, 고린도전서는 예찬적 혹은 예증적(demonstrative) 장르를 나타낸다고 주장하였다(Wuellner, 185-88). 월너는 페렐만(Chaim Perelman)이 개발한 신수사학의 개념들을 사용하였다. 이는 예찬적 담화가 신념들을 변화시키려고 하기보다는 이미 받아들인 것에 대한 지지(고수)를 더 강화시키려고 하는 것이라는 월너의 주장에 반영된다. 그리하여 그에 따르면, 여담들은 예찬적 담화에서 전통적으로 사용된 방법 중 하나이며, 이미 받아들인 것에 대한 지지(고수)를 심화하는 기능을 한다(Wuellner, 184-85). 그러나 월너가 "고린도전서에 있어 바라는 행동은 …… 1:10에서 진술되고 16:13-14에 나타나는 '요약'(re-capitulatio)에서 다시 진술된 것, 즉 그들이 모두 '한 마음'이 되어야 한다는 것"이라고 말할 때(Wuellner, 183) 모순된 말을 하는 것으로 보인다. 그는 파당 분쟁의 요소를 고려했어야 했다.

고린도전서에 대한 수사학적 연구는 박사학위 수준에서도 이루어지기 시작하는데, 험프리즈(Raymond Alexander Humphries)는 1979년에 「고린도전서 1-4장에 나타난 바울의 입론(논증) 수사학」을 학위논문으로 제출하였다.[15] 방법론적 측면에서 그는 현대 수사학적 분석 방법론, 특히 페렐만과 브랜트(W. J. Brandt)에 의해 개발된 방법론들을

---

14) W. Wuellner, "Greek Rhetoric and Pauline Argumentation," in *Early Christian Literature and the Classical Intellectual Tradition: In Honorem Robert M. Grant* (ed. W. R. Schoedel and R. Wilken; Paris: Beauchesne, 1979), 177.

15) Humphries, "Paul's Rhetoric of Argumentation in 1 Corinthians 1-4" (Ph. D. diss., Graduate Theological Union, 1979).

적용하여 고린도전서 1-4장을 연구하였다. 현대 수사학 이론이 수사학의 입론(논증)적인 차원을 강조한다는 경향을 관찰하고, 고린도전서 1-4장의 본문수사학 및 구조수사학을 제공하는 것이다.[16) 본문수사학 장에서 그는 "말씨, 어순 그리고 비유적 표현(figure) 같은 문체적 특징들이 입론(논증)에서 담당하는 역할"을 보여주고자 하였으며(Humphries, 50-104), 구조수사학 장에서는 "기본적인 생략삼단논법(enthymeme), 곧 저자가 하고자 원하는 중심적인 단언을 발견하려고" 노력하였다(Humphries, 105-31). 구조수사학에 관하여는 '서론'(exordium, 1:1-10), '사실들의 진술'(narratio, 1:11-12), '확증'(confirmatio, 1:13-4:13) 그리고 '결론'(peroratio, 4:14-21)이라는 술어들로 입론(논증)의 구조를 분석하고, "고린도전서 1-4장의 구조에 대한 단서는 '서론'과 '결론'에 나타나는 '파라칼로'(parakalo) 도미문(periods)에 있다"고 결론을 내린다(Humphries, 118-19, 128). 그리고 고린도전서 1-4장의 중심 주제인 불일치의 문제에 대하여는 "특정한 그리스도교 지도자들에 대하여 충성을 공언함에서 나타나는 하나 되지 못함의 문제는 바울을 모방함으로써 해결되었을 것이다. 즉, 바울이 고린도에서 사역할 때에 전파하고 예증하였던 복음에 대한 재신임에 의해 해결되었을 것이다"라고 결론을 내리기도 한다(Humphries, 128). 그리고 수사학적 장르에 대하여는 고린도전서 1-4장을 '예찬적 담화'로 불러야 한다고 주장하는데(Humphries, 135), 험프리즈는 입론(논증)에 있어 예찬적 웅변이 중요함을 보여준 페렐만에 주로 의존하는 것이다. 예찬적 웅변의 목표는 "칭송하는 가치에 대한 지지를 증가시킴으로써 행동하고자 하는 의향"을 강화하는 것인데, 험프리즈는 기본적인 생략삼단논법, 곧

---

16) 구조수사학과 본문수사학에 대한 논의를 위하여 W. J. Brandt, *The Rhetoric of Argumentation* (Indianapolis and New York: Bobbs-Merrill, 1970)을 보라.

바울이 고린도전서에서 말하고자 하는 중심적인 단언은 "고린도인들에게 전한 복음에 대한 그들의 지지"를 갱신하고 증대하는 것이며, 또 "복음에 대한 충성을 훼손하게 만든 이해와 싸우는 것"이라고 주장하였다(Humphries, 110).[17] 그리고 결론적으로, 바울을 목회적인 신학자로 보자고 제안한다.

1980년, 방법론적 측면에서 신수사학 이론을 채용하지 않고 밀렌버그(James Muilenburg)[18]의 분석 방법을 적용한다고 스스로 말하나 어떤 면에서는 오히려 오래전에 있던 바이스의 관찰과 호소에 맥이 닿아 보이기도 하는 베일리(Kenneth E. Bailey)에 의해 고린도전서 6장 9-20절에 대한 수사비평이 나타났다.[19] 그는 이 문절이 "고전적인 대구법 형식들을 노련하게 활용하는 다섯 개의 연으로 매우 신중하게 구성된 문학적 완전체"라고 주장하는데, 다섯 연은 9-10절(A연), 11절(B연), 12절(C연), 13ab절(D연), 및 13c-20절(E연)로 이루어진다. 베일리에 의하면, 바울은 A연(9-10절)에서 반전된 대구법을, B연(11절)에서 단계적 대구법을, C연(12절)에서 히브리시의 규칙들을 그리고 D 및 E연(13ab, 13c-14절)에서 단계적 대구법을 사용한다(Bailey, 27-31). 그리고 그는 또한 E연(13c-20절)은 "완벽한 교차대구법으로 반전하는 다섯 개의 추가적인 연으로 이루어진 더 큰 진술을 담고 있

---

17) 험프리즈는 바울이 고린도인들에게 전한 복음의 규범적 기능을 확증해주는 것으로 고전 15:1-2를 인용한다(Humphries, 112). 그리고 또한 바울이 "너희는 ……을 알지 못하느냐"(3:16; 5:6; 6:2, 3, 9, 15, 16, 17; 9:13, 24)라는 수사의문문을 반복해서 사용하여 자신과 고린도인들 사이의 합의 영역을 확립하고 청중에게 그들이 공유하는 믿음을 계속적으로 상기시킨다고 단언한다(Humphries, 111).

18) James Muilenburg, "Form Criticism and Beyond," *JBL* 88 (1969) 1-18.

19) K. E. Bailey, "Paul's Theological Foundation for Human Sexuality: 1 Cor 6:9-10 in the Light of Rhetorical Criticism," *Theological Review* 3/1 (1980), 27-41.

는 주요한 의미론적 단위"이기도 하다고 주장하였다(Bailey, 32-38). 베일리는 이 문절은 하나의 지리멸렬한 문절이 아니라, "매우 신중하게 쓰인 바울의 한 편의 수사학적 작품"이라는 결론을 내린다(Bailey, 40).

1981년에 린치(Anthony Lynch)는 「바울의 수사학: 고린도전서 1:10-4:21」이라는 석사학위 논문을 썼는데, 거의 동일한 본문을 다룬 험프리즈의 박사학위논문과는 초점을 달리한다.[20] 그는 1-4장에 대한 본격적인 수사학적 분석보다는 다음과 같은 명제를 입증하는데 힘을 쏟았다.

> 우리의 편지는 고린도에서 온 질문들에 대한 후속 대답들에 적합한 어휘와 원리들을 제공하는 분명히 확인 가능한 기초가 있는데, 이 어휘와 원리들은 사도의 권위를 세우고, 그의 수사학적 기술을 나타내고, 또 청중으로부터 얼마간 호의를 획득하는 방식으로 제시되었다(Lynch, 40).

이 명제를 입증하기 위해 린치는 "1장 10절에서 4장 21절까지의 문체적, 논리적 및 수사학적 특징들"에 특별한 주의를 기울이고는 "우리는 형식과 내용, 실질과 문체를 조화시켜 하나의 효과적인 완전체로 만들려는 노력을 보게 된다"라는 결론을 내린다(Lynch, 57-59). 그는 "정교한 1장 10절에서 4장 21절까지의 단락이 고린도에서 발생한 파당주의 문제에 대한 직접적인 공격으로 해석될 가능성은 거의 없고", 오히려 "변증적인 국면"을 지닌 것으로 간주되어야 할 것이라고 주장하면서(Lynch, 8-9), 바울이 "실천과 교리에 대한 그들의 여러 질문에 대한 대답을 전달하기" 위해 먼저 "공동체 전체에 고르게 자신의 권위"를 세워야만 했다고 본다(Lynch, 35). 그는 "1장 10절에서 4장 21절까지의 전체 문절의 유효성은 궁극적으로 바울 및 성경의 '에토스'

---

20) A. Lynch, "Pauline Rhetoric: 1 Corinthians 1:10-4:21," (M. A. Thesis, University of North Carolina at Chapel Hill, 1981).

혹은 권위에 달려 있다"는 사실에 주목한 것이다(Lynch, 59).

1983년에는 고린도전서 1-4장과 관련된 또 하나의 수사학적 연구가 나왔는데, 플랭크(Karl A. Plank)가 특히 '아이러니'('반어법')라는 수사학적 장치를 주제로 채택하여 「바울과 고통의 '아이러니': 고린도전서 4:9-13에 대한 문학적, 수사학적 분석」이라는 박사학위 논문을 작성한 것이다.[21] 그는 이 논문에서 "반어법의 수사를 통하여 바울의 고통 언어는 담화의 변증적이며 교훈적인 요구들을 충족시키며, 독자들을 위하여 역설적인 세계를 자아낸다"는 명제를 논증하려고 노력한다 (Plank, 39). 하지만 그는 논문에서 사용하는 문학비평과 수사비평 방법론에 대해서는 "그 어떤 명확한 일련의 절차"도 언급하지 않는다 (Plank, 34). 또한 고전 수사학이나 수사학자들의 핸드북들을 거의 언급하거나 인용하지도 않는다. 오히려, 여러 이론적인 연구 사료들, 즉 공통적으로 문학적 텍스트를 소통의 한 형식으로 보는 모델을 수용하는 "리쾨르(Paul Ricoeur)의 해석학 이론, 페렐만의 '신수사학', 독서현상학과 독자-반응비평 그리고 구조주의 언어학"을 활용하여 자신의 특정한 문학적·수사학적 패러다임을 만들어낸다(Plank, 34-37). 이렇게 해서 플랭크는 바울이 고린도전서 1-4장에서 특히 자신의 약함에 관해 자신을 사도로 옹호하며, 또 예수 그리스도의 교제 안에 있는 고린도인들의 부르심에 대한 재해석을 촉발시키려고 시도한다고 주장하는데 (Plank, 40-123), 특히 고린도전서 4장 9-13절에서 '아이러니'를 탐지하고는 '아이러니'를 철저하게 사용하는 것은 그 자체로 반어법적인

---

21) Karl A. Plank, "Paul and the Irony of Affliction: A Literary and Rhetorical Analysis of 1 Corinthians 4:9-13," (Ph. D. diss., Vanderbilt University, 1983). 이 논문은 개정되어 Karl A. Plank, *Paul and the Irony of Affliction* (SBLSS; Atlanta: Scholars Press, 1987)라는 단행본으로 출판되었다. 인용은 주로 학위논문에서 한다.

가치체계를 이행하려고 시도하는 것이라고 주장한다(Plank, 129-233). 그리고 다음과 같이 결론을 내렸다.

> 신학적으로 바울의 확신들은 인간의 무력함에 대해 무수한 형태로 나타나는 하나님의 신원에 초점을 맞춘다……. 역설적인 '아이러니'의 방식은 하나님 및 세상현실이 하나님과 세상현실에 대해 우리가 기대하는 것들보다 더 크다는 것을 단언한다(Plank, 1987, 92).

사실은 플랭크보다 2년이나 먼저 뷘커(Michael Bünker)가 박사학위 논문을 완성하였으나, 필자는 1984년에 출판된 그의 책 『고린도전서의 편지형식과 수사학적 배열』을 통하여 접할 수 있었다.22) 뷘커는 이 책에서 두 가지 작업을 수행하였는데, 하나는 고대의 서신이론에 비추어서 바울이 고린도인들에게 보낸 편지들을 조사하는 것이요, 다른 하나는 고린도전서의 두 개별 단락, 즉 1장 10절부터 4장 21절까지와 15장 1절부터 58절까지에 대하여 수사학적으로 분석하는 것이다. 첫째, 그는 고린도 서신이 그리고 고린도 서신을 통하여 바울 자신이 식자계층의 서신이론, 특히 우정편지(*Freundschaftsbrief*)의 서신이론을 얼마나 광범위하게 공유하고 있었는지 보여주고자 한다(Bünker, 19-47).23) 그리고 바울이 학교를 통하여 가르치던 그 당시의 수사학('학교수사학', *Schulrhetorik*)을 의식적으로 사용한다고 주장한다(Bünker,

---

22) M. Bünker, *Briefformular und rhetorische Disposition um 1. Korintherbrief* (Göttinger theologische Arbeiten 28: Göttingen: Vandenhoeck & Reprecht, 1984).
23) 고린도전서가 하나의 우정의 편지로서 통일성을 지니고 있다고 주장하는 D. Lührmann, "Freundschaftsbrief trotz Spannungen: Zu Gattung und Aufbau des Ersten Korintherbriefs," *Studien zum Text und zur Ethik des Neuen Testaments, Festschrift zum 80. Geburtstag von Heinrich Greeven* (ed. W. Schrage; Berlin and New York: de Gruyter, 1986), 298-314도 보라.

48-76). 그는 또한 바울이 두 개별 단락에서 사법적 종류의 수사(*die forensische Rede*, 법정적 화법)를 사용하여 특히 1장 10절부터 4장 21절까지를 보면 파당들로 에워싸인 공동체에서 그의 권위를 다시 세우려고 한다고 주장한다(Bünker, 49-51, 73). 따라서 뷘커는 다음과 같은 배열을 제안한다.

고전 1:10-17	=고전 15:1-3a	서론
고전 1:18-2:16	=고전 15:3b-11	사실의 진술
고전 3:1-17	=고전 15:12-28	입론(논증) I
고전 3:18-23	=고전 15:29-34	결론 I
고전 4:1-15	=고전 15:35-49	입론(논증) II
고전 4:16-21	=고전 15:50-58	결론 II(Bünker, 72)

하지만, 뷘커의 실제 관심은 "고린도 공동체의 사회계층"(*der sozialen Schichtung der korinthischen Gemeinde*)에 꽂혀 있었다(Bünker, 11-13). 그는 다음과 같이 주장한다.

암시적 독자는 '소수의 교육받은 자, 존경받는 자와 문벌 좋은 자'(고전 1:26) 가운데 있다고 보아야 하며, 이들에 대해 명시적 독자인 대다수의 고린도 그리스도인들이 반대편에 서 있었는데, 대다수의 고린도 그리스도인들은 하류사회계층에 속하였다(Bünker, 52, 73-76).

뷘커에 의하면, 결론적으로, 식자층에 속한 바울은 교육을 잘 받은 사람이며, 사회적으로 높은 신분을 지니고 있었고, 또 고린도에 파당-분쟁을 일으킨 소수의 고린도 그리스도인들에게 편지를 썼다는 것이다.[24]

---

24) 뷘커에 대한 평가와 비평에 대해 E. S. Fiorenza, "Rhetorical Situation and Historical Reconstruction in 1 Corinthians," *NTS* 33 (1987), 392-93, 399-400을 보라.

1984년에 신약성서의 수사비평과 관련하여 또 하나의 획기적인 저술을 만나게 되는데, 그것은 성서학자라기보다는 저명한 고전학자인 케네디(George A. Kennedy)의 손에서 나온 『수사비평을 통한 신약성서 해석』이다.25) 그는 이 책에서 수사비평 방법론을 제안할 뿐만 아니라, 또한 신약성서의 상당 부분에 대하여 수사비평적인 고찰을 제공하고 있다. 하지만, 아쉽게도 고린도전서에 대해서는 짧게 언급하고 지나가고 마는 반면에(Kennedy, 22, 24-25, 86-96, 95-96, 141, 156), 법정적인 수사의 한 예로 든 고린도후서에 대해서는 한 장(chapter)을 할애한다. 고린도전서에 관해서 말하면, 케네디는 "바울이 고린도인들에게 보낸 첫 번째 편지는, 예를 들어 1장 13-17절 …… 그리고 9장과 같은 몇몇 법정적인 성격의 문절을 담고 있기는 하지만, 대체로 심의적이다"라고 평가한다(Kennedy, 87). 그리고 고린도전서에 대한 상세하고 심층적인 분석은 관심 있는 학도에게 맡긴다(Kennedy, 144). 케네디의 책은 나중에 수사비평 방법론을 논의하는 자리에서 상세하게 다루어질 것이다.

1985년에 고린도전서 1-4장에 대한 또 하나의 수사학적 연구가 나타났는데, 피오레(Benjamin Fiore)의 「고린도전서 1-4장에 나타난 '은밀한 인유'」라는 소논문이다.26) 그는 "고린도에서 발생한 문제들에 맞서는 가운데 고린도전서 1-4장에서 바울이 사용하는 일반적인 수사학적 장치를 파악하려고" 노력하였다(Fiore, 5). 그리하여 고린도전서 처음 네 장에 비유적 표현들이 많다는 점에 주목하며, "수사학을 실행함에 있어 '로고스 에스케마티스메노스'(*logos eschematismenos*, '은밀

---

25) G. A. Kennedy, *New Testament Interpretation through Rhetorical Criticism* (Chapel Hill: North Carolina University, 1984).

26) B. Fiore, "'Covert Allusion' in 1 Corinthians 1-4," *CBQ* 47 (1985), 85-102.

한 인유')라 불리는 장치와 관계가 있는 비유적 표현들"에 특별한 주의를 기울인다(Fiore, 88-96). 이 비유적 표현들은 과장(1:13; 3:2; 3:21; 4:11-13), '아이러니'(반어법, 4:8-9), 대조(1:23-25; 2:1, 5; 3:14-15; 4:10) 그리고 직유와 풍유를 아우르는 은유(1:24; 1:26-28; 1:30; 3:1-2; 3:5-9; 3:16; 4:1; 4:15) 등이다. 피오레는 1-4장에 나타나는 고린도의 문제들을 "파당주의와 불완전한 지혜 및 판단"으로 파악하고, 이 문제들의 근본적인 원인은 고린도인들의 "잘못된 지혜와 판단"이라고 주장하며, 또 "1-4장에 나타나는 공동체 분열의 근원이 1-15장에 나타나는 개별적인 문제들의 뿌리에 놓여 있다"는 주장을 펼치기도 한다(Fiore, 86-88). 그에 의하면, 바울은 '은밀한 인유'라는 수사학적 장치를 사용하여 "사태가 눈에 보이는 것과는 다르다는 사실을 청중이 주목하도록" 일깨웠으며(Fiore, 89), 바울이 '로고스 에스케마티스메노스'를 사용한 동기는 "[그가] '유프레페이아'(*euprepeia*, '품위')로 행하고, 또 잘못을 저질렀다는 비난을 받는 사람들의 존엄성을 존중하는 마음으로 행한다"는 것이다(Fiore, 95). 피오레는 또한 바울이 스스로 4장 6절('메타스케마티제인', *metaschematizein*)에서 은밀한 인유를 사용함에 주의를 환기시킴으로써 수사학적 형식의 '은밀함'을 부정한다고 관찰한다(Fiore, 89, 93). 더 나아가 4장 14절의 ταῦτα('타우타')는 "전체적인 권면 단락의 훈계들을 가리키는 것으로 볼 수 있으며", 이 훈계들에서 바울 자신의 본이 "공동체 사상과 실천을 시험하는 범세계적인 시금석" 역할을 한다고 주장한다(Fiore, 98-101).[27]

---

27) 헬레니즘 철학자들과 수사학자들 및 바울 편지들에서 발견되는 본의 용법에 대한 상세한 논의에 대해 B. Fiore, *The Function of Personal Example in the Socratic and Pastoral Epistles* (analecta biblica 105; Rome: Biblical Institute Press, 1986)를 보라.

그리고 "바울의 본은 공동체를 위하여 가장 중요한 은유가 된다. 바울은 공동체와의 특별한 관계 때문에 본에 대한 당시의 수사학적 철학적 관습을 다시 한 번 뛰어 넘는다……."라는 말로 결론을 맺는다 (Fiore, 101-2).

1985년에 윌리스(Wendell Willis)는 「사도의 변명서?: 고린도전서의 형식과 기능」이라는 소논문에서 고린도전서 9장의 구성요소들 속에 나타나는 "여러 수사학적 특징들"에 주목한다.[28] 그리고 이 특징들의 기능은 바울 자신을 변호하는 것이 아니라, 바울의 입론(논증)을 지지하는 것, 즉 "어떻게 그리스도인들이 다른 사람들의 유익을 위해 자기들의 자유를 표현해야 하는지에 관한 주장"을 말하는 것이라고 본다. 특정한 수사학 핸드북들에 대해 전혀 언급하지 않지만, 윌리스는 바울이 고린도전서 9장 전체를 구성하고 그것을 8장과 10장 사이에 놓았다는 점에서 수사학적 기술을 보여준다고 주장한다. 더 나아가 "바울이 고린도의 구체적인 문제에 대해 논의하는 중에 자신의 행동을 언급한 것은 주제의 이탈이나 흐름의 방해가 아니라, 솜씨 좋게 문체를 고안해 낸 것이다"라고 관찰한다(Willis, 39).

1980년대 중반 이후에는 신약성서에 대한 적지 않은 수사학적 연구가 나타난다. 제일 먼저, 1986년에 베츠를 다시 만나게 되는데, 「사도 바울에 따른 수사학과 신학의 문제」라는 결코 짧지 않은 소논문을 통해서이다.[29] 그는 고린도전서에 나타난 수사학 및 바울과 관계가 있기는 하나 지금까지 개관해 온 연구들과는 사뭇 다른 쟁점들을 다

---

28) W. Willis, "An Apostolic Apologia? The Form and Function of 1 Corinthians," *JSNT* (1985), 33-40.

29) H. D. Betz, "The Problem of Rhetoric and Theology according to the Apostle Paul," in *L'Apotre Paul*, 16-48.

루는데, 특히 바울이 고린도인들에게 보낸 편지들에서 자신에 의해 제기된 "수사학과 신학의 관계의 문제, 즉 수사학이 …… 복음의 선포와 어떻게 결부되어야 하는지"에 대해 논의한다. 베츠는 "바울이 그의 편지들 중 여러 편에서, 마치 수사학이나 모종의 수사학이 그의 복음 선포와 신학에 근본적인 위협을 제기하는 양, 수사학으로 인하여 괴로움을 당하는 것으로 보인다"는 점에 주목하나(Betz, 21), 사실 바울이 거부한 것은 다름이 아니라 "단순한 수다나 공허한 선전"의 수사학, "단순한 설득술로서의 수사학 그리고 마법적 조작의 수사학"일 뿐(살전 1:5; 2:1-12; 갈 1:10; 3:1; 4:7-8)이라고 주장한다(Betz, 21-24). 베츠는 고린도 편지들에 관해 "바울의 고린도인들과의 서신왕래는 기본적으로 '모든 언변과 모든 지식에 …… 풍족하므로'(고전 1:5)라는 말에 간결하게 진술되어 있는 주장과 디불어 장기간에 걸쳐 씨름한 것에 불과하다"고 주장하기도 하며(Betz, 26-27), "웅변(언변)과 지식"(λόγος καὶ γνῶσις) 공식문은 "고린도인들의 자화자찬을 말할 뿐만 아니라 또한 바울의 비판 및 뒤에 나오는 논증들에 대한 단서도 담고 있음에 틀림없다"고 제안한다(Betz, 33). 그는 계속해서, 바울의 비판이 고린도인들 편에서 행함(ἔργον)이 없는 것과 관계가 있음을 말한다(Betz, 33). 이 점에 대해 베츠는 바울이 편지를 구상하면서 세운 목표는 "고린도인들로 하여금 교회의 실천적인 삶을 통해 (그들의 웅변과 지식에 관한) 주장을 입증할 수 있도록 하는 것"이라고 단언한다(Betz, 39). 베츠는 또한 더 나아가 '언변'(λόγος), '지혜'(σοφία) 그리고 '지식'(γνῶσις) 같은 세 가지 개념에 대하여 바울이 분석하는 문제에 본격적으로 착수하는데(Betz, 33-39), 여기서는 수사/수사학의 쟁점들을 부각시키는 고린도전서 2장 1-16절에 대한 논의에 초점을 맞추어 이야기하는 것만으로 충분할 것 같다. 베츠에 따르면, 바울은 두 가지

상이한 종류의 수사학, 즉 '설득의 수사학'(ἐν πειθοῖ[ς] σοφίας [λόγοις])과 '영과 능력을 증명함의 수사학'(ἐν ἀποδείξει πνεύματος καὶ δυνάμεως, 2:4)을 암시하는 듯 보인다. 하지만 전자, 곧 '설득의 수사학'은 하나님의 비밀을 전하는(2:1) "복음 메시지의 매개체"로는 적합하지 않다(Betz, 36-37). 베츠는 "이 하나님의 비밀에 상응하는 말(언변)은 계시적이어야만 하며, 단순히 표면적으로 설득적이어서는 안 된다"고 통찰력 있게 주장한다(Betz, 37). 바꾸어 말하면, 그리스도교의 케리그마를 전하는 데 효과적인 수사학은 후자, 곧 '하나님의 영과 능력을 증명하는 수사학'인 것이다. 그리고 고린도인들은 교회 안에서 행하여지는 실천적인 삶을 통해 웅변과 지식이 풍성하다는 주장을 증명해야만 한다.

다음으로, 고르도(P. Angel Pérez Gordo)가 1986년에 스페인어로 기록된 90쪽에 이르는 「고린도전서 15장은 하나의 설교인가?」 라는 소논문을 내놓았다.[30] 그는 고린도전서 15장 본문의 수사학적 구조를 상세하게 고찰하고 다음과 같은 개요를 제시한다. 곧 '서론'(exordium, 1-2절), '사실들의 진술'(narration, 3-11절), '증명'(proof, 12-34절), '입론'(논증, argumentation, 35-57절) 그리고 '결론'(peroration, 58절)이다.

세 번째로, 피오렌자(Elisabeth Schüssler Fiorenza)는 1986년에 개최된 세계신약학회(*SNTS*) 제41차 총회에서 「고린도전서에 나타난 수사학적 상황과 역사적 재구성」 이라는 논문을 발표하고, 그 이듬해에 〈신약학〉 학술지에 게재하였다.[31] 그녀는 거기서 고린도전서를 해석

---

30) P. A. Gordo, "Es 1 Co 15 UNA HOMILIA?" *Burgense* 27 (1986), 9-98. 본문에 기술하는 정보는 해링턴(Daniel J. Harrington)이 이 장대한 소논문을 요약해주는 *NTA* 31 (1987) § 272에서 온 것이다.

31) Fiorenza, "Rhetorical Situation and Historical Reconstruction in 1 Corinthians," *NTS* 33 (1987) 386-403.

하는 데 수사비평을 활용함으로써 고린도전서가 보내지게 된 "실제의 수사학적인 역사적 상황"을 재구성하려고 시도한다. 이 작업을 위해 수사비평분석의 네 단계를 제안하고(Fiorenza, 388),[32] 또 고린도전서 의 전반적인 장르는 케네디의 표현을 빌려 "대체로 심의적"이라고 이 해함이 가장 좋다는 주장을 개진한다(Fiorenza, 393). 또한 1장 11절의 "글로에의 집 편"은 고린도에 있는 "글로에의 사람들이나 추종자들"을 의미한다고 단언하고, 그들이 바울에게 고린도 교회의 소식과 쟁점들 을 전달한 공식적인 공동체 메신저들임을 시사한다(Fiorenza, 394-95). 그리고 바울의 편지가 수사학적 상황에 대한 '적합한 응답'으로 해석 될 수 있는 그러한 수사학적 상황의 문제를 새롭게 제기한다(Fiorenza, 396). 피오렌자는 고린도 교회의 싸움이 고린도인들이 가지고 있는 질 문들 중 몇몇에 대한 대답을 누구에게 구할 것인지를 놓고 벌어진 논 쟁의 결과라는 달(N. A. Dahl)의 견해에 동의하면서, 바울이 "고린도 공동체의 *유일한* 창립자이자 아버지"로서의 권위를 주장하였다고 말한 다(Fiorenza, 396-97). 더 나아가 바울이 또한 자기 자신을 "명령하고 벌할 능력이 있는 자"로 제시했다고 주장한다(Fiorenza, 398). 하지만, 바울의 신학적인 추론과 능숙한 수사학적인 논증은 곧 고린도의 수사 학적 상황이 설득을 필요로 했음을 증명하는 것이라고 그녀는 계속해 서 말한다. 그리고 바울이 "고린도에서 문제를 일으킨 자들"에게 호소 한 것이 아니라, "자신과 마찬가지로, 상류사회 및 식자층에 속한 자 들"에게 호소한 것이라고 본다(Fiorenza, 399).

---

32) 이 네 단계는 (1) 당시 해석의 수사학적 관심과 모델에 대한 파악(확인), (2) 수사학적 배열, 관심 그리고 저자가 도입하는 수정사항에 대한 서술, (3) 편지 (=고린도전서)의 수사학적 상황에 대한 설명 및 확립 그리고 (4) 저자/화자와 수신자/청자의 공통적인 역사적 상황과 상징적 우주에 대한 재구성으로 이루 어진다.

네 번째로, 윌너는 1986년에 「목회자로서의 바울: 고린도전서에 나타난 수사의문문들의 기능」이라는 또 하나의 소논문을 냈다.[33] 이 소논문에서는 바울이 수사의문문들을 사용하는 것은 "교회를 성숙하게 하고 안정시키려는 바울의 목회적인 지도"의 일부로서 기능한다는 논지를 펼친다(Wuellner, 52). 그는 방법론적 측면에서 한 번 더 고전 수사학을 넘어서 신수사학으로 나가는데, 페렐만의 인도를 따라서 담화를 '수긍케 하는 담화'(convincing discourse)와 '설득하는 담화'(persuasive discourse)로 구별한다. '수긍케 하는 담화'는 가상적 독자들(fictive readers)을 대상으로 말하는 반면에, '설득하는 담화'는 경험적 독자들(empirical readers)을 대상으로 하는 것이다(Wuellner, 56). 윌너는 고린도전서의 대부분이 '수긍케 하는 담화'라고 주장한다. 그는 공식문구적인 οὐκ οἴδατε ὅτι("너희가 알지 못하느냐?)로 시작되는 열 개의 수사의문문(3:16; 5:6; 6:2, 3, 9, 15, 16, 17; 9:13, 24) 각각에서 바울은 보편적 청중에게 이야기하는 것이지, 고린도인들인 경험적 "너희"에게 이야기하고 있는 것이 아니라고 단언한다(Wuellner, 57). 더 나아가 바울이 고린도전서에서 경험적 독자들을 설득하려고 노력하는 것이 아니라, 보편적 청중에게 호소함으로써 경험적 독자들이 수긍 하게끔 하려고 노력하였다고 주장한다. 윌너에 의하면, 고린도전서의 수사의문문들은 "지지(고수)하라는 …… 명령"을 표현하며, 또 "이미 받아들인 것"에 대한 지지(고수)를 증대시키는 기능을 수행하는 것이다(Wuellner, 57-60). 그리고 수사비평은 "목회자 바울이 교육자 바울, 즉 수사학자이다. 또 수사학자로서 바울은 하나님의 교회를 목양함으로써 사회와 문화에 영향을 끼치는 공인, 곧 정치가이다"라는 점을 보

---

33) Wilhelm Wuellner, "Paul as Pastor: The Function of Rhetorical Questions in First Corinthians," in *L'Apotre Paul*, 49-77.

여줄 수 있다고 결론을 맺는다(Wuellner, 77).

1987년으로 넘어가면 세 편의 수사학적 연구를 개관에 더 포함할 수 있게 된다. 제일 먼저 월너를 또 다시 만난다. 그는 「수사비평이 우리를 어디로 데려가고 있는가?」 라는 소논문에서 고린도전서의 한 부분, 곧 하나의 추론적이자 논증적인 단위(a discursive and argumentative unit)로서의 고린도전서 9장을 선택하여 수사학적 연구를 수행하였다.[34] 이 본문에 대하여 케네디의 수사비평 모델을 적용해보는 데 성서 본문들의 석의에 그의 모델이 유용한지를 조사하기 위함이었다(Wuellner, 455-60). 요컨대, 신수사학을 선호하는 그의 입장을 고려할 때 충분히 예상할 수 있듯이, 월너는 이러한 종류의 모델을 거부하는 것으로 보인다. 그는 종교적인 문학에 대한 수사학적 조사가 우리를 "소통의 도구이자 타인에 대해 영향을 끼치는 도구인 언어의 사회적 국면"으로 안내해야 한다고 생각하기 때문이다(Wuellner, 449). "수사비평이 우리를 전통적 메시지나 내용 지향적인 성경 읽기로부터 멀어지게 하고 더욱 깊어지는 개인적, 사회적 및 문화적 가치들을 생산하고 강화하는 읽기로 이끈다"는 그의 주장에 부정적인 평가가 묻어난다(Wuellner, 460-61).

카스텔리(Elizabeth Anne Castelli)는 1987년의 박사학위논문 「바울의 편지들에서 나타난 권력담화로서의 '미메시스'(모방/본받음)」 에서 "바울이 사용하는 모방 수사학" 문제를 다룬다.[35] 하지만, 그녀가 말

---

34) Wilhelm Wuellner, "Where Is Rhetorical Criticism Taking Us?," *CBQ* 49 (1987) 448-63.

35) E. A. Castelli, "Mimesis as a Discourse of Power in Paul's Letters," (Ph. D. diss., Claremont Graduate School, 1987). 이 학위논문은 E. A. Castelli, *Imitating Paul: A Discourse of Power* (Literary Currents in Biblical Interpretation; Louisville: Westminster/John Knox, 1991)이라는 단행본으로

하는 '수사학'이란 "본문 자체의 보다 더 일반적인 수사학적 성격 (rhetoricity), 본문 자체의 원근법적 본질(perspectival nature), 본문 자체의 정치적 어조"를 의미한다(Castelli, 54). 카스텔리는 고린도전서에 집중하지 않고 모방의 언어가 등장하는 여러 본문, 곧 데살로니가전서 1장 6절, 2장 14절, 빌립보서 3장 17절, 고린도전서 4장 6절 및 11장 1절 등을 찾아서 면밀하게 읽었다(고전 4:6; 11:1은 Castelli, 137-79에서 다루어짐). 이 과정에서 "본문에 들어 있는 본래적인 의미"보다는 "본문이 주는 영향"에 초점을 맞춘다(Castelli, 8). 그리고 "바울이 모방 개념을 전개하는 것은 자기가 세운 공동체들 속에 나타나는 차이점들을 불식시키려고 목표하는 강제적인 수사학적 제스처이다"라고 주장한다(Castelli, 180).

1987년은 고린도전서에 대한 수사학적 연구를 하나 더 내놓는데, 바로 림(Timothy H. Lim)의 「설득력 있는 지혜의 말로 하지 아니하고, 성령의 나타나심과 능력으로」라는 소논문이다.[36] 이 소논문에서 림은 "'설득력 있는 지혜의 말로 하지 아니 하고'라는 어귀의 의미와 만일 그 어귀의 의미가 관련성이 있다면, 그것이 바울의 편지들에 대한 수사학적 분석에 관하여 지니는 관련성"을 조사하였다. 그는 "οὐκ ἐν πειθοῖς σοφίας λόγοις"(고전 2:4)라는 어귀를 사회학적으로, 즉 고린도의 다른 설교자들이 설교할 때 하는 바를 배경으로 해서 읽어야 한다고 제안하는데, 이 다른 설교자들은 "설교할 때 웅변술을 사용하였고 청중/회중으로부터 물질적 지원을 강요하였다"(Lim, 145). 그리고 그는 바울이 고린도전서 2장 4절에서 "수사학을 모조리 거절하는 것

출간되었다. 하지만, 여기서 인용의 출처는 논문이다.

36) T. H. Lim, "'Non in Persuasive Words of Wisdom, but in the Demonstration of the Spirit and Power'," *NovT* 29 (1987), 137-49.

이 아니라, 고린도 설교자들의 특유한 강조와 관행을 거절하는 것"이라고 주장한다(Lim, 148). 따라서, 고린도전서 2장 4절은 바울의 편지들 속에 나타나는 수사학적 특징들과 상충되지 않는다고 결론짓는다(Lim, 149).

이제 1989년에 와서는 두 편의 수사학적 연구를 만나게 된다. 왓슨(D. F. Watson)의 소논문과 미첼(Margaret Mary Mitchell)의 박사학위 논문이 그것이다. 왓슨은 「그리스-로마 수사학에 비추어서 본 고린도전서 10:23-11:1: 수사의문문들의 역할」이라는 소논문에서 그리스-로마 수사학 핸드북들에 담긴 규약들을 활용함으로써 고린도전서 10장 29b-30절의 두 수사의문문의 기능을 결정하려고 노력하였다.[37] 그는 10장 29b-30절의 두 수사의문문 속에 두 가지 문제점이 있음을 발견한다. 곧 "바울이 2인칭의 권면에서 1인칭의 의문문으로 전환했다는 것과, 이 의문문들이 문맥에 어떻게 관계되는지를 결정하는 것"이었다(Watson, 308). 왓슨은 10장 23절부터 11장 1절까지의 수사학적 특징들을 주의 깊게 고찰한 후에, 10장 29b-30절에서 활동하는 것으로 보이는 수사의문문들의 다섯 가지 역할을 제안한다. 곧 반복, 예기, 입론(논증), 비유적 표현 그리고 장식(치장)이다(310-18). 2인칭에서 1인칭으로 전환한 문제에 관해서는, "웅변가가 자신에게 질문들을 제기하는 입론(논증) 속에서 수사의문문들을 사용하는 것"으로 설명될 수 있다고 시사한다(Watson, 314). 또한 10장 31절부터 11장 1절까지의 권면이 10장 29b-30절의 두 수사의문문에 대하여 갖는 관계의 문제에 대해서는, 바울이 "'대화에서 의문문(질문)의 형태를 취하는 것을 가정하는'[Quint. *Inst.* 5.11.5] 그의 의문문들에 대하여 간접적으로 대답하는

---

37) D. F. Watson, "1 Corinthians 10:23-11:1 in the Light of Greco-Roman Rhetoric: The Role of Rhetorical Questions," *JBL* 108 (1989), 301-18.

형식을 사용하는 것"이라고 시사한다(Watson, 314, 317).

미첼은 1989년에 쓴 「바울과 화해 수사학: 고린도전서의 언어와 구성에 대한 석의적 연구」라는 박사학위 논문에서 "고린도전서는 다시 하나가 되도록 고린도에 있는 그리스도교 공동체를 설득하는 심의적 논증을 담고 있는 통일성 있게 작성된 단일한 편지(a single letter of unitary composition)이다"라는 명제를 제시한다.38) 이 명제를 증명하기 위한 방법론으로는 "문학적·수사학적 분석을 기초로 하여" 고린도전서의 통일성을 증명하기 위해 신약 본문들에 적용할 "수사비평을 위한 다섯 개의 명령"을 제안하였다(Mitchell, 7-26, 이 명령의 구체적인 내용은 나중에 수사비평 방법론을 논하는 곳에서 다룸). 그녀는 그리스-로마의 수사학 전통에 비추어 이루어지는 하나의 "역사-비평적인 수사학적 분석"으로서 고린도전서의 수사학을 연구하였는데, 이와 관련하여 그리스-로마의 수사학 전통에는 수사학 핸드북들과 실제의 연설들과 편지들이 포함되어야 한다고 생각한다(Mitchell, 10). 그녀는 본문의 수사학적 종류를 명명하는 문제를 회피하지 않고, 고린도전서가 심의적 수사의 본질적 특성을 공유하고 있다는 점을 증명하고자 노력한다(Mitchell, 27-89). 그녀는 심의적 입론(논증)에 적용되는 네 가지 특징적인 사실로 '심의 주제로서 미래의 시간에 초점이 맞추어지는 것', '정해진 일련의 호소들이나 목적들을 사용하는 데, 그 중 가장 뚜렷이 구별되는 것이 이익(τὸ συμφέρον)이라는 것', '예로 증명하

---

38) Mitchell, "Paul and the Rhetoric of Reconciliation: An Exegetical Investigation of the Language and Composition of 1 Corinthians," (Ph. D. diss., University of Chicago, 1989). 이 논문은 M. M. Mitchell, *Paul and the Rhetoric of Reconciliation: An Exegetical Investigation of the Language and Composition of 1 Corinthians* (HUT 28; Tübingen: J. C. B. Mohr [Paul Siebeck], 1991)라는 단행본으로 출간되었다. 별도로 언급하지 않는 한, 인용문의 출처는 논문이다.

는 것(παράδειγμα)' 그리고 '심의에 적합한 주제들을 다루는 것'으로 확인한다. 그녀는 또한 형식과 내용 사이의 관계 문제에 본격적으로 착수하여 고린도전서의 내용이 심의적 담화 형식에 적합하다는 점을 보여주는데, 심의적 담화는 대체로 파당주의라는 정치적 쟁점과 관계가 있다(Mitchell, 90-253). 미첼에 따르면, 고린도전서의 πρόθεσις(명제진술문)는 "형제들아 내가 우리 주 예수 그리스도의 이름으로 너희를 권하노니 모두가 같은 말을 하고 너희 가운데 분쟁이 없이 같은 마음과 같은 뜻으로 온전히 합하라"(개역개정판)는 1장 10절이며, 고린도전서 전체가 이 명제와 일치한다고 주장한다(Mitchell, 91). 이렇게 본문의 수사적 종류를 명명하고, 고린도전서의 내용이 심의적 담화 형식에 적합하다는 것을 증명한 후에 미첼은 더 나아가 고린도전서 전체의 구성을 분석해 낸다. 이러한 분석의 과정에서, 수사학석 단위는 구성적 단위가 되어야 한다는 점, 고린도전서의 장르는 서신이라는 점 그리고 수사학적 장르가 편지 본론(몸체)의 논증에 적용된다는 점을 분명히 한다(Mitchell, 30 n. 5, 254-414). 그런 다음에는 "바울이 1장 10절의 명제진술문을 지지하는 수사학적 완전체를 형성하도록 하기 위하여 고린도전서 전체에 걸쳐 하나가 되라는 많은 논증들과 하위논증들을 배열하였다"고 주장한다(Mitchell, 259). 그리고 고린도전서야 말로 "분열된 고린도 교회에 하나가 되라고 [편지] 전체에 걸쳐 권하는 통일성이 있는 심의적 편지"라는 결론에 이른다(Mitchell, 415).

1990년으로 넘어오면 고린도전서와 관련된 네 편의 수사학적 연구를 더 만나게 되는데, 와이어(Antoinette Clark Wire)의 손에서 나온 『고린도의 여성 예언자들: 바울의 수사학을 통한 재구성』,[39] 맥

---

39) A. C. Wire, *The Corinthian Women Prophets: A Reconstruction through Paul's Rhetoric* (Minneapolis: Fortress, 1990).

(Burton L. Mack)이 성서학안내서신약시리즈에 기고한 『수사학과 신약성서』,[40] 람페(Peter Lampe)의 「신학적 지혜와 '십자가에 관한 말씀': 고린도전서 1-4장에 나타난 수사학적 계획(책략)」이라는 소논문,[41] 그리고 도즈(Gregory W. Dawes)의 「'그러나 만일 네가 자유를 얻을 수 있다면'(고린도전서 7:17-24)」이라는 소논문이다.[42]

와이어는 그녀의 단행본에서 제목이 나타내는 바와 같이 1세기 고린도 교회에 있던 "여성 예언자들에 대한 묘사를 가능한 한 정확하게 재구성하려고" 노력한다(Wire, 1). 이 작업을 수행하기 위해 페렐만과 올브렉츠-타이테카(L. Olbrechts-Tyteca)가 상술한 '신수사학'을 일차적인 분석도구로 사용하면서 다음과 같이 주장한다.

> 고린도전서에 대한 수사학적 분석은, 바울의 편지를 고린도 여성 예언자들이 일정한 역할을 수행하는 특수한 논쟁적 상황 속에서 설득하려는 하나의 시도로 읽음으로써 바울이 고린도 여성 예언자들을 알았던 대로의 그들에 관하여 정확한 정보를 제공할 수 있다(Wire, 2-3).

와이어는 본문분석에서 두 개의 상이한 접근법을 취한다(Wire, 6-9). 먼저 편지 전체에 걸쳐 네 종류의 특정한 논증을 파악(확인)하여 추적하고("본문수사학", Wire, 12-38), 그다음에 한 번에 하나의 본문단위씩 분석해 나간다("구조수사학", Wire, 39-180). 그 결과, 그녀는 고린

---

40) B. L. Mack, *Rhetoric and the New Testament* (Guides to Biblical Scholarship New Testament Series; Minneapolis: Fortress, 1990). 이 책은 우리말로 번역되었다. 즉, 벌턴 L. 맥, 『수사학과 신약성서』 (유태엽 역; 서울: 나단출판사, 1993). 하지만 여기서 쪽수는 원서를 따른다.

41) Peter Lampe, "Theological Wisdom and the 'Word About the Cross': The Rhetorical Scheme in 1 Corinthians 1-4," *Int* 44 (1990) 117-31.

42) W. Dawes, "'But if you can gain your freedom' (1 Corinthians 7:17-24)," *CBQ* 52 (1990), 681-97.

도 여성 예언자들을 다음과 같은 말로 묘사할 수 있게 되었다.

　　많은 이들이[즉, 많은 여성 예언자들] 기도와 예언에 전념하기 위하여 다
른 사람의 몸에 대하여 행사하는 한 사람의 권위를 의미하는 성적 관계들을 거
부한다…. 고린도 여성 예언자들이 가지고 있는 신학의 기본적인 개요들은 잘
알려져 있다. 즉, 하나님은 그리스도를 죽은 자 가운데서 일으키심으로써 인간
을 재창조하기로 자유로이 결정하셔서 그리스도, 곧 하나님의 형상을 입은 모
든 이들은 더 이상 남자와 여자, 자유인과 노예(종), 유대인과 헬라인이 아니라,
하나님의 영, 곧 홀로 하나님을 아시는 하나님의 영으로 충만한 사람들이며, 이
영을 다른 이들에게 전하는 통로가 된다(Wire, 182, 184).

　　맥은 자신의 책 『수사학과 신약성서』에서 고전적인 그리스-로마 수
사학에 대하여 개관하고, 또 신약성서에서 입론(논증)의 존재가 증명될
수 있는 상당히 많은 예를 취하여 제시한다(Mack, 14-17, 25-48,
49-93). 수사학은 주로 문체(스타일)의 문제가 아니라, 입론(논증)의 문
제라는 '신수사학'의 통찰에 입각하여 고전 수사학에 대하여 개관하고,
신약성서에서 입론(논증)의 존재가 증명될 수 있는 수사학적 구성의
본문을 열여섯 개나 취하는데, 그중 세 개가 고린도전서, 즉 9장, 13
장 그리고 15장에서 나온다(Mack, 56-59, 60-66). 맥은 고린도전서 9
장에 나타나는 바울의 변호의 성격을 하나의 '사법적 책략'(a judicial
ruse)으로 묘사한다. 실제의 쟁점은 "사도로서 그의 권위의 지위(신분)"
와 관계가 있었고, 이는 본질상 "예찬적인" 것이었지만, 바울은 "법정
에서 자신을 변호하는 책략"을 활용하였다는 것이다(Mack, 35, 60-61).
그런데 실제의 쟁점에 대답하기 위하여 "바울은 사도로서 자신에 대한
찬사를 써냈다"고 주장한다(Mack, 63). 맥은 고린도전서 13장을 ἀγάφη
('아가페', "사랑")에 대한 "찬사"로 보고, "형식에 있어서는 본질적으
로 예찬적"이라고 단언한다(Mack, 35, 64). 그에 따르면, 바울은 기존

의 시를 이용하여 "영적 은사들이 공동체를 교화하는 데 사용되어야 함을 주장하였다"(Mack, 64-65). 하지만, 이러한 13장의 주장은 간접적인 것이며, 이 주장의 설득력은 주로 "시적 매력들"에 기인하는 것이지 "논리"에 기인하지 않는다고 본다(Mack, 66). 그리고 맥은 고린도전서 15장을 "수사학적 입론(논증)을 보여주는 하나의 완벽한 예"와 "명제를 상술함의 짧은 개요"를 따르는 "본질적으로 심의적인 연설문"으로 이해한다(Mack, 41-43, 56). 고린도전서 15장의 명제는 20절에 나타나며("그러나 이제 그리스도께서 죽은 자 가운데서 다시 살아나사 잠자는 자들의 첫 열매가 되셨도다"), 또 15장의 논변은 이 명제의 전반부(20a절)가 아니라, 후반부(20b절)를 지지하도록 구상되어 있다고 주장한다. 즉, 고린도전서 15장의 논변은 "케리그마가 죽은 자의 부활을 보증한다는 바울의 논쟁점"을 지지하려고 도입되었다는 것이다(Mack, 57-58).

람페는 고린도전서의 일정한 부분을 이해하는 문제에 대하여 새로운 해결, 곧 수사학적인 해결을 제시하려고 노력하였는데, 이 문제란 고린도전서 1장 18절부터 2장 16절까지의 문절이 분명하게 파벌(파당)을 다루는 문맥에 대하여 갖는 관계에 대한 것이었다. 그는 비록 고린도전서 1장 18절에서 2장 16절까지의 인접문맥이 파벌 경쟁과 관계가 있지만, 이 문절 자체가 파벌 경쟁을 직접적으로 언급하지는 않는다고 주장한다. 또한 이 본문(고전 1:18-2:16)에 대한 석의에 의거하여 이 단락 전체는 "일반적인 신학적 진술들을 제시할 뿐만 아니라, 또한 이차적 수준에서 은밀한 형식으로 파벌로 인한 무질서라는 분명한 문제를 목표로 삼는다"고 강력히 주장한다(Lampe, 117-28). 말하자면, 고린도 그리스도인들의 파벌 경쟁(1:26-2:5; 3:18-19)과 인간 사도들에 관하여 자랑함(2:6-16)에 대하여 바울은 은밀한 방식으로 그들을 꾸짖고 있었다는 것이다. 람페는 '이 은밀한 형식의 말'이 수사학자들(예를 들면, 퀸틸리아누스[Quint. *Inst.* 9.2])에 의해 '스케마'(σχῆμα)로 불렸다는 점을 지적한다. 그렇다면, 바울은 고린도전서 1장 18절부터 2장 16절에서 '스케마'를 사용함으로써 일부 고린도인들의 충성을 각기 한 몸에 받은 게바나 아볼로와 같은 영향력 있는 인물과 아무런 충돌도 일으키지 않고 파벌로 인한 무질서에 대하여 반대론을 펼 수 있었다고 보는 것이다(Lampe, 128-31).

도즈 역시 람페와 비슷하게 고린도전서의 한 문절을 상설하는 데 초점을 맞추었는데, 특히 고전적인 고대 그리스-로마 세계에서 '파레크바시스'(*parekbasis*) 혹은 '디그레시오'(*digressio*, "여담 혹은 수사학적 이탈")로 알려진 수사학적 기법을 사용하여 특정한 고린도전서 본문을 상설하려고 노력하였다. 즉, 고린도전시 7장 전체의 입론(논증) 속에서 17-24절이 수행하는 기능이 무엇인지에 대한 문제에 본격적으로 착수한 것인데, 이 절들은 "바울이 결혼과 독신에 관해 말하고자 하는 바가 무엇인지에 대해 주의 깊게 균형을 잡아주는 예증"을 이룬다고 주장한다(Dawes, 684). 7장 17-24절은 "중심 되는 주제에서 빗나가 버린 것"이 아니라 "입론(논증)의 일부"라는 이야기이다(Dawes, 683).[43] 도즈는 그의 주된 질문, 즉 고린도전서 7장 전체 속에서 17-24절이 발휘하는 기능의 문제에 답하는데 필요한 여러 단계를 거치는 가운데 (Dawes, 684-94),[44] 또한 바울이 고린도인들의 마음속에 있는 독신을

---

43) '파레크바시스'(παρέκβασις)라는 술어의 보다 더 전문적인 의미에 대해 Quint. *Inst.* 4.3.4를 보라. 이는 "우리 연설의 논리적 순서에서 이탈함을 수반하는 문절(본문) 속에 나타나는 어떤 주제, 하지만 사건(소송, 주장, 문제, case)에 약간 관계가 있음에 틀림없는 주제를 다루는 것이다."
44) 그가 취한 단계들은 (1) 17-24절 자체에 대한 상세한 고찰, (2) 17-24절의 7장 나머지에 대한 관계 조사, (3) 고전 3:5-7과 15:35-44a에 나타나는 바울의

향한 긍정적인 태도와 결혼을 향한 부정적인 태도에 응답하기 위하여 17-24절에서 특정한 예증으로 선택한 할례와 노예제도의 역할에 대해서도 관심을 기울인다. 도즈는 이 할례와 노예제도가 고린도인들 가운데서 쟁점이 되었던 것으로 보이지 않는다고 주장한다(Dawes, 694-96). 결혼과 독신의 문제에 대한 바울의 답변 방식으로 돌아가면, 도즈는 바울이 고린도인들의 결혼에 대한 부정적인 태도와 독신에 대한 긍정적인 태도에 대하여 결혼과 독신 양자 사이의 선택을 상대화시킴으로써 대답함을 관찰한다. 바울은 결혼이 나쁘지 않고 독신이 좋지 않다고 답한다는 것이다(고전 7:1-7). 하지만, 도즈는 바울이 독신을 선호한다는 점을 아주 분명히 했다고 본다(7-8, 25-35, 36-38 그리고 40절). 그리고 바울이 노예제도라는 두 번째 예증을 편입시킨 것은 "이 [독신을] 선호함의 본질을 표현하기 위해서"였다고 주장한다. 노예(종)가 자유인이 될 수 있는 기회를 사용할 수 있는 것처럼(21b절), 독신주의자 혹은 미혼자는 "오로지 전심하여 주께 헌신하고 있는 이 기회를 이용하라고 강권함을 받는다"(35절)(Dawes, 696). 그러므로, 17-24절은 "진정한 '디그레시오'(digressio)이며, 선택된 두 예증은 그 속에서 각각 수행하는 역할이 있다"고 결론짓는다(Dawes, 697).

예증 사용 연구 그리고 (4) 21b절의 유명한 *crux interpretum*('어찌 할 바를 모르게 하는 해석의 문제') 해석 등이다. 그리고 그가 찾아낸 사항 중 몇 가지는 다음과 같다. (1) "사람이 부르심을 받은 그 부르심 그대로 지내라"는 일반적인 원칙이 17-24절, 특히 17, 20, 24절에서 주어진다. (2) 27절과 18절 사이의 대구법 구조는 17-24절이 25-35절과 관계가 있음을 나타낸다. (3) 바울에게 있어 자기의 입론(논증)을 형성할 때 두 개의 예증을 사용하여 서로를 수정하고 보완하게 하는 것이 이례적인 일이 아니다. 그리고 (4) 21b절의 ἀλλ' εἰ καὶ δύνασαι ἐλεύθερος γενέσθαι, μᾶλλον χρῆσαι는 "그러나 만일 사실상 네가 자유롭게 될 수 있다면 [이 기회를] 이용하라"로 해석하는 것이 더 좋은데, 이는 17, 20, 및 24절에서 주어진 일반적인 규칙에 예외를 허용하는 해석이다.

가장 최근인 1991년에는(이는 연구 당시로서 가장 최근임) 스미트 (J. Smit)가 「고전 수사학에 비추어서 본 고린도전서 13장의 장르」 라는 소논문을 내었다.[45] 그는 고전적, 헬레니즘 수사학을 체계적으로 사용하여 고린도전서 13장의 장르 문제를 조사하려고 시도하였는데, 고린도전서 13장이 "의전적 연설"(genus demonstrativum, γένος ἐπιδεικτικόν, '예증적 연설')에 해당하는지에 대하여 질문을 던지고, "헬레니즘 수사학 핸드북들이 '의전적 연설(예증적 연설)'에 적용하라고 하는 지시들과 고린도전서 13장이 나타내는 특성들" 사이를 세 단계로 비교하였다. 세 단계는 '사전적-구문론적 수준에서의 문체('스타일') 비교', '의미론적 수준에서의 내용 비교' 그리고 '실제적 수준에서의 목표 비교'이다(Smit, 195-214). 스미트는 이 세 단계를 거쳐 고린도전서 13장이 "사랑을 찬미하는 송가"가 아니라, "고린도전서 12-14장의 광대한 심의적인 논증 속에서 예증적 논증(논변)이라는 여담(수사학적 이탈)을 형성한다"고 주장한다(Smit, 213-15). 그리고 이 여담은 "'카리스마타' 의 평가 절하"라는 기능을 성취한다(Smit, 215).

▌3. 어느 수사학을? '옛' 것? 혹은 '새' 것?

방금 수행한 개관을 통해 수사/수사학이 성서 연구에서 많이 사용된다는 것과 학자들이 서로 다른 방식들로 수사/수사학이라는 말을 사용

---

45) J. Smit, "The Genre of 1 Corinthians 13 in the Light of Classical Rhetoric," *NovT* (1991), 193-216. 그리고 1991년 이후에 고린도전서에 대하여 이루어진 연구들에 대해서는, Duane F. Watson, *The Rhetoric of the New Testament: A Bibliographic Survey*(Tools for Biblical Study series 8. Blandford Forum, UK: Deo Publishing, 2006)의 '고린도전서' 항목과 이 책의 '에필로그' 및 '참고도서'의 업데이트된 부분을 보라.

함을 볼 수 있었다. 이는 어느 데살로니가서의 수사학적 연구서에 대한 서평에서 나온 "수사학적 분석은 또한 내게 설득력이 없다. 한 예로서, 이 분야 전문가들의 수사학적 분석이 일치하지 않는다. 사소한 차이점들이 예상은 되지만, 여기서 이 차이점들이 상당하다"라는 부정적인 평가처럼,[46] 성서본문에 대한 수사학적 연구의 설득력을 저해하는 측면이 있는 것이 사실이다. 이 문제는 부분적으로 수사학을 신약 연구에 사용함의 정당화를 통해, 또 부분적으로 표준적인 수사비평 방법론 정립을 통해 극복할 수 있을 것이다.[47] 이는 자연스럽게 수사비평의 정의와 방법론에 대한 논의로 이끈다.

고린도전서 전체 혹은 일부의 수사학적 연구에 대한 개관을 통해 두 가지 유의미한 관찰이 가능해졌다. 첫째로, 이미 언급했듯이 수사/수사학이라는 말이 사람에 따라 각기 다른 것을 가리키고, 수사학이 성서학에서 다양하게 사용될 수 있었다. '수사/수사학'의 많은 의미들 가운데 특히 두 가지가 고린도전서에 수사학을 활용한 자들 가운데서 서로 경합을 벌였다. 하나는 페렐만이 상술한 "신수사학"이고, 다른 하나는 옛 고전 수사학이다. 그리고 둘째로, 방법론적인 측면에서 고전 수사학이 사용될 때 아주 단편적이었다. 즉, 고전 수사학의 전 체계가 아니라 일정한 국면(예를 들면, 수사학적 기교 혹은 장치) 혹은 일부(예를 들면, 배열)만 선정된 성서 본문들 연구에 활용되었다는 것이다. 따라서 이 연

---

46) W. C. Linss, review of *The Thessalonian Correspondence: Pauline Rhetoric and Millenarian Piety*, by Robert Jewett, in *CurTM* 19 (1992), 136.

47) 수사비평과 성서에 대한 몇 가지 수학적 연구에 대한 최근의 개관을 위해서, Black II, "Rhetorical Criticism," 252-58; "Rhetorical Questions: The New Testament, Classical Rhetoric, and Current Interpretation," *Dialog* 29 (1990), 62-70; J. Lambrecht, "Rhetorical Criticism and the New Testament," *Bijdr* 50 (1989) 239-53; 그리고 M. J. Medhurst, "Rhetorical Dimensions in Biblical Criticism: Beyond Style and Genre," *QJS* 77 (1991) 214-26을 보라.

구를 진행하는 과정에서 '수사/수사학', '수사학적 비평/수사비평'을 거론할 때 그러한 말이 도대체 무엇을 가리키는 것인지에 대하여 좀 더 정확하게 규정할 필요가 생겼다.[48] 이 연구에 어떤 수사학을 활용할 것인가? 오래된 수사학인가? 혹은 새로운 수사학인가? 하는 것이다.

수사학과 수사비평에 관한 여러 현대적 이론과 시각은 고전 수사학에 근거를 둔 전통적인 수사학으로부터 탈출하려는 시도로 특징지어진다.[49] 우리 시대의 수사학과 수사비평 이론들과 시각들은 현대의 신아리스토텔레스학파 이론가들에 의해 채택되었는데, "고대인들이 가르친 설득의 수사학 한계"를 극복하려고 노력하고,[50] 따라서 "20세기의 개념들과 필요들에 적합한 이론"을 개발하려고 힘쓴다.[51] 즉, 수사학 및 수사비평의 현대 이론들과 관점들은 "사람과 실재에 대한 현대적 견해들과 좀 더 양립할 수 있을 새로운 제계들을 수립하려는" 시도들인 것이다.[52] 험프리즈(R. A. Humpries)의 통찰을 빌리자면, "[둘 사이의] 본질적인 차이는 고전 수사학은 향학심에 불타는 웅변가들을 훈련시키려고 고안된 규범적인 과목인 데 반해, 현대 수사학은 광범위하게 다양한 언어 의사소통을 분석하는 데 대부분의 에너지를 쏟는다는 데 있다."[53] 이러한 현대 수사학 이론들 가운데 각별한 관심을 끄는 것은 다름 아닌 페렐만(Chaim Perelman)이 상술한 "신수사학"(New Rhetoric)

---

48) Kessler, "A Methodological Setting for Rhetorical Criticism", 1-19.
49) 이 단절의 원인에 관한 간략한 논의에 대해 Black II, *Rhetorical Criticism,* 91-177; Brock, Scott, and Chesebro, *Methods of Rhetorical Criticism,* 86-87; 그리고 R. E. Young and A. L. Becker, "Toward a Modern Theory of Rhetoric: A Tagmetic Contribution," in *New Rhetorics*, 85를 보라.
50) Corbett, *Classical Rhetoric,* 627.
51) Bitzer and Black, eds., *The Prospect of Rhetoric,* v.
52) Brock, Scott, and Chesebro, eds., *Methods of Rhetorical Criticism,* 172.
53) Humpries, "Paul's Rhetoric of Argumentation in 1 Corinthians 1-4," 24-25.

이다. 왜냐하면 위의 개관에서 살펴보았듯이 페렐만의 저술이 성서본문에 대한 몇몇 수사학적 연구에 지대한 영향을 끼쳤기 때문이다.

가. 페렐만의 '신수사학'

1930년대부터 1970년대까지의 기간 동안에 "옛" 고대 수사학에 대조되는 "신수사학" 혹은 "신수사학들"에 대한 간헐적인 이야기들이 있어 왔다.[54] 스타인만(Steinmann, Jr.)은 "나는 '신수사학'(단수형)보다는 '신수사학들'(복수형)을 말하는데 왜냐하면 수사/수사학에 대한 현대적 개념들이 아주 다양해서 단 하나의 과목이 아니라 한 가족의 새로운 과목들이 발전하고 있는 것으로 보이기 때문이다"라고 촌평한다.[55] 하지만 오늘날 "신수사학들"이라는 술어는 사용되지 않고 "관점들"이라는 술어로 대체되었는데,[56] 그럼에도 불구하고 페렐만이 자신의 수사학 이론을 스스로 "신수사학"이라고 불렀다는 것은 주목할 만하다. 그의 "신수사학"에 대해서는 상반되는 평가가 존재한다. 한편으로, 콜베트(Edward P. J. Corbett)는 "그러나 이른바 '신수사학'을 공부하면서 나는 새로운 것이라고 제시된 것이 얼마나, 새로운 장식이나 새로운 술어로 입혀진 아리스토텔레스에 지나지 않음에 대해 놀랄 따름이다"라고 부정적으로 평하지만,[57] 피셔(W. R. Fisher)는 "페렐만의 수사학 이론은 케네스 벌크의 수사학 이론과 함께 20세기의 가장 중요한 수사학 이론 가운데 하나로 간주되어야 한다"고 긍정적으로 평한다.[58]

---

54) Corbett, *Classical Rhetoric*, 627-30.

55) Steinmann, Jr., *New Rhetorics*, iii.

56) Brock, Scott, and Chesebro, eds., *Methods of Rhetorical Criticism,* 87, 172-73.

57) Corbett, "Rhetoric in Search of a Past, Present, and Future," in *The Prospect of Rhetoric*, 169-70.

페렐만의 수사학 이론은 그 자신이 철학과 법학을 연구하던 가운데 그에게 제시된 필요성, 곧 "가치 판단의 논리"59)를 발견해야 할 필요성에서 기원하였다.60) 바꾸어 말하면, 페렐만은 자신의 연구과정 속에서 "인간사에 있어 의사결정의 문제들"에 대답하는 방법을 찾아야 할 필요성을 느꼈다는 것이다.61) 이로 인하여 그는 아리스토텔레스의 『논제론』("전제론", '토피카', Topics)과 『수사학』(Rhetoric)에서 전개된 변증적 추론과 수사학 개념으로 눈을 돌리게 되고, 아리스토텔레스의 변증법적 추론 개념을 자연스럽게 발전시키고 확장시켰다. 한 마디로, 페렐만이 해놓은 일이란 "청중을 고려하는 하나의 추론 연구 분야로 논제론('토피카')과 수사학을 묶은 것"이며, 그는 이 과목을 "신수사학"이라고 불렀다.62)

---

58) W. R. Fisher, "The Narrative Paradigm: An Elaboration," in *Methods of Rhetorical Criticism*, 244.

59) R. D. Dearin, "The Philosophical Basis of Chaim Perelman's Theory of Rhetoric," *QJS* 55 (1969), 224.

60) C. Perelman and L. Olbrechts-Tyteca, *The New Rhetoric: A Treatise on Argumentation* (Notre Dame and London: University of Notre Dame Press, 1969), 1-10; Perelman, "The New Rhetoric: A Theory of Practical Reasoning," in *The Rhetoric of Western Thought*, 391-419; "The New Rhetoric," in *The Prospect of Rhetoric*, 115-22; *The Realm of Rhetoric* (Notre Dame and London: University of Notre Dame Press, 1982), 1-8; "Old and New Rhetoric," in *The Rhetoric of Western Thought*, 422-27; 그리고 "The New Rhetoric and the Rhetoricians," 188-96.

61) Corbett, *Classical Rhetoric*, 627.

62) Perelman, "The New Rhetoric," 118; "The New Rhetoric: A Theory of Practical Reasoning," 399.
    페렐만의 '신수사학'에 대한 편리한 요약이나 간명한 개관에 대해 C. C. Arnold, "Perelman's New Rhetoric," *QJS* 56 (1970), 87-92; Introduction to *The Realm of Rhetoric*, by C. Perelman (Notre Dame and London: University of Notre Dame Press, 1982), vii-xx; Corbett, *Classical Rhetoric*, 628-30; Dearin, "The Philosophical Basis," 213-24; D. Ehninger, "Science, Philosophy, and Rhetoric: A Look Toward the Future," in *The Rhetoric of Western Thought*, 629-31; Golden, Berquist, and Coleman, *The Rhetoric of Western*

그러면, 신수사학의 본질은 무엇인가? 본질상 이 신수사학은 하나의 "입론(논증) 이론"이라 할 것이다.[63] 입론(논증)이 무엇인지에 대해 페렐만은 다음과 같이 말한다.

> 입론(논증)은 항상 연설자라 불리는 사람에 의해—말이나 글을 통해—청취자들 또는 독자들이라는 청중에게 전달된다. 그것은 어떤 명제에 대한 청중의 지지(adherence), 즉 연설자가 바라는 것에 대한 동의를 획득하거나 강화시키는 것을 목표로 한다. 옛 수사학과 마찬가지로, 신수사학은 설득하거나 납득시키려고 노력한다. 즉, 결국에는 행동하고 싶어 하는 의향을 통하여 나타날 수 있지만, 우선 처음에는 '이론적'일 수 있는 지지 혹은 즉각적 행동 곧 결정을 내리는 일을 유발하거나, 아니면 행동의 실행을 유발하는 '실천적'일 수 있는 지지를 획득하려고 노력하는 것이다.[64]

다른 말로 표현하면, "입론(논증)은 보통, 꽤 많은 수의 논증을 청중이 하나의 명제나 둘 이상의 명제를 지지하게 하는 목표와 결합하는, 가변적인 길이의 말이나 문자에 의해 말하여지거나 기록된 담화"이다.[65] 아놀드(C. C. Arnold)는 이에 대하여 "이 '신수사학'은 '기술/예술' 혹은 '수사/수사학의 철학'이라는 통상적인 의미에서의 '수사학'이 아니다. 내가 읽는 대로는 확장된 논증, 곧 '청중이 일정한 명제들에 대해 지지(고수)하도록 영향을 끼치는 담화'이다'라고 요약한다.[66] 페렐만에게 있어 연설들의 목표는 "가치에 대한 지지(고수)를 강렬하게 하고, 행동하고자 하는 의향이 생기게 하고. 또 마지막으로 사람에게 행동하도록 하는 것"이다.[67]

Thought, 389-91, 420-22; 그리고 T. O. Sloan and Ch. Perelman, "Rhetoric in philosophy: the new rhetoric," in *The New Encyclopaedia Britannica* (Macropaedia vol. 15; Chicago: Encyclopaedia Britannica, 1974), 803-5 등을 보라.

63) Perelman, "The New Rhetoric: A Theory of Practical Reasoning," 399.
64) Perelman, "The New Rhetoric: A Theory of Practical Reasoning," 400.
65) Perelman, "The New Rhetoric: A Theory of Practical Reasoning," 412.
66) Arnold, *Perelman's New Rhetoric,* 87.
67) Perelman, "The New Rhetoric: A Theory of Practical Reasoning,", 397.

이와 관련하여 주목해야 할 점은 페렐만이 수사학의 '예찬적 장르'의 중요성을 절대적으로 강조한다는 것이다. 그는 "예찬적 연설들은 …… 행동을 정당화시키는 것을 가능케 하는 가치들에 대한 헌신을 우리 안에서 증진시킨다"고 주장하고, 예찬적 장르를 가치에 관한 공감(communion)을 만들어내고 강렬하게 하는 기능을 수행하는 '뛰어난' 교육적 장르로 간주하며,68) 또 "내 견해로는 예시적 장르가 담화에 중심적인 것이 되는데, 이 장르의 역할이 가치에 대한 지지(고수)를 강렬하게 하는 것이기 때문이다"라고 단언한다.69) 그리하여 고대 수사학자들(예를 들면, Arist. *Rh.* 1.3.2-3.1358b)과는 달리, 페렐만은 '예찬적 수사'가 단지 칭찬하거나 책망하는 것이 아니라, 청중의 행동 선택에 영향을 끼치는 것이라고 확신한다. 그에 의하면, 청중의 행동 선택에 영향을 끼치기 위하여 연설자는 가치에 호소하며, "가치에 대한 지지를 강화시키려는 노력은 …… 예찬적 담화에서 이루어진다."70)

페렐만은 수사학과 입론(논증)으로 "광범위한 분야의 형식화되어 있지 않은 생각(nonformalized thought)"을 다루게 함으로써 수사학과 입론(논증)을 확장하였다.71) 페렐만은 고전 수사학에서 영감을 받았으며, 그의 전반적 입론(논증) 이론을 형성함에 있어서 아리스토텔레스의 『수사학』과 『논제론('토피카', "전제론")』에서 분석된 논증의 기교들을 결합시켰다.72) 그러나 여기에 머물지 않았다. 동시에 그의 신수사학은 자신의 철학과 인식론에 따라 "옛" 수사학을 개정하려는 의식

---

68) Perelman, "The New Rhetoric," 116.

69) Perelman, *The Realm of Rhetoric*, 19-20.

70) Perelman, "The New Rhetoric: A Theory of Practical Reasoning," 404.

71) Perelman, *The Realm of Rhetoric,* 162.

72) Dearin, "The Philosophical Basis," 224.

적인 노력이었다.[73] 페렐만은 "고전학자 훨씬 그 이상이다. 여러 매우 중요한 점에서 그는 의미심장하게도 고대 가르침에서 떠나 있다."[74] 따라서 필자는 그의 신수사학이 모든 장점에도 불구하고 성서본문에 대한 수사학적 연구에 이르러서는 제한된 용도, 곧 입론(논증) 분석의 용도에만 유용하다고 생각한다. 고대 수사학에서 입론(논증)이 차지한 중심적 위치에 대한 페렐만의 재발견으로 인하여 우리는 고전 수사학에서 차지하는 입론(논증)의 중요성을 새롭게 알게 되었다.[75] 이런 점에서 많은 학자들이 성서 본문에 대한 수사학적 연구에 페렐만의 "신수사학"을 활용해 왔다.

나. 고전 수사학과 이를 신약연구에 활용함의 정당성

케슬러가 관찰한 바와 같이, "수사학에 대한 현대의 관심은 보수적 노선과 진보적 노선을 따라 움직인다."[76] 즉, 관심을 고전 수사학에 제한하는 이들이 있고, 문학비평 내에서 넓어진 수사학 환경을 추구하는 이들(고전 수사학에 현대적 수사학 이론을 접목시켜 확장하려는 이들)이 있다. 혹은 고전 수사학을 전적으로 무시하고 현대적 문학 이론 내지 수사학 이론만을 추구하는 이들도 있다. 이렇게 두 세 갈래로 진

---

73) Perelman, *The New Rhetoric*, 1-6, 21, 47-51, 84-85; "The New Rhetoric," 115-18; "The New Rhetoric: A Theory of Practical Reasoning," 395-97, 400; "Old and New Rhetoric," 426; 그리고 *The Realm of Rhetoric*, 4-5, 18-20.

74) Golden, Berquist, and Coleman, *The Rhetoric of Western Thought,* 389.

75) Perelman, "The New Rhetoric," 122. 또한 Lambrecht, "Rhetorical Criticism and the New Testament," 247; Mack, *Rhetoric and the New Testament*, 14-24; 그리고 Wire, *The Corinthian Women Prophets*, 2-3, 7, 12, 198 등을 보라.

76) Kessler, "A Methodological Setting," 15, n. 3.

행되고 있는 성서에 대한 수사비평적인 연구 속에서 필자가 '수사학'이라 할 때 '고전적인 그리스-로마 수사학'을 가리킨다. 왜냐하면 이 연구는 "1세기에 작용하는 문학적/수사학적 규약들에 비추어 고린도전서 [15장]에 대하여 역사적으로 수사학적인 분석을 하려는 것"이기 때문이다.[77] 이렇게 함으로써 기원후(C.E., "공통시대") 1세기의 산물인 신약 본문을 분석할 때 역사적인 통제를 발휘할 수 있게 된다.[78]

아리스토텔레스(Aristotle)는 수사학에 대하여 "어떤 주제에 관하여서든 가능한 설득의 수단을 발견하는 능력"(δύναμις περὶ ἕκαστον τοῦ θεώρησαι τὸ ἐνδεχόμενον πιθάνον)으로 정의하고(*Rh.* 1.2.1.1355b), 또 퀸틸리아누스(Quintilianus)는 "말을 잘함에 관한 과학"(*bene discendi scientia*)으로 정의한다(*Inst.* 2.14.5; 2.15.34, 38). 아리스토텔레스의 정의는 형식적인 국면과 기능적인 국면을 결합하는 명백한 이점이 있다.[79] 하지만 수사학과 철학 간의 잘 알려지고 뿌리 깊은 갈등은 제쳐놓더라도[80] 성서 본문을 수사학으로 다루는 것에 대하여 일정한 주

---

77) Mitchell, *Paul and the Rhetoric of Reconciliation,* 8.

78) Fiore, "Rhetoric and Rhetorical Criticism," 718(="고전 수사학의 원리들에 기초한 수사비평은 역사적 관점을 가지고 있으며 따라서 직접적으로 전통적인 역사비평을 보완한다").

79) R. K. Duke, *Persuasive Appeal of the Chronicler: A Rhetorical Analysis* (JSOTSup 88; BLS 25; Sheffield: Almond, 1990), 29-30; Kennedy, *New Testament Interpretation,* 13; Kessler, "A Methodological Setting", 2; J. J. Murphy, ed., *A Synoptic History of Classical Rhetoric* (Davis: Hermagoras, 1983), 173; 그리고 Perelman, *The New Rhetoric*, 25를 보라.

80) 이에 대하여 B. Cloonan, "The Effect of Classical Rhetoric upon Christian Preaching during the First Five Centuries A.D." (Ph. D. diss., Pennsylvania State University, 1959), 61-85; G. A. Kennedy, *The Art of Persuasion in Greece* (Princeton: Princeton University Press, 1963), 14-25; *Classical Rhetoric and Its Christian and Secular Tradition from Ancient to Modern Times*, 41-60, 81, 89; J. L. Kinneavy, *Greek Rhetorical Origins of Christian Faith: An Inquiry* (New York and Oxford: Oxford University

저함이 여전히 남아 있다. 와이어는 "복음에 대한 신약성서의 방어를 수사/수사학으로 묘사하는 것에 주저함이 있다"고 언급하고, 롱맨(T. Longman III)은 성서에 대한 문학적 접근에 관하여 유사한 유보함이 있다는 것을 간략히 기술하고, 케네디와 키니어비(J. K. Kinneavy)는 "수사학은 20세기 중반에 얼마간 의심스러운 예술(기술)로 간주되었다"는 분위기를 지적하고, 또 브루스(F. F. Bruce)는 베츠(Hans Dieter Betz)의 갈라디아서 주석에 대하여 언급하면서 "하지만 갑작스럽게 직면한 위기에 대한 흥분과 긴박감 속에서 과연 바울이 의식적으로 수사학 학교들의 규범에 따라 편지를 작성하려고 하였는지 사람이 의아해할 수 있다"고 촌평한다.[81] 이러한 주저함으로 인하여 신약 본문을 해석함에 있어 고전 수사학을 활용함의 정당성을 확인하는 일이 필요하게 되었다. "바울의 수사학 과목과 문학 과목 및 문화에 대한 관계의 총체적 문제가 …… 아직 적절하게 논의된 적이 없다"는 베츠의 관찰이 여전히 유효하지만,[82] 신약연구에 그리스-로마 수사학을 사용함은 다음과 같은 이유들로 정당화될 수 있다. 이 정당성들은 논쟁과 반대의 주제들이 될 수도 있지만, 이 연구에서 취하는 기본적인 자세

Press, 1987), 40-44; Mack, *Rhetoric and the New Testament*, 27; I. H. Marrou, *A History of Education in Antiquity* (tr. George Lamb; A Mentor Book; New York; New American Library of World Literature, 1964), 287-90; 그리고 Vickers, *In Defense of Rhetoric*, 82-213을 보라.

81) Wire, *The Corinthian Women Prophets,* 9-11; T. Longman III, *Literary Approaches to Biblical Interpretation* (Foundation of Contemporary Interpretation 3; Grand Rapids: Zondervan, 1987), 8-10; G. A. Kennedy, *Greek Rhetoric under Christian Emperors* (Princeton: Princeton University Press, 1983), xv-xvii; Kinneavy, *Greek Rhetorical Origins* , 24-25, 100, 143; 그리고 F. F. Bruce, *The Epistle to the Galatians: A Commentary on the Greek Text* (NIGTC; Grand Rapids: Eerdmans, 1982), 58.

82) H. D. Betz, *Galatians: A Commentary on Paul's Letter to the Churches in Galatia* (Hermeneia; Philadelphia: Fortress, 1979), 14.

('스탠스')를 나타낸다.

첫째로, 신약연구에 고전 수사학을 사용하는 것은 역사적으로 정당화된다.[83] 기원전(B.C.E., "공통시대 이전") 약 3백 년에 걸친 점진적인 헬라화 과정의 결과로 기원후 1세기의 그리스-로마 세계는 헬라 문화로 가득 찼다. 헬레니즘 문화의 특징적 현상 중 두 가지는 바로 헬라 언어('코이네'[κοινή] 헬라어)와 수사학이었다.[84] 고대 그리스 사회에서 수사학은 "교육의 필수 부분이자 시민 생활의 기초"였다.[85] 이 현상은 그리스-로마 세계에서 달라지지 않았다. 수사학은 중등학교 교과과정에서 주요 역할을 했으며, 고등교육에서 중요한 자리를 차지하였다.[86] 학교의 수사학 이론들은 시민 생활의 다양한 분야에 걸쳐 "거의 모든 형태의 구두 소통 및 문서 소통"에 적용되었다.[87] 따라서, 수사학과 수사학의 산물들(예를 들면, 연설 등)의 이용도는 학교에서 정식 수사학 훈련을 받을 여유가 있는 사람들에게만 국한되지 않았다는 점을 지적하지 않을 수 없다. 정식 훈련을 받지 못한 자들도 수사학과 수사학의 산물을 접하곤 했다. 헬라 모델을 따라 도시가 세워진 곳은

---

83) Kennedy, *New Testament Interpretation*, 8-10.

84) M. Hengel, *Judaism and Hellenism: Studies in Their Encounter in Palestine During the Early Hellenistic Period* (2 vols.; tr. J. Bowden; Philadelphia: Fortress, 1974), 특히 1: 69-70, 95, 98, 105, 130; 2: 68, 142(=마르틴 헹엘, 『유대교와 헬레니즘: 기원전 2세기 중반까지 팔레스타인을 중심으로 한 유대교와 헬레니즘의 만남 연구』 1, 2, 3권 [한국연구재단 학술명저번역총서 서양편 340, 341, 342; 박정수 역; 서울: 나남, 2012); *The Hellenization of Judaea in the First Century after Christ* (tr. J. Bowden: London/Philadelphia: SCM/Trinity, 1989), 7-29; Kinneavy, *Greek Rhetorical Origins*, 56-100; 그리고 Mack, *Rhetoric and the New Testament*, 28-31.

85) Kennedy, *Art of Persuasion*, 14.

86) Clark, *Rhetoric in Greco-Roman Education*; Fiorenza, "Rhetorical Situation," 386; Mack, *Rhetoric and the New Testament*, 10; 그리고 Marrou, *A History of Education in Antiquity*, 84-87, 125-30, 267-81, 338-40, 및 381-85.

87) Kennedy, *New Testament Interpretation*, 10; 그리고 *Art of Persuasion*, 6-7.

어디든지, 거기에 있는 모든 사람은 체육관, 극장 그리고 시장터 (ἀγορά)에서 연설을 하거나 연설을 듣는 기회를 곧잘 가지곤 하였다.88) 헬레니즘 시대의 문화는 "수사학 문화"였으며, 수사학과 수사학의 산물들은 "충분히 공공의 업무"가 되었다.89) 십중팔구, 복음서 기자들과 바울을 포함하여 초대 기독교인들은 수사학에 노출되었고, "연설의 수사를 들을 수 있도록 훈련된 귀"를 가지고 있었다.90) 이 점에 관해 론지네커(R. N. Longenecker)는 "바울은 거의 무의식적으로 바로 가까이에 있는 수사학적 형식들을 이용했던 것으로 보인다"고 관찰한다.91)

둘째로, 신약연구에 수사학을 사용하는 것은 철학적으로 정당화된다.92) 문명세계에서 인간이 함께 사는 곳은 어디든지, 설득을 하기 위하여 언어를 사용한다. 설득의 필요성이 있는 곳, 그곳에는 수사학이 있게 마련이다. 이런 의미에서 수사학은 "인간 지성과 마음의 기본 활동에 의해 또 모든 인간 사회의 본질에 의해 조건이 형성되는 보편적 현상"이다(Arist. *Rh.* 1.1.1-2.1354a 참조).93) 하지만 수사학을 개념화

---

88) Kinneavy, *Greek Rhetorical Origins,* 56-100; 그리고 Mack, *Rhetoric and the New Testament*, 28-31.

89) Mack, *Rhetoric and the New Testament*, 29, 30.

90) Mack, *Rhetoric and the New Testament*, 31.

91) R. N. Longenecker, *Galatians* (WBC 41; Dallas: Word Books, 1990), cxii-cxiii 그리고 cxix. 하지만, 한 걸음 더 나아가 바울이 "정식 헬라 수사학을 충분히 교육" 받았으리라는 가능성을 제안하는 학자들도 있다. 예를 들면, 앞에서 개관한 바 있는 뷘커는 바울이 학교 수사학을 배웠다고 주장하고, 또 포브스(C. Forbes, "Comparison, Self-Praise and Irony: Paul's Boasting and the Conventions of Hellenistic Rhetoric," *NTS* 32 [1986], 1-30[특히 23-24 쪽])는 고린도후서 10-12장을 분석함에 있어 비교, 자기자랑(자찬) 그리고 '아이러니'(반어법)의 수사학적 규약들을 적용한 후에 그러한 가능성을 제시한다.

92) Kennedy, *New Testament Interpretation*, 10-12.

93) Kennedy, *New Testament Interpretation*, 10. 흥미로운 것은 헬라 수사학이

하고, 수사학적 기술 혹은 예술들을 확인하고, 그것들에 명칭을 부여한 것은 바로 헬라인들이었다.[94] 그들과 더불어 기술/예술로서의 수사학이 시작되었으며, "고대 수사학의 역사는 대체로 그것에 많은 저자들과 교사들이 공헌을 한 하나의 위대하고, 전통적인 이론이 성장한 역사"라 평가할 수 있다.[95]

셋째로, 신약연구에 수사학을 사용하는 것은 신약의 저술들, 특히 편지들이 본질상 수사학적이라는 점에서 정당화된다. 키니어비는 "만일 사람이 과학, 수사학 그리고 시학 간의 역사적 구별에 비추어 성서라는 책을 고찰한다면, 그는 성서가 대체로 수사학적이라고 말할 수밖에 없을 것이다"라고 주장한다.[96] 특히 시적인 작품들과는 달리(엄밀

적용되지 않을 것 같은 구약성서 본문에 적용한 연구들도 있다. 예를 들면, Y. Gitay, *Prophecy and Persuasion: A Study of Isaiah 40-48* (Forum Theologiae Linguisticae 14; Bonn: Linguistica Biblica, 1981); Duke, *Persuasive Appeal of the Chronicler* 등이 있다. 하지만, 이러한 접근법에 대해 키니어비(Kinneavy, *Greek Rhetorical Origins,* 104-6; *A Theory of Discourse: The Aim of Discourse* (New York: Norton, 1980), 242-43, 248-49, 252-55)는 몇 가지 비판을 가한다.

94) Kennedy, *New Testament Interpretation*, 11.

95) Kennedy, *Art of Persuasion*, 9-13. 또한 F. W. Hughes, *Early Christian Rhetoric and 2 Thessalonians* (JSNTSup 30; Sheffield: JSOT, 1989), 30-47을 보라.

96) Kinneavy, *Greek Rhetorical Origins*, 48-55(인용은 50쪽에서). 특히 구약에 대해서는, D. Patrick and A. Scult, *Rhetoric and Biblical Interpretation* (JSOPSup 82; Sheffield: Almond, 1991), 29-79를 보라.
    성서의 수사학적 본질과 밀접하게 연결되어 있는 것이 고대의 편지 쓰기와 수사학 간의 관계에 관한 문제이다. 이에 대한 몇몇 논의에 대해 Hughes, *Early Christian Rhetoric and 2 Thessalonians,* 19-30; 그리고 S. J. Kraftchick, "Ethos and Pathos Appeals in Galatians Five and Six: Rhetorical Analysis" (Ph. D. diss., Graduate School of Emory University, 1985), 209-14를 보라. 그리고 좀 더 일반적인 논의에 대해서는, A. J. Malherbe, "Ancient Epistolary Theorists," *Ohio Journal of Religious Studies* 5 (1977), 3-77(특히 4-12쪽); 그리고 S. K. Stowers, *Letter Writing in Greco-Roman Antiquity* (Library of Early Christianity 5; Philadelphia: Westminster, 1986), 27-31, 51-57을 보라.

히 말하면, 이들에도 전달하려는 메시지가 물론 있다), 특정한 상황과 문제에 대한 직접적인 응답으로 작성된 편지들은 전달할 메시지를 가지고 있으며, 청중을 설득하여 메시지를 믿게 하거나 아니면 메시지에 따라 행동하도록 만들려고 한다.[97] 이와 관련하여, 신약 편지들이 회중 앞에서 읽혀지도록 의도되었다는 사실도 고려해야 한다(골 4:16; 살전 5:27을 보라; 참조, 눅 4:16).[98] 스탠포드(W. B. Stanford)는 헬라어에 있어서의 "입으로 말하는 말의 수위성"(the primacy of the spoken word)을 주장하는데, "만일 헬라 문학을 소리 내지 않고 읽는다면 이는 무언가 거의 흑백 복제물로 베니스 화가들을 연구하는 것만큼이나 부적절한 일을 하고 있는 것이다"라고 평가한다(Arist. *Rh.* 3.1.1403b; Quint. *Inst.* 1.7.33-35 참조).[99] 이는 일차적으로 연설에 적용되는 수사학을 신약연구에 사용할 수 있다는 견해에 힘을 싣는다. 신약 편지들이 회중 앞에서 읽혀지도록 의도되었다는 것 외에 또 신약성서의 저자 자신들은 "그들의 배경이 되는 문화에 관례적인 수사학적인 비유적 표현들(rhetorical figures)과 입론(논증) 패턴들을 풍부하게 사용하였다"는 사실이 관찰된다(예를 들면, 막 4:2; 눅 12:10; 고전 1:17; 히 2:1-4 등).[100] 이러한 사실은 기원후 1세기에 작용하는 연설 기교들을 신약 저자들에게 적용함의 정당성을 강화한다.

---

97) Kennedy, *New Testament Interpretation*, 3; Fiorenza, "Rhetorical Situation," 387.

98) Kennedy, *New Testament Interpretation*, 5.

99) W. B. Stanford, *The Sound of Greek: Studies in the Greek Theory and Practice of Euphony* (Berkeley & Los Angeles: University of California Press, 1967), 1-26(인용은 4쪽에서).

100) Mack, *Rhetoric and the New Testament*, 9. 또한 J. L. Bailey and L. D. Vander Broek, eds. *Literary Forms in the New Testament: A Handbook* (Louisville: Westminster/John Knox, 1992), 31-38도 보라.

넷째로, 방금 말한 요점과 관련해서 키니어비(J. L. Kinneavy)의 노력을 당연히 논의에 포함시켜야 할 것이다. 그는 수사학 자체가 "기독교 신앙 개념의 가능한 기원, 출처 혹은 유사물"이라는 것을 설득력 있게 논증하였는데, 헬라 사상과 신약성서에 나오는 πίστις라는 헬라어 단어를 분석하고, "신약성서에서 발견되는 신앙 개념의 상당 부분을 수사학적 설득의 개념에서 발견할 수 있다"는 결론을 내렸다.101) 세 단계, 곧 의미론적 단계, 역사적 단계 그리고 분석적 단계로 이루어진 그의 논증들은 상당히 설득력이 있다. 하지만 그의 논증에 있어서 근본적인 결점이 하나 발견되는데, 곧 수사학 이론에서 πίστις라는 말이 "증명"을 의미하는 전문술어로 사용되었음을 고려하지 못했다는 것이다. πίστις는 수사학 핸드북들에서 "증명"이라는 의미의 전문술어였으며, 신약 저지들 가운데는 아무도 πίστις를 "증명"으로 사용하지 않는다.102) 그럼에도 불구하고 "신앙과 신앙의 설득력 있는 언어적 표현이 서로에게 절대로 필요한 한에 있어서는 초기 기독교 신앙이 당연히 헬라 수사학에 뿌리를 두는 것으로 보인다"는 다우닝(F. G. Downing)의 말은 옳다.103) 그러므로 키니어비의 연구는 신약성서 저술들의 연구에 수사학을 활용함의 정당성을 한 번 더 강화시켜 줄 개연성이 있다 할 것이다.

---

101) Kinneavy, *Greek Rhetorical Origins*, 3-4 그리고 143.

102) 하지만 헤이(David M. Hay)는 미출간 소논문 "Faith as Divine Gift in Philo and Paul"에서 갈라디아서의 몇몇 부분에서 πίστις가 '증명'을 의미한다고 주장하였는데, 이는 크렌츠(E. Krenz[*Galatians* (in the volume with *Philippians, Philemon*, by J. Keonig; *1 Thessalonians*, by D. H. Juel; ACNT; Minneapolis: Augsburg, 1985), 55, 107, n. 47]에 의해 받아들여졌다.

103) F. G. Downing, review of *Greek Rhetorical Origins of Christian Faith: An Inquiry*, by J. L. Kinneavy, in *Theology* 92 (1989), 327-28.

마지막 다섯째로, 일반적으로 현재 수사학에 대한 관심과 특별히 고전 수사학에 대한 관심이 되살아나고 있고, 이에 동반하여 최근에 성서의 수사에 대한 관심이 고조되고 있으며, 성과를 입증하고 있다.104) 말하자면, 현대에 이르러 이렇게 신약성서에 대한 수사학적 연구들이 되살아나는 것은 수사학 일반에 대한 관심이 새롭게 일어난 것과 관련이 있는데, 키니어비가 정확하게 관찰했듯이, "신학자 자신들은 보통 수사학을 향한 그 시대의 지적 분위기에 참여하였다."105) 앞에서도 이미 간략하게 언급한 적이 있지만, 수사학은 고대 교육에서 주요 역할을 했고, 중세에는 문법 및 논리학과 더불어 교육의 삼학(*trivium*) 중 하나였다. 이는 수사학을 크게 존중했음을 함의하는 것이다. 하지만 19세기(1800년대) 동안에는 수사학적 연구가 일반적으로 나쁜 평판을 받게 되었고, "여러 가지 이유로 아주 최근까지 많은 나라에서 전 학

---

104) 성서에 대한 수사학적 연구들에 관한 최근의 개관을 위해서는 Betz, "The Problem of Rhetoric and Theology according to the Apostle Paul," 16-21; Hughes, *Early Christian Rhetoric and 2 Thessalonians*, 19-30; Humphries, "Paul's Rhetoric of Argumentation," 5-9, 132, 140; Kinneavy, *Greek Rhetorical Origins*, 87-91, 104-6; Mack, *Rhetoric and the New Testament*, 9-24; Muilenburg, "Form Criticism and Beyond," 7-8; Plank, "Paul and the Irony of Affliction," 6-17; A. B. Spencer, *Paul's Literary Style: A Stylistic and Historical Comparison of II Corinthians 11:16-12:13, Romans 8:9-39, and Philippians 3:2-4:13* (ETSMS; Jackson: Evangelical Theological Society, 1984), 10-17; Watson, *Invention, Arrangement, and Style: Rhetorical Criticism of Jude and 2 Peter* (SBLDS 104; Atlanta: Scholars Press, 1988), 1-8; "Rhetorical Criticism," *ISBE²* 4 (1988), 181-22; Wire, *The Corinthian Women Prophets,* 197-201; Wuellner, "Paul as Pastor," 75-77; "Where Is Rhetorical Criticism Taking Us?," 450-54 등을 보라.
  그리고 보다 더 최근의 Duane F. Watson, *The Rhetoric of the New Testament: A Bibliographic Survey* (Tools for Biblical Study series 8; Blandford Forum, UK: Deo Publishing, 2006)를 보라.
105) Kinneavy, *Greek Rhetorical Origins*, 25. 또한 Betz, "The Problem of Rhetoric and Theology," 18-21도 보라.

문 과목에서 조직적으로 추방되었다."106) 그럼에도 불구하고 20세기에 들어와서는 수사학에 대한 관심이 되살아나고, 또 수사학에 관한 많은 저작이 나타나기 시작했으며, "수사학은 성서 해석자들 가운데서 주목받는 르네상스를 경험하고 있는 중이다."107) 이러한 움직임은 그리스-로마 수사학을 신약연구에 적용하려는 노력을 지지하는 힘으로 작용한다.108)

성서학계에서 "수사비평"이라는 명칭은 1968년에 뮐렌버그(J. Muilenburg)에 의해 최초로 제안되었으나, 성서에 대한 수사비평은 그의 제안 이전에도 사실상 오랫동안 실천되어 왔다.109) 교회 초기부터 신약의 저작들은 "수사학적 구성들"(rhetorical compositions)로 읽혔고,110) 종교개혁 때부터, 계몽주의를 거쳐, 19세기 말과 20세기 초에 이르기까지 성서에 대한 수사학적 조사, 특히 바울의 수사에 대한 관심이 계속되었고, 성서의 수사학적 특징들을 연구한 저작들이 나타났다.111) 하지만 1910년에

---

106) Kinneavy, "Contemporary Rhetoric," in *The Present State of Scholarship in Historical and Contemporary Rhetoric* (ed., W. B. Horner; Columbia & London: University of Missouri Press, 1983), 167-71.

107) Black II, "Rhetorical Criticism," 252-58(인용은 253쪽에서).

108) Fiorenza, "The Ethics of Biblical Interpretation," 3-17(특히 4-5).

109) Watson, *Invention, Arrangement, and Style*, 1-2.

110) Mack, *Rhetoric and the New Testament*, 10. 또한 Betz, "The Problem of Rhetoric and Theology," 16-17; Kennedy, *New Testament Interpretation*, 11; 그리고 St. Augustine, *On Christian Doctrine* [*De doctrina Christiana*] (tr., with an Introduction, by D. W. Robertson, Jr.; Library of Liberal Art; New York: Liberal Arts, 1958) Book IV (117-69)를 보라.

111) 이러한 성격의 가장 대표적인 저작으로는 Weiss, *Beiträge zur paulinishcen Rhetorik: Sonderdruck aus den Theologischen Studien*; E. W. Bullinger, *Figures of Speech Used in the Bible: Expanded and Illustrated* (London: Messrs. Eyre and Spottiswoode, 1898); E. König, *Stilistik, Rhetorik, und Poetik in Buzug auf die biblishe Literatur* (Leipzig: Dieterich'sch Verlagsbuchhandlung Theodor Weicher, 1900); F. Blass, *Die Rhythmen der asianischen und römischen Kunstprosa* (Leipzig: Deichert, 1905); R.

쓴 불트만(Rudolf Bultmann)의 박사학위 논문 이래, 신약과 관련한 고대 수사학의 연구는 놀랍게도 학자들의 주의를 거의 끌지 못해 왔다.[112] 그렇지만 수십 년간 무시된 후에 이제는 성서, 특히 신약에 대한 수사비평이 부흥하고 있는 중이다. 이에 대한 본격적인 물꼬를 튼 이는 베츠이다. 1960년대에, 와일더(Amos N. Wilder)와 펑크(Robert A. Funk)의 저작들은 성서에 나타난 양식들(대화, 이야기, 비유, 시의 성서적 구조들 등)의 수사학적 특성에 대한 인식을 새롭게 하도록 일깨워 주었으나,[113] 1975년에 발표된 베츠의 소논문 「바울이 갈라디아인들에게 보낸 편지의 문학적 구성과 기능」[114]이야말로 "그리스-로마 수사학을 사용하여 최초로 신약성서의 한 부분을 수사학적으로 분석한 것"이다.[115] 또한 그의 1979년 갈라디아서 주석은 '발견'과 '배열'에 관하여 그리스-로마 수사학을 사용하여 서신을 전체적으로 분석

Bultmann, *Der Stil der paulinischen Predigt und die kynish-stoische Diatribe* (FRLANT 13; Göttingen: Vandenhoeck & Ruprecht, 1910); E. Norden, *Agnostos Theos: Untersuchung zur Formen-geschichte religiöser Rede* (Leipzig/Berlin: Teubner, 1913); 그리고 Norden, *Die antike Kunstprosa: vom VI. Jahrhundert v. Chr. bis in die Zeit der Renaissance* (2 vols.; Leipzig/Berlin: Teubner [1898], 1915, 1918) 등이 있다. Betz, "The Problem of Rhetoric and Theology," 17-19를 보라.

112) Neill and Wright, *The Interpretation of the New Testament*, 368; Betz, "The Problem of Rhetoric and Theology," 19-20.

113) Amos N. Wilder, *The Language of the Gospel: Early Christian Rhetoric* (New York and Evanston: Harper & Row, 1964); Robert A. Funk, *Language, Hermeneutic, and Word of God: The Problem of Language in the New Testament and Contemporary Theology* (New York, Evanston, and London: Harper & Row, 1966). 참고로, Vernon K. Robbins and John H. Patton, "Rhetoric and Biblical Criticism," *QJS* 66 (1980) 328-30는 "신약성서 연구에 있어서 수사학적 분석의 아버지는 이론의 여지없이 아모스 와일더이다"라고 평가한다.

114) H. D. Betz, "The Literary Composition and Function of Paul's Letter to the Galatians," *NTS* 21 (1975), 353-79.

115) Watson, *Invention, Arrangement, and Style*, 6.

하고 해석한 최초의 저작이다.116) 그의 연구(저작)는 "현재까지 통시적인 수사학적 분석에 근거하여 이 편지를 해석하는 가장 진지하고 의미심장한 시도"이며, 또 "신약학계의 획기적인 사건['랜드마크']"이다.117) 베츠의 소논문 발표 이후 1970년대 중반 이래, 신약의 거의 모든 책에 대한 수사학적 연구가 나타났다.118) 하지만 이는 최근의 수사학적 저작들이 모두 그리스-로마 수사학을 활용했다는 것을 반드시 의미하지는 않는다, 수사학적 연구들 자체의 넓은 경계 안에서 다양한 접근방식들이 나타났기 때문이다.119) 여기서 말하고자 하는 총 요점은 고대 수사학의 현대적 부흥과 수사학적 분석에 대한 새로워진 관심이 신약에 대한 수사학적 연구에 추가적인 정당성을 제공한다는 것이다.

▌ 4. 고전 수사학에 기반을 둔 수사비평 방법론

지금까지 특히 고린도전서에 대한 수사학적 연구들의 개관을 통하여 수사/수사학의 많은 용도와 의미에 대해 짚어보며 방법론적 측면을 살펴보기도 하고, 이 연구에서 말하는 수사학은 곧 오래된 고전 수사학을 가리킨다는 점을 분명히 하며, 또 신약연구에 고전 수사학을 활용함에 대하여 정당성을 입증하려고 노력하였다. 이제는 수사비평에 대해 정의하고, 이전의 수사학적 연구들을 통하여 얻은 방법론적인 관

H. D. Betz, *Galatians: A Commentary on Paul's Letter to the Churches in Galatia* (Hermeneia; Philadelphia: Fortress, 1979).

117) Longenecker, *Galatians*, cix, cx.

118) Mack, *Rhetoric and the New Testament*, 19-24.

119) Wire, *The Corinthian Women Prophets,* 197-201; Wuellner, "Where Is?," 448-63.

찰들에 대해 언급하고, 또 수사비평 방법론에 대한 케네디의 제안을 논의하여 도출되는 방법론, 즉 이 논문("책")에서 사용하고자 하는 수사학적 연구 방법론을 서술할 차례가 되었다.

가. 수사비평에 대한 정의들

'수사/수사학'이라는 술어가 많은 용도와 의미로 사용되는 것처럼, '수사비평'이라는 술어 역시 많은 용도와 의미로 사용된다. 수사비평은 다양한 연구 분야에서 서로 다른 사람들에게 서로 다른 것들을 의미한다. 몇 가지 예를 들면, 문학비평의 한 유형으로서의 수사비평은 "일차적으로 독자들을 위해 거기에 존재하는, 시나 산문 내러티브 안에 들어 있는 요소들을 분석하는 일"을 한다.[120] 그런데 영문학 비평은 "더 좁은 개념의 수사비평과 더 넓은 개념의 수사비평을 구별한다. 전자는 수사학의 전통적 관심사들, 예를 들면 수사학적 장치들에 대한 설명과 같은 것을 추구하고, 후자는 언어학, 비평 이론 그리고 의미론 분야의 문학비평에서 이루어진 최근의 발전들을 통합하는 경향이 있다."[121] 스피치 커뮤니케이션 분야에서 수사비평이란 "일차적으로 언어적 상징들을 통해 같은 인간의 행동을 변화시키려고 했던 인간의 과거의 시도들에 대하여 연구하는 것"이다.[122] 보다 더 일반적으로, 수사비평은 "수사학적 담화들에 대한 비평", "수사에 대하여 비평적으로 논평하는 것", "상징들을 사용함으로써 협력을 야기하려는 인간의

---

120) M. H. Abrams, *A Glossary of Literary Terms* [5th ed.; Fort Worth: Holt, Rinehart and Winston, 1988], 160).

121) Kessler, "A Methodological Setting," 3.

122) Stewart, "Historical Survey," 1.

노력", "구체적인 역사적 정황에서 소통의 기능을 가지고 있는 본문의 설득 능력과 문학적 전략에 초점을 맞추는 것" 혹은 "역사적으로 주어진 발화들과 산물들을 조사하는데, 이론들이 아니라 발화들과 산물들이 수사학적 능력의 행사에 대하여, 또 수사학의 이론들에 대하여 갖는 관계들에 관한 정보를 조사하는 것이다"라고 정의되기도 한다.123) 부스는 정의를 하나 더 추가하는데, "수사학적 연구는 '유용성'(use)에 대한 연구, 곧 추구되는 목적들, 적중되거나 빗나간 목표물들, 순수한 지식이 아니라, 한층 더 개선되는 실천들을 위하여 조명된 실천들에 대하여 연구하는 것이다."124)

성서학과 관련해서는 일찍이 뮐렌버그가 대체로 구약학계를 대변하면서 '수사비평'이라는 말을 제안하였는데, "양식비평의 한계를 뛰어넘어 과감히 다른 문학적 특색들을 조사하시는 호소"를 하고, 이 조사의 방법론으로 "수사비평"을 요구했던 것이다.125) 그의 제안은 조금 뒤에 방법론과 관련하여 더 논의가 이루어질 것이다. 케슬러는, "수사비평은 특히 만일 고전 수사학 및 신수사학의 노선들을 따라 정의를 내리려고 시도한다면 공시적 비평의 주요 후보자에게 사용할 호칭으로서 진지하게 고려할 만하다"고 말하면서, 수사비평을 "텍스트에 대하여 배타적으로 (더 넓은 의미에서) 구조적이며, 공시적으로 몰두하는 것"으로 보자는 주장을 폈다.126) 키카와다(I. M. Kikawada)는 "수사비평은

---

123) 인용은 차례대로 각각 Black II, *Rhetorical Criticism,* 10; Brock, Scott, and Chesebro, *Methods of Rhetorical Criticism,* 14-15; Fiorenza, "Rhetorical Situation," 387; Steinmann, Jr., *New Rhetorics,* 26에서 왔다.

124) W. C. Booth, *The Rhetoric of Fiction* (2d ed.; Chicago: University of Chicago Press, 1982), 441.

125) Muilenburg, "Form Criticism and Beyond," 1-18.

126) Kessler, "A Methodological Setting," 13-14.

저자가 무엇을 자기 저작물에 넣고자 했는지를 가능한 한 많이 또 정확히 되찾으려는 희망 속에서 …… 반대 방향으로 저작 과정을 거슬러 올라가 조사하는 것으로 볼 수 있다"고 말한다.127) 하지만 블랙(C. Clifton Black II)은 여러 학자들에 의해 "이런 저런 방법이 다른 문학적·비평적 접근방식들에 대하여 갖는 관계를 명료하게 하려는 시도들이 이루어져 왔지만, …… 대부분의 '구약 학자들'(Alttestamentlicher)에게 있어 '수사비평'은 뮐렌버그가 제안한 것을 의미한다"고 옳게 관찰한다.128) 반면에 신약학계를 대변하는 대표적인 수사비평 정의 가운데 하나는 오히려 고전 수사학 활용과 관련된 것이라 할 터인데, 미첼은 자신이 사용하는 수사비평에 대하여 수사학 핸드북들과 실제의 연설들과 편지들을 포함하는 그리스-로마 수사학 전통에 비추어 신약성서 속의 어느 한 권의 저술 혹은 편지에 대하여 역사-비평적인 수사학적 분석을 하는 포괄적인 작업이라고 강력하게 주장한다.129) 반면에 고전 학자인 케네디는 수사비평을 다음과 같은 말로 정의한다.

수사비평은 단 한 저자의 작품이든 편집의 산물이든 있는 그대로 본문을 받아들여, 저자나 편집자의 의도, 하나로 모아진 결과들 그리고 가까운 동시대인들의 청중에 의해 어떻게 인지될 지의 관점에서 본문을 고찰하는 것이다.130)

그는 문학비평과 수사비평을 구별하는데, 전자는 성서를 우리 시대의 관점에서 보는 것이고, 후자는 "초기 그리스도인이, 헬라어를 구사

---

127) Kikawada, "Some Proposals for the Definition of Rhetorical Criticism," *Semitics* 5 [1977], 69.
128) Black II, "Rhetorical Criticism," 253.
129) Mitchell, "Paul and the Rhetoric of Reconciliation," 7-26(특히 10).
130) Kennedy, *New Testament Interpretation*, 4.

하는 세계에 사는 사람이 읽었을 법한 대로 성서를 읽는 보다 더 역사적인 것"이다(Kennedy, 5).[131] 같은 맥락에서, 이 연구에서 사용하려는 수사비평은 역사적 통제가 가능한 것으로, 저자/연설자가 자신의 설득 목적을 위하여 수사술의 여러 요소를 얼마나 효과적으로 활용하는지 살펴볼 작정으로 그리스-로마 세계의 수사술에 따라 신약성서 본문, 곧 신약성서의 한 부분이나 어느 책 전체를 분석하는 것을 가리킨다.[132] 그것은 곧 고대 수사학에서 얻은 통찰들을 신약성서 본문에 적용하는 것이다.[133]

나. 수사비평의 여러 방법들

신약 저술들에 대하여 고전 수사학의 통찰을 적용하는 식의 수사비평은 교회 초기부터 이루어졌다는 것을 앞에서 이미 언급한 바 있다.[134] 하지만 수사비평 방법론에 관한 한 일찍이, 특히 바울의 수사학적 문체('스타일')에 대해 논의한 어거스틴(Augustine)으로부터[135]

---

131) 이 단락들에서 본문 속의 주(Kenney, 5)는 곧 Kennedy, *New Testament Interpretation*, 5를 의미함을 유의하라.

132) Lambrecht, "Rhetorical Criticism and the New Testament," 239.

133) W. F. Taylor, Jr. review of *New Testament Interpretation through Rhetorical Criticism*, by George A. Kennedy, in *Trinity Seminary Review* 8 (1986), 101. 또한 Watson, "Rhetorical Criticism," $ISBE^2$ 4 (1988), 181 을 참조하고, 또한 Humphries, "Paul's Rhetoric of Argumentation," 22-49; Plank, "Paul and the Irony of Affliction," 33-39; Kinneavy, *Greek Rhetorical Origins*, 185-86 등을 보라.

134) 또한 Betz, "The Problem of Rhetoric and Theology," 16-17 및 n. 2을 보라. 베츠는 알렉산드리아의 클레멘트(Clement of Alexandria)와 닛사의 그레고리(Gregory of Nyssa)를 거론한다.

135) St. Augustine, *On Christian Doctrine*, Book IV(특히 4.7.11-15; 4.20.39-44 를 보라). 이 책에 대한 분석을 위하여 Cloonan, "The Effect of Classical Rhetoric," 238-55; Kennedy, *Classical Rhetoric and Its Christian and*

비교적 최근에 이르기까지 부분적으로 고린도전서에 대한 수사학적 개관을 통하여 수사학이 단편적으로 이해된 경향이 있었음을 관찰할 수도 있었다. 바꾸어 말하면, 과거 대부분의 성서 본문에 대한 수사학적 연구에 있어 수사학은 "제한되고, 왜곡되고, 또 단축되었는데, 성서 석의자(해석자)들은 이를 눈치 채지 못하였던 것이다."[136] 케네디의 표현대로, "문제는 고전 수사학의 활용이라기보다는 교부들과 현대 비평가들의 고전 수사학에 대한 얼마간 제한된 견해, 곧 수사학을 문체('스타일'), 특히 아테네의 말씨(어법), 비유적 표현들이 제공하는 장식과 동일시하는 것이다"(Kennedy, 12). 이와는 대조적으로, 수사학 핸드북들에 따르면, 그리스-로마 세계에서 수사술은 포괄적이었다. 즉, 발견(창안함, εὕρεσις, *inventio*), 배열(배치함, τάξις, *dispositio*), 문체(표현함, λέξις, *elocutio*), 기억(암기함, μνήμη, *memoria*), 연설(전달함, ὑπόκρισις, *pronuntiatio*/*actio*)의 다섯 부분으로 이루어진 포괄적인 과목이었다(Arist. *Rh.* 3.13.1414b; *Rhet. Her.* 1.2.3; Cic. *Inv.* 1.7.9; *De Or.* 1.31.142; 2.19.79; *Orat.* 13.43; *Opt. Gen.* 2.4-5; 그리고 Quint. *Inst.* 3.3.1).

수사학의 단편적인 사용보다 더 큰 문제는 수사학/수사술을 포괄적으로 아우르는 확인 가능한 수사비평 모델이 제시된 적이 없다는 것이다. 성서학계에서 처음으로 양식비평을 넘어서는 기획으로서 "수사비평"이라는 술어를 사용하자고 제안한 밀렌버그와 그의 추종자들조차 확인 가능한 수사비평 모델을 제시한 적이 없다. 밀렌버그는 자신이

Secular Tradition, 152-60; *New Testament Interpretation*, 11; 그리고 Murphy, *A Synoptic History of Classical Rhetoric*, 183-84를 보라.

136) Wuellner, "Where is?," 451. 또한 Medhurst, "Rhetorical Dimensions in Biblical Criticism," 214-15; Watson, "Rhetorical Criticism," 181도 보라.

제2장_수사학과 수사비평_73

제안한 수사학과 수사비평에 대하여 "시에서든지 산문에서든지 문학단위를 만들기 위해 사용되는 구조적 모형들을 보여주고, 또 단언들(predications)이 명확하게 표현되고 통일성이 있는 완전체로 배열되는 많고 다양한 장치들을 인지하는 것"이라 정의하고,137) 좀 더 구체적으로 수사비평가들의 두 가지 주요 관심사를 논의하였다. 하나는 "문학적 단위의 한계나 범위를 정하고, 이 문학 단위가 정확히 어디서 어떻게 시작되고 어디서 어떻게 끝나는지를 인지하는 것"이고, 다른 하나는 "작품의 구조를 인지하고 이 작품의 구성부분들의 배치를 인식하는 것, 기본적 요소를 서술하는 것, …… 그리고 다양한 수사학적 장치들에 주목하는 것"이다.138) 그러나 이는 확인 가능한 수시비평 모델로서의 지위를 누리기에 충분하지 않다. 뮐렌버그의 노선을 따르는 케슬러는 "텍스트에 대하여 배타적으로 (더 넓은 의미에서) 구조적이며, 공시적으로 몰두하는 것"으로서의 수사비평에 주목하였으나, 확인 가능한 수사비평 방법론을 제공하지 못했다.139) 키카와다는 자신이 실행한 수사비평 방법을 묘사하고자 예비적으로 시도하여 "수사비평은 …… 반대 방향으로 거슬러 올라가 [저자의] 구성과정을 거슬러 조사하는 것으로 볼 수 있다"고 말한다.140) 하지만 이 역시 뮐렌버그의 제안을 크게 넘어서지 못한 것이다.

베츠는 연구를 수행하는 과정에서 갈라디아인들에게 보낸 편지가 그리스-로마 수사학과 편지서법에 따라 분석될 수 있다는 것을 발견하고 갈라디아서에 대한 소논문과 주석을 내놓았으나, 포괄적인 방법론

---

137) Muilenburg, "Form Criticism and Beyond," 8.
138) Muilenburg, "Form Criticism and Beyond," 8-18.
139) Kessler, "A Methodological Setting," 13-14.
140) Kikawada, "Some Proposals for the Definition of Rhetorical Criticism," 69-71.

을 제시하지는 않았다. 그의 연구들은 대체로 '발견'과 '배열'에 집중한다.141) 그는 바울의 갈라디아서가 변증서신 장르의 한 예라고 주장하고, 그것을 크게 '서문'(Prescript, 1:1-5)과 '편지의 본론'(Body of the Letter, 1:6-6:10)과 (결론[*peroratio*] 역할을 하는) '추신'(Postscript, 6:11-18)으로 나누고, '편지의 본론'에 대해서는 '서론'(*exordium*, 1:6-11), '사실들의 진술'(*narratio*, 1:12-2:14), '명제'(*propositio*, 2:15-21), '증명'(*probatio*, 3:1-4:31) 그리고 '윤리교훈(paraenesis, 5:1-6:10)'이라는 수사학적 구조로 분석하였다.142) 반면에, 고전 수사학에서 벗어난 대안적인 수사비평 모델들이 1970년대와 1980년대 동안에 모습을 드러내기도 하였다. 이에 관하여 윌너는 적어도 네 개의 모델을 식별하였는데, '페렐만의 "신수사학"에 기초한 모델', '다양한 현대의 언어학

---

141) Betz, "The Literary Composition and Function," (1975); *Galatians* (1979); 그리고 "In Defense of the Spirit: Paul's Letter to the Galatians as a Document of Early Christian Apologetics," in *Aspects of Religious Propaganda in Judaism and Early Christianity* (ed., E. S. Fiorenza; Notre Dame and London: University of Notre Dame Press, 1976), 99-114. 또한 Black II, "Rhetorical Criticism," 255(="바울의 발견과 배열이 H. D. 베츠의 '헤르메니아' 갈라디아서 주석[1979] 및 고린도후서 8-9장 주석[1985]의 중심에 놓여 있다")를 참조하라.

142) 베츠의 저작은 대체로 잘 받아들여졌으나, 갈라디아서의 수사학적 구조 및 갈라디아서가 변증적 서신이라는 그의 명제에 관하여 얼마간의 비판이 가해졌다. 그의 저작에 대한 평가에 대해 R. Y. K. Fung, *The Epistle to the Galatians* (NICNT; Grand Rapids: Eerdmans, 1989), 28-32; R. G. Hall, "The Rhetorical Outline for Galatians: A Reconsideration," *JBL* 106 (1987), 277-87; J. D. Hester, "The Rhetorical Structure of Galatians 1:12-2:14," *JBL* 103 (1984), 223-33; "The Use and Influence of Rhetoric in Galatians 2:1-14," *TZ* 42 (1986), 386-408; H. Hübner, "Der Galaterbrief und das Verhältnis von antiker Rhetorik und Epistolographie," *TLZ* 109 (1984), 241-50; Kennedy, *New Testament Interpretation*, 144-52; Longenecker, *Galatians*, c-cxix(특히 ciii-cv, cix-cxiii); J. Smit, "The Letter of Paul to the Galatians: A Deliberative Speech," *NTS* 35 (1989), 1-26 등을 보라.

모델들에 기초한 모델', '현대 기호학의 영향을 받은 모델' 그리고 '로 빈스(V. Robbins)가 제안한 사회-수사학적 방법'이 그것이다.[143] 이 모델들은 하나의 시도로서는 바람직하나, 1세기에 나온 신약성서에 대해 이들을 사용하는 것은 이 연구의 목적에 부합하지 않는다. 따라서 신약성서연구에 고전 수사학을 사용하는 문제로 다시 돌아가면, 아마도 신약성서에 대한 고전 수사학적 수사비평 방법론으로 가장 훌륭한 제안 중 하나가 1989년에 미첼에 의해 제시되었다. 그녀는 신약성서 본문, 특히 바울의 편지들에 대한 수사비평에 적용할 다섯 가지 "명령"(mandates)을 제안한다. 즉, "수사비평은 역사적 사업이어야 하고", "조사하는 동안 수사학 핸드북들과 더불어 고대의 실제 연설들과 편지들을 참조하여야 하고", "분석대상 본문에 대하여 수사의 종류를 규명하여야 하고", "본문의 내용에 대한 수사학적 형식 혹은 장르의 적합성을 증명해야 하고", 또 "조사하고자 하는 수사학적 단위는 하나의 구성단위, 즉 한 편의 작품 단위여야 한다"는 것이다.[144] 미첼의 방법론은 그동안의 파편적인 방법론들을 대폭 수정하고 보완하여 주고 있으나, 만약 이 "명령"을 엄격하게 따른다면, 신약성서 어느 한 책이나 편지의 일부분에 대한 고전 수사학적 연구는 대체로 무의미해지고 말 것 같다.

이 논문("책")의 목적에 부합하는 방법론, 즉 신약성서의 수사비평

143) Wuellner, "Where Is?," 452-54. 수사비평의 대안적 모델들에 대한 더 많은 논의에 대해 Bailey and Vander Broek, *Literary Forms*, 16-17; Black II, "Rhetorical Criticism," 255-56; B. Fiore, "Rhetorical Criticism (NT Rhetoric and Rhetorical Criticism)," *ABD* 5 (1992), 718-19; Kessler, "A Methodological Setting," 15, n. 3; Lambrecht, "Rhetorical Criticism," 242-45; V. K. Robbins, "Form Criticism (NT)," *ABD* 2 (1992), 843-44; 그리고 Wire, *The Corinthian Women Prophets*, 197-201 등을 보라.

144) Mitchell, "Paul and the Rhetoric of Reconciliation," 7-26.

적 해석에 사용할 수 있는 가장 포괄적이며 뚜렷한 모델은 1985년에 케네디의 책 『수사비평을 통한 신약성서 해석』에서 제시되었다고 평가한다. 이러한 평가에 블랙(Black II)도 동의하는데, 특히 세 가지 이유로 케네디의 수사비평 모델이 신약성서에 대한 실제적인 비평에 가장 유용하다고 본다. 말하자면, 그것은 수사학의 원래적 뉘앙스들을 되찾아주고, 수사학에 대한 가장 포괄적인 이해를 보여주고, 또 다른 제안들과 달리 명확히 표명된 절차를 제공한다.[145] 따라서 케네디의 방법론을 보다 더 상세히 논하는 일이 요구되는데, 이 과정에서 필요하다면 케네디의 방법론에 일정한 수정을 가할 수도 있을 것이다. 이를 통해 고린도전서 15장에 대한 수사학적 분석에 적용할 방법론의 개요가 등장하리라고 기대한다.

다. 케네디의 제안에 기초한 수사비평 방법론

케네디는 『수사비평을 통한 신약성서 해석』에서 기본적으로 세 가지 일을 수행하였다. 즉, 고전 수사학 이론을 요약하고, 수사비평에 사용되는 방법을 기술하고, 또 그 자신의 방법을 신약의 책들에 적용한 것이다. 그에게 있어서 '수사/수사학'이라는 술어는 고전시대와 헬레니즘 시대의 헬라인들과 로마인들이 개념화하고 실행한 '훈련된 설득술'을 가리킨다(Kennedy, 3). 그리고 그의 기본적인 명제는 "우리가 해야 할 일은 헬라어를 구사하는 청중이 들었을법한 대로 그[바울]의 말[성경 문절]을 들으려고 노력하는 것이며, 이는 고전 수사학에 대하여 어느

---

145) Black II, "Rhetorical Criticism," 256-57. 케네디의 방법론을 사용한 저작들의 예에 대해 Watson, *Invention, Arrangement, and Style*; Watson, ed., *Persuasive Artistry*, 41-92, 184-208 등을 보라.

정도 이해함을 필요로 한다"는 것이다(Kennedy, 10). 앞에서 언급한 적이 있으나 한 번 더 말하면, 케네디는 문학비평과 수사비평을 구별하는데, 전자는 성서를 우리 시대의 관점에서 보는 것이고, 후자는 그에게 있어서 "초기 그리스도인이, 헬라어를 구사하는 세계에 사는 사람이 읽었을법한 대로 성서를 읽는 보다 더 역사적인 것"이다 (Kennedy, 5). 그는 또한 비록 최근 몇 해 동안 신약성서에 수사비평을 적용하려는 노력들이 나타나기 시작했지만 엄밀한 수사비평 방법론이 나타나지 않았다는 점을 관찰한다. 그리고 고전 수사학 이론을 간결하게 요약한 후에 자신의 수사비평 방법론을 제공한다(Kennedy, 12-28). 조블링(D. Jobling)의 촌평처럼 "그는 대부분의 성서 '수사비평'에서 이론적인 기초가 결여되어 있음을 옳게 불평하고 ······ 이 이론적 기초를 제공하려고 노력한다."[146)

이제 케네디의 수사비평 방법론을 보다 더 자세하면서도 가능한 한 간결하게 고찰할 때가 되었다. 그는 수사비평 실행의 다섯 단계를 제출한다(Kennedy, 33-38). 케네디 자신은 사실 이 단계에 대하여 번호를 매겨가며 나열하지 않기 때문에, 사람에 따라 그의 단계를 넷이나 (Patton) 다섯이나(Wuellner) 여섯으로(Black II 등) 확인하나,[147) 다섯 단계가 무난하다. 첫 번째 단계는 "연구하려는 '수사학적 단위'"를 확

---

146) D. Jobling, review of *New Testament Interpretation through Rhetorical Criticism*, by G. A. Kennedy, in *RelSRev* 11 (1985), 402.

147) J. H. Patton, review of *New Testament Interpretation*, by G. A. Kennedy, in *QJS* 71 (1985), 247; Wuellner, "Where Is?," 455-60; 그리고 Black II, "Rhetorical Criticism," 254-55; "Rhetorical Questions," 62-63; J. S. Crouse, review of *New Testament Interpretation*, by G. A. Kennedy, in *Christian Scholar's Review* 15 [1986], 200-1); Watson, review of *New Testament Interpretation*, by G. A. Kennedy, in *CBQ* 47 [1985], 553-54.

인하는 일 곧 수사학적 단위의 한계 설정이다(Kennedy, 33-34). 수사학적 단위는 특히 짧은 편지들의 경우에는 편지 전체를 취할 수 있으나, 분량이 큰 경우 혹은 책의 한 부분일 수도 있다. 그러나 반드시 수사학적 단위에는 시작과 중간과 종결이 있어야 한다. 두 번째 단계는 "이 [수사학적] 단위의 '수사학적 상황'을 정의하는" 일, 곧 수사학적 상황의 확인이다(Kennedy, 34-36). 수사학적 상황이라는 개념은 비처(Lloyd F. Bitzer)로부터 차용한 것인데, 그는 다음과 같이 설명한다.

> [수사학적 상황이란] 만일 그 상황에 대하여 도입하는 담화를 통하여 사람의 결정이나 행동을 규제함으로써 긴급사태(절박한 사정)에 중대한 변경을 일으킬 수 있다면 완전히 제거되거나 부분적으로 제거될 수 있는 실제적인 긴급사태나 잠재적인 긴급사태를 제공하는 사람들과 사건들과 대상들과 관계들의 복합체이다(Kennedy, 34-35).[148]

간단히 말해, 긴급사태란 "개인이 어떤 응답을 하도록 요청을 받은 상황"이며(Kennedy, 35), 이 상황의 국면들에는 사람들과 사건들과 대상들과 수반된 관계들과 시공(시간과 공간)이 포함된다. 예를 들어, 고린도전서는 바울에게 응답을 요구한 고린도의 긴급사태로 인해 기록된 것이라는 얘기이다. 세 번째 단계는 "한 가지 가장 중요한 '수사학적 문제'"와 '스타시스'("쟁점")와 "수사의 종류"를 확인(파악)하는 것 곧 수사학적 기술 혹은 문체('스타일')의 확인이다(Kenndey, 36-37). 한 가지 가장 중요한 '수사학적 문제'는, 예를 들어, 연설자를 향하여 청

---

148) L. F. Bitzer, "The Rhetorical Situation," *Philosophy and Rhetoric* 1 (1968), 1-14. 또한 L. F. Bitzer, "Functional Communication: A Situational Perspective," in *Rhetoric in Transition*, 21-28을 보고, 또 M. T. Brown, "The Interpreter's Audience: A Study of Rhetoric and Hermeneutics" (Ph. D. diss., Berkeley: Graduate Theological Union, 1978), 29-66(특히 32-39, 44-48)을 참조하라.

중이 가지고 있는 생각(의향)이나 연설자에 대하여 청중이 가지고 있는 인식 혹은 그 반대로 청중을 향하여 연설자가 가지고 있는 생각(의향)이나 청중에 대한 연설자의 인식과 관계가 있다. '스타시스'("쟁점")는 피고인과 고소인 간에 일어난 "최초의 충돌에서 생기는 종류의 문제"(Quint. *Inst.* 3.6.5)이다. 케네디가 보기에는 '스타시스'("쟁점") 이론은 아주 복잡하다. 그래서 그는 '스타시스'("쟁점") 이론을 논하기 전에 먼저 수사학 자료들을 폭넓게 읽으라고 조언한다(Kenndey, 18-19, 36, 97-156). 수사의 종류에는 세 가지가 있다. 즉, 법정적인 수사, 심의적인 수사 그리고 예찬적인 수사이다(19-20, 36-37, 39-96). 네 번째 단계는 "자료의 배열을 고려하는 것" 곧 수사학적 배열의 확인이다(Kennedy, 37-38). 자료의 배열을 고려하기 위하여 수사비평가는 "논증(주장) 및 '문체의 장치들'을 한 줄 한 줄씩 분석하는" 일을 할 필요가 있다(Kennedy, 37). 이 단계에서 발견, 배열 그리고 문체에 대한 분석이 이루어진다. 그리고 마지막으로 다섯 번째 단계에서는 수사학적 효과를 평가하는데, "수사학적 단위 전체를 돌아다보고 이 [수사학적] 단위가 수사학적 긴급사태에 맞서서 해결하는 일에 성공했는지, 또 이 [수사학적] 단위가 연설자나 청중에게 줄 수 있는 함의들이 무엇인지를 자세하게 조사하는 것", 곧 공시적인 완전체로서 수사비평의 확인이다(Kennedy, 38). 여기서 물어야 할 한 가지 질문이 있다. 곧 "상세한 분석이 수사학적 단위가 [청중에게] 끼친 전반적인 영향과 일치하는가?" 하는 질문이다(Kennedy, 38).

케네디의 방법론은 고전 수사학 이론의 원리들 및 개념들을 '수사/수사학'의 본질과 기능들에 대한 현대의 계통적 서술들과 결합한다. 하지만 케네디가 비처의 '수사학적 상황'이라는 개념을 사용함에도 불구하고, 그의 모델은 대체적으로 고전 수사학 이론에 기반을 두고 있다.[149] 베츠는 케네디의 방법론에 대해 "그러나 전체로 보아 유감스럽게도 이 저작의 단점들로 인하여 성서문학 학도들이 하나의 도구로 사용하기에 적합하지 않다는 것을 말할 수밖에 없다"고 할 정도로 대단히 부정적이다.[150] 그렇다고 해서 케네디의 방법론이 "실행하기에 아주 적합하다"는 긍정적 평가를 전적으로 도외시할 수 없는 노릇이다.[151] 이러한 긍정적 평가를 수용하고 또 이 방법론을 사용하려고 할 때 떠오르는 하나의 질문이 있다. 케네디의 모델이 제시하는 다섯 단계가 신약성서 속의 온갖 종류의 장르의 모든 본문에 엄밀하게 적용될 수 있는가? 그렇지 않은 것으로 보인다. 이와 더불어 몇 가지 측면에서 케네디의 모델을 다듬고 수정하는 일이 필요해 보인다. 첫째, 수사학적 단위에 대해 말하면, "조사하고자 하는 수사학적 단위는, 성공적인 수사학적 분석에 의해 한층 더 실증될 수 있는 구성단위[한 편의 작품 단위]여야 한다"는 미첼의 주장이 과하게 들리는 것과 같이,[152] "다섯 절이나 여섯 절이 아마도 하나의 구별된 단위로서 수사비평의 대상이 될 수 있는 최소한의 본문을 구성한다"는 케네디의 진술은 다소 자의적으로 들린다(Kennedy, 34).[153] 둘째, "수사학적 상황"과 "긴급사태"라는 개념들에 대해 말하면, 이 개념들은 고전 수사학에 이질적인 것이다. 이들 대신에 수사의 종류(*genera*) 이론과 (복잡하고 어려

---

149) Patton, review of *New Testament Interpretation*, 247.

150) 또한 H. D. Betz, review of *New Testament Interpretation*, by G. A. Kennedy, in *JTS* 37 (1986), 166.

151) Watson, review of *New Testament Interpretation*, 554.

152) Mitchell, *Paul and the Rhetoric of Reconciliation*, 6, 15-17, nn. 51, 52.

153) 에드워즈(Edwards, Jr., review of *New Testament Interpretation*, 371)는 "전체로서의 편지에서 찾기보다 바울 편지의 첫째 장에서 연설의 모든 부분들을 찾는 것이 적합한가?"라고 물을 때 케네디보다 미첼에 동의하는 것으로 보인다.

운 주제이기는 하나) '스타시스'("쟁점", στάσις, status) 이론을 활용하는 편이 더 나을 것이다. 윌너는 "수사학적 혹은 입론적인 상황(논증적인 정황)의 결정적인 쟁점('이슈')은 헬레니즘의 수사학적 στάσις 혹은 status 개념에 해당하는 현대적 술어"라는 점을 옳게 간파한다.[154] 마지막으로 셋째, 케네디에게 있어 수사비평의 일차적인 목적은 본문의 효과(결과)를 이해하는 것인 바, 수사학적 상황의 긴급사태에 맞서서 그것을 해결하는 일에 관련하여 과연 수사의 전반적인 유효성을 어떻게 평가할 수 있겠는지에 대하여 분명하지 않다(Kennedy, 33, 38). 더욱이, 청중에 대한 수사의 전반적인 유효성에 대한 평가는 고전 수사학 이론의 영역 밖에 있는 것이 아닌가? 오히려, 고전 수사학 핸드북들은 연설자에게 일차적인 초점을 맞추고 있다. 이 핸드북들은 좋은 연설자들을 양성하기 위해 저술되었기 때문이다.

지금까지 케네디의 제안에 대하여 논의하고 평가하였으니, 이제 이 논문(책)에서 사용할 수사비평 단계들에 개요를 제시해야할 자리에 이르렀다. 이미 분명히 밝힌 것처럼, 이 논문(책)은 고전 수사학 원리들에 기초한 역사적-수사학적 종류의 연구이다. 고전적인 그리스-로마 수사학은 광대하고 복잡한 체계로 이루어져 있다는 것이 주지의 사실이다.[155] 홈멜(H. Hommel)은 "고대 수사학 체계에 대한 도식적 개요"

154) Wuellner, "Paul as Pastor," 60, n. 57.

155) 고전 수사학에 대한 간략한 개관을 위해, 우선 Brandt, *The Rhetoric of Argumentation*, 3-17; Clark, *Rhetoric in Greco-Roman Education*, 24-58, 67-143; Cloonan, "The Effect of Classical Rhetoric," 23-43; Corbett, *Classical Rhetoric*, 31-40; P. Dixon, *Rhetoric* (Critical Idiom 19; London: Metheun, 1971), 7-44; Golden, Berquist, and Coleman, *The Rhetoric of Western Thought*, 14, 17-71; Hughes, *Early Christian Rhetoric*, 30-43; Kennedy, *New Testament Interpretation*, 12-33; Lambrecht, "Rhetorical Criticism," 239-41; Mack, *Rhetoric and the New Testament*, 25-48; Murphy, *A Synoptic History of Classical*

에서 적어도 열 개 중요한 항목, 즉 전제(ὑποσχέσεις), 습득방법(μέθοδοι), 종류(γένη τῶν λόγων), 연설자의 작업 단계(ἔργα τοῦ ῥήτορος[στοιχεῖα]), 증명(πίστεις), 쟁점(στάσεις), 연설의 부분(μέρη τοῦ λόγου), 문체의 특성 (ἀρεταὶ τῆς λέξεως), 문체의 종류(χαρακτῆρες τῆς λέξεως) 그리고 [문학적] 구성의 종류([ἁρμονίαι] συνθέσεις)를 목록에 넣을 수 있었다.156) 이 도식을 각색하여 고린도전서 15장에 나타난 바울의 수사를 분석할 때 사용하는 방법론적 절차의 기초로 다음의 개요를 제안하고자 한다.157)

연설의 종류(γένη τῶν λόγων, genera causarum)
　　법정적
　　심의적
　　예찬적
연설자의 작업 단계들(ἔργα τοῦ ῥήτορος, officia oratoris)
　　발견(εὕρεσις, inventio)
　　　　쟁점(στάσεις, constitutiones)
　　　　증명(πίστεις, probationes)
　　배열(τάξις, dispositio)
　　　　연설의 부분들(μέρη τοῦ λόγου, partes orationis)
　　문체((λέξις, elocutio)
　　　　문체의 특성(ἀρεταὶ τῆς λέξεως, virtutes dicendi)
　　　　문체의 종류(χαρακτῆρες τῆς λέξεως, genera elocutionis)
　　　　구성의 종류(συνθέσεις, structurae)158)

Rhetoric; Vickers, *In Defense of Rhetoric*, 1-82 등을 보라.

156) H. Hommel, "Rhetorik," in *Lexikon der alten Welt* (Zürich und Stuttgart: Artemis, 1965), 2611-26(특히 2624).

157) R. A. Lanham, *A Handlist of Rhetorical Terms* (2d ed.; Berkeley/Los Angeles/Oxford: University of California Press, 1991), 163-80도 보라.

158) 이 개요에서 '기억'(암기, μνήμη, *memoria*)과 '전달'('연설', ὑπόκρισις, *pronuntiatio*)은 제외되었다. 여기서 하고자 하는 작업, 곧 글로 기록된 작

그리고 이에 토대를 두고, 고린도전서 15장 헬라어 본문에 대한 수사비평적인 분석을 위해 다음의 단계들을 취하고자 한다. 첫 번째로, 가장 중요한 수사학적 문제, '스타시스'("쟁점") 및 수사의 종류를 파악하고, 두 번째로, 발견과 배열과 문체를 차례로 분석하고, 또 세 번째로 바울의 설득 목적에 비추어 고린도전서 15장에 나타난 수사의 유효성을 평가하는 것이다.[159] 그리고 고린도전서 15장의 수사를 분석함에 있어 주로 아리스토텔레스(기원전 384-322년), 위아낙시메네스(Ps.-Anaximenes), 키케로(기원전 106-43년), 퀸틸리아누스(기원후 35-95년경), 할리카르나수스의 디오니시우스, 위데메트리우스(Ps.-Demetrius), 위롱기누스(Ps.-Longinus) 등의 수사학 핸드북들이 사용될 것이다.

▌5. 요약 및 결론

'수사/수사학'이나 '수사비평'이라는 말은 많은 의미와 용도로 사용되었다. 하지만 여기서 말하는 수사학은 고전 수사학을 가리키며, 따라서 수사비평은 고전 수사학 이론과 규약들을 본문에 적용하는 것을 의미한다는 것을 분명히 하였다. 또한 신약본문을 연구함에 있어 그리스-로마 수사학을 사용하는 것은 여러 근거로 정당화될 수 있다고 주장하였다. 고린도전서에 대한 수사학적 연구의 개관을 통해, 수사/수사

품에 대한 수사학적 분석의 범위를 벗어나기 때문이다. 물론, 글로 기록된 작품이 연설을 위한 것이라면 기억(암기)과 전달(연설)의 과정을 밟음으로써 본문의 수사학적 형식과 의미에 대한 단서들을 얻을 수는 있을 것이다.

159) J. D. Hester, "Placing the Blame: The Presence of Epideictic in Galatians 1 and 2," in *Persuasive Artistry*, 282-85를 참조하라.

학이라는 말로 무엇을 의미하든지 간에 수사학적 연구들이 여러 수사학적 기교나 장치, 즉 수사의문문들, 여담들(수사학적 이탈들), '배열' 확인(파악), '장르' 결정, 반어법('아니러니'), 은밀한 인유, 모방(본받음, '미메시스'), '스케마'[schema] 그리고 '파레크바시스'(parekbasis) 등을 고린도전서 본문 해석에 활용함으로써 본문에 대한 이해에 많은 빛을 비추어 주었음을 보았다. 동시에 많은 수사학적 연구가 수사학의 완전한 국면들을 고려하지 않았음도 드러났다. 이러한 관찰은 주어진 본문에 대하여 고전 수사학 이론을 전면적으로 활용하는 수사학적 연구의 필요성을 일깨워 주었다. 성서 본문에 대하여 고전 수사학을 활용하여 분석하거나 연구하려면 가능한 한 포괄적인 방식으로 고전 수사학 이론을 활용하여야 한다. 이 논문(책)은 바로 이 점에서 무엇인가를 공헌하고자 노력한다. 케네디가 제안한 수사비평 모델은 긍정적이면서도 비판적으로 고찰되었고, 이 논문(책)의 목적에 가장 적합한 방법론이라는 평가를 내렸다. 그의 모델은 주로 고전 수사학에 기초하고 있음과 동시에 이 모델에 수사학의 본질과 기능들에 대한 현대의 계통적 서술들을 결합시킴으로써 고전 수사학의 범위를 약간 넘어섰다. 이러한 고찰과 더불어 고린도전서 15장에 대한 수사비평적 연구의 방법론 개요를 제안하였다. 이 개요는 고전 수사학 체계를 기초로 하는데, 케네디의 모델과 홈멜의 "고대 수사학 체계의 도식적 개요"를 수정하고 각색한 것이다. 이제 수사학 핸드북들에 따라 고전 수사학 이론들을 더욱 자세하게 개관하고 이해의 폭과 깊이를 증대시키는 일이 남는다, 이 일은 다음 장에서 이루어진다.

제3장

고전적 그리스-로마
수사학 이론들의 개요

▌1. 서론

2장에서 방금 이 논문(책)에 사용할 수사비평이 신약성서의 저술들이 나타난 때 통용되던 고전 수사학을 활용하는 역사적 연구라는 것을 강조하였고, 고린도전서 15장에 나타나는 바울 수사학의 분석에 사용할 방법론 개요를 제안하기도 하였다. 3장에서는 이 논문(책)의 수사비평방법론 절차에 따라 연설(수사)의 종류 및 웅변가의 작업 단계들을 나타내기도 하는 수사술의 부분들에 대하여 고전 수사학 이론들의 개요를 서술하고자 한다. 수사술의 부분들에 대한 논의는 '발견'과 '배열'과 '문체'에 한정할 터인데, '기억'과 '연설'(전달)은 문자로 되어 있는 글(작문)에 대한 수사학적 분석과 거의 관계가 없다고 여겨지기 때문이다.

고전적인 그리스-로마 수사학 이론들을 개관함에 있어 아리스토텔레스의 『수사학』과 같은 어느 하나의 핸드북에 전적으로 의존하지는 않을 것이다. 오히려, 종합하거나 절충하는 방식으로, 아리스토텔레스 뿐만 아니라, 또한 키케로, 퀸틸리아누스 같은 주요 수사학자들의 표준적인 여러 핸드북도 사용하려고 한다. 마찬가지로, 수사학과 고대 문학비평과 관련이 있거나 이들을 다루는 다른 고대 저작들도 사용할 것이다.1) 고전 수사학은 다양한 이론들과 실행들로 이루어져 있으며,

---

1) 여기서 사용할 일차적인 고전 수사학 핸드북들과 저작들은 다음과 같다. Plato, *Phaedrus*; Aristotle, *Rhetorica*; *Poetica*; *Topica*; [Anaximenes], *Rhetorica ad Alexandrum*; [Cicero], *Rhetorica ad Herennium*; Cicero, *De Inventione Rhetorica*; *De Oratore*; *Partitiones Oratoriae*; *De Optimo Genere Oratorum*; *Brutus*; *Orator ad M. Brutum*; *Topica*; Dionysius of Halicarnassus, *On the Ancient Orators*; Dionysius of Halicanassus, *On Literary Composition*; *The Three Literary Letters*; Quintilianus, *Institutio Oratoria*; [Demetrius], *On Style*; [Longinus], *On the Sublime* 등이다. 이 저작들에 대해서는 별다른 언급

또 여러 이론들을 종합하거나 절충하는 방식을 취하는 것은, 케네디가 관찰한 바와 같이, "고대 수사학의 역사는 대체로, 많은 저자들과 교사들이 거기에 공헌하는 단 하나의 위대하고도 전통적인 이론이 성장해 간 역사"이기에 충분히 가능하고 좋은 방법이다.[2] 여기서 제공하는 개요는 다음 장에서 고린도전서 15장에 나타나는 바울의 수사학을 분석하는 기초와 도구로 이용될 것이다. 고전 수사학 이론에 대한 개관으로 들어가 보도록 하자.

▌ 2. 수사의 종류

'수사의 종류'라는 말은 여러 가지 다른 용어로 표현되기도 한다. 예를 들면, "(소송)원인의 종류", "주장(논증)의 종류", "연설의 종류",

---

이 없는 한 로엡고전총서(Loeb Classical Library) 판들이 사용된다. 그리고 2류 수사학자들의 저작에 대해서는, L. Spengel, ed., *Rhetores Graeci* (3 vols.; Leipzig: Teubner, 1856); 그리고 Ch. Walz, ed., *Rhetores Graeci* (10 vols.; 1832-36; reprint, Osnabrück: Otto Zeller, 1968)를 보라.

고대 수사학에 대한 현대의 표준적인 요약들로는 다음과 같은 것이 있다. C. S. Baldwin, *Ancient Rhetoric and Poetic: Interpreted from Representative Works* (New York: Macmillan, 1924); 이전에 인용한 바 있는 케네디의 책들; H. Lausberg, *Handbuch der literarischen Rhetorik: Eine Grundlegung der Literaturwissenschaft* (2 vols.: München: Max Hueber, 1960); J. Martin, *Antike Rhetorik: Technik und Methode* (Handbuch der Altertumswissenschaft II/3; München: Beck, 1974); R. Volkmann, *Die Rhetorik der Griechen und Römer in systematischer Übersicht* (2d ed.; Leipzig: Teubner, 1885); 그리고 S. E. Porter, ed. *Handbook of Classical Rhetoric in the Hellenistic Period 330 B.C.-A.D. 400* (Leiden: Brill, 1997) 등이다.

수사학 핸드북들은 순전히 이론적이지 않다는 점에 유의해야 한다. 저자들은 이미 옛적의 실제 연설들에서 예문들을 취하였다(Quint. *Inst.* 5.10.12-21을 보라).

2) Kennedy, *Art of Persuasion*, 9-13.

"(소송)사건의 종류" 혹은 "웅변의 종류" 등이다.3) 종류의 수에 대해서는 네 가지를 얘기하는 경우도 간혹 있었으나, 아리스토텔레스는 세 종류의 수사를 체계적으로 제공하였는데, 후대의 수사학자들은 일반적으로 그의 삼중구분을 받아들였다.4) 아리스토텔레스는 다음과 같이 말하면서 세 부류의 청중에 따라 수사를 구분한다.

> 수사의 종류는 세 부류의 청중에 상응하여 수가 셋이다. 모든 연설은 세 부분 즉 연설자, 그가 다루는 주제 그리고 이 주제에 대하여 말하는 대상이 되는 사람들, 곧 청중으로 구성되기 때문이다……. 그런데 청중은 필연적으로 단순한 구경꾼(관객)이든지 판결을 내리는 자(재판관)이든지, 또 과거의 일들이나 장차 올 일들에 대하여 판결을 내리는 자(재판관)임에 틀림없다……. 그러므로 필연적으로 세 종류의 수사학적(수사적) 연설이 있는데, 심의적인 것, 법정적인 것 그리고 예찬적인 것이다(Arist. Rh. 1.3.1-3.1358a-b).

그리고 각 종류의 수사적 연설은 때(시간), 목적, 수단 그리고 입론(논증)의 유형에 관하여 자체의 특성들을 가지고 있다.5) 각 종류의 수

---

3) "종류"에 사용되는 술어들로는 γένη(Arist. Rh. 1.3.3.1358b), εἴδη(Arist. Rh. 1.3.1), genera(Rhet. Her. 1.2.2; Cic. Part. Or. 3.10), partes(Quint. Inst. 2.21.23; 3.3.15) 등이 있다. 그리고 수사의 종류에 대한 종합적 논의를 위하여 Lausberg, Handbuch der literarischen Rhetorik, 1:52-61(§§ 59-65); Martin, Antike Rhetorik, 15-210; Volkmann, Die Rhetorik der Griechen, 16-32; 그리고 Watson, Invention, Arrangement, and Style, 9-10 등을 보라.

4) Arist. Rh. 1.3.-0.1358b-59a; Rh. Al. 1.1421b.7-11(수사를 세 종류[γένη]의 공중 연설과 일곱 개의 종류[εἴδη]로 분류함); 5.1427b.10-30, 37; Rhet. Her. 1.2.2, 2.1.1; Cic. Inv. 1.5.7; 1.9.12(=헤르마고라스[Hermagoras]가 종류[genus]를 네 개의 종[species], 즉 심의적, 예찬적, 형평법적 그리고 법률적 종으로 분류한 것을 비판함); 2.4.12; 2.51.155; De Or. 1.31.141; 2.84.341; Part. Or. 3.10; 2.21.23; 3.3.14-15; 3.4.1-16(=종류의 수와 술어들을 논의함); 8.Pr.6. 그리고 Rhet. Her. 5.1427b.10-30, 37(=세 종류에 더하여 '조사하는'[investigational, ἐξεταστικόν] 웅변[연설]을 추가함)을 참조하라.

5) 이에 대한 논의를 위하여, Arist. Rh. 1.3.3-6.1358b-59a; 1.9.40.1368a; 2.18; Rh. Al. 1-5; Cic. Inv. 1.5.7; 2.4.12-13; 2.51.155-156; De Or. 1.31.141; Part. Or. 3.10-5.15; 20.69; Top. 24.91-26.96; Quint. Inst. 3.4.1-16 등을 보라.

사를 간략히 기술해 보도록 하겠다.

가. 법정적 수사

법정적 수사는 "재판적 수사" 혹은 "사법적 수사"라 불리기도 한다.[6] 법정적 수사에 대하여 아리스토텔레스는 이미 알려진 과거를 다루기 때문에 미래에 관련된 결정을 하게 만드는 심의적 연설보다는 쉬우리라고 이야기하는 반면에(Arist. *Rh.* 3.17.10.11418a), 키케로는 "법정 싸움들이 참으로 큰 어려움을 수반한다"는 점에서 세 종류의 연설이나 (소송)원인 중에서 가장 어려운 수사라고 본다(Cic. *De Or.* 2.17.71-73; 또한 *Rhet. Her.* 2.1.1). 수사학 핸드북들에서 법정적 수사가 가장 상세하게 다루어지는 것을 보면 이 점에 있어서는 키케로의 평가에 무게가 더 실리는 것으로 보인다.[7] 이 자리에서는 우선 핵심적인 중요한 사항을 요약하는 것으로 충분하다.

---

6) "법정적 수사"(forensic rhetoric)에 사용되는 술어는 다음과 같이 다양하다. γένος δικανικόν/*genus iudiciale*; δικανικόν(Arist. *Rh.* 1.3.3.1358b; *Rh. Al.* 1.1421b.7-11), δίκαι(Arist. *Rh.* 1.3.9.1359a), *iudiciale*(Quint. *Inst.* 2.21.23; "재판의", *Rhet. Her.* 1.2.2; 2.1.1; Cic. *Inv.* 1.5.7; 1.9.12; 2.4.12; 2.51.155; *Part. Or.* 20.70), *iudici*("재판의", Cic. *Top.* 24.91), *iudicialem*(Quint. *Inst.* 3.3.14) 등이다.

7) 법정적 수사에 대한 논의들을 위하여 Arist. *Rh.* 1.1.10.1354b; 1.3.3-6.1358b-59a; 1.10-15.1368b-77b(1.5 =비인위적 증명); 2.18.5.1392a; 3.12.5(=문제); *Rh. Al.* 4.1426b.22-1427b.10(=주장[논증]의 방법들); 36(=구조); Cic. *Inv.* 1.5.7, 2.4.12-2.51.154(=구체적인 예들과 입론[논증] 형식들); *Part. Or.* 4.14-5.15(=주장 [논증]의 배열); 28.98-39.138(=기소와 변호에 의한 주장 노선들); *Top.* 24.91-26.96(= 주장들); Quint. *Inst.* 3.9(=법정적 연설의 부분들) 등을 보라.
  또한 Kennedy, *The Art of Persuasion*, 126-52; *The Art of Rhetoric in the Roman World: 300 B.C.-A.D. 300* (Princeton: Princeton University Press, 1972), 7-18; *Greek Rhetoric*, 6-19; Lausberg, *Handbuch der literarischen Rhetorik*, 1:86-123(§§ 140-223); Martin, *Antike Rhetorik*, 15-166; Volkmann, *Die Rhetorik der Griechen*, 33-293 등도 보라.

법정적 수사는 "사적인 시민들 간의 거래"에 한정되고(Arist. *Rh.* 1.1.10.1354b), "법률적인 논쟁에 기초를 두며, 형사소추(*accusatio*/κατηγορία) 나 민사소송(*petitio*/δίκη) 그리고 변호(*defensio*/ἀπολογία)로 이루어져 있다"(*Rhet. Her.* 1.2.2). 법정에서 행하여지는 연설들은 재판정에서 편하게 사용되며, 고발과 변호를 수반한다(Cic. *Inv.* 1.5.7; Cic. *Top.* 24.92; *Rh. Al.* 4.1426b.25-29). 법정적 수사에 가장 적절한 시간적 차원은 '과거'이다. 법정 연설자들은 이미 일어난 일들에 관하여 항상 고발하거나 변호하기 때문이다. 재판의 주제는 "과거에 일어난 일들"이라는 말이다(Arist. *Rh.* 1.3.4.1358a; 2.18.5.1392a). 법정적 수사의 목적이나 목표는 '정당한 것' 혹은 '부당한 것'이다. 말하자면, 법정 연설자는 행동이 정당하거나 부당하다는 것을 증명해야 한다.[8] 법정 연설자들이 사용하기에 가장 알맞은 유형의 논증은 '생략삼단논법'인데, 이는 아리스토텔레스가 말한 것같이 "과거는 그 모호성에 의하여 무엇보다도 원인들에 대한 조사와 논증할 수 있는 증명(증거)에 쓸모 있기 때문이다"(Arist. *Rh.* 1.9.40.1368a; 또한 3.17.5.1418a; *Rh. Al.* 6.1428a.4-7도 보라). 법정적 수사에서는 당연히 비인위적 증명을 사용하는데, 이 비위인위적 증명은 다섯 가지로, "법, 증인, 계약, 고문 그리고 맹세"(νόμοι, μάρτυρες, συνθῆκαι, βάσανοι, ὅρκοι)가 있다(Arist. *Rh.* 1.15.13751-b).

---

8) Arist. *Rh.* 1.3.5-6.1358b-59a; 1.10-15.1368b-77b. 참고로 Cic. *Inv.* 2.51.156 도 보라. 거기서는 "법정적 유형의 목적은 공평성(equity), 즉 '명예'라는 더 큰 주제(화두)의 세분된 일부분이라는데 일반적으로 의견이 일치되어 있다"고 말한다. 또한 Cic. *Part. Or.* 29.98도 참조하라.

나. 심의적 수사

심의적 수사는 "권면적 수사", "의회의 수사"라고도 한다.9) "심의적 연설들은 두 행동진로 중에서 하나를 선택하는 문제와 관계되는 종류에 속하든지 혹은 여러 개 중에서 하나를 선택하는 것을 심사숙고하는 문제의 종류에 속한다"(*Rhet. Her.* 3.2.2). 사적으로 조언을 하거나 집회에서 연설하는 심의적 연설자는 변함없이 권면하든지 단념시키든지 한다(Arist. *Rh.* 1.3.3.1358b; *Rhet. Her.* 1.2.2; Cic. *De Or.* 2.81.333; *Part. Or.* 3.10). 권면함은 "사람들이 어떤 말이나 행동 노선을 따르도록 강권하는 시도"이며, 반면에 단념시킴(만류)은 "사람들이 어떤 말이나 행동 노선을 따르지 못하게 하는 시도"이다(*Rh. Al.* 1.1421b.21-22). 심의적 수사에 적합한 공통논제(상투적 문구, common-place)와10) 때(시간)는 "가능한 것과 미래"(τὸ δυνατὸν καὶ ἐσόμενον)이

---

9) 심의적 수사(deliberative rhetoric)를 지칭하는데 사용되는 술어로는 다음과 같은 것들이 있다. συμβουλευτικόν(Arist. *Rh.* 1.3.3.1358b), συμβουλή(Arist. *Rh.* 1.3.9.1359a), δημηγορικόν(Arist. *Rh.* 1.1.10.1354b; "의회의", *Rh. Al.* 1.1421b.7-11), *deliberativum*(*Rhet. Her.* 1.2.2; 2.1.1, Cic. *Inv.* 1.5.7; Quint. *Inst.* 2.21.23), *deliberationis*(Cic. *Top.* 24.91), *deliberativam*(Quint. *Inst.* 3.3.14) 등이다.

심의적 수사에 대한 논의들을 위하여 Arist. *Rh.* 1.3.3-6.1358b; 1.4-8.1359a-66a(=권고나 만류를 위한 논증[주장]의 출처들); 1.9.40.1368a; 2.18.5.1392a; 3.12.5(=문체); 3.17.4-5; 3.16.11(=내러티브[사실들의 진술]를 가장 적게 허락함); 3.17.10; *Rh. Al.* 1.1421b.18-2.1425b.35(=심의적 연설의 공통적인 논제들, 주제들, 특성); 29.1436a.40-34.1440b.4(=구조); *Rhet. Her.* 1.2.2, 3.2.2-3.5.9; Cic. *Inv.* 1.5.7; 2.4.12; 2.51.155-58.176(=입론[논증]의 형식들, 쟁점들); *De Or.* 1.31.141; 2.81.333-83.340; *Part. Or.* 3.10-4.11; 4.13; 20.69-70; 24.83-27.97; *Top.* 23.89; 24.91; Quint. *Inst.* 2.4.25; 2.21.23; 3.3.14; 3.4.15,16; 3.8.1-70을 보라.

또한 Kennedy, *The Art of Persuasion*, 203-62; *The Art of Rhetoric* 18-21; *Greek Rhetoric*, 6-19; Lausberg, *Handbuch der literarischen Rhetorik*, 1:123-29(§§ 224-38); Martin, *Antike Rhetorik*, 167-76; 그리고 Volkmann, *Die Rhetorik der Griechen*, 294-314도 보라.

다. 심의적 연설자들은 미래에 일어날 가능성이 있거나 일어나지 않을 가능성이 있는 일들에 관하여 조언하기 때문이다(Arist. *Rh.* 1.3.4.1358b; 1.4.1.1359a; 2.18.5.1392a; 3.17.5.1418a). 심의적 수사는 "정책에 관한 논의에 존재하며"(*Rhet. Her.* 1.2.2), 따라서 심의적 연설들의 주제에는 방법과 수단, 종교 의식, 법률 제정, 헌법의 형태, 다른 국가들과의 동맹과 조약, 나라의 방어, 수입과 수출, 전쟁, 평화 그리고 재정 등이 포함될 수 있다(Arist. *Rh.* 1.4.7-13.1359b-60a; *Rh. Al.* 2.1423a.21-25). 심의적 연설자가 성취하려고 노력하는 목적이나 목표는 "이로운 것(편리한 것, 유익한 것) 혹은 해로운 것"(τὸ συμφέρον καὶ βλαβερόν)인데, 이는 심의적 연설자는 어떤 행동진로에 찬성하여 그것을 더 좋은 것으로 추천하거나 어떤 행동진로를 더 나쁜 것으로 제시하여 그것을 따르지 말라고 조언하기 때문이다.11) 권고하는 자는 "반드시 권고하는 진로가 정당하고, 합법적이고, 편리하고, 영예롭고, 즐겁고, 쉽게 실천할 수 있는 것임을 증명하여야 한다"(*Rh. Al.* 1.1421b.23-30). 범례(예)는 수사의 세 종류 모두에서 입론(논증)의 수단으로 사용될 수 있다. 그렇지만 과거에 나온 범례(예)들이 심의적 연설들에 사용하기에 가장 좋은 입론(논증) 형식을 공급한다.12)

---

10) 이 영어 단어는 "공유의 장소, 혹은 공통의 문구"를 의미하는 라틴어(*loci communes*)를 번역한 것이며, 교사나 철학자나 수사학자(웅변가)에게 아주 친숙하고 그들의 기억 속에 들어 있는 '정해진 논제 조각들'(set topical pieces)을 가리킨다. 우리말로 '공통논제' 혹은 '상투적 문구'라는 번역어를 택한다.

11) Arist. *Rh.* 1.3.5.1358b; 1.56.1.1362a; *Rhet. Her.* 3.2.3; Cic. *Inv.* 2.51.156; *De Or.* 2.82.334; *Part. Or.* 24.83; *Top.* 23.89 등을 보라. 그리고 편의적인 좋은 일들의 목록에 대해 Arist. *Rh.* 1.6.8-16.1362b; Cic. *Inv.* 2.52.157-58을 보라.

12) Arist. *Rh.* 1.9.40.1368a; 2.20.8.1394a; 3.17.5.1418a; *Rh. Al.* 32.1438b.29-1439a.7; *Rhet. Her.* 3.5.9; Cic. *De Or.* 2.82.335; Quint. *Inst.* 3.8.34, 66.

다. 예찬적 수사

예찬적 수사는 "시위적 수사", "찬사적 수사", "의식적/의전적 수사", "예증적 수사", "예식적 수사", "칭찬적 수사" 혹은 "칭송적 수사"라고도 한다.[13] "예찬적 수사는 어떤 특정한 사람에 대해 찬양하거나 비난하는 일을 한다"(*Rhet. Her.* 1.2.2).[14] 찬양하는 사람과 책망하는 사람은 고상한 것이나 수치스러운 것, 덕이나 악을 목표 대상으로 찬양하거나 책망한다(Arist. *Rh.* 1.9.1366a). '고상한 것'(καλόν)은 "본질적으로 바람직하며 동시에 칭찬할 가치가 있거나 혹은 선하며 선하기 때문에 유쾌한(기분이 좋은) 것"으로 정의되고(Arist. *Rh.* 1.9.3.1366a), 덕(ἀρετή)은 "선한 것들을 제공하거나 보존하는 능력, 많고 큰 유익(이익)들을 가져오는 능력"이며(Arist. *Rh.* 1.9.3.1366b), 또 칭찬은 외부

---

13) 예찬적 수사(epideictic rhetoric)를 지칭하는데 사용되는 술어로는 다음과 같은 것들이 있다. ἐπιδειτικόν(Arist. *Rh.* 1.3.3.1358b; "의식적인", *Rh. Al.* 1.1421b.7-11), ἐγκωμιαστικόν ("칭송하는", *Rh. Al.* 3.1425b.36), *panegyricos/*πανηγυρικόν(Quint. *Inst.* 2.10.11), *demonstrativum*(*Rhet. Her.* 1.2.2; Cic. *Inv.* 1.5.7; "예증적인/실증적인", Quint. *Inst.* 2.21.23), *laudationum genus*("찬사하는", Cic. *De Or.* 1.31.141; "찬미하는", Cic. *Part. Or.* 20.70), *laudationis*("칭찬하는", Cic. *Top.* 24.91), *laudativum*("찬사하는", Quint. *Inst.* 3.3.14; "찬미하는", 3.4.12-16) 등이다.
  예찬적 수사에 대한 논의들을 위하여 Arist. *Rh.* 1.3.3-6.1358b-59a; 1.3.9.1359a; 1.9.1-41.1366a-68a; 2.22.6-7.1396a; 3.12.5.1414a; 3.16.1.1416b; 3.17.3.1417b; *Rh. Al.* 1.1421b.7-8; 3(=주제들); 35(=구조와 논제들); *Rhet. Her.* 1.2.2; 3.6.10-8.15(=배열); Cic. *Inv.* 1.5.7; 1.9.12; 2.4.12; 2.51.155-156; 2.59.177-178; *De Or.* 1.31.141; 2.10.43-11.46; 3.84.341-85.349; *Part. Or.* 3.10-4.12; 20.69-23.82; *Orat.* 11.37-13.42; 19.65; 62.207(=문제); *Top.* 24.91-25.94; Quint. *Inst.* 2.10.11; 2.21.23; 3.3.14; 3.4.1-16; 3.7.1-28; 3.8.7을 보라.
  또한 Kennedy, *The Art of Persuasion*, 152-203; *The Art of Rhetoric*, 21-23; *Greek Rhetoric*, 23-27; Lausberg, *Handbuch der literarischen Rhetorik*, 1:129-38(§§ 239-54); Martin, *Antike Rhetorik*, 177-210; 그리고 Volkmann, *Die Rhetorik der Griechen*, 314-61도 보라.
14) 또한 Arist. *Rh.* 1.3.3.1358b; 1.9.1.1366a; 1.9.33.1367b; *Rhet. Her.* 3.6.10; Cic. *Inv.* 1.5.7; 2.4.12; 그리고 Quint. *Inst.* 3.7.6도 보라.

환경, 신체적 특성들 그리고 인격들의 특성으로 이루어진다(*Rhet. Her.* 3.6.10). 예찬적 수사에 가장 적합한 때(시간)는 '현재'이다. 모든 수사학적 논증에 공통적인 논제들 중에서, 예찬적 수사에 가장 알맞은 것은 '확충'(혹은 '부연, 확대')이다(Arist. *Rh.* 1.9.38-40.1368a; *Rh. Al.* 3.1425b.36-40; Cic. *Part. Or.* 21.27).[15) 확충은 "청중을 자극하려고 공통논제들(commonplaces)을 사용하는 원리", "감정을 분기시킴으로써 연설 과정에서 신뢰를 얻으려고 고안된, 일종의 더 유력한 단언" 혹은 "주제에 담긴 모든 양상과 논제를 축적하고 따라서 이에 의존하여 주장을 강화하는 것"이다(*Rhet. Her.* 2.30.47; Cic. *Part. Or.* 8.27; 15.53; [Longinus], *Subl.* 12.2). 확충은 심의적 수사에서도 사용될 수 있다(Pl. *Phdr.* 51.267AB; *Rhet. Her.* 3.8.15). 퀸틸리아누스는 "감정들에 대한 호소에 대해 말하면, 이는 특히 '심의적' 연설에서 필요하다"고까지 말한다(Quint. *Inst.* 3.8.12). 하지만 대부분은 예찬적 수사에서 입론(논증)의 방식으로서 주로 결론에서 감정에 호소하는 것으로 사용된다.[16) 그리고 때때로 문제를 장식하는 데 사용되기도 한다(Quint. *Inst.* 8.4; [Longinus]; *Subl.* 11.1-12.2). 확충 방법에는 언어의 사용

---

15) '확충'(amplification)을 가리키는 데 사용되는 술어로는 다음과 같은 것들이 있다. αὔξειν("확충하다", *Rh. Al.* 34.1440a.22), αὐξῆσαι("확충하다", Arist. *Rh.* 3.19.1.1419), αὔξησις("부연/확대", Arist. *Rh.* 1.9.38.1368a; [Longinus], *Subl.* 11.1), *amplificatio*(*Rhet. Her.* 2.30.47; Cic. *Part. Or.* 15.52), *adfectus*("감정들에 대한 호소", Quint. *Inst.* 6.1.1, 9, 53) 등이다.

16) 결론(peroration)에서 이루어지는 감정에 호소하는 것에 대해서는, Arist. *Rh.* 1.14; 2.19.26-27.1393a; 3.19.1-3.1419b; *Rh. Al.* 34; 36.1443a.15-22; *Rhet. Her.* 2.30.47-31.50; 3.8.15; Cic. *Inv.* 1.53-56; *De Or.* 3.26.104-27.107; *Part. Or.* 8.27; 15.52-17.58; 15.52(="확대[enlargement, *augendi*]는 결론부에서 …… 특별한 위치를 차지할 뿐만 아니라, 또한 실제의 연설 과정에서 옆길로 들어서서 확대할 기회들이 발생하는데, 무언가가 증명되거나 논박되었을 때이다"); *Orat.* 34.122; 37.125-26; *Top.* 26.98(="결론은 다른 논제들 가운데서 특별히 확충을 사용한다"); Quint. *Inst.* 6.1.9-55, 6.2 등을 보라.

혹은 사실들의 제시를 통하거나(Cic. *Part. Or.* 15.53) 혹은 확대함, 비교함, 추론함 그리고 축적함(Quint. *Inst.* 8.4.3) 등 여러 가지가 있다.17)

라. 요약

수사에는 세 종류의 청중에 따라 세 부류가 있다. 각 종류의 수사에는 때(시간), 목적, 수단 그리고 입론(논증)의 유형과 관련하여 자체의 독특한 특징들이 있다. 하지만 수사학자 자신들이 그렇게 생각하였듯이, 수사의 세 종류(*genera*) 모두는 구분이 절대적이지 않음에 주목하는 통찰과 지혜도 필요하다. 어느 한 종류의 수사는 다른 종류의 수사를 사용하기도 한다는 말이다. "수사의 종류들은 그렇게 하는 것이 적절할 때 따로따로 사용되기도 하고, 그들의 특성을 결합하여 함께 사용되기도 하는데, 그들은 아주 상당한 차이점들이 있으면서도 실제적으로 적용될 때 중첩되기 때문이다"(*Rh. Al.* 5.1427b.31-6.11.428a).

요컨대, 세 종류의 수사는 "다른 종류의 상호조력에 의지한다"(Quint. *Inst.* 3.4.16). 다른 수사들은 예찬적 요소를 활용할 수 있고 혹은 예찬적 수사는 여러 시간적 차원들을 사용할 수 있다는 것이다. 즉, "예찬적 연설자들이 다른 때[시간], 곧 과거를 회상함으로써 과거 시간을 사용하거나 혹은 미래를 예상함으로써 미래 시간을 사용하는 일이 …… 보기 드문 일은 아니다"(Arist. *Rh.* 1.3.4). "그리고 예찬적 수사

---

17) 확충에 대한 논의를 위하여 Arist. *Rh.* 1.9.38-40.1368a; 2.18.4-5.1391b-92a; *Rh. Al.* 3.1425b.36-40; 3.1426a.20-1426b.22; 6.1428a.2-4; *Rhet. Her.* 2.30.47-49; Cic. *Part. Or.* 15.53-17.58; *De Or.* 3.26.104-27.107; 3.53.205; *Orat.* 37.126; Quint. *Inst.* 8.4; [Longinus], *Subl.* 11.2 등을 더 보라.

가 그것만으로 독립적으로 아주 드물게 사용될지라도, 여전히 법정적 (소송)원인과 심의적 (소송)이유에서 종종 긴 단락들이 칭찬이나 비난 (책망)에 할애된다"(*Rhet. Her.* 3.8.15). 퀸틸리아누스는 "이소크라테스 (Isocrates)가 칭찬과 비난은 모든 종류의 연설에서 나타난다고 생각했다"고 말한다(Quint. *Inst.* 3.4.15-16, 3.4.11). 그리고 한 종류의 수사가 다른 종류의 수사를 사용할 수 있다는 사실은 이 연구(책)의 뒷부분에서 고린도전서 15장이 심의적 수사이면서도 법정적 배열의 형태를 취한다는 주장에 힘을 실어준다.

▌ 3. 수사술의 부분들

수사술의 부분들은 "수사술의 분과", "연설자의 임무들", "수사술의 부문들", "웅변가의 의무들", "수사술의 요소들", "수사(학)의 부분들"이라고도 한다,[18] 앞에서 이미 언급하였듯이, 고전적인 그리스-로마 시대에 있어 수사술은 '다섯' 부분으로 구성된다. 즉, 발견, 배열 (τάξις/οἰκονομία/*dispositio/collocatio*), 문체(λέξις/ερμηνεία/φράσις/*elocutio*), 기억(암기, μνήμη, *memoria*), 연설(전달, ὑπόκρισις, *pronuntiatio/actio* [행동])이다.[19] 아리스토텔레스는 연설에 관해 특별히 주목해야 할 것

---

18) "부분들"(parts)이라는 말에 사용되는 술어로는 다음과 같은 것들이 있다. *res*(*Rhet. Her.* 1.2.2-3), *oratoris officiis*(*Rhet. Her.* 2.1.1), *partes*(*Rhet. Her.* 3.1.1; Cic. *Inv.* 1.7.9; Quint. *Inst.* 3.3.11,13), *opera oratoris*(Quint. *Inst.* 3.3.11,13), *elementa*(Quint. *Inst.* 3.3.13), *partes rhetorices*(*Rhet. Her.* 3.8.15; 3.16.28; Quint. *Inst.* 3.3.13) 등이다. 그리고 수사술의 부분들에 대한 논의를 위하여 Lausberg, *Handbuch der literarischen Rhetorik*, 1:139-527(§§ 255-1091); Martin, *Antike Rhetorik*, 13-210(=*inventio*), 211-43(=*dispositio*), 245-345(=*elocutio*), 347-50(=*memoria*), 351-55(=*pronuntiatio*) 등을 보라.

세 가지, 즉 증명의 출처(증거자료), 문체 그리고 연설 부분들의 배열을 분명히 언급하고,[20) 연설(전달)에 대한 논문을 위한 제안들을 한 것으로 미루어 보아 연설(전달)을 추가하고자 하였을 터이나(3.1.3-7.1403b), 기억(암기)에 관해서는 거의 언급하지 않았다(1.11.6 참조). 데오프라스투스(Theophrastus)가 연설(전달)을 추가하였고(Rhet. Her. 3.11.9 참조). 기억(암기)이 언제 다섯 번째 부분으로 추가되었는지 알려진 바 없으나, 『헤레니우스를 위한 수사학』(Rhetorica ad Herennium)은 연설자의 다섯 가지 기능 혹은 수사술의 다섯 가지 부분에 대해 분명히 언급하고 있다. 그리고 각 부분에 대하여 다음과 같이 간결하게 정의하여준다.

> 발견은 주장을 수긍이 가게끔 만들게 될 진실하거나 그럴듯한 제재를 고안(안출)하는 것이다. 배열은 각 사항이 배정되어야 할 자리를 분명히 하면서 이 제재를 정돈하고 분배하는 것이다. 문체는 알맞은 단어들과 문장들을 고안된 제재에 적응시키는 것이다. 기억은 제재, 단어들 그리고 배열을 마음속에 단단히 간직하는 것이다. 연설은 음성, 표정 그리고 몸짓을 우아하게 조절하는 것이다(Rhet. Her. 1.2.3).

이 다섯 부분은 또한, '수사술의 부분들'과 동일한 것을 가리키는 '연설자의 임무들'이라는 표현처럼 연설자들이 설득하거나 단념시키려

---

19) Rhet. Her. 1.2.3; 3.1.1; Cic. Inv. 1.7.9; De Or. 1.31-142; 2.19.79; Part. Or. 1.3; Opt. Gen. 2.4-5; Orat. 14.43; 17.54; Quint. Inst. 3.3.1-15(=부분들의 수, 순서, 및 술어들에 대해 논의함); 6.4.1.

20) 아리스토텔레스는 자신의 『수사학』(Rhetorica)에서 "연설에 관해 특별한 주의를 기울여야 할 세 가지[발견, 문체, 배열]"를 언급하는데(2.26.5.1403a; 3.1.1), 1-2권에서 발견을 다루고, 3권(3.1-12; 3.13-19)에서 문체와 배열을 논의한다. 하지만 『알렉산더를 위한 수사학』(Rhetorica ad Alexandrum)은 수사술의 다섯 부분 중 처음 세 개를 분류하지 않은 채 다룬다. 즉, "발견"[invention]은 여기저기서[passim], ἑρμηνεία["해석"]은 21-28.1434a.18-1436a.13에서 그리고 τάξις["배열"]은 29-37.1436a.29-1445b.23에서 다루어진다.

고 할 때, 변호하거나 고발하려고 할 때 혹은 칭찬하거나 비난하려고 할 때 수행해야 하는 임무를 나타낸다. 이제 이 다섯 가지 임무 중 발견과 배열과 문체에 대해서만 논의하려고 하는데, 글(문자)로 기록된 한 편의 작품을 암기하고 연설할 1세기의 웅변가가 지금 여기에 없기 때문이다.

가. 발견

'발견'은 "찾아냄", "창안", "고안"이라고도 한다.[21] 연설자는 청중에게 말하려고 하는 것을 제일 먼저 생각해내야 한다(Cic. *De. Or.* 1.31.142). 그는 자기의 주장을 수긍이 가게끔 만들 진실하거나 그럴듯한 착상과 내용(주제)을 찾아내고, 발견하고, 고안(안출)하고, 알아내야 한다(*Rhet. Her.* 1.2.3).[22] 이 발견 부분은 연설자에게 가장 중요하고도 가장 어려운 작업이다(*Rhet. Her.* 2.1.1). 즉, 발견은 분리된 다섯 부분 중 가장 중요하며 또 무엇보다도 모든 종류의 (소송)원인(*in omni causarum genere*)에서 사용된다"(Cic. *Inv.* 1.7.9). 키케로의 표현을 더 빌리면, 발견은 "사람의 (소송)이유가 그럴듯하게 보이도록 유효하거나 유효하게 보이는 주장들(논변들)을 찾아내는 것이다"(Cic. *Inv.* 1.7.9). 발견은 주장들(논증들, 논변들)을 찾는 것을 가리킬 수 있다

---

21) "발견"(invention)이라는 말에 사용되는 술어에는 다음과 같은 것들이 있다. *inventio*(*Rhet. Her.* 1.2.3; 1.3.4; Cic. *Inv.* 1.7.9; Quint. *Inst.* 3.3.1), εὕρεσις(Pl. *Phdr.* 11.236A), εὑρεῖν("발견하다", Pl. *Phdr.* 11.236A; "찾아내다", Arist. *Rh.* 1.2.2.1355b), *invenio*("찾아내다, 발견하다", Cic. *Part. Or.* 1.3) 등이다.

22) 또한 Pl. *Phdr.* 11.236A; Arist. *Rh.* 1.2.2.1355b; Cic. *Inv.* 1.7.9; *De Or.* 2.27.120; 2.41.176; *Orat.* 14.44; *Rhet. Her.* 1.15.16; Cic. *Part. Or.* 2.5-3.8.

(Cic. *Part. Or.* 2.5-3.8), 하지만 발견의 범위는 더 넓어서 쟁점들, 증명들, 연설의 부분들, 논제들, 수사의 종류들 그리고 연설들의 구조 등과 같은 다양한 주제를 포함할 수 있다.

아리스토텔레스의 『수사학』 (*Rhetorica*)은 발견에 관해 증명(1.2), 세 종류의 수사(1.3-15), '에토스'와 '파토스'(2.1-17), 세 종류의 수사에 모두 공통적인 '논제들'(*topics*)과 '증명들'("논제들"=2.18-19; "범례[예]들"=2.20; "격언들"=2.21; "생략삼단논법"=2.22-26)을 다룬다. 『알렉산더를 위한 수사학』 (*Rhetorica ad Alexandrum*)의 저자는 세 종류의 연설(1.5), 증명(7-17) 그리고 연설들의 구조(29-37)에 대해 논의한다. 『헤레니우스를 위한 수사학』 (*Rhetorica ad Herennium*)의 저자는 발견을 담화의 부분들에 구체적으로 적용한다. 즉, "발견은 담화의 여섯 부분, 곧 서론, 사실들의 진술, 분할, 증명, 논박 그리고 결론에 사용된다"고 말한다(1.3.4-3.8.15). 키케로(Cicero)는 『발견에 대하여』 (*De Inventione*)에서 쟁점들(1.7.9-14.19), 배열(1.14.19-51.109) 그리고 모든 종류의 연설에서 주장들(논변들)을 형성할 수 있는 원리들(2.3.11-59.178)을 논의하고, 또 하나의 저작인 『논제론』 (*Topica*)에서는 증언(19.72-20.78), 연설들을 위한 두 종류의 주제, 즉 쟁점들과 관련된 일반적인 명제(21.79-23.90) 및 특별한 (소송)사건들(24.91-25.96) 그리고 입론(논증)의 논제들 이외에 연설의 부분들(26.97-99)을 고찰한다. 그리고 퀸틸리아누스(Quintilianus)는 『웅변술 원론』 (*Institutio Oratoria*, 3-6권)에서 웅변술의 부분들(3.3), 웅변의 종류(3.4, 7-9), (소송)원인의 '쟁점'(*status of a cause*, 3.5-6, 10-11), 연설의 부분들(4-6.1), 증명(5; 6.2) 등을 다룬다.[23]

수사의 종류들에 대해서는 이미 고찰한 바 있으므로, 여기서는 쟁점들, 문제들(질문들), 증명들, 및 논제들에 관하여 '발견'을 논의하고자 한다. 연설의 부분들은 배열에 대해 이야기할 때 고찰하게 될 것이다.

---

23) '발견'에 대한 논의를 위해, 또한 Kennedy, *The Art of Persuasion*, 87-103; *Greek Rhetoric*, 86-96; Lausberg, *Handbuch der literarischen Rhetorik*, 1:146-240(§§ 260-442 =연설의 부분들을 다룸); Martin, *Antike Rhetorik*, 13-210; 그리고 Watson, *Invention, Arrangement, and Style*, 13-20 등도 보라.

(1) '스타시스'("쟁점")

'스타시스'("쟁점")는 수사학적 논쟁점, 중심 논쟁점 혹은 필수적인 논거를 가리킨다.[24] 여기서는 가능한 한 "쟁점"이라는 단순한 번역어를 사용하고자 한다. 쟁점 이론은 상당히 복잡하기에, 여기서는 쟁점에 대한 정의와 종류 등에 관하여 최대한 그 요체를 정리하려고 노력할 뿐이다.[25] "쟁점"('스타시스')과 "질문"(quaestio)은 어떤 면에서 동

---

24) '스타시스'("쟁점", issue)이라는 말에 사용되는 술어로는 다음과 같은 것들이 있다. στάσις(Cic. Top. 25.93; Quint. Inst. 3.6.3), constitutio(Rhet. Her. 1.11.18; Cic. Inv. 1.8.10; "구성[constitution]", Quint. Inst. 3.6.2), status(Cic. Top. 25.93, 95; "논거[basis]", Quint. Inst. 3.6.1, 2, 3, 5, 11, 21), quaestio("질문", Quint. Inst. 3.6.2), "질문으로부터 유추될 수 있는 것"(Quint. Inst. 3.6.2), generalis quaestio("개괄적인 질문", Quint. Inst. 3.6.21), caput/κεφάλαιον γενικώτατον("가장 개괄적인 표제", Quint. Inst. 3.6.2; 3.6.21[caput generale, "개괄적인 표제"]) 등이 있다. 그리고 Cic. Inv. 1.8.10(=전체 [소송]사건을 발생하게 하는 '질문'은 constitutio["구성"] 혹은 '쟁점'이라고 부른다고 함); Cic. Top. 25.93(=혐의의 부인을 고발하는 것에 대하여 응답하는 것을 헬라인들은 στάσις라 부르고, 라틴어로는 status라 불렀다고 함); Quint. Inst. 3.6.4(=status라는 술어는 논쟁의 당사자들 간에 일어나는 최초의 충돌은 바로 status에 대해서라는 사실에서 혹은 전체 사건의 '논거'[basis] 혹은 '입장'[standing]을 형성한다는 사실에서 나온 것으로 보인다고 함) 등을 보라.

25) "쟁점"에 대한 논의들을 위하여 Arist. Rh. 1.15.3.1375a-12.75b; 3.17.1.1417b; Rhet. Her. 1.11.18-2.29.46(쟁점의 유형들=1.11.18-17.27; 쟁점의 유형들에 적용되는 발견=2.2.3-17.26; 발견에 의해 고안된 논증들[주장들, 논변들]에 대한 tractatio["처리 혹은 다룸"])=2.18.27-29.46); 3.4.8-5.9; 3.7.13-8.15; Cic. Inv. 1.7.9-14.19; 2.3.11-59.178; De Or. 1.31.139-40; 2.24.99-103; 2.24.104-25.109; 2.26.110-13; 2.30.132-32.141; Part. Or. 9.33-12.43; 18.61-19.67; 29.101-37.131; 38.132-39.138; Orat. 14.43-46; 34.121-22; Opt. 11.50; 21.79-24.91; 24.92-25.96; Quint. Inst. 3.6; 7.1.4-64; 7.2; 7.3; 7.4; 7.10; 그리고 R. Nadeau, "Hermogenes' On Stases: A Translation with an Introduction and Notes," Speech Monographs 31 (1964), 361-424를 보고, 또 Kennedy, The Art of Persuasion, 303-21(=Hermagoras에 대하여); Greek Rhetoric, 73-86; Lausberg, Handbuch der literarischen Rhetorik, 1:64-85(§§ 79-138), 1:89-123(§§ 148-223='법정적 수사'[genus iudiciale]에 대해서), 1:124-29(§§ 230-38='심의적 수사'[genus deliberativum에]에 대해서), 1:135-38(§§ 248-54='예찬적 수사'[genus demonstrativum]에 대해서); Martin, Antike Rhetorik, 28-51;

일한 것을 가리키나(Quint. *Inst.* 3.6.2), 수사학 핸드북들에서 각각에 대하여 말하는 논점이 약간 다르게 읽혀지기에 이 둘을 나누어 다루는 것이 필요해 보인다. '질문'에 대해서는 다음 단락에서 논한다.

연설자는, 그 주제 자체 안에 말과 토론으로 해결해야 할 논쟁을 담고 있는 주제가 있을 때, 먼저 이 문제 혹은 사건(소송, case)에서 쟁점이 무엇인지를 결정하여야 한다. 키케로는 쟁점을 "고발에 대하여 변호하는 것에서 혹은 답변하는 것에서 발생하는 최초의 탄원들의 충돌(*prima conflictio causarum*)"이라고 정의한다(Cic. *Inv.* 1.8.10). 『헤레니우스를 위한 수사학』의 저자도 비슷하게, "구성(*constitutio*)은 변호에서 오는 주요 탄원을 원고의 고발과 결합함으로써 결정된다"고 말한다(*Rhet. Her.* 1.11.18). 하지만 퀸틸리아누스는 다음과 같은 말로 키케로를 수정하고 보완한다.

> [그의] 생각은 옳으나, 표현은 잘못되었다. 본질적인 '논거'(*basis*)는 "당신은 이러이러한 것을 했다" 그리고 "나는 그것을 하지 않았다"라는 문장들로 표현할 수 있는 최초의 충돌이 아니다. 그것은 오히려 최초의 충돌에서 발생하는 종류의 질문인데, 이를 다음과 같이 표현할 수 있다."당신은 그것을 했다", "나는 하지 않았다", "그는 그것을 했는가?" 혹은 "당신은 이것을 했다", "나는 이것을 하지 않았다,", "그는 무엇을 했는가?"(Quint. *Inst.* 3.6.4-5).

그리고 퀸틸리아누스는 모든 이유(소송, *causa*)는 이 이유(소송)가 의거하는 일정한 본질적 '논거'(쟁점, *basis*, *status*)를 가지고 있다고 생각한다(Quint. *Inst.* 3.6.1). '쟁점' 혹은 '논거'는 "최초의 갈등에서 발생하는 종류의 질문"이다(Quint. *Inst.* 3.6.5). 예를 들어, 그가 그

Volkmann, *Die Rhetorik der Griechen*, 38-92; 그리고 Watson, *Invention, Arrangement, and Style*, 11-13도 보라.

를 죽였는지의 여부가 질문이라면 이 경우 논거는 '추측(추정)적인 것'이다(Quint. *Inst.* 3.6.72-73). 키케로의 말을 더 들어보면, 말과 토론으로 풀어야 할 논쟁을 그 자체 속에 담고 있는 모든 주제는 "사실에 관한 질문이나, 정의에 관한 질문이나, 행위의 본질에 관한 질문이나 혹은 법절차에 관한 질문을 수반하고, 이 질문으로부터 전체(소송)사건이 발생하는 것"이다(Cic. *Inv.* 1.8.10). 간단히 말해, 쟁점 혹은 구성(constitutio, "쟁점이 결합되는 지점", su,stasij)은 상충하는 두 진술을 결합하여 주장(논변)의 핵심을 형성하고 이 사건(소송)의 성격을 결정하는 것이다(*Rhet. Her.* 1.11.18; Cic. *Top.* 25.93 참조).

이러한 논의는 자연스럽게 쟁점의 종류로 인도한다. 쟁점의 종류는 많게는 네 가지가 있다.26) 『헤레니우스를 위한 수사학』의 체계는 쟁점을 세 기지 유형, 즉 추측적인/추정적인 깃(coniecturalis, στοχασμός), 법적인/법률적인 것(legitima, νομική) 그리고 사법적인/재판적인 것(iuridicalis, δικαιολογική)으로 분류한다. 그러나 우리가 아는 한 공식적인 쟁점(stases) 체계를 개발하고 네 가지 유형의 쟁점을 가르친 최초의 수사학자는 기원전 2세기 후반의 헤르마고라스(Hermagoras)이다.27) 그의 사중체계는 στοχασμός(추측[추정]의 쟁점), ὅρος(정의의 쟁점), ποιότης(특성[속성]의 쟁점) 그리고 μετάληψις(반대의 쟁점)으로 이루어져 있다.28) 키케로는 한 곳의 본문(문절)에서 네 종류의 쟁점 즉, 추측(추정)적인 것, 정의에 관한 것 혹은 결정함에 대한 것, 특성적(속성적)인 것 그리고 옮김(이첩)에 관한 것 혹은 절차적인 것을 제안한다(Cic. *Inv.*

---

26) '논거들'(bases)의 수와 명칭들에 대한 논의들을 위하여 Quint. *Inst.* 3.6.22-28, 29-62, 86; Nadeau, "Hermogenes' *On Stases*," 378-81 등을 보라.

27) Nadeau, "Hermogenes' *On Stases*," 370.

28) Nadeau, "Hermogenes' *On Stases*," 373, 374-78. 또한 Cic. *Inv.* 1.6.8; 1.9-12-10.13; 1.11.16; Quint. *Inst.* 3.6.56-57, 60-61도 보라.

1.8.10-11.16). 하지만 다른 여러 곳에서는 세 종류의 쟁점, 즉 추측(추정)적인 것, 정의에 관한 것, 그리고 특성적인 것만을 논의한다.[29] 그리고 퀸틸리아누스는 추정(추측)적인 것, 특성적(속성적)인 것 그리고 한때 정의에 관한 것이라는 세 가지 이성적인 쟁점과 하나의 법적인 (법률적인) 논거(쟁점)로 이루어진 네 가지 일반적 논거("쟁점")가 있다고 생각하였으나(Quint. *Inst.* 3.5.4; 3.6.66, 84), 나중에 "법적(법률) 인 것"은 '논거'가 아니라 일종의 '질문'으로 삼으면서 오직 세 종류의 논거만이 있다고 하는 견해를 고수하였다(Quint. *Inst.* 3.5.4; 3.6.66.-68, 86; 3.6.63-82). 수사학자들 간의 불일치나 다소 일관성이 결여되어 있음에도 불구하고 쟁점의 네 종류를 모두 서술하거나 논의하는 것이 안전할 것이다. 그런데 쟁점(*status*) 체계에 대하여 논의함에 있어 먼저 유의할 사항이 하나 있다. 바로 쟁점 체계 논의들이 대부분은 법정적인 웅변(연설)에 사용하는 것으로 이루어졌다는 점이다 (*Rhet. Her.* 1.11.18-2.29.46; Cic. *Inv.* 2.4.12-51.155; 또한 Quint. *Inst.* 3.6.1참조). 하지만 쟁점들에 적용되는 규칙 중 많은 것이 다른 종류의 연설로 쉽게 옮겨질 수 있다. 키케로의 말처럼 "모든 연설은 예찬적인 것이든, 심의적인 것이든 혹은 법정적인 것이든 제1권[즉, Cic. *Inv.* 1.8.10-14.19]에 서술된 하나의 쟁점이나 그 이상의 '쟁점들'에 의존할 수밖에 없기" 때문이다(Cic. *Inv.* 2.4.12-13).[30]

---

29) Cic. *De Or.* 1.31.139; 2.24.104-25.109; 2.26.113; 2.30.132; *Part. Or.* 9.33-12.43; *Orat.* 14.45; *Top.* 23.87-24.91; 24.92-25.96(=세 종류의 쟁점, 즉 *infitialis*["부인, 부정"] 혹은 *coniecturalis*["추론, 추측 혹은 추정에 근거한"], *definitiva*["정의를 수반하는"] 그리고 *juridicialis*["옳고 그름을 수반하는"]을 논의함. 법적/법률적 질문들은 '행동'[*action*]의 일종으로 다룸[Cic. *Part. Or.* 31; 38; 또한 Quint. *Inst.* 3.6.50을 보라]).

30) 또한 Cic. *Inv.* 2.51.156-59.178; Quint. *Inst.* 3.6.80-82; 3.7; 3.7.28; 3.8; 3.8.4-6; 3.9; Nadeau, "Hermogenes' *On Stases*," 376-78; 그리고 Lausberg,

이제 막 서술을 시작하려는 쟁점의 종류 네 가지는 '추측(추정)적인 것'(conjectural), '정의에 관한 것'(definitional), '특성(속성)적인 것'(qualitative) 그리고 '옮김(이첩)에 관한 것'(translative) 혹은 '절차에 관한 것'(procedural)이다. 첫째, 추측적인 논쟁은 '사실의 문제'와 관계가 있다. "논쟁이 사실의 문제에 관계있을 때" 쟁점은 추측(추정)적인 것(constitutio coniecturalis)이 된다.[31] 사실의 쟁점을 위한 탄원은 추리나 추측(추정)에 의해 뒷받침이 된다(Cic. Top. 24.92; Part. Or. 10.34-11.40). 『혜레니우스를 위한 수사학』에 따르면, 추측(추정)적인 쟁점의 개요에는 개연성, 비교, 표징, 추정적인 증명(증거), 후속적 행동 그리고 확증적인 증명(증거)이라는 여섯 개의 분리된 부분이 있다(Rhet. Her. 2.2.3).[32] 사실에 관한 논쟁은 과거나 현재 혹은 미래나 어느 때에든지 배당이 될 수 있다(Cic. Inv. 1.8.11). 둘째, "논쟁이 정의에 대한 것일 때" 쟁점은 정의에 관한 것 혹은 정의의 쟁점(constitutio definitiva)이 된다.[33] 정의에 관한 쟁점은 "사실에 관해서는 합의가 있는데, 행하여진

Handbuch der literarischen Rhetorik, 1:85-138(§§ 139-254)도 보라.

31) Rhet. Her. 1.11.18; 2.2.3-8.12; Cic. Inv. 1.8.10-11; 2.4.14-16.51; De. Or. 2.25.105; Part. Or. 9.33; 9.34-11.40; 29.101-35.122; Top. 11.50; 21.82; 23.87; 24.92; 25.93; Quint. Inst. 3.6.5, 10, 30; 7.1.7; 7.2; 그리고 Lausberg, Handbuch der literarischen Rhetorik, 1:70-71(§§ 99-103); 그리고 Martin, Antike Rhetorik, 30-32를 보라.

32) 개연성(probabile)에 대해서는 Rhet. Her. 2.2.3-5; Rh. Al. 7; Cic. Inv. 2.5.16-8.28; 2.10.32-11.37; 2.16.50; Quint. Inst. 7.2.7-21을 보고, 비교 (conlatio)에 대해서는 Rhet. Her. 2.4.6; Cic. Inv. 2.7.24를 보고, 표징 (signum)에 대해서는 Rhet. Her. 2.4.6-7; Arist. Rh. 1.2; Rh. Al. 7; 12; 14; Cic. Inv. 1.30.48; Quint. Inst. 5.9를 보고, 추정적인 논증(argumentum) 에 대해서는 Rhet. Her. 2.5.8; Rh. Al. 12; Cic. Inv. 2.13.43을 보고, 후속 적인 행동(consecutio)에 대해서는 Rhet. Her. 2.5.8을 보며, 또 확증적인 증 명(approbatio)에 대해서는 Rhet. Her. 2.6.9-8.12; Rh. Al. 36을 보라.

33) Cic. Inv. 1.8.10; 1.8.11; 2.17.52-18.56; De Or. 2.25.107-9; Part. Or. 9.33; 12.41; 36.123-28; Top. 21.82; 22.83; 23.87-88; 24.92; 25.94; Quint. Inst.

것을 어떤 말로 묘사해야 하는 지가 문제일 때" 발생한다(Cic. *Inv.* 1.8.11). 셋째, "행위에 대하여 합의가 있으나, 행위의 옳고 그름이 의문 시 될 때" 쟁점은 특성(속성)적인 것 혹은 법정적인 것(*constitutio generalis, iuridicalis*, juridical)이 된다.[34) 특성(속성)의 쟁점(issue of quality)은 "행위가 얼마나 중요한지 혹은 어떤 종류에 속하는지 혹은 일반적으로 행위의 특성(속성), 예를 들면, 행위가 정당했는지 부당했는지, 유익했는지 혹은 무익했는지(*utile an inutile*)에 관하여 의문이 있을 때……, 행위의 본질이나 특성에 관한 논쟁"과 관계가 있다(Cic. *Inv.* 1.9.12).[35) 그리고 마지막 넷째로, "(소송)사건이 다른 법정으로 옮기는(이첩하는) 것 혹은 소장 양식을 변경하는 것이 필요한 것으로 보이는 …… 환경에 의존할 때" 쟁점은 절차적인 것, 옮김(이첩)에 관

3.6.5; 7.3; 그리고 Lausberg, *Handbuch der literarischen Rhetorik*, 1:71-80(§§ 104-22); 및 Martin, *Antike Rhetorik*, 32-36 등을 보라.

34) *Rhet. Her.* 1.14.24-15.25; 2.13.19-17.26; Cic. *Inv.* 1.8.10; 1.9.12-11.15; 2.21.62-39.115; *De Or.* 2.25.106; *Part. Or.* 9.33; 12.42-43; 37.129-31; *Top.* 21.82; 22.84-85; 23.89-90; 24.92; Quint. *Inst.* 3.6.10; 7.4; 그리고 Lausberg, *Handbuch der literarischen Rhetorik*, 1:81-82(§§ 123-30); 및 Martin, *Antike Rhetorik*, 36-41 등을 보라.

35) 특성적인(속성적인) 쟁점은 공평한 것(*iuridicialis*)과 법적인 것(*negotialis*)으로 세분된다(Cic. *Inv.* 2.21.62). "법적인 쟁점은 민법의 문제(요소)만을 수반하고 분쟁이 있는 쟁점이다"(Cic. *Inv.* 2.21.62-22.68). "'공평한'이라는 말은 정의의 본질의 문제와 상(포상) 혹은 벌(처벌)의 원칙들의 문제가 들어있는 사건들(cases)을 포함한다"(Cic. *Inv.* 2.23.69-39.115). 공평한 쟁점 자체는 다시 절대적인 것(*absoluta*)과 가정적인 것(*assumptiva*)으로 나뉜다(*Rhet. Her.* 1.14.24; Cic. *Inv.* 2.23.69). "행위가 외부에서 오는 어떤 고려 사항들에 의존하지 않고도 본질적으로 또 자연히 옳다고 주장할 때 그것은 절대적인 쟁점이다"(*Rhet. Her.* 1.14.24; 2.13.19-20; 참조, Cic. *Inv.* 2.53). "쟁점이 가정적인 쟁점이 되는 것은 변호가 본질적으로 불충분하여 외부에서 오는 재료(matter)에 의존함으로써 확립될 때이다"(*Rhet. Her.* 1.14.24). 그리고 가정적인 쟁점은 *concessio*("고백과 회피", 이에는 *purgatio*와 *deprecatio*[사면의 요청]이라는 두 형태가 있음, Cic. *Inv.* 2.31.94), *remotio criminis*("혐의를 변경함"), *relatio criminis*("고발을 반격함") 혹은 *transitio criminis* 그리고 *comparatio*("비교")의 네 개로 더 세분된다(Cic. *Inv.* 2.24.71; 2.31.94-39.115; 2.29.86-30.94; 2.26.78-28.86; 2.24.72-26.78).

한 것 혹은 권한의 쟁점(*constitutio translativa*)이 된다(Cic. *Inv.* 1.8.10; 1.11.16; 2.19.57-20.61).[36] 이 쟁점에서 논쟁은 일반적으로 소송절차형식을 변경하거나 무효화하는 것에 관한 것이다(Cic. *Inv.* 1.11.16).

그리고 연설자가 원인(소송, 사건) 속에 들어 있는 쟁점(*constitutione causae*)을 결정하고 나면, "이 원인(사건, 소송, *causa*)이 단순한 것인지 혹은 복잡한 것인지 여부를 고찰하고, 만일 복잡한 것이라면, 여러 질문이나 비교를 수반하는지 여부를 숙고하여야 한다. 키케로는 계속하여 다음과 같이 설명한다.

> 단순한 사건(*simplex*)은 그 자체 안에 하나의 분명한 질문을 담고 있는 것이다……. 복잡한 사건(*coniuncta*)은 여러 질문들로 이루어져 있어서 여러 문의들이 제기된다……. 사건은 다양한 행동들이 대조될 때 비교를 수반하고, [이 경우의] 질문은 어느 것이 이행하기에 더 바람직한지 혹은 어느 것이 가장 바람직한지 하는 것이다(Cic. *Inv.* 1.12.17; 또한 Quint. *Inst.* 3.6.7-12; 3.10.1-4; 7.1. 9, 13, 16도 보라).

사건(소송)이 단순한 것인지 혹은 복잡한 것인지 여부를 숙고한 후에, 연설자는 이제 "논쟁이 일반적 추론에 의하여 결정되는지 혹은 성문화된 문서들에 의하여 결정되는지 여부"를 숙고하여야 한다(Cic. *Inv.* 1.13.17; 또한 Cic. *De Or.* 1.31.139-40). "전제(whole) 질문이 어떤 논리적 증거에 의해 …… 결정될 때" 일반적 추론의 사건(소송)이 된다(Cic. *Inv.* 1.13.18).[37] 반면에, "기록된 것(쓰인 문서)의 본질로부

---

36) 헤르마고라스는 이 쟁점을 언급한 최초의 인물이다(Cic. *Inv.* 1.11.16). 또한 Lausberg, *Handbuch der literarischen Rhetorik*, 1:83(§§ 131-33); Martin, *Antike Rhetorik*, 42-44 등을 보라.

37) 일반적 추론의 사건(소송)에 관해 키케로는 사실의 쟁점(Cic. *Inv.* 2.4.14-16.51), 정의의 쟁점(2.17.52-18.56), 권한의 쟁점(2.19.57-20.61) 그리고 특성(속성)의 쟁점(2.21.62-39.115)에 대해 논의한다.

터 상당한 의심이 발생할 때" 논쟁은 성문화된 문서들에 의해 결정된다(Cic. *Inv.* 2.40.116; *Part. Or.* 31; 38; Quint. *Inst.* 7.5). 문서에 관한 논쟁(다툼)에는 여러 종류가 있다(Arist. *Rh.* 1.15.3.1375a-12.1375b). 적게는 세 가지에서 많게는 여섯 가지 정도가 논의된다.

키케로는 문서들에 관한 다섯 종류의 분쟁을 논의한다. 즉, (1) 문자와 의도(Cic. *Inv.* 2.42.121-48.143), (2) 여러 법의 충돌(Cic. *Inv.* 2.49.144-147), (3) 모호성(Cic. *Inv.* 2.40.116-41.121), (4) 유비에 의한 추론(Cic. *Inv.* 2.50.140-153) 그리고 (5) 정의(Cic. *Inv.* 2.50.153-154)이다. 그는 다른 곳에서 세 가지 상황, 즉 (1) 모호성, (2) 문자와 의도 사이의 불일치 그리고 (3) 상충하는 문서들을 언급하기도 한다(Cic. *Top.* 25.95-96). 『헤레니우스를 위한 수사학』은 법적 쟁점을 논하는데(*Rhet. Her.* 1.11.19-13.23), 법적 논쟁은 논쟁이 본문(텍스트)의 글자에 좌우되거나 그 속에 함축되어 있는 것에서 발생하며, 여섯 개의 아류 형태로 나뉜다. 즉, (1) 글자와 정신(*scriptum et sententiam*, 1.11.19; 2.9.13-10.14), (2) 상충하는 법들(*contrarias leges*, 1.11.20; 2.10.15), (3) 모호성(*ambiguum*, 1.12.20; 2.11.16), (4) 정의(*definitionem*, ὅρος, 1.12.21; 2.12.17), (5) 이첩/옮기기(*translationem*, μετάληψις, 1.12.22; 2.12.18) 그리고 (6) 유비로부터의 추론(*ratiocinationem*, 1.13.23; 2.12.18)이다. 그리고 퀸틸리아누스는 (1) 법의 문자와 의도(Quint. *Inst.* 7.6), (2) 모순적인 법들(7.7), (3) 삼단논법(7.8) 그리고 (4) 모호성(7.9)에 대해 상세하게 논의한다.

쟁점의 유형을 찾은 후에 연설자는 또한 '동기의 정당화'[*justifying motive*, τὸ συνέχον, *ratio*]와 '중심 논점'[*central point*, τὸ αἴτιον, *firmamentum*]을 추구해야 한다. 그리고 변호의 '동기의 정당화'와 고발의 '중심 논점'으로부터 연설자는 '결정을 위한 질문'[*quaestio*]을 확정하게 된다. 이 '결정을 위한 질문'은 '판결을 위한 논점'(*point to adjudicate*, *iudicatio*[로마인들의 용어], κρινόμενον[헬라인들의 용어])이라고 불린다. 일단 판결을 위한 논점을 발견하였으면, 연설자는 이 논점에 연설 전체의 경제를 온전히 맞추어야 한다. 이는 『헤레니우스를 위한 수사학』의 구도에 따른 설명이다(*Rhet. Her.* 1.16.25-17.27).

반면에, 키케로는 연설자가 사건(소송, case)의 쟁점을 결정하고 사건의 본질 및 분쟁이 일반적 추론에 좌우되는지 혹은 글자로 기록된 문서들에 좌우되는지 여부의 문제(질문)를 고려한 후에, "사건의 문제(질문)가 무엇인지(*quaestio*) 그리고 변명/이유(*ratio*), 재판관이 결정하는데 사용하는 논점(*iudicatio*)과 논거/지지논증(*firmamentum*)"을 알아야 한다고 제안한다(Cic. *Inv.* 1.8.10; 1.12.17; 1.13.17-14.19; *Top.* 25.95). 연설자는 사건의 사실들을 수집하고, 쟁점을 결정하고, 그다음에 증명들을 제시해야 한다(Cic. *De Or.* 2.24.99-26.113; 2.27.114-20). 퀸틸리아누스 역시 연설자는 이유(소송)의 종류(*genus causae*)에 대해서 분명히 하고, 각 사건(소송)의 논거(*basis*)를 결정한 후에 *quaestio*("질문"), *ratio*("이유"), *iudicatio*("논점/근거") 그리고 *firmamentum*("지지논증")을 고려해야 한다고 제안한다(Quint. *Inst.* 3.10.5-11; 3.11.1; 3.11.1-3; 3.11.4; 3.11.4-8; 3.11.9).[38] 이 구도는 헤르마고라스에게서 온 것이라 한다(Quint. *Inst.* 3.11.1). 퀸틸리아누스는 연설자가 우선적으로 결심을 해야 하는 요점이 "재판관의 마음에 깊이 새기기를 가장 많이 원하는 것이 무엇인가?"라고 조언한다(Quint. *Inst.* 3.6.12,21).

(2) 질문

"질문"(*quaestio*)이라는 술어는 보다 더 일반적인(개괄적인) 의미로 사용되거나, 보다 더 특정한(구체적인) 의미로 사용될 수 있다.[39] 따라

---

38) 이 술어들의 의미들과 관계들에 대한 다양한 견해들에 대해 Quint. *Inst.* 3.11 을 보라. 특히 *firmamentum*("기초/지지논증")이라는 술어의 의미나 용법에 관하여 수사학 핸드북들 가운데 얼마간의 혼란이 있어 보인다. 이 말이 *Rhet. Her.* 1.16.25-17.27에서는 '고발의 중심점'을 가리키지만, 다른 곳, 예를 들어 Cic. *Inv.* 1.14.19; *Part. Or.* 29.103; Quint. *Inst.* 3.11.1,19에서는 '결정을 위한 질문의 근거'를 의미한다.

서 질문, 문제 혹은 문의에는 두 종류가 있다. 수사학 핸드북들은 아주 다양한 용어를 사용하나, 아주 단순화시켜 말하면 하나는 '일반적인 것' 혹은 '불명확한 것'이며, 다른 하나는 '특별한 것' 혹은 '명확한 것'이다.[40) 질문이라는 술어의 보다 더 일반적인 용법을 논의한 후에 보다 더 특정한 용법으로 돌아가려고 한다.

불명확한 질문들은 "사람들, 때(시간) 혹은 장소(공간), 기타 등등(같은 종류의 것)에 대하여 언급하지 않고도 주장을 하거나 이의를 제기할 수 있는 것들"이다(Quint. *Inst.* 3.5.5; 또한 Quint. *Inst.* 3.5.11[= "명제", *thesis*]; Cic. *Inv.* 1.6.8; *Part. Or.* 18.62-19.67 참조). 불명확한 질문들은 두 종류로 나뉜다. 하나는 '배움'(인식, *cognitio*)의 문제와 관계가 있는 것이고, 다른 하나는 '행동'(*actio*)의 문제와 관계가 있는 것이다.[41) 배움(인식)에 속한 질문의 대상은 지식이며, 이 지식은

---

39) "질문"(question)에 대한 논의들을 위하여 특히 Cic. *Inv.* 1.6.8; 1.12.17-13.19; *De Or.* 1.31.138-41; 2.10.41-43; 2.17.78; 3.28.109-30.120; *Part. Or.* 1.4; 18.61-19.67(=*infinita quaestio*); 20.68-39.138(=*finita quaestio*); *Orat.* 14.45-46; *Top.* 21.79-22.86; 23.87-90; 24.91-25.96; Quint. *Inst.* 3.5.4-16; 3.10; 3.11; 7.1; 7.2.8; Lausberg, *Handbuch der literarischen Rhetorik*, 1:61-64(§§ 66-78); Martin, *Antike Rhetorik*, 15-18; Watson, *Invention, Arrangement, and Style*, 10-11 등을 보라.

40) "두 종류의 질문"(*Quaestinum due genera*) 혹은 "질문의 부분들"(*partes quaestio*)은 (1) *infinitum*, 일반적인 것, θέσις, *propositio*("명제, 논제"), 무제한적인 것, *consultatio*("토론, 논의, 심의, 숙고"), *infinita*, 추상적인 것, 불명확한 것, 시민의 생활과 관련된 일반적인 질문들, 철학적 논의에 적합한 질문들, 이유(사건, 소송)의 부분들(Cic. *Top.* 21.81-23.90; Quint. *Inst.* 3.5.5-6, 8-16) 그리고 (2) *definitum*, 특수한 것 혹은 특별한 것, ὑπόθεσις, *causa*("이유 혹은 소송"), *definita*, 제한적인 것, *finita*, *certum*("구체적인 것"), 명확한 것, *controversia*("논쟁")으로 이루어져 있다(Cic. *Top.* 24.91-25.96; Quint. *Inst.* 3.5.7, 8-16). 퀸틸리아누스는 다른 관점에서 모든 질문이 두 종류, 즉 법에 대한 질문들과 사실에 대한 질문들에 속한다고 말하기도 한다(Quint. *Inst.* 3.5.4).

41) Cic. *De Or.* 3.29.111-30.120; *Part. Or.* 18.62-19.67; *Top.* 21.81-23.90; Quint. *Inst.* 3.5.6. 배움에 관한 질문에 대해서는 Cic. *De Or.* 3.29.111-17;

세 개의 질문을 수반한다. 즉, "(1) 사물이 존재하는가 혹은 존재하지 않는가? (2) 사물은 무엇인가 (3) 사물의 특성은 무엇인가?(*sit necne, quid sit, quale sit*)" 등이다.42) 행동에 속한 질문은 무엇인가를 하는 것에 대한 것이다. 예를 들어, "정치에 입문해야 하는가?"는 행동에 속한 질문이다(Quint. *Inst.* 3.5.6).

명확한 질문들은 "사실들, 사람들, 때, 기타 등등(같은 종류의 것)을 수반하는" 것들이다. 명확한 질문들에 있어 "전체 질문은 사람들과 사실들에 의하여 결정되며", 또 '명확한 질문들'은 헬라인들에 의해 ὑποθέσεις("명제")로 불리거나 로마인들에 의해 *causae*("[소송]이유, 탄원들")로 불린다(Quint. *Inst.* 3.5.17).43) 명확한 질문(*finita quaestio*) 혹은 원인(*genera causarum*)에는 세 종류가 있다. 즉, '예증적인 종류'(*genus demonstrativum*)와 '심의적인 종류'(*genus deliberativum*)와 '법정적인 종류'(*genus iudiciale*)이다(Cic. *De Or.* 2.10.43; 3.28.109; *Part. Or.* 20.68-39.138; *Top.* 24.91-25.96; Quint. *Inst.* 3.7; 3.8; 3.9). 여기서 명확한 질문 혹은 이유(*quaestio* 혹은 *causa*)는 세 종류의 수사에 상응한다.

Part. *Or.* 18.62; 18.64-19.66; *Top.* 21.82-22.85; 23.87-90을 보고, 행동과 관련된 질문에 대해서는 Cic. *De Or.* 3.29.111-12; 3.30.118-19; *Part. Or.* 18.62-63; 19.67; *Top.* 22.86; Quint. *Inst.* 3.5.6을 보라.

42) Cic. *Part. Or.* 18.62; 18.64-19.66; *Orat.* 14.45; Quint. *Inst.* 3.5.6, 56(*an sit? quid sit? quale sit?*); 3.6.33, 80-82를 보고, 또 Arist. *Rh.* 1.13-9-10.1374a; 3.16.1-2.1416b를 참조하라.

43) 퀸틸리아누스는 여기서 이유(소송, 사건, *causa*)는 "쟁점이 되고 있는 질문에 문제의 전 부분이 영향을 끼치는 제재(문제, matter, *negotium*)" 혹은 "논쟁 중인 질문이 그 대상이 되는 문제"이고, 제재(문제, matter)는 "사람들, 장소와 시간의 환경, 동기들, 수단, 사건들, 행위들, 도구들, 연설(말)들, 법의 문자와 정신 등을 결합한 것"이라고 설명한다. 그는 키케로처럼(Cicero, *Top.* 21.80) 아폴로도루스(Apollodorus)의 정의들을 인용하고 수용하는 것이다.

방금 살펴본 것처럼 보다 더 일반적인(불명확한) 의미에서의 질문 (문의)은 연설자의 제재(문제, material, *materia*)이다(Cic. *Inv.* 1.6.8; *De Or.* 1.31.138-41; 2.10.41; *Part. Or.* 1.4; Quint. *Inst.* 3.5.14-15). 보다 더 특정한(명확한) 의미에서의 질문은 바로 여기서 관심을 두는 것인데, 탄원들의 충돌에서 발생하는 토론의 주제와 관계가 있다(Cic. *Inv.* 1.13.18; Quint. *Inst.* 3.11.1-2). 키케로는 이렇게 설명한다.

> 질문(*quaestio*)은 다음과 같은 방식으로 탄원들의 충돌에서 발생하는 토론의 주제이다. 즉, "당신이 그것을 행하는 것에는 정당성이 없었다." "내가 그것을 행하는 것에는 정당성이 있었다." 더욱이 질문은 쟁점을 결정하는 탄원들의 충돌이다. 그리고 이로부터 우리가 질문(*quaestio*)이라 부르는 토론의 주제가 다음과 같이 나온다. 즉, "그가 그것을 행하는 것에는 정당성이 있었는가?"(Cic. *Inv.* 1.13.18).[44]

요컨대, 연설로 해결하여야 할 논쟁을 그 자체 안에 담고 있는 주제가 그에게 있을 때 연설자는 먼저 쟁점(στάσις, *status*)이 무엇인지를 결정해야 하는데, 쟁점에는 네 가지 유형이 있으니, 곧 추측(추정)적인 것, 정의에 관한 것, 특성(속성)적인 것 그리고 옮김(이첩)에 관한 것이며, 연설자가 쟁점의 유형을 찾은 후에는 결정을 위한 질문(*quaestio*)도 확정해야 하고, 또 증명(증거)들을 내놓으면서 이 질문에 연설 전체의 경제를 완전히 맞추어야 한다. 그래서 이제 증명으로 넘어간다.

---

44) Cic. *Inv.* 2.14.15를 더 보라. 여기서 키케로는 "구성(*constitutio*) 혹은 쟁점 질문, 곧 추측적인 쟁점에서는 재판관이 결정하는 데 사용하는 논점, '그가 살인을 저질렀는가?'와 동일하다"고 말한다. 또 Quint. *Inst.* 3.6.2; 3.11.1-2를 참조하라.

(3) 증명

'질문'(*quaestio*) 혹은 '판결을 위한 논점'(*iudicatio*/κρινόμενον)을 결정한 후에 연설자는 청중 혹은 재판관을 설득하려고 노력하게 된다. 그리고 설득의 가능한 수단은 무엇보다도 '증명'으로 구성된다.[45] 증명은 일종의 논증(실증, 보여줌)이다("ἡ δὲ πίστις ἀπόδειξίς τις", Arist. *Rh*. 1.1.11.1355a). 증명은 고발할 때와 변호할 때에 가장 유용하다(*Rh. Al*. 6.1428a.5-6). 아리스토텔레스는 연설자의 뜻대로 사용할 수 있는 증명을 두 종류로 구분한다(Arist. *Rh*. 1.2.2.1355b).[46] '비인위적인 것'(ἄτεχνοι, *probatio inartificialis*)과 '인위적인 것'(ἔντεχνοι, *probatio artificialis*)이 그것이다. 아리스토텔레스의 이러한 구분은 후대의 수사학자들에 의해 "거의 보편적으로 승인을 얻어 오고 있다." 이는 퀸틸리아누스의 단호한 평가이다(Quint. *Inst*. 5.1.1). 키케로는 논제들(topics)을 두 그룹, 즉 내적인 것 혹은 내재적인 것 그리고 외적인 것 혹은 외부에서 가져온 것으로 나누고(Cic. *Top*. 2.8; 19.72), 또 "외적인 논증들은 주로 권위에 의존한다. 그러므로 헬라인들은 이러한 입론(논증)의 방법을 ἄτεχνοι('아테크노이'), 즉 연설자의 기술에 의해

---

45) "증명"(proofs)에 사용되는 술어로는 πίστεις(Arist. *Rh*. 1.1.11.1355a; 1.2)와 κατασκευὴ κεφαλαίων(*Rhet. Her*. 1.10.18 참조)이 있다. 참고로 Duke, *Persuasive Appeal of the Chronicler*, 43을 보라. 그는 "*pisteis*가 '증명', '호소' 그리고 '설득 양식' 등으로 다양하게 번역된다"고 지적한다. 그리고 증명에 대한 논의들을 위해, 특히 Arist. *Rh*. 1.2-15; 2:20-26; *Rh. Al*. 7-17; Quint. *Inst*. 5; Duke, *Persuasive Appeal of the Chronicler*, 43-45, 81-147; Kennedy, *Classical Rhetoric*, 67-76; Lausberg, *Handbuch der literarischen Rhetorik*, 1:190-236(§§ 348-430); Martin, *Antike Rhetorik*, 95-137; Volkmann, *Die Rhetorik der Griechen*, 175-293 등을 보라.

46) 아리스토텔레스의 『수사학』에 나오는 증명 형식들에 대한 유용한 표를 위하여 Duke, *Persuasive Appeal of the Chronicler*, 42와 Kennedy, *Classical Rhetoric*, 69를 보라.

만들어지지 않는 것이라고 부른다"라고 말할 때(Cic. *Top.* 4.24) 아리스토텔레스와 맥을 같이한다(Cic. *De Or.* 2.27.116-17; 2.39.163; *Part. Or.* 2.5-3.8; *Orat.* 35.122를 더 보라). 퀸틸리아누스도 이에 동참한다(Quint. *Inst.* 5.8.6). 그리고 『알렉산더를 위한 수사학』의 저자 역시 증명을 두 개의 양식(τρόποι), 즉 직접적인 것과 보완적인 것(ἐπίθετοι)으로 나눈다(*Rhet. Al.* 7.1428a.16-23). 직접적인 증명은 말과 행동과 사람들 자신으로부터 끌어낸 것이며, 대체적으로 아리스토텔레스의 인위적 증명에 상응하고, 또 보완적 증명은 사람들이 말하고 행하는 것을 보완하며, 비인위적 증명에 상응한다.

(가) 비인위적 증명

비인위적 증명은 "증인, 고문, 계약 그리고 그와 같은 것들처럼 우리 자신들에 의해 공급된 것이 아니라, 이미 존재하고 있는 모든 것"이다(Arist. *Rh.* 1.2.2.1355b). 아리스토텔레스는 또 다른 곳에서 구체적으로 다섯 가지를 언급한다. "이 증명(증거)은 수가 다섯이다. 즉, 법, 증인, 계약, 고문, [선서 후의] 진술[νόμοι, μάρτυρες, συνθῆκαι, βάσανοι, ὅρκος)]이다"(Arist. *Rh.* 1.15.2.1375a). 그 밖에 연설자의 의견, 외부로부터 차용된 증거, 증언, 이전 법정의 결정, 소문, 문서 등을 더할 수 있다.47) 이 증명들은 화술(the art of speaking)로 어떻게 할

---

47) 비인위적 증명에 대한 상세한 논의를 위해 Arist. *Rh.* 1.2.2.1355b; 1.15.1375a; *Rh. Al.* 7; 14-17(=보완적 증명/ἐπίθετοι πίστεις를 다룸); 14.1431b.9-17.1432b.10(=연설자의 의견[δόξα τοῦ λέγοντος], 증인들의 증거[μαρτυρίαι], 고문을 받고 말한 증거[βάσανοι] 그리고 [선서 후의] 진술[ὅρκαι]을 다룸); *Rhet. Her.* 2.6.9-8.12; Cic. *De Or.* 2.27.116; 2.27.117-19; 2.39.163("외부로부터 차용된"); *Part. Or.* 2.5-6; 14.48-51; *Orat.* 34.121; 35.122; *Top.* 4.24; 19.72-20.78(='증언'[*testimonium*]); 25.96; Quint. *Inst.* 5.1-7(='이전의 법정들에서 이루어진 결정들'[5.2]; '소

수 있는 범위를 벗어나 있다(Quint. *Inst.* 5.1.1).

(나) 인위적 증명

인위적 증명은 "체계(system)에 의해 또 우리 자신의 노력에 의해 짜맞출 수 있는 모든 것"이며, "체계에 의해"(διὰ τῆς μεθόδου)라는 말은 논증과 범례(예)의 방법들을 지칭한다(Arist. *Rh.* 1.2.2.1355b). 또한 인위적 증명은 "전적으로 예술작품이며, 특히 믿음(확신)을 자아내도록 각색된 내용들(matters)로 이루어져 있다"(Quint. *Inst.* 5.8.1).[48] 그리고 인위적 증명에는 기본적으로 세 종류(τρία εἴδη)가 있다. 즉, '에토스'(ἦθος), '파토스'(πάθος) 그리고 '로고스'(λόγος)이다. 에토스는 연설자와, 파토스는 청중과 그리고 로고스는 연설 자체와 관계가 있다. 이에 대해 아리스토텔레스는 다음과 같이 기록하고 있다.

> 그런데 연설에 의해 공급되는 증명에는 세 종류가 있다. 첫 번째 것['에토스']은 연설자의 도덕적 인격에, 두 번째 것['파토스']은 청중을 어떤 기분(마음의 상태)을 갖도록 만드는 것에, 세 번째 것['로고스']은, 연설이 증명하거나 증

문'[5.3]: '고문에 의해 얻어진 증거'[5.4]; '문서'[5.5]; '[선서 후의] 진술'[5.6]; '증인'[5.7]); 5.10.11; 5.11.36-44('권위'); Lausberg, *Handbuch der literarischen Rhetorik*, 1:193-235(§§ 355-426); Martin, *Antike Rhetorik*, 97-101; Volkmann, *Die Rhetorik der Griechen*, 175-78, 178-90 등을 보라.

48) 인위적 증명에 대한 논의를 위하여 Arist. *Rh.* 1.2; 2.20-26; *Rh. Al.* 7-14; Cic. *De Or.* 2.27.116; 2.27.117; 2.27.120; 2.39.163("소송사건의 본질적인 성질로부터 파생된"); *Part. Or.* 2.5; 2.6-7("내적 논증"); *Orat.* 34.122; *Top.* 2.9-4.23; 5.26-18.71(완전한 정의[whole definition]로부터 파생된 논증[2.9; 5.26-27]; 완전한 정의의 부분들로부터[2.10; 5.28-8.34]; 완전한 정의의 의미로부터[2.10; 8.35-37]; 주제와 밀접하게 연관되어 있는 일들로부터[3.11-4.23; 9.38-18.71]); 8.20; Quint. *Inst.* 5.1.1; 8.8-14; Lausberg, *Handbuch der literarischen Rhetorik*, 1:181-93(§§ 351-54); Martin, *Antike Rhetorik*, 101-19; Volkmann, *Die Rhetorik der Griechen*, 190-293 등을 보라.

명하는 것으로 보이는 한에서, 연설 자체에 의존한다(Arist. *Rh.* 1.2.3.1356a; 또 1.2.7.1356a도 보라).

키케로도 이에 상응하는 말을 한다. 설득을 위한 화술은 세 가지, 즉 주장하는 것들에 대한 증명('로고스'), 청중의 호의를 얻음('에토스') 그리고 (소송)사건(case)이 요구할 수도 있는 어떤 충동에 대해서도 청중의 감정을 일으킴('파토스')에 의존한다는 것이다(Cic. *De Or.* 2.27.114-15). 그는 또한 "내 전체 웅변체계 아래에는 …… 세 가지 원리가 있다……. 첫째는 사람들의 호의를 얻는 것이고['에토스'], 둘째는 그들을 계몽하는 것이고['로고스'], 셋째는 그들을 흥분시키는 것['파토스']"이라는 표현을 사용하기도 한다(Cic. *De Or.* 2.28.121; 2.29.128-29). '에토스'와 '파토스'는 특히 각각 서론과 결론에서 사용되고, 반면에 '로고스'는 증명에서 사용된다.

① '에토스'

'에토스'(ἦθος)는 연설자의 '인격' 혹은 권위를 의미한다(Quint. *Inst.* 6.2.13, 17).[49] 그것은 실제의 삶에서 보이는 인격이 아니라 연설의 언어를 통하여 표현되는 인격이다(Cic. *Orat.* 37.128). 아리스토텔레스의 말을 빌리자면, 연설자는 "그의 연설이 그를 신뢰할 가치가 있는 사람이 되게 하는 방식으로 전달될 때 도덕적 인격[τὸ ἦθος]으로 설득한다"(Arist. *Rh.* 1.2.4.1356a). 요컨대, 에토스는 '인격'을 의미하는데, 인격이란 연설자가 자신의 연설 속에서 수립할 수 있는 신뢰성이다.[50]

---

49) '에토스'(ἦθος)에 관한 논의를 위해 Arist. *Rh.* 1.2.3-4.1356a; 1.2.4.1356a; 1.8.6.1366a; 1.9; 2.1.1.1377b-7.1378a; Cic. *De Or.* 2.43.182-84; 2.81.333; *Orat.* 37.128; Quint. *Inst.* 3.8.12-13; 4.1.6-10; 5.12.9, 6.2.8-19; Volkmann, *Die Rhetorik der Griechen*, 271-84(=πάθος에 대한 논의도 포함함) 등을 보라.

아리스토텔레스는 에토스가 가장 효과적인 증명 수단이라고 말하며(Arist. *Rh.* 1.2.4.1356a), 키케로와 퀸틸리아누스는 에토스가 심의적 연설에서 가장 효과적인 증명 수단이라고 말한다(Cic. *De Or.* 2.81.333; Quint. *Inst.* 3.8.12-13). 그렇다면 청중은 어떤 연설자에게 호의를 보이겠는가? 아리스토텔레스는 연설자가 청중의 확신을 끌어내는 데 필요한 몇 가지 자질에 대하여 언급한다. 즉, 선량함(ἀγαθός)이나/과 호의(εὔνους) 혹은 양식(분별력, φρόνησις), 덕(ἀρετή) 그리고 호의(εὔνοια) 등이다(Arist. *Rh.* 1.8.6.1366a; 2.1.5-7.1378a; 또한 Quint. *Inst.* 6.2.18 참조).

② '파토스'

'파토스'(πάθος)는 라틴어로는 '아드펙투스'(*adfectus*)라고 하는데, 아리스토텔레스에 의하면, 연설자는 "청중이 그의 연설에 의해 감정이 돋우어질 때[εἰς πάθος], 그의 청중을 수단으로 하여 설득한다"(Arist. *Rh.* 1.2.5.1356a).[51] 키케로는 "연설(웅변)에서 연설자(웅변가)가 청중의 호의를 얻고 또 청중으로 하여금 감동을 받게 하여 정신적 충동(자극)이나 감정과 유사한 무언가에 의해 동요하게 만드는 것보다 더 중요한 것은 없다"고 주장한다Cic. *De Or.* 2.42.178). 퀸틸리아누스는 흥미롭게도 '에토스'와 '파토스'를 감정의 영역으로 묶어서, 아니 감정을 두 부류, 곧 헬라인들이 사용한 용어인 '에토스'와 '파토스'로 나누어 이야기한다(Quint. *Inst.* 6.2.8). 그리고 감정에 호소하는 것들

---

50) Kennedy, *New Testament Interpretation*, 15.
51) '파토스'(πάθος) 혹은 '아드펙투스'(*adfectus*)에 대한 논의를 위해 Arist. *Rh.* 1.2.3, 5.1356a; 2.1.8.1378a-11.7.1388b; Cic. *De Or.* 1.51.219-223; 2.42.178; 2.44.185-87; 2.45.189-90; 2.50.204-53.216; *Part. Or.* 2.5; *Orat.* 37.128-38.133; Quint. *Inst.* 3.8.12; 4.1.17-29; 5.8.3; 5.12.9-13; 6.1.51-53; 6.2.1-10, 12, 17, 20-24; 6.2.8; 6.2.25-36; 6.3; 8.3.1-6 등을 보라.

(*adfectus*)은 또 '심의적' 연설에서 특히 필요하다고 주장한다(Quint. *Inst*. 3.8.12). '파토스'는 청중에 내재하며, 연설자가 그들의 감정에 호소할 때 청중이 겪는 감정적 반응이다. 요컨대, 아리스토텔레스에 따르면, 파토스는 "사람들로 하여금 자기들의 판단에 관하여 의견을 바꾸게 하며, 또 쾌락과 고통이 동반하는 모든 애정(affections)"이며, 쾌락과 고통이 동반하는 애정에는 "분노, 동정, 공포 그리고 모든 유사한 감정 및 그 반대되는 것들"이 있다(Arist. *Rh*. 1.2.6.1378a). 이와 관련하여 퀸틸리아누스는 감정의 목록을 다소 확대하는데, "'파토스'는 거의 전적으로 분노, 혐오, 공포, 증오 그리고 동정과 관련이 있다"고 말한다(Quint. *Inst*. 6.2.20; 또한 Cic. *De Or*. 2.51.206 참조).

③ '로고스'

'로고스'에 대해서는 '에토스'나 '파토스'에 비해 보다 더 자세하게 논의할 필요성을 느낀다. 고린도전서 15장에 대한 고전 수사학적 분석에서 차지할 '땅'이 많으리라고 전망되기 때문이다. '로고스'는 연설문 혹은 담화 자체에서 발견되는 논리적 주장을 가리킨다. '에토스'와 '파토스'가 제대로 효과를 내려면 청중이나 재판관이 사건(소송)의 사실들에 대하여 충분한 지식을 얻었다고 생각해야 하기에, 연설자는 "논증에 의해 또 알려진 다른 모든 증명 수단을 동원하여 재판관에게 사실들에 대한 충분한 지식을 줄 수밖에 없다"고 퀸틸리아누스는 옳게 지적한다(Quint. *Inst*. 5.8.3). 연설자는 "각 개별적인 주제에 적용할 수 있는 설득의 수단으로부터 진실한 것 혹은 진실해 보이는 것을 …… 확립할 때, 연설 자체로" 설득을 일구어낸다(Arist. *Rh*. 1.2.6.1356a).[52]

---

52) '로고스'(λόγος)에 대한 논의를 위해, Arist. *Rh*. 1.2.6.1356a; 1.2.8.1356b-22.1358a;

'로고스'로부터의 논리적 증명 혹은 추론(추리)에는 두 종류가 있다. 연역적 증명(연역법, *ratiocinatio*)과 귀납적 증명(귀납법, *inductio*)이 그것이다. 각각에 대하여 추후에 더 자세하게 다루겠지만, 예를 들어, 생략삼단논법(enthymeme, τὸ ἐνθύμημα), [수사학적] 삼단논법(rhetorical syllogism, τὸ συλλογισμός) 그리고 논증(논변, argument)은 연역적 증명에 속하는 반면에, 범례(예, example, τὸ παράδειγμα) 혹은 수사학적 귀납법(rhetorical induction)은 귀납적 증명에 속한다(특히 Arist. *Rh.* 1.2.8-10.1356a-b; 2.20.26; Cic. *Inv.* 1.31-33[="귀납법"]; 1.34-41[="연역법 혹은 삼단논법적인 추론"] 등 참조).

먼저, 귀납법에 대해 이야기하겠다. 귀납법(τὸ ἐπαγωγή, *inductio*)이란 "수많은 특수 사례로부터 이끌어내는 증명"이며(Arist. *Rh.* 1.2.9.1356b), "특수한 것으로부터 보편적인 것에 이르는 과정"이고(Arist. *Top.* 1.12), 또 "이론의 여지가 없는 일정한 사실들에 동의하도록 자기와 논쟁을 벌이고 있는 사람을 이끌어가는 논증 형식"이다(Cic. *Inv.* 1.31.51). '범례(예)'는 귀납법의 일종인데 아리스토텔레스는 이를 "수사학적 귀납법"이라고 부른다.53) 『알렉산더를 위한 수사학』의 저자는 '범례' (예, παράδειγμα)를 "이전에 발생하였고 지금 논의 중에 있는 것과 유

2.20-26; Cic. *De Or.* 2.53.215; Quint. *Inst.* 5.8-14(=징조들, 표시들[5.9]; 논증들[5.10, 12, 14]; 범례[예, 5.11]; Duke, *Persuasive Appeal of the Chronicler,* 81-104 등을 보라.

53) "범례(예)"라는 말에 사용되는 술어로는 다음과 같은 것들이 있다. 즉, παράδειγμα (Arist. *Rh.* 1.2.8.1356b; 1.2.13.1357a; 2.20.1.1393a; *Rh. Al.* 7.1428a.19,26; Quint. *Inst.* 5.11.1-2), *exemplum*(Cic. *Inv.* 1.30.49; Quint. *Inst.* 3.8.36; 5.11.1-2,6,22)이다. 그리고 범례(예)에 관한 논의들을 위하여 Arist. *Rh.* 2.20; *Rh. Al.* 8(=παράδειγμα); Quint. *Inst.* 5.11(=*exemplis*); Lausberg, *Handbuch der literarischen Rhetorik,* 1:227-35(§§ 410-26); Martin, *Antike Rhetorik,* 119-24; Volkmann, *Die Rhetorik der Griechen,* 233-39 등을 보라.

사한 행동 혹은 반대되는 행동"이라고 정의하고(*Rh. Al.* 8.1429a.21), 또 "유사한 사례에서뿐만 아니라 반대되는 사례들로부터도 범례(예)를 끌어내야만 한다"고 첨언한다(*Rh. Al.* 8.1429b.37). 그는 또한 "범례 (예)에는 두 가지 양식(modes, τρόποι)이 있는데, 합리적인 예상에 따라 발생하는 일들이 있고, 합리적인 예상과 반대로 발생하는 일들이 있기도 하기 때문이다"라고 설명한다(*Rh. Al.*, 8.1429a.28). 아리스토텔레스에 의하면, 범례(예)에는 두 종류(εἴδη)가 있다. 즉, 역사적인 범례 (예)에 속하는 종류(τὸ λέγειν πράγματα προγεγενημένα)와 고안된 범례 (예)에 속하는 종류(τὸ αὐτόν ποιεῖν)이다. 전자에는 역사적 인물이나 사건이나 사실로부터 끌어내는 것들이 있으며(Arist. *Rh.* 2.20.2-3.1393a; 2.20.8.1394a; *Rh. Al.* 8.1429a.28-1429b.25; 8.1430a.7; Cic. *Inv.* 1.30.49; Quint. *Inst.* 3.8.36, 66; 5.11.1, 8-16 등), 후자에는 '비교'(비유, παραβολή) 혹은 '우화'(λόγοι)로 만든 것, 직유(*similitudo*), 시인의 허구에서 나온 것 혹은 재판이나 판결에서 나온 것이 있다.[54] 범례 (예)로부터 연설자는 말하고자 노력하고 있는 "요점의 진리를 청중에게 믿게 하는데 이바지할 수 있는 과거의 어떤 실제의 행동 혹은 꾸며진 행동"을 끌어다 댄다(Quint. *Inst.* 5.11.6). 키케로의 관찰에 의하면, " '범례(예)'는 어떤 인물이나 역사적 사건을 인용하며 선례에 호소하거나 경험에 호소함으로써 주장(소송, 사건, case)을 강화시키거나 약화시킨다"(Cic. *Inv.* 1.30.49; 또한 *Rh. Al.* 8.1429a.21-27; 8.1429b.6-33을 참

---

54) '비교'로부터 끌어낸 것들에 대해서 Arist. *Rh.* 2.20.2.1393a; 2.20.4.1394b; Cic. *Inv.* 1.30.49; Quint. *Inst.* 5.11.23을 보고, '우화'로부터 끌어낸 예들에 대해서 Arist. *Rh.* 2.20.2.1393a; 2.20.5-8.1393b; Quint. *Inst.* 5.11.19-21을 보고, '직유'(*similitudo*)에 대해서 Cic. *Inv.* 1.30.46-47; Quint. *Inst.* 5.11.22-31을 참조하고, 시인의 허구(소설)에서 비롯된 예들에 대해 Quint. *Inst.* 5.11.17-18,39을 보며, 또 재판이나 판결에서 비롯된 예들에 대해서는 Cic. *Inv.* 1.30.48; Quint. *Inst.* 5.11.36-44을 보라.

조하고, Arist. *Rh.* 2.20.9.1394a; Quint, *Inst.* 5.11.9-16[=범례/예의 사용법]을 보라).

이제 '로고스'로부터의 연역적 종류의 추론, 즉 '논증'(논변, *argumenta*)에 대해 살펴볼 차례다.55) 더 넓은 의미에서의 '입론(논증)'은 귀납법과 연역법으로 이루어져 있다. 모든 입론(논증, argumentation, *argumentatio*)은 연역법(*ratiocinatio*)에 의해 영위되든지 아니면 귀납법(*inductio*)에 의해 영위되든지 해야 한다(Cic. *Inv.* 1.31.51). 하지만 여기서 논증(논변, argument)이라 함은 특히 연역법적 종류의 증명을 가리킨다. 이 점에 있어서 표징(signs, *signa*), 삼단논법추론(*ratiocinatio*)에 관하여 말하는 논증(*argumenta*) 그리고 논제(topics, *loci*)를 차례로 논의하려고 한다.56)

첫째로, '표징'(signs)에 대해서이다.57) 아리스토텔레스는 표징이 논증의 일부를 형성한다고 생각하였으나(Arist. *Rh.* 1.2.14-15.1357a), 퀸

---

55) 논증(arguments)에 관한 논의를 위해, Arist. *Rh.* 1.1.3.1354a; 1.1.11.1355a; 1.2.8.1356b-22.1358a(ἐνθύμημα); *Rhet. Her.* 2.18.27-29.46(=발견에 의해 고안된 논증의 *tractatio*[전개]; Cic. *De Or.* 2.27.120; 2.41.176); Cic. *Inv.* 1.34.41(=*ratiocinatio*); 2.3.11-59.178(=모든 종류의 연설에서 형성할 수 있는 논증의 토대가 되는 원리들); *Part. Or.* 13.45.51(=논증[*explicatio*]의 전개); 29.101-33.116; *Top.* 2.6-20.78(=입론[논증]의 논제들); Quint. *Inst.* 5.9.1; 5.10; 5.11.32-35; 5.12(=증명들이 사용되는 법); 5.13(=논박); 5.14 등을 보라.

56) Lausberg, *Handbuch der literarischen Rhetorik*, 1:195-227(§§ 358-409)을 보라.

57) "표징"(signs)이라는 말에 사용되는 술어로는 다음과 같은 것들이 있다. 즉, σημεῖον(Arist. *Rh.* 1.2.14.1357a; *Rh. Al.* 7.1428a.21; 12.1430b.30; "징조/표시", Quint. *Inst.* 5.9.9), *signum*("표징", Cic. *Inv.* 1.29.47; 1.30.48; Quint. *Inst.* 5.9.1,9; 5.10.11), *signis*(Quint. *Inst.* 5.9.3-16), *indicium*("징조/표시", Quint. *Inst.* 5.9.9; 5.10.11), *vestigium*("흔적", Quint. *Inst.* 5.9.9) 등이다. 그리고 표징에 대한 논의를 위해, Arist. *Rh.* 1.2.16-18.1357b; *Rh. Al.* 9(τεκμήρια); 12(σημεῖον); Cic. *Inv.* 1.30.48; Quint. *Inst.* 5.9; Lausberg, *Handbuch der literarischen Rhetorik*, 1:195-97(§§ 358-65) 등을 보라.

틸리아누스는 표징을 논증 혹은 범례(예)와 구별하였다(Quint. *Inst.* 5.9.1). 여하튼, 표징(σημεῖον/*signum*)은 "어떤 사물에 일반적으로 선행하거나 동반하거나 뒤따르는 어떤 사물"이며(*Rh. Al.* 12.32.1430b), 키케로가 정의한 바로는 "무언가 오감 중의 하나로 감지되는 것이자 그 결과 논리적으로 당연히 귀결되는 무언가를 나타내는 것"이다(Cic. *Inv.* 1.30.48). 표징에는 두 종류가 있다. 즉, 결론을 수반하는 것 (*necessaria*, τεκμήρια)과 그렇지 않은 것(*non necessaria*, εἰκότα; Quint. *Inst.* 5.9.3-16) 혹은 '필연적 표징'(τὸ ἀναγκαῖον, *necessaria*)과 '비필연적 표징'(τὸ μὴ ἀναγκαῖον, *non necessaria*)이다(Arist. *Rh.* 1.2.16-18.1357b).

필연적 표징은 '테크메리아'(τεκμήρια)라 불리는데, "그것으로부터 논리적 삼단논법을 세울 수 있는" 표징이다(Arist. *Rh.* 1.2.16-17.1357b).[58] 이 표징은 필연적으로 결론을 수반하고, 또 이 표징의 논증은 반박할 수 없다. 이에 대해 퀸틸리아누스가 다음과 같은 하나의 예를 제공한다. "씨앗을 뿌리지 않은 곳에서는 추수가 있을 수도 없고, 사람이 아테네에 있을 때는 로마에 있을 수 없고, 그에게 흉터가 없을 때는 칼에 맞아 부상을 입은 것도 아니다"(Quint. *Inst.* 5.9.5). 그리고 비필연적 표징이란 "삼단논법 형태로 축소될 수 없는" 표징이다(Arist. *Rh.* 1.2.18.1357b).[59] 이 표징은 필연적인 결론을 수반하지 않는다. 예를

---

58) "필연적 표징"이라는 말에 사용되는 술어에 대해 Pl. *Phdr.* 51.266E; Arist. *Rh.* 1.2.16.1357b; *Rh. Al.* 9(=τεκμήρια); Quint. *Inst.* 5.9.2(=*signa indubitata*["의심의 여지가 없는 징조/표시"]); 5.9.3(=τἄλυτα σημεῖα, *necessaria, signum insolubile*["논박할 수 없는 징조/표시"]); 5.10.74(=*signorum immutabilium*["절대적 징조/표시"])을 보라. 그리고 필연적 표징에 대한 논의들을 위하여 Arist. *Rh.* 1.2.16-18.1357b; *Rh. Al.* 9; 12; Quint. *Inst.* 5.9.3-7을 보라.

59) "비필연적 표징"이라는 말에 사용되는 술어들로는 σημεῖα εἰκότα("개연성", Quint. *Inst.* 5.9.8), *signa non necessaria*(Quint. *Inst.* 5.9.8), [*signa*]

들면, 피는 살인이 발생했음을 추리하도록 유도할 수 있다. 그러나 옷에 혈흔이 있는 모든 사람이 필연적으로 살인자인 것은 아니다(Quint. *Inst.* 5.9.9).

둘째로, '논증'(논변, arguments)에 대해서이다. 논증은 주어진 사실로부터 결론을 추리하는 증명방식이다. 논증이란 "증명(증거)을 제공하며, 이것을 저것에서 추리할 수 있게 하며 확실한 사실들을 참조함으로써 불확실한 사실들을 확증하는 추론과정"이거나(Quint. *Inst.* 5.10.11), "개연성 있게 증명하거나 반박할 수 없도록 입증하는 어떤 종류의 도구"이거나(Cic. *Inv.* 1.29.44), "믿음(신뢰, *fidem*)을 얻기 위한 그럴듯한 장치"이거나(Cic. *Part. Or.* 2.5), "어떤 의심이 드는 문제를 확고하게 확립하는 추론과정"이라고 정의가 내려진다(Cic. *Top.* 2.8). 논증들은 형식(*ratiocinatio*)과 내용(*loci*)에 관하여 분류하고 분석할 수 있다. 이제 형식과 내용의 순서로 논의를 이어가고자 한다.

이미 언급한 것처럼 귀납법은 범례(예, *exemplum*)를 그 방법으로 사용하나, 논증(arguments)은 삼단논법추론(*ratiocinatio*) 방법을 사용한다. 키케로는 삼단논법추론을 다음과 같은 말로 묘사한다.

> '연역법' 혹은 삼단논법추론은 고려하고 있는 중인 사실 그 자체로부터 개연성이 있는 결론을 끌어내는 논증형식이다. 이 개연성 있는 결론이 공표되고 자동적으로 인식될 때 개연성 있는 결론은 자체의 취지(import)와 추론(reasoning)으로써 스스로를 증명한다(Cic. *Inv.* 1.34.57).

이 점에 관해 가장 완전하고 완벽한 논증은 다섯 부분으로 이루어

---

dubia("의심스러운" [징조/표시], Quint. *Inst.* 5.9.2) 등이 있다.
비필연적 표징들에 대한 논의들을 위하여 Arist. *Rh.* 1.2.18.1357b; *Rh. Al.* 12; Quint. *Inst.* 5.9.8-16을 보라.

진 형태, 즉 명제(proposition, *propositio/expositio*), 논거(근거, reason, *ratio*), 논거(근거)에 대한 증명(proof of the reason, *rationis confirmatio*), 장식 (치장, embellishment, *exornatio*) 그리고 요약(résumé, *complexio/conclusio*)이 라는 부분들로 이루어진 논증이다(*Rhet. Her.* 2.8.28-29.46; 3.9.16).[60] 논증 에 필요한 부분들의 수에 대해서는 삼단논법추론에 포함되는 논증 방 식에서 더 논의가 이루어질 것이다. 퀸틸리아누스는, "어떤 이들은 ἐπιχείρημα('에피케이레마')를 '논거'(근거, *ratio*, reason)라고 부르나, '(삼단논법)추론'(*ratiocinatio*, reasoning)이라고 부르는 점에서 키케 로가 더 정확하다"고 단언한다(Quint. *Inst.* 5.10.6), 키케로의 삼단논 법추론(*ratiocinatio*)은 퀸틸리아누스의 완전삼단논법(*epicheireme*)과 동일하다. 그럼에도 불구하고 퀸틸리아누스는 '논증'(*argumenta*)이라 는 이름 아래 헬라인들의 ἐνθύμηματα('엔뒤메마타', "생략삼단논법"), ἐπιχείρηματα('에피케이레마타', "완전삼단논법"), ἀποδείξεσις('아포데익세시 스')를 포함시키기도 한다(Quint. *Inst.* 5.10.1). 요컨대, 라틴어 술어인 *ratiocinatio*('삼단논법추론')는 헬라어 술어들인 συλλογισμός('삼단논 법'), ἐνθύμημα('생략삼단논법') 그리고 ἐπιχείρημα('완전삼단논법')를 아 우른다.[61] 이제 논증(삼단논법추론)의 각 유형, 즉 삼단논법(syllogism, συλλογισμός, '쉴로기스모스'), 생략삼단논법(enthymeme, ἐνθύμημα, '엔

---

60) 다른 용어를 사용하면, 대전제(*propositio*), 대전제에 대한 증명(*propositionis approbatio*), 소전제(*assumptio*), 소전제에 대한 증명(*assumptionis approbatio*) 그리고 결론(*complexio*)의 다섯 부분이다(Cic. *Inv.* 1.34.58-59; 1.35.61; 1.37.67-38.69).

61) *Ratiocinatio*(="삼단논법, 귀납법 혹은 삼단논법추론," Cic. *Inv.* 1.33-34.57), συλλογισμός(Arist. *Rh.* 1.2.13.1357a; *syllogismus*, Quint. *Inst.* 5.14.14, 24, 27), ἐνθύμημα(Arist. *Rh.* 1.2.13.1357a; *enthymema*, Quint. *Inst.* 5.10.4) 그 리고 ἐπιχείρημα(Quint. *Inst.* 5.10.1; *epichirema*, Quint. *Inst.* 5.10.4). 그리 고 삼단논법/삼단논법추론(syllogism/*ratiocinatio*)에 대한 논의를 위해서는 Arist. *Rh.* 1.2.13.1357a; *Rhet. Her.* 2.18.28-29.46; Cic. *Inv.* 1.34-41; Quint. *Inst.* 5.10, 12, 14를 보라.

뒤메마') 그리고 완전삼단논법(epicheireme, ἐπιχείρημα, '에피케이레마')에 대해 논의할 차례가 되었다.

먼저, 삼단논법은 *ratiocinatio*('삼단논법추론')의 논리적으로 완전한 형태이며, 항상 "[삼단논법의] 전제들과 결론"을 가지고 있고 "[삼단논법의] 모든 부분을 사용하여 [삼단논법의] 증명"을 달성한다(Quint. *Inst.* 5.14.24). 삼단논법의 한 예는 다음과 같다. "[1] 덕은 유일하게 선한 것이다. [2] 아무도 악용할 수 없는 것만이 선하기 때문이다, 그러나 아무도 덕을 악용할 수 없다. [3] 따라서 덕은 선하다"(Quint. *Inst.* 5.14.25).

다음으로, 생략삼단논법은 '수사학적 삼단논법'(rhetorical syllogism, ῥητορικὸς συλλογισμός, *oratorius syllogismus*)이라 불리거나 삼단논법의 한 부분[일종의 삼단논법]으로 간주된다(Arist. *Rh.* 1.2.8.1356b; 1.2.14.1357a; Quint. *Inst.* 5.14.24).[62] 그것은 "하나의 전제가 진술되지 않고 이해되도록 남겨지거나"(*Rh. Al.* 10.1430a.23 참조). "소수의 전제로부터, 종종 정규 삼단논법보다 더 적은 수의 전제로부터 연역이 이루어지거나"(Arist. *Rh.* 1.2.13.1357a), "정식의 결론 없이 두 부분, 곧 명제와 논거로 구성되는 불완전한 형태"로 나타나거나 한다(Quint. *Inst.* 5.14.1). 생략삼단논법은 "그의 증명으로 하여금 명시적인 진술 없이 이해되게 하는 것으로 만족한다"(Quint. *Inst.* 5.14.24).[63] 아리스

---

62) "생략삼단논법"(enthymeme)에 사용되는 술어들은 ἐνθύμημα(Arist. *Rh.* 1.2.13.1357a; *Rh. Al.* 7.1428a.20; Quint. *Inst.* 5.10.1); *enthymema*(Quint. *Inst.* 5.10.1)이다. 그리고 생략삼단논법에 대한 논의를 위해서 Arist. *Rh.* 1.2.13-14.1357a; 1.22-26; 3.17.6.1418a-17.1418b; *Rh. Al.* 10; Cic. *Inv.* 1.40.72-74; Quint. *Inst.* 5.10.1-3; 5.14.1-4, 24-26; Demetr. *Eloc.* 1.30-33을 보라.

63) 생략삼단논법에 밀접하게 관계되어 있는 것이 격언(maxim, γνώμη)이다. 격언은 "삼단논법을 하지 않는 생략삼단논법의 전제 혹은 결론이다"(Arist. *Rh.* 2.21.2.1394a). 격언에 대한 논의를 위해 Arist. *Rh.* 2.21; *Rh. Al.* 11.1430a.40-1430b.29(="격

토텔레스는 두 종류의 생략삼단논법이 있다고 본다. 하나는 "어떤 일이 있다거나 있지 않다는 것을 입증하는 논증(예증)적인 것(the demonstrative, τὰ δεικτικά)"이고, 다른 하나는 "논박(반박)적인 것(the refutative, τὰ ἐλεγκτικά)"이다. 전자는 "공인된 전제들로부터 결론을 끌어내고", 후자는 "상대방이 이의를 제기하는 결론을 끌어낸다"(Arist. *Rh*. 2.22.14-15).[64] 퀸틸리아누스도 생략삼단논법의 두 가지 종류를 이야기하는데, 하나는 '결과(귀결)에 대한 부정'에서 결론을 이끌어내는 것(*enthymema ex consequentibus*)이고, 다른 하나는 '양립하지 않는 것'에서 결론을 이끌어내는 것(*enthymema ex pugnantibus*)이다 (Quint. *Inst*. 5.14.1-4, 24-26). 결과에 대한 부정에서 오는 생략삼단논법의 한 예는 다음과 같다. 즉, "덕은 아무도 그것을 악용할 수 없기 때문에 선한 것이다"(Quint. *Inst*. 5.14.25). 양립하지 않는 것에서 오는 생략삼단논법의 한 예는 다음과 같을 것이다. "그것[돈]을 악용하는 것이 가능할 때 돈이 선한 것이 될 수 있는가?"(Quint. *Inst*. 5.14.25).

마지막으로, 완전삼단논법은 셋에서 다섯 개의 부분 또는 그 이상의 부분으로 구성되는 완전한 형태의 '수사학적 삼단논법'이다(Quint.

언은 행위의 일반적인 문제들에 관한 개인 의견의 표현이라고 간략히 정의될 수도 있다"고 함)을 보라.
64) 아리스토텔레스는 다른 견지에서 두 종류의 생략삼단논법을 논의하기도 한다. 즉, 일반적인 진리나 일반적인 논제(topics)나 공통논제(commonplaces)로부터 연역하는 것과 특별한 진리나 특별한 논제나 공통논제로부터 연역하는 것이다 (Arist. *Rh*. 1.2.22.1358a). 그는 또한 생략삼단논법이 개연성(εἰκότοι)이나 일반적 명제로부터 또 표징(σημεῖα)이나 필연적 명제로부터 형성된다고 생각한다(Arist. *Rh*. 1.2.15.1357a). 다른 곳에서, 아리스토텔레스는 "생략삼단논법의 재료(내용)는 네 개의 출처, 즉 개연성, 예, 필연적 표징 그리고 표징[εἰκός, παράδειγμα, τεκμήριον, σημεῖον]에서 나온다"고 말하기도 한다(Arist. *Rh*. 2.25.8.1402b).

Inst. 5.14.5; 5.10.5; 또한 Cic. *Inv.* 1.31.34; 1.34.58; 1.37.67 참조).[65] 퀸틸리아누스는 "완전삼단논법(*epicheirema*)과 삼단논법(*syllogismus*) 간에는 차이가 없다"고 단언하는데(Quint. *Inst.* 5.14.14), 다만 삼단논법이 수많은 형태를 지니고 있고 진리로부터 진리를 추리하는 반면에, 완전삼단논법은 겨우 신뢰할 수 있는 진술들과 자주 관계가 된다고 본다(Quint. *Inst.* 5.14.16). 그리고 다수의 권위자들과 더불어 완전삼단논법에 세 부분 이상이 있어서는 안 된다는 의견을 갖고 있다(Quint. *Inst.* 5.14.6, 10; 또한 Cic. *Inv.* 1.34.58-59; 1.35.60-38.69; 1.49.72 참조). 그는 다음과 같이 이유를 설명한다.

왜냐하면 추론의 본질 자체로부터 당연히, 조사(연구) 주제를 형성하는 무언가와 증거(증명)를 제공하는 다른 무언가가 있음에 틀림없다는 결론이 나오고, 반면에 추가되어야 할 세 번째 요소는 이전의 두 요소의 합의에서 생기는 것으로 간주될 수 있기 때문이다(Quint. *Inst.* 5.14.6).

그러므로 세 부분은 '대전제'(*prima intentio*), '소전제 혹은 논거'(*adsumptio* 혹은 *ratio*) 그리고 '결론'(*connexio*)으로 이루어진다(Quint. *Inst.* 5.14.6). 다음은 완전삼단논법의 한 예이다(Quint. *Inst.* 5.14.10).

대전제: '자체로부터 운동을 끌어내는 것은 무엇이든지 불멸하다.'
소전제: '영혼은 자체로부터 운동을 끌어낸다.'
결 론: '따라서 영혼은 불멸하다.'

---

65) 완전삼단논법에 대한 논의를 위해 *Rhet. Her.* 2.2.2; 2.18.27-29.46; Cic. *Inv.* 1.34-41; Quint. *Inst.* 5.10.1-19; 5.14.4-23(특히 5.14.10-13은 완전삼단논법의 형태들을 다룸)을 보라.

셋째로, 이제 '논제'에 대해서이다.[66] 논증에 '논제들' 혹은 '장소들'(topics, τόποι, loci)이 분명히 연계되어 있다. 연설자는 논증을 이끌어 낼 수 있는 장소들을 알아야 하기 때문이다(Quint. *Inst.* 5.10.20). 이 점에 관해 키케로는 하나의 비유(비교)로 다음과 같이 유용하게 설명해준다.

> 만일 은닉 장소가 지적되고 표시된다면 숨겨진 것을 찾는 것이 쉽다. 마찬가지로 만일 몇 개의 논증을 찾아내기 원한다면 장소 혹은 논제[locos]를 알아야 한다. 왜냐하면 그곳으로부터 논증을 끌어내는 "지역"(regions)[sedes]에 대하여 아리스토텔레스가 '논제'라는 이름을 붙였기 때문이다(Cic. *Top.* 2.7; 또한 Quint. *Inst.* 5.10.20-22를 보라).

논제는 다시 한 번 더 비유하자면, "논증이 저장되어 있는 '비둘기장의 드나드는 구멍'이다"(Cic. *Part. Or.* 2.5). 그것들은 "모든 사건(소송)과 연설을 위한 전체 논증을 끌어내오는 출처"(Cic. *De Or.* 2.30.130-31.136), "질문의 어느 편에서든지 전체 연설을 형성할 수 있는 [기반이 되는] 논증들에 대한 일종의 표징 혹은 표시"(Cic. *Orat.* 14.16), "논증의 지역(argumenti sedem)"(Cic. *Top.* 2.8) 혹은 "논증이 살고 있고, 또 거기서 논증을 끌어내야 하는 비밀 장소(sedes argume-

---

66) "논제"(topic[s])라는 말에 사용되는 술어들로는 τόπος/τόποι(Arist. *Rh.* 1.2.21.1358a; 2.33.16.1396b; "공통논제"[commonplaces], *Top.* 2.2.109a.34), locus/loci(Cic. *Inv.* 1.53.101; Orat. 14.46; Top. 2.8; "공통논제", *Rhet. Her.* 2.30.48; Cic. *De Or.* 2.29.127; "장소"[places], Quint. *Inst.* 5.10.20), loci communes("공통의 논제"[common topics], Cic. *Inv.* 2.15.48; "공통논제", *Rhet. Her.* 2.16.14; Cic. *Inv.* 1.55.106; *Brut.* 12.46; Quint. *Inst.* 3.1.12), στοιχεῖα("요소들", Arist. *Rh.* 2.22.13.1396b) 등이 있다. 그리고 논제(topics)에 대한 논의를 위해 Duke, *Persuasive Appeal of the Chronicler,* 86-92; Lausberg, *Handbuch der literarischen Rhetorik,* 1:201-20(§§ 373-99); Volkmann, *Die Rhetorik der Griechen,* 199-233 등을 보라.

norum)"(Quint. *Inst.* 5.10.20)라 할 수 있다. 연설자는 논증을 사람 (persons)과 사물(things)로부터 끌어낼 수 있는데, 퀸틸리아누스가 말한 대로 "모든 논증은 두 종류, 곧 사물[*res*]과 관계있는 것과 사람[*persona*)]과 관계있는 것으로 구분되기 때문이다"(Quint. *Inst.* 5.8.4; 5.10.23, 102). 키케로도 비슷한 취지로 "모든 명제는 논증에서 사람이나 행동의 속성에 의해 지지를 받는다"라고 말한다(Cic. *Inv.* 1.24.34-25.36). 퀸틸리아누스에 따르면, 논증을 끌어낼 수 있는 '사람으로부터 오는 논제(장소)'(*loci a persona*) 혹은 '사람들이 겪는 사고들'(*personis accidit*)은 다음과 같다.

> 출생, 국적, 국가, 성, 나이, 교육과 훈련, 신체 구조, 운, 조건, 타고난 기질, 직업, 개인의 자기만의 야망, 과거의 생활과 이전의 발언 그리고 이름(Quint. *Inst.* 5.10.23-31).

그는 계속해서, 사물로부터 오는 논제(장소)에서 끌어낸 논증(*loci a re*)에 대해 다음과 같이 간략하게 요약해 준다.

> 논증은 …… 원인[행동], 장소와 때(이 '때'를 이전, 당시 그리고 이후로 나누었다)로부터, 자원으로부터(여기에 도구를 포함시킨다), 방식으로부터(즉, 일이 어떻게 행하여졌는지), 정의, 속(genus), 종(species), 차이, 재산, 제거, 구분, 시작들, 증가, 완성, 닮은 것, 닮지 않은 것, 모순, 귀결, 능률적인 것, 효과, 결과 그리고 여러 종류로 더 세분되는 비교로부터 …… 끌어내어진다(Quint. *Inst.* 5.10.94).[67]

반면에, 아리스토텔레스는 생략삼단논법의 스물여덟 개의 논제를 공급하는데, 그중 일부 목록은 다음과 같다.

---

67) 이들 논제(topics)에 대한 설명과 예를 위하여 Quint. *Inst.* 5.10.32-94; 5.10.95-101, 102-118(=허구적인 가정들[καθ᾽ ὑπόθεσιν]에서 또 환경에서 끌어내는 논증들을 추가함); 그리고 Cic. *Inv.* 1.26.37-30.49를 더 보라.

[끌어내어진 논제] 반대되는 것에서, 더 많아지는 것과 더 적어지는 것에서, 적대자에게 항변하며 우리 자신들에게 불리하게 말하여진 것에서, 정의에서, 귀납법에서, 동일하거나 유사하거나 상반되는 문제에 대해 내려진 이전의 판결에서, 사물에 나타나는 유비에서, 결과의 정체에서 선행사의 정체를 결론짓는 것 (원인과 결과)에서 끌어내어진 논제, 날짜나 행동이나 말에서든지 모순되는 것들을 조사하는 데 있는 논제(Arist. *Rh.* 2.23).

논제에는 두 가지 기본적인 유형이 있다. 즉, '일반적인 것'과 '특정한 것'이다(Arist. *Rh.* 1.2.21-22.1358a; 2.22.12.1396b; Cic. *Inv.* 2.14.47; Quint. *Inst.* 5.13.57). 일반적인 혹은 보편적인 논제(*locos communes*)는 "많은 사건(소송, 원인, cases, *causa*)에 옮겨질 수 있는 논증"(Cic. *Inv.* 2.15.49), "사건에 따라 이제 피고 측이 사용하고, 또 이제 기소자 측이 사용하는 것"(*Rhet. Her.* 2.6.9) 혹은 "모든 종류의 사물에 똑같이 공통적인 명제"(Arist. *Rh.* 1.2.21-22.1358a)이다.[68] 예를 들면, '가능한 것과 불가능한 것'이라는 논제는 일반적인 논제이다. 아리스토텔레스는 다음과 같은 말로 설명한다.

모든 연설자는 어쩔 수 없이 …… 가능한 것과 불가능한 것의 논제를 사용해야 하고, 또 그들 중 어떤 사람들은 어떤 일이 일어나게 될 것임을 보여주려 노력하고 다른 이들은 그 일이 이미 일어났음을 보여주기 위해 노력해야 한다. 게다가, '크기'라는 논제는 모든 종류의 수사학에 공통적인데, 심의를 하든지, 찬양을 하거나 비난을 하든지, 고발을 하거나 변호를 하든지, 모든 사람들이 '경감'이나 '확충'(확대)을 사용하기 때문이다(Arist. *Rh.* 2.18.3-4.1391b).

---

68) 공통적인(일반적인) 논제(common topics, *locos communes*)에 대해서는 Arist. *Rh.* 1.3.8-9.1359a; 2.18-19(=세 종류의 수사에 모두 공통적인 '논제'); 2.22.13-17.1396b; 2.23; 2.24(=명백한 생략삼단논법의 열 가지 논제); *Top.* 2.1-7.4; Cic. *Inv.* 1.24-28(입론[논증]의 논제); 1.53-54(=*indignatio*["분개"]를 위한 열다섯 가지 논제); 1.55-56(=*conquestio*["비탄 혹은 불평"]을 위한 열여섯 가지 논제); 2.14.47-15.50; 2.22.68; *De Or.* 2.30.130-31.136; *Orat.* 14.46-47; *Top.* 2.6-23.90(=일반적인 명제를 위한 논제); Quint. *Inst.* 2.24.22-23; 5.8.4-5; 5.10.20-99(논증의 "장소"); 5.10.100-18; 5.13.57을 보라.

반면에, 특정하거나 특수하거나 특별한 논제는 "각 종류의 사물에 독특한 명제"(Arist. *Rh*. 1.2.21-22.1358a) 혹은 "기소자 측만이 사용할 수 있는" 논제, "혹은 피고 측만이 사용할 수 있는 것"이다(*Rhet. Her*. 2.6.9). 예를 들면, "추측적인 원인에서, 악한 사람이 동정을 받아서는 안 된다고 말할 때, 소추자(기소자)는 특별한 논제를 사용하며, 또 범죄의 흉악함에 대해 확충(부연)하는 것이다(*Rhet. Her*. 2.6.9).[69]

(다) 요약

연설자는 말하고자 하는 바를 위한 증명(증거)을 제공함으로써 청중을 설득하려고 노력한다. 증명에는 두 종류가 있다. 즉, 비인위적인 것과 인위적인 것이다. 연설자는 이미 존재하는 비인위적 증명에 대해서는 그것을 단순히 사용할 뿐이다. 하지만 인위적 증명은 방법과 자신의 노력으로 구성해야 한다. 인위적 증명에는 세 종류가 있다. 즉, '에토스', '파토스' 그리고 '로고스'이다. '에토스'는 연설자와, '파토스'는 청중과 그리고 '로고스'는 연설 자체와 관계가 있다. '로고스'에서 오

---

69) 법정적(사법적) 수사에 사용되는 논제에 대해 Arist. *Rh*. 1.2.21-22.1358a; 1.10-14; 2.22.8.1396a; *Rhet. Her*. 2.6-17; 2.30.47-31.50(=고발의 강화를 위한 열 가지 공식문구); Cic. *Inv*. 2.16-18; 2.20.61; 2.23.71; 2.26.77-78; 2.28.85-86; 2.30.91,94; 2.33.101-3; 2.36.108-9; 2.38-39; 3.48.143; 2.49.147; 2.50.152-54; *De Or*. 1.31.141; *Part. Or*. 28-39; *Top*. 23.90; 24.91-26.100; Quint. *Inst*. 5.13.57을 보라. 심의적 수사에 사용되는 논제에 대해 Arist. *Rh*. 1.2.21-22.1358a; 1.4-8; 2.22.8.1396a; *Rh. Al*. 1.1421b.21-1423a.11; 6.1427b.39-1428a.1; *Rhet. Her*. 3.2.3-5.9; Cic. *Inv*. 2.52.157-58.176; *De Or*. 1.31.141; *Part. Or*. 24-27; *Top*. 23.89; 24.91; Quint. *Inst*. 3.8.10-35 를 보라. 그리고 예찬적 수사의 논제에 대해서는, Arist. *Rh*. 1.2.21-22.1358a; 1.9; 2.22.8.1396a; *Rh. Al*. 3.1452b.36-1426a.19; 35.1440b.14-1441b.20; *Rhet. Her*. 3.6-8; Cic. *Inv*. 2.51.155; 2.59.177; *De Or*. 1.31.141; 2.11.46; 2.84.85; *Part Or*. 21-23; *Top*. 23.89; 24.91을 보라.

는 추론에는 두 종류가 있다. 즉, 귀납법적인 것과 연역법적인 것이다. '범례(예)'는 일종의 귀납법이며, 또 "수사학적 귀납법"이라 불리기도 한다. 연역법적인 종류의 논리적 증명은 표징과 논증으로 이루어져 있다. 표징에는 두 종류가 있다. 즉, 필연적인 것과 비필연적인 것이다. 논증은 논증의 방법으로 '삼단논법추론'(*ratiocinatio*)을 사용한다. '삼단논법추론'은 삼단논법, 생략삼단논법 그리고 완전삼단논법을 아우른다. 삼단논법은 논리적으로 완전한 형태의 '삼단논법추론'이다. 생략삼단논법은 불완전한 형태의 삼단논법이며, 또한 "수사학적 삼단논법"이라 불리기도 한다. 완전삼단논법은 '완전한' 형태의 "수사학적 삼단논법"이다. 그리고 논제는 연설자가 논증을 끌어낼 수 있는 "장소"이다. 연설자는 사람과 사물로부터 논증을 끌어낼 수 있다. 논제에는 두 유형이 있다. 즉, 일반적인 것과 특정한 것이다. 일반적인 논제는 모든 계층의 사물에 혹은 모든 종류의 수사에 똑 같이 적용된다. 특정한 논제는 어떤 계층의 사물에 혹은 어떤 종류의 수사에만 적용된다. 이제 배열의 주제로 논의를 넘어간다.

나. 배열

제재를 '발견한' 후에, 연설자는 그것을 "배열"해야 한다.70) 배열/배

---

70) "배열"(arrangement)이라는 말에 사용되는 술어로는 *dispositio*(*Rhet. Her.* 1.2.3; Cic. *Inv.* 1.7.9; 1.21.30; Quint. *Inst.* 3.3.1; 3.9.2; 7.1.1-2), *collacatio*(Cic. *De Or.* 2.76.307; *Part. Or.* 1.3; Cic. *Orat.* 15.50; 44.149), *tractatio*("내용/소재[subject matter]에 대한 처리", Cic. *Orat.* 35.122; "다루기", Cic. *De Or.* 2.41.177), τάξις(Arist. *Rh.* 2.26.5.1403b; 3.12.6.141a), τάττειν("배열하다", *Rh. Al.* 28.1436a.29; 29.1437b.34), διάθεσις(Pl. *Phdr.* 11.235A) 등이 있다. 그리고 배열에 대한 논의를 위하여 Pl. *Phdr.* 51.266D,E; Arist. *Rh.* 3.13-19; *Rh. Al.* 28.1436a.29-37.1445b.23;

치란 "각 사항이 배정되어야 할 자리를 분명히 하면서 [발견한] 이 내용(자료)을 정돈하고 분배하는 것"(*Rhet. Her.* 1.2.3), "각 사항을 적당한 장소에 놓는 것"(Quint. *Inst.* 3.3.2) 혹은 "사항과 부분을 있어야 할 편리한 장소에 배분하는 것"(Quint. *Inst.* 7.1.1)이다. 배열에는 두 종류가 있다. "하나는 수사학 원리에서 생기는 배열이며, 다른 하나는 특수한 환경에 순응한 배열이다"(*Rhet. Her.* 3.9.16-10.18). 키케로의 표현으로는, "하나는 사건(소송)의 본질로부터 발생하는 것이며 다른 하나는 연설자들의 재량과 지혜가 기여하는 것이다"(Cic. *De Or.* 2.76.307).

수사학 원리에 기반을 둔 배열에는 두 가지가 있다. "하나는 전체 연설을 위한 것이고, 다른 하나는 개별적 논증 (혹은 개별적 부분)을 위한 것이다"(*Rhet. Her.* 3.9.16-17; 또한 Cic. *Inv.* 1.14.19를 보라). 전체 연설을 위한 배열은 아래에서 곧 논의하게 될 연설의 부분들(*partes orationis*)을 사용하며, 연설을 할 때에 연설 부분들의 순서를 따른다. 개별적 논증 혹은 개별적 부분을 위한 배열은 "지금까지 발견한 논증들을 적당한 순서로 배분하는 것"(Cic. *Inv.* 1.7.9), "명제, 논거, 논거에 대한 증명, 장식 그리고 요약에 따라" 개별적 논증을 배열하는 것, 곧 "발견한 논제들을 순서에 따라 배치하는 것"(*Rhet. Her.*

Rhet. Her. 1.3.4-3.8.15(=주로 발견에 관하여 다룸); 3.9.16-10.18; Cic. *Inv.* 1.7.9; 1.14.19-56.109; *De Or.* 1.31.142-43; 2.19.79-83; 2.42.179-181; 2.76.307-86.350; *Part. Or.* 1.3-4; 3.9-5.15; 8.27-17.60; *Opt. Gen.* 2.5; *Orat.* 15.50; 44.140, 149; 35.122-124; 62.210; *Top.* 26.97-99; Quint. *Inst.* 3.9; 4.Pr.6; 4-6.1, 7(=법정 소송사건들을 위한 배열을 다룸); Lausberg, *Handbuch der literarischen Rhetorik*, 1:241-47(§§ 443-52); Martin, *Antike Rhetorik*, 52-166, 213-43; Volkmann, *Die Rhetorik der Griechen*, 123-271(=법정적 수사에 대하여), 294-99(=심의적 수사에 대하여), 314-22(= 예찬적 수사에 대하여); Watson, *Invention, Arrangement, and Style*, 20-21 등을 보라.

3.9.16)이다. 하지만 "단지 순서가 바른 방식으로써가 아니라, 말하자
면 각각의 논증이 지닌 정확한 비중에 대한 분별력 있는 안목을 갖
고"(Cic. *De Or.* 1.31.142) 배열하려고 노력한다. 예를 들면, "논증의
증명 부분과 반박 부분에서 다음과 같은 종류의 배열을 채택하는 것
이 적절하다. 즉, (1) 가장 강력한 논증들……, (2) 중간 세력 정도의
논증들……, (3) 그리고 어떤 매우 강력한 논증"이다(*Rhet. Her.*
2.18.28; 3.10.18). 그리고 (수사학 원리에 따른 배열과 대비되는) 다른
종류의 배열은 연설자가 환경에 순응하거나 원인(소송, 이유, 사건) 자
체에 의지하면서 자신의 판단으로 수사술의 규칙에 의해 규정된 배열
을 수정할 때 생긴다(*Rhet. Her.* 3.9.17-10.17). 이제 연설의 부분들에
대해 논의할 차례이다.

(1) 연설의 부분들

연설을 구성하는 부분들(parts of the speech[oration], *partes ora-
tionis*)의 수에 대해 몇몇 다른 주제에 대해서처럼 고전 수사학자들 간
에 다소 의견의 불일치가 나타난다. 아리스토텔레스에게 있어서 필요
한 연설 부분은 참으로 둘 뿐이며, 아니면 많아야 넷이다(Arist. *Rh.*
3.14.2,4; 3.13.3.1414a). 다음과 같은 도식으로 정리할 수 있겠다.

	προοίμιον/서론
πρόθεσις/정당한 논거의 진술	πρόθεσις/명제 혹은 διήγησις/내러티브/내력
πίστις/증명	πίστις/증명
	ἐπίλογος/에필로그/결론

키케로는 어느 곳에서는 네 개의 연설 부분을 논하고(Cic. *Part.
Or.* 1.4; 8.27; *Top.* 26.97-98), 또 다른 어느 곳에서는 여섯 개의 부

분을 논하기도 한다(Cic. *Inv.* 1.14.19; *De Or.* 1.31.143; 2.19.80; 2.76.307). 그리고 『헤레니우스를 위한 수사학』의 저자는 연설의 여섯 부분을 지지한다(*Rhet. Her.* 1.3.4; 2.1.2; 3.9.16). 다음의 도식은 이를 잘 보여준다.

principium/서론   *exordium*/서론
narratio/사실들의 진술/내력 *narratio*/내러티브/이야기/사실들의 진술
         partitio/divisio/분할
confirmatio/fides/증명 *confirmatio*/확증/증명
         reprehensio/confutatio/논박/반박
peroratio/결론   *conclusio*/결론

그리고 퀸틸리아누스는 법정적 연설을 다음과 같이 다섯 부분으로 나누는 점에서 대부분의 저술가들과 의견을 같이 한다(Quint. *Inst.* 3.9.1-5; 4.3.15; 또한 Cic. *Part. Or.* 8.27; 9.33-12.44; *Orat.* 35.122,124를 참조하라).

prooemium/서론
narratio/사실들의 진술/서술/내력
probatio/증명
refutatio/논박

이런 상황에서 여섯 개의 부분을 논의하고 서술하는 것이 상책으로 보인다. 연설에서 있을 수 있는 부분의 최대치이기 때문이다.

(가) 서론

'서론'은 "연설의 시작"(ἀρχὴ λόγου, Arist. *Rh.* 3.14.1.1414b) 혹은 "연설자가 말하고자 하는 주제에 대한 소개"이다(Quint. *Inst.* 4.1.1, 3).[71] 서론을 통해 연설자는 청중의 마음을 준비시켜 "나머지 연설을 받아들이기에 적당한 상태"를 갖도록 한다. 이는 청중으로 하여금 연설자에 대하여 "호의를 갖게 하고(*benivolum*), 주의를 집중하게 하고(*attentum*), 잘 수용하게(*docilem*)" 함으로써 성취되는 법이다(Cic. *Inv.* 1.15.20). 말하자면, 연설자는 "청중의 호의를 얻거나 청중을 자극하거나 수용적인 분위기로 몰아넣는 방식으로 연설을 시작하는 것"이다(Cic. *Orat.* 35.122). 퀸틸리아누스는 서론의 목적에 대해 "청중이 연설의 나머지 부분에 귀를 기울일 마음을 먹도록 그들을 준비시키는 것"이 유일한 목적임을 역설한다(Quint. *Inst.* 4.1.5). 그러면 서론의 기능은 무엇이란 말인가? 이에 대해 아리스토텔레스는 "서론의 가장 본질적이며 특

---

71) "서론"(introduction)에 사용되는 술어로는 다음과 같은 것들이 있다. 즉, προοίμιον(Pl. *Phdr.* 51.266D; *Rh. Al.* 28.1436a.32; "서론"[exordium], Arist. *Rh.* 3.13.3; "머리말"[proem], Quint. *Inst.* 4.1.1), τὰ ἐνδόσιμα("서론들"[exordia], Arist. Rh. 3.14.4.1415a), *exordium*(Cic. *Inv.* 1.14.19; Quint. *Inst.* 4.1.1; *Rhet. Her.* 1.3.4), *prooemium*("직접개시"[direct opening], *Rhet. Her.* 1.4.6; "서론"[exordium], Quint. *Inst.* 3.8.10; "머리말", Quint. *Inst.* 4.1.3), *initium*(Cic. *Part. Or.* 8.27), *principium*(*Rhet. Her.* 1.4.6; Cic. *Inv.* 1.15.20; *Top.* 26.97; Quint. *Inst.* 4.1.42; "직접개시", *Rhet. Her.* 1.4.6; "시작"[commencement], Quint. *Inst.* 4.1.1), *insinuatio*(ἔφοδος, "미묘한 접근", *Rhet. Her.* 1.4.6; "암시"[insinuation], Cic. *Inv.* 1.15.20) 등이다. 그리고 "서론"(προοίμιον, *exordium*)에 대한 논의를 위하여 Pl. *Phdr.* 51.266D; Arist. *Rh.* 3.14-15; *Rh. Al.* 29; 35; 36.1441b.33-1442b.33; 36.1443b.25-26; *Rhet. Her.* 1.3.4-7.11; Cic. *Inv.* 1.14.19-18.26; *De Or.* 1.31.143; 2.42.178; 2.43.182-84; *Part. Or.* 8.28-30; *Orat.* 15.50; 35.122, 124; *Top.* 26.97; Dion. Hal. *Lys.* 17; Quint. *Inst.* 4.1; 4:2.24; 10.1.48; Lausberg, *Handbuch der literarischen Rhetorik*, 1:150-63(§§ 263-88); Martin, *Antike Rhetorik*, 60-75; Volkmann, *Die Rhetorik der Griechen*, 127-48 등을 보라.

별한 기능은 연설의 목적이나 의도가 무엇인지를 분명히 하는 것이다"라고 잘 설명해주고 있다(Arist. *Rh*. 3.14.6.1415a). 이와 관련하여 『알렉산더를 위한 수사학』의 저자도 아주 요령 있게 다음과 같이 말한다.

> 일반적으로 말해, 서론은 연설을 통해 할 수 있는 한 이 연설이 무엇에 관한 것인지를 청중에게 알리며 논증의 흐름을 따라올 수 있게 하고, 집중하게 하고, 또 우리를 향하여 호의적인 태도를 보이게 만들기 위하여 청중을 준비시키는 것이며 [연설자가 말하려는] 그 업무를 잘 알지 못하는 사람들에게 그것을 요약해서 설명하는 것이다(*Rh. Al*. 29.1436a.34-38).

이에 더하여, 연설자는 "의도를 서론의 끝부분에서 언급해야 하는데, 그러면 뒤따라 나오는 내용으로 옮겨가는 것이 부드럽고 쉬워질 것이다"라고 퀸틸리아누스는 조언한다(Quint. *Inst*. 4.1.76). 사실은 우선적으로 해야 할 일이겠지만, 연설자는 또한 서론이 사건(소송, 이유, *causa*)에 더 적합한 것이 되게 하기 위해 어떤 종류의 소송(사건, 이유)인지를 반드시 고찰해야 한다.[72)

서론에는 두 종류가 있다. 하나는 *principium* 혹은 προοίμιον, 즉 "직접개시"(Direct Opening)이며, 다른 하나는 *insinuatio* 혹은 ἔφοδος 즉 "미묘한 접근"(Subtle Approach)이다(*Rhet. Her*. 1.4.6-6.10; Cic. *Inv*. 1.15.20-17.23; Quint. *Inst*. 4.1.42-51). '직접개시'는 "즉시 청중을

---

72) 소송(사건, 이유, causes)의 종류는 그 수가 넷에서 여섯까지이다. *Rhet. Her*. 1.3.5는 네 가지, Cic. *Inv*. 1.15.20는 다섯 가지 그리고 Quint. *Inst*. 4.1.40-41 는 여섯 가지를 이야기한다. 종합해서, 여섯 가지는 (1) *honestum*/ἔνδοξον("명예로운"), (2) *trupe*/παράδοξον("평판이 나빠지게 하는" 혹은 "수치스러운"), (3) *dubium*/ἀμπίδοξον/혹은 *anceps*/혹은 *turpe*("의심스러운", "분명치 않은", "모호한"), (4) *humile*/ἄδοξον("사소한" 혹은 "중요치 않은"), (5) *obscurum*/δυσπαρακολούτητον ("분명치 않은" 그리고 (6) *admirabile*/παράδοξον("이상한" 혹은 "어려운") 것이다.

연설에 …… 주의하도록 준비시켜 [연설자가] …… 주의를 집중하고, 잘 수용하고, 또 호의를 갖는 청중을 맞이할 수 있도록 하는 것이다"(*Rhet. Her.* 1.4.6; 또한 Arist. *Rh.* 3.14.1415a; *Rh. Al.* 29.1436b.5-15; *Rhet. Her.* 1.4.6-5.8; 1.7.11; Cic. *Inv.* 1.15.20-16.23; *Part. Or.* 8.28도 보라). 반면에, '미묘한 접근'은 "시치미 뗌(숨김, 위장, dissimulation, *dissimulatio*)을 통해 은밀하게 이 모든 결과를" 성취하며, 그래서 "연설하는 임무에 있어 [연설자가] 같은 유리한 처지에 도달할 수 있다"(*Rhet. Her.* 1.7.11; 또한 *Rhet. Her.* 1.6.9-7.11; Cic. *Inv.* 1.17.23도 보라). 키케로는 두 가지 서론 방식에 대해 다음과 같이 구별하여 적절하게 설명한다.

'직접개시'(서론, introduction, *principium*)는 직접적으로 또 쉬운 언어로 청중으로 하여금 호의를 갖게 하고, 잘 수용하게 하고, 또 주의를 집중하게 하는 연설이다. '미묘한 접근'(insinuation, *insinuatio*]은 시치미 뗌(숨김, 위장)과 에두름(간접적인 행동)으로써(*disssimulatio et circumitio*) 조심성 있게 청중의 마음속으로 몰래 들어가는 연설이다(Cic. *Inv.* 1.15.20).

만약에 청중이 강렬하게 대항한다면 연설자는 '미묘한 접근'에 의지해야 할 것이다(Cic. *Inv.* 1.15.21; 17.23-25).

(나) 사실의 진술

'사실의 진술'은 "내러티브", "내력" "서술", "사건에 대한 진술/서술"이라고도 한다.[73) 연설자는 '서론'이 끝나면 전에 일어난 사건들을

---

73) "사실의 진술"(statement of facts)이라는 말에 사용되는 술어로는 διήγησις ("내러티브/내력", Pl. *Phdr.* 51.266E; Arist. *Rh.* 3.13.3.1414a), πρόθεσις ("사건[소송, case]의 진술", Arist. *Rh.* 3.13.2.1414a; 참조, *propositio*, "명

청중에게 보고하거나 상기시키거나 혹은 현재의 사실들을 여러 묶음으로 배열하고 공개하거나 혹은 어떤 일이 일어날 것인지를 예상하든지 해야만 한다. '사실의 진술'은 "발생했거나 발생했을 수도 있는 사건들을 이야기한다"(*Rhet. Her.* 1.3.4). 그것은 "행한 것이든 행하기로 되어 있는 것에 대하여 설득력 있게 상술함이며, …… 분쟁 중인 사건의 본질에 관해 청중을 가르치는 연설이다"(Quint. *Inst.* 4.2.31). 따라서 '사실의 진술'을 통해 연설자는 "[청중이나 재판관이]] 판단을 내려야만 하게 될 …… 주제의 본질"을 나타내고(Quint. *Inst.* 4.2.1, 21), "'증명'을 제시하기 위한 길"을 예비한다(Quint. *Inst.* 3.9.7).

'사실의 진술'에는 세 가지 유형이 있다. 이는 "첫 번째 유형은 소송(사건, case)과 논쟁의 전체적 이유만을 담고 있고, 두 번째는 소송(사건)의 언겨한 한계를 넘어 여담(digression, 수사학직 이탈)을 하고……, 세 번째 종류는 공개적인 쟁점들과 완전히 관계가 없다"라는 키케로의 말에 나타난다(Cic. *Inv.* 1.19.27). 하지만 퀸틸리아누스 최고의 고전 수사학 권위자들을 따라 법정적 연설에는 두 가지 형식의 '사실의 진술'이 있다는 것에 동의한다. "하나는 소송(사건) 자체의 사실들을 상세히 설명하는 것이며, 다른 하나는 소송(사건)에 관계가 있는

제"[proposition], Quint. *Inst.* 3.9.5;), *narratio*(*Rhet. Her.* 1.8.12; Quint. *Inst.* 3.9.10; "서술"[narration], *Rhet. Her.* 1.3.4; "소송(사건)의 서술"(narration of the case), Cic. *De Or.* 2.80.326; "내러티브", Cic. *Inv.* 1.14.19; Top. 26.97), *narrandum*(Quint. *Inst.* 4.2.4), *expositio*(Quint. *Inst.* 3.9.7) 등이 있다. 그리고 '사실의 진술'(*narratio*)에 대한 논의를 위하여 Pl. *Phdr.* 51.266E; Arist. *Rh.* 3.16; *Rh. Al.* 30-31; *Rhet. Her.* 1.8.12-9.16; Cic. *Inv.* 1.19.27-21.30; *De Or.* 1.31.143; 2.19.80; 2.80.326-81.331; *Part. Or.* 9.31-32; *Orat.* 35.122,124; Quint. *Inst.* 4.2; 4.3(=여담, *excursus*); Lausberg, *Handbuch der literarischen Rhetorik*, 1:163-90(§§ 287-347); Martin, *Antike Rhetorik*, 75-89; Volkmann, *Die Rhetorik der Griechen*, 148-64, 164-67(=여담) 등을 보라.

사실들을 진술하는 것이다(Quint. *Inst.* 4.2.11).

'사실의 진술'에는 또한 두 가지 종류가 있다. "하나는 사실(*negotium*, τὰ πράγματα)에 기반을 두고, 다른 하나는 사람(*persona*, τα πρόσωπα)에 기반을 둔다." 사실에 기반을 두는 종류의 내러티브(*narratio*)는 세 가지 형태를 보여준다. "전설적인 것(*fabula*), 역사적인 것(*historia*) 그리고 현실적인 것(*argumentum*)"이다. 그리고 사람에 기반을 두는 내러티브는 "사건뿐만 아니라 등장인물의 대화와 정신적 태도도 그 속에서 볼 수 있는 그런 종류의 것"이 되어야 한다"(*Rhet. Her.* 1.8.13; 또한 Cic. *Inv.* 1.19.27도 보라). 그리고 '사실의 진술'에는 세 가지 특성이 있어야 한다. 간결함(brevity, *brevis*, συντομία)과 명료함(clarity, *dilucida*, σαφήνεια)과 그럴듯함(plausibility, *veri similis*, πιθανότης)이다 (*Rhet. Her.* 1.9.14-16; 또한 Quint. *Inst.* 4.2.31-60). 연설자는 "분명하게(σαφῶς), 간략하게(βραχέως), 또 설득력 있게(μὴ ἀπίστως)"(*Rh. Al.* 30.1438a.22) 혹은 "간략하고(*brevis*), 분명하고(*aperata*), 또 그럴듯하게(*probabilis*)"(Cic. *Inv.* 1.20.28-21.29) 사실들에 대하여 진술해야 한다. 연설자는 "사실들을 간결하게, 분명하게, 또 합리적으로 설명하여 논쟁 중인 주제가 이해될 수 있도록 해야 한다"(Cic. *Orat.* 35.122; 또한 Cic. *Top.* 26.97 참조, 여기서는 "평이하고, 간략하고, 분명하고, 믿을 만하고, 절제되어 있고, 또 품위가 있어야 함을 목표로 삼아야 한다"고 늘려서 말한다).

(다) 분할

'분할'은 "나눔" 혹은 "주제/명제"라 하기도 한다.74) '사실의 진술'

_____

74) "분할"(division)에 대한 술어로는 *divisio*(*Rhet. Her.* 1.3.4; 3.9.16; Quint.

에 이어 연설자는 "분할"을 통하여 주장하고자 하는 요점들을 순서대로 말해야 한다(Quint. *Inst.* 3.9.3). 분할은 "우리 자신의 명제와 상대방의 명제 혹은 둘을 다 순서대로 열거하는 것"이다(Quint. *Inst.* 4.5.1). 다른 말로 표현하면, 연설자는 "분할에 의하여, 어떤 문제에 의견을 같이하는지와 어떤 문제에 이의가 있는지를 분명히 밝히고, 어떤 점들을 …… [자기가] 논의하려고 하는지를 알린다"(*Rhet. Her.* 1.3.4). 따라서, 분할은 두 부분으로 구분된다. 먼저, 연설자는 자기와 상대방이 의견을 같이하거나 같이하지 않는 것이 무엇인지를 밝혀야 한다. 그런 다음, 연설자는 '분배'(*distributio*)를 사용해야 한다. 분배 또한 두 부분이 있다. '열거'(*enumeratio*)와 '해설'(*expositio*)이다. 연설자는 얼마나 많은 점을 논의할 것인지를 수로 이야기할 때 '열거'를 사용하게 되고, 논의하고자 하는 점을 간결하고 완전하게 설명할 때 '해설'을 사용한다(*Rhet. Her.* 1.10.17). 분할에 대해 키케로는 다음과 같이 잘 진술해준다.

> 논증(주장, argument, 소송, 이유, *causa*)에 있어서 정확히 이루어진 '분할'(*partitio*)은 연설 전체를 분명하고 명쾌하게 한다. 분할은 두 가지 형식을 취한다……. 한 가지 형식은 우리가 상대방과 동의하는 것과 논쟁으로 남아 있는 것에서 나타난다……. 두 번째 형식에서는 우리가 논의하려는 문제들(matters)이 조직적인 방식으로 간략하게 표명된다(Cic. *Inv.* 1.22.31).

Inst. 5.10.63), *partitio*("분할"[partition], Cic. *Inv.* 1.14.19; 1.22.31; Quint. *Inst.* 3.9.1,2; 4.5.1; 5.10.63), *propositio*("주제/명제"[proposition]Quint. *Inst.* 3.9.1) 등이 있다. 그리고 분할(*partitio*)에 대한 논의를 위하여 *Rhet. Her.* 1.10.17, Cic. *Inv.* 1.14.19, 1.22.31-23.33(=분할의 방법들을 다룸), *De Or.* 2.81.331, Quint. *Inst.* 3.9.1-3, 4.4(주제), 4.5(분할), 5.10.63, 65, 7.1.1; Martin, *Antike Rhetorik*, 91-95; Volkmann, *Die Rhetorik der Griechen*, 167-75 등을 보라.

분할에서 연설자는 이야기하고자 하는 각각의 주제를 순서대로 나타낼 것이기에, 특히 수많은 논점을 증명하거나 논박해야 하는 경우 분할이 유용하면서도 매력적일 것이다(Quint. *Inst.* 4.5.8).

(라) 증명

"증명"은 "확증", "입증", "신뢰성의 보증"이라 하기도 한다.[75] 증명은 연설자에게 사활적인 것이다. 왜냐하면 "우리가 우리의 논증들을 내세우고 상대방의 논증들을 무너뜨렸을 때, 우리는 당연히 연설자의 기능을 완전히 성취한 것이기에, 승리의 모든 희망과 설득의 모든 방법이 증명과 논박에 달려 있[기 때문이]다"(*Rhet. Her.* 1.10.18). "확증 혹은 증명은 논증을 늘어놓음으로써 우리 주장(소송, 사건)에 신뢰, 권위, 및 지지를 부여하는 연설 부분이다"(Cic. *Inv.* 1.23.34). 혹은 "우리의 논증을 확실하게 해 주는 사실이나 진술과 더불어 논증을 제시하는 것"이다(*Rhet. Her.* 1.3.4). 이를 위하여 연설자는 증인, 법, 문서 그리고 맹세와 같은 비인위적 증명을 사용할 수 있고, 또한 '에토스'

---

75) "증명"(proof)에 사용되는 술어로는 πίστις(Arist. *Rh.* 3.14.2.1414a; Quint. *Inst.* 5.10.8), βεβαίωσις("확증"[confirmation], *Rh. Al.* 32.1438b.29), *confirmatio*(*Rhet. Her.* 1.3.4; Cic. *Part. Or.* 1.4; "확증이나 증명", Cic. *Inv.* 1.24.34; "확증", Cic. *Inv.* 1.14.19; "입증"[verification], Quint *Inst.* 4.3.1), *fides*(Cic. *Top.* 26.98; "신뢰성의 보증", Quint. *Inst.* 5.10.8), *probatio*(Quint. *Inst.* 3.9.1) 등이다. 그리고 "증명"(*probatio*)에 대한 논의를 위하여 Arist. *Rh.* 1.2; 1.15; 2.20; 3.17-18; *Rh. Al.* 7-17; 32-33(='예기/예상'[προκατάληψις]을 포함함); 34; 36; *Rhet. Her.* 1.3.4; 1.10.18-2.29.46; 3.10.18; Cic. *Inv.* 1.24.34-41.77; 2.3.11-59.178; *De Or.* 2.81.331; *Part. Or.* 1.4; 8.27; 9.33-12.43; 13.45-14.51; *Orat.* 34.122; *Top.* 2.6-4.24; 26.98; Quint. *Inst.* 4.4(=*propositio*); 4.5(=*partitio*); 4.5.26; 5.; Lausberg, *Handbuch der literarischen Rhetorik*, 1:190-236(§§ 348-430); Martin, *Antike Rhetorik*, 95-137; Volkmann, *Die Rhetorik der Griechen*, 175-262 등을 보라.

와 '파토스'에 의지해서 인위적 증명을 세울 수 있다. 더군다나 연설자는 삼단논법, 생략삼단논법 그리고 완전삼단논법 같은 논증들을 스스로 구성할 수 있다. 이에 대한 비교적 상세한 논의는 전에 "발견"에 있어서의 증명에 관해 이루어졌다. 그것을 보라.

(마) 논박

"논박"은 "반박" 혹은 "반증"이라고도 한다.[76] 논박은 "우리의 상대들의 연설에 나타나는 확증이나 증명을 무력하게 하거나, 반증을 들거나 혹은 약화시키기 위해 논증을 사용하는 연설 부분"(Cic. *Inv.* 1.42.78), "혐의를 부인하고, 반박하고, 방어하거나 경감시키는 일"(Quint. *Inst.* 6.3.72) 혹은 "우리의 상대들이 제시하는 논증을 파괴하는 것"이다(*Rhet. Her.* 1.3.4). 반대자의 논증을 논박하기 위해 연설자는 확증 혹은 증명에서 사용하는 '발견의 동일한 자료'를 활용할 수 있는데, "왜냐하면 어떤 주제(명제)든지 그것을 지지할 수 있는 '추론의 동일한 방법'으로 공격을 당할 수 있기 때문이다"(Cic. *Inv.* 1.42.78). 하지만 키케로가 이어서 말하는 것같이,

---

76) "논박"(refutation)에 사용되는 술어로는 *confutatio*(*Rhet. Her.* 3.9.16), *reprehensio*(Cic. *Inv.* 1.14.19; *De Or.* 2.81.331), *refutatio*(Quint. *Inst.* 3.9.1), λύσις(Arist. *Rh.* 2.25.1.1402a), ἔλεγχος(*Rh. Al.* 7.1428a.20) 등이 있다. 그리고 "논박"에 관한 논의를 위해 Arist. *Rh.* 2.25; 2.25.1-2.1402a; 3.13.4.1414b; *Rh. Al.* 7.1428a.20; 13; 34.1439b.7-1440a.25(=만류함/말림); *Rhet. Her.* 1.3.4; 1.10.18-2.29.46; Cic. *Inv.* 1.14.19; 1.42.78-51.96(=논박의 방법들을 다룸); *De. Or.* 1.31.143; 2.53.215-16; 2.81.331; *Part. Or.* 12.44; Quint. *Inst.* 3.9.5; 5.13; 6.3.72; Martin, *Antike Rhetorik*, 124-35; Volkmann, *Die Rhetorik der Griechen*, 239-49 등을 보라.

모든 논증은 다음의 방식 중 하나로 논박을 당한다. 즉, 논증의 가정들 중 하나 혹은 그 이상을 인정하지 않든지, 만일 가정들을 인정한다면 이 가정들에서 어떤 결론이 당연히 나온다는 것을 부정하든지, 논증의 형식이 잘못되었음을 보여주든지, 강한 논증을 동등하게 강하거나 더 강한 논증으로 맞서든지 하는 것이다(Cic. *Inv*. 1.42.79).

(바) 결론

"결론"은 "에필로그(맺음말)", "요점을 되풀이함(요점의 반복)", "끝맺음", "요약(간략한 결론)", "완결", "반복", "열거(나열)" 혹은 "사실들의 반복과 그룹으로 묶기"라고 하기도 한다.[77] 연설자가 연설 결론 부분 이외에 다른 곳, 예를 들면, 직접개시에서 사실의 진술 후 혹은 가장 강력한 논증 후 등에서도 '결론'을 사용할 수 있으나(*Rh. Al.* 36.1444b.22-24; *Rhet. Her.* 2.30.47), 일반적으로 결론 혹은 끝맺음은 "연설 전체의 결말이자 끝장이다"(Cic. *Inv*. 1.52.98). 혹은 "수사술(화

---

77) "결론"(conclusion)이라는 말에 사용되는 술어로는 ἐπίλογος("에필로그", Arist. *Rh*. 3.13.3, 4.1414b; *Rhet. Her*. 2.30.47), παλιλλογία("요점을 되풀이함/요점의 반복"[recapitulation], *Rh. Al*. 20.1433b.29), *conclusio*(*Rhet. Her*. 1.3.4; Quint. *Inst*. 6.1.1; "끝맺음"[peroration], Cic. *Inv*. 1.14.19), *complexio*("요약"[résumé], "간략한 결론", *Rhet. Her*. 2.18.28), *cumulum* ("완결"[completion], Quint. *Inst*. 6.1.1), *epilogos*(*Rhet. Her*. 2.30.47; "끝맺음", Quint. *Inst*. 4.1.28), *peroratio*(Cic. *Part. Or*. 1.4; *Orat*. 34.122; Quint. *Inst*. 3.9.1), *repetitio*("반복", Quint. *Inst*. 6.1.1), *enumeratio*("열거/나열", Quint. *Inst*. 6.1.1; "요약", *Rhet. Her*. 2.30.47; Cic. *Inv*. 1.52.98; "요점의 반복", *Part. Her*. 15.52), ἀνακεφαλαίωσις("사실들의 반복과 그룹으로 묶기", Quint. *Inst*. 6.1.1) 등이 있다. 그리고 "결론"(*peroratio*)에 대한 논의를 위해 *Arist. Rh*. 1.9; 2.1-11; 2.19; 3.19; *Rh. Al*. 20-21; 34; 36.1443b.15.15-24; 36.144b.21-1445a.29; *Rhet. Her*. 2.30.47-31.50; Cic. *Inv*. 1.51.97-56.109; *De Or*. 2.81.332; 2.19.80; 1.31.143; *Part. Or*. 1.4; 8.27; 15.52-17.60; *Orat*. 62.210; 34.122; *Top*. 26.98; Quint. *Inst*. 6.1; Lausberg, *Handbuch der literarischen Rhetorik*, 1:236-40(§§ 431-42); Martin, *Antike Rhetorik*, 147-66; Volkmann, *Die Rhetorik der Griechen*, 262-71 등을 보라.

술)의 원칙에 따라 형성된 담화의 결말"이다(*Rhet. Her.* 1.3.4). 아리스토텔레스는 에필로그("맺음말")가 네 부분으로 이루어진다고 생각한다. 이 네 부분은 "청중을 자신에게는 호의적으로 상대방에게는 비판적으로 대하도록 하는 것, 증폭시키거나 절하하는 것, 청중의 감정을 자극하는 것, 반복하는 것"이다(Arist. *Rh.* 3.19.1.1419b; 또 Arist. *Rh.* 1.9, 2.1-11, 19를 보라.). 한 곳에서, 키케로는 넷을 셋으로 축소한다. 결론은 "세 부분, 곧 '요약'(*enumeratio*), '상대방에 대하여 분개함이나 나쁜 감정을 일으킴'(*indignatio*) 그리고 '연민과 동정을 일으킴'(*conquestio*)이다"(Cic. *Inv.* 1.52.98). 『헤레니우스를 위한 수사학』의 저자는 약간 다른 표현을 사용하면서 결론이 세 부분으로 이루어지는 것에 동의한다. "결론은 …… 세 부분, 즉 '요약'(*enumeratio*), '확충'(*amplificatio*) 그리고 '동정에 호소함'(*commiseratio*)으로 이루어져 있다"(*Rhet. Her.* 2.30.47). 반면에 퀸틸리아누스는 셋을 둘로 더 축소한다. 즉, '반복'(*repetitio*)과 '확충'(*amplificatio, adfectus*)으로 줄인다(Quint. *Inst.* 6.1.1). 이와 거의 동일하게 키케로도 결론이 두 부분, 즉 '확충'(*amplificatio*)과 '요점의 반복 혹은 요약'(*enumeratio*)으로 나뉜다고 말하기도 한다(Cic. *Part. Or.* 15.52-17.60). "연설 전체의 요약에서 우리는 혐의를 반복해야 하고, 또 만일 할 수 있다면 배심원에게 우리의 상대방(대적자)에 대하여 미움이나 분노나 질투심을 일시적으로 품게 하며 우리 자신들을 위해서는 우정이나 호의나 연민을 품게 해야 한다"(*Rh. Al.* 36.1443b.15-18).

결론의 부분이라 하는 여섯 개의 술어와 개념에 대해 간결하게나마 설명하는 것이 필요해 보인다. '요점의 반복'(요약, 열거, *enumeratio*) 혹은 '반복'(*repetitio*)은, 『헤레니우스를 위한 수사학』의 저자에 의하면,

우리가 [특히 '증명'과 '논박' 부분에서] 말한 요점들을 모으고 상기하는데
…… 간결하게, 즉 연설이 통째로 반복되지 않으나, 연설에 대한 기억이 새로워
지게 하며, 또 우리는 제시되었던 순서대로 모든 요점을 재생하여, 청중이 이
요점들을 기억해 놓았다면 기억하는 것을 생각해내게 한다(*Rhet. Her.* 2.30.47).

확충(*amplificatio, adfectus*, αὔξησις)은 "결론의 주된 임무"로(Quint.
Inst. 6.1.52), 주장(소송, 사건, case)의 감정적 부분을 다룬다(Quint.
Inst. 6.1.9-55; 6.2; 6.3). 『헤레니우스를 위한 수사학』의 저자는 결론
에 관하여 확충을 "청중을 분발시키려고 논제(누구나 가져다 쓸 수 있
는 '공통논제', Commonplaces, *loci communes*)를 사용하는 원리"라고
정의한다(*Rhet. Her.* 2.30.47-49). 청중의 감정을 불러일으키는 것은
'인디그나찌오'(*indignatio*, "분개") 그리고 '콘퀘스찌오'(*conquestio*,
"애통" 혹은 "불평") 혹은 '콤미세라찌오'(*commiseratio*, "동정에 호소
함")을 통하여 이루어진다. '인디그나찌오'는 "어떤 사람에 대해 크게
미워하게 하거나 어떤 행동에 대해 세차게 공격하게 만드는 한마디"이
다(Cic. *Inv.* 1.53.100). '콘퀘스찌오' 혹은 '콤미세리찌오'는 "청중의
동정심을 야기하려고 노력하는 한마디"이다(Cic. *Inv.* 1.55.106). 그리
고 '인디그나찌오'와 '콘퀘스찌오'는 "논제"(topics) 혹은 "공통논제"(com-
monplaces)를 사용함으로써 성취된다(Cic. *Inv.* 1.53.100; 1.55.106). 공
통논제 혹은 논제는 연설자들이 논증을 이끌어내 올 수 있는 "장소"
이지만, 결론과 관련해서 이야기할 때 '확충'과 밀접하게 부속됨을 주
목하는 눈이 필요하다. 예를 들어, 키케로는 '고발'이나 '분개'에 사용
되는 공통논제 혹은 논제들을 열다섯 가지나 나열하고(Cic. *Inv.*
1.53.100-54.105), 또 '콘퀘스찌오'에 사용되는 공통논제 혹은 논제를
열여섯 개나 나열한다(Cic. *Inv.* 1.55.106-56.109).

(2) 요약

연설자는 자기가 발견한 내용을 '배열'하고 분배해야 한다. 배열에는 두 종류가 있다. 하나는 수사학의 원리에서 생기는 배열이다. 다른 하나는 연설자의 판단과 지혜로 특수한 환경에 순응하는 배열이다. 수사학의 원리에 기반을 두는 배열에도 두 가지가 있다. 하나는 전체 연설을 위한 것이고, 다른 하나는 연설의 개별 부분 혹은 개별 논증을 위한 것이다. 이 중 눈에 띄게 전체 연설의 배열에 대한 논의가 이루어졌다.

전체 연설의 '부분'은 수가 둘에서 여섯까지 이른다. 즉, 서론, 사실의 진술, 분할, 증명, 논박 그리고 결론이다. 서론에서, 연설자는 청중이 호의를 갖게 하고, 주의를 집중하게 하고, 또 잘 수용하게 만든다. 사실의 진술에서, 청중이 판단을 내려야만 하게 될 주제의 본질을 말하고 증명을 제시하기 위한 길을 예비한다. 분할에서, 연설자와 적대자(상대방) 사이에 어떤 문제에 의견을 같이 하는지와 어떤 문제에 이의가 있는지를 분명히 밝히고, '증명' 부분에서 어떤 점들을 논의하려고 하는지를 알린다. 연설자는 자기가 말해야 할 것을 지지하는 논증들을 제시한다. 논박에서, 적대자(상대방)의 논증을 무너뜨리려고 노력한다. 그리고 결론에서, 연설자는 자기가 지금까지 말한 것을 요약하고 청중을 감정적으로 분발시킨다.

그리고 수사술의 규칙에 의해 규정된 배열이 본래 절대적이지 않음을 주목해야 할 것이다. 연설자는 규정된 배열을 환경에 순응하거나 주장(소송, 사건, case) 혹은 원인(cause) 자체에 따라 수정할 수 있다는 것이다. 이제 발견에 대한 개관을 뒤로하고 문체('스타일')에 대한 논의로 나갈 때가 되었다.

다. 문체('스타일')

"문체"는 "스타일", "진술" 혹은 "표현"이라고도 한다.[78] 앞 단락에서 발견에 대해 논의했는데, 이제 문체에 대해 논의하고자 한다. 아리스토텔레스가 이야기한 것처럼, 연설자는 말하고자 하는 내용을 아는 것으로 충분하지 않고, 더 나아가서 말하려고 하는 내용을 말하는 법을 알아야 한다(Arist. *Rh.* 3.1.2.1403b). 이 "말하는 법"은 바로 문체와 관계가 있다. 문체는 설득의 예술인 수사학의 한 국면으로서, "꼭 들어맞는 언어를 발견된 제재(내용)에 맞추는 것"이다(Cic. *Inv.* 1.7.9). 달리 말해, "문체는 고안한 제재(내용)에 적합한 단어와 문장을 적응시키는 것이다"(*Rhet. Her.* 1.2.3). 이제 하나하나의 단어 및 이 단어

---

78) "문체"(style)라는 말에 사용되는 다양한 술어로 λέξις(Arist. *Rh.* 3.1.2.1403b), ἑρημνεία("진술"[statement], *Rh. Al.* 23.1435a.3), φράσις(Quint. *Inst.* 8.1.1), *elocutio*(*Rhet. Her.* 4.1.1; "표현"[expression], Cic. *Inv.* 1.7.9; Quint. *Inst.* 3.3.1), *oratio* (Cic. *De Or.* 1.12.54; *Part. Or.* 5.16; Quint. *Inst.* 1.5.1) 등이 있다. 그리고 문체에 대한 상세한 논의를 위해 Arist. *Rh.* 3.1-4.7; *Rh. Al.* 22.1434a.33-28.1436a.13; 29.1438a.21-30.1438b.13; *Rhet. Her.* 4; Cic. *Inv.* 1.7.9; *De Or.* 1.3.12; 1.12.50-54; 1.21.94; 1.31.142; 1.32.144; 3.5.19-3.14.55; 3.24.91-27.108; 3.37.148-55.212; *Part. Or.* 5.16-7.24; *Opt. Gen.* 1.1-6.18; *Brut.* 55.201-56.206; *Orat.* 5.20-6.22; 14.44; 19.61-31.112; 35.123-36.125; 39.134-71.236; Dion. Hal. *Comp.* 전체; *Dem.* 전체; *Lys.* 2-13; *Isoc.* 2-3,11, 13-14; *Thuc.* 22-55; Quint. *Inst.* 1.5; 4.2.31; 8-9; Demetr. *Eloc.* 전체; [Longinus], *Subl.* 전체; Kraftchick, "Ethos and Pathos Appeals," 137-208; Lausberg, *Handbuch der literarischen Rhetorik*, 1:248-525(§§ 453-1082); Martin, *Antike Rhetorik*, 245-345; D. A. Russel, *Criticism in Antiquity* (Berkeley and Los Angeles: University of California Press, 1981), 129-47; Volkmann, *Die Rhetorik der Griechen*, 393-566; Watson, *Invention, Arrangement, and Style*, 22-26 등을 보라. 참고로, 이 중 *Rhet. Her.* 4(『헤레니우스를 위한 수사학』)은 라틴어로 문체에 관해 조직적으로 다룬 가장 오래되고, 또 아리스토텔레스 이후 이 주제에 대하여 현존하는 연구 중 가장 오래된 것을 담고 있다. 그리고 문체를 세 종류로 분류한 현존하는 가장 오래된 연구를 제공한다. 그리고 비유적 표현들(figures)에 대하여 정식으로 연구한 현존하는 가장 오래된 연구이다.

들을 결합하는데서 나타나는 문체, 문체의 특성, 문체의 종류 그리고 구성의 종류를 차례로 고찰하고자 한다.

(1) 단어와 단어의 배열에 나타난 문체

문체는 무엇보다도 하나하나의 단어들(ὀνόματα, λέξις)과, 단어의 배열 또는 단어의 결합(σύνθεσις)에 나타난다.[79] 할리카르나소스의 디오니시우스(Dionysius of Halicarnassus)는 데오프라스투스(Theophrastus)가 단어들을 선택함과 이 단어들을 아름다운 선율로 배열함(ἁρμονία)에 더하여 말의 비유적 표현(figures of speech, σχήματα)를 추가함으로써 문체가 표현되는 수단의 수를 셋으로 만들었다고 언급하기도 하나(Dion. Hal. *Iso.* 3; 또한 Quint. *Inst.* 8.1.1 참조),[80] 문체가 단어와 단어의 배열 혹은 단어의 결합에 나타난다는 점에 관해 다른 사람들을 대변하면서 다음과 같이 말하였다.

> [사람들이] 이런 말을 여러 번 해 왔는데, 전반적인 문체(λέξις)는 우선 첫째로 두 부분, 곧 주제를 기술하는 단어들의 선택(ἡ ἐκλογὴ τῶν ὀνομάτων) 그리고 덜 중요한 요소들과 더 중요한 요소들의 결합(ἡ σύνθεσις τῶν ἐλαττόνων καὶ μειζόνων μορίων)으로 분류된다는 것과, 또 더 나아가서 (이 두 부분은) 각각, 직접적인 표현과 은유적인 표현으로 나누는 기본 품사(즉, 명사, 동사 및 접속사)의 선택 그리고 절(마디, clauses), 문장(sentences), 및 도미문(periods)을 만드는 결합으로 분류된다는 것이다(Dion. Hal. *Thuc.* 22).

---

79) σύνθεσις라는 술어는 "단어의 결합", "단어의 배열", "구성"(composition) 혹은 "구성"(construction)으로 번역된다(*Rh. Al.* 22.1434b.32-1435a.2; 25.1435b.6; Demetr. *Eloc.* 2.48; 2.116-117; *Rh. Al.* 25.1435b.6). 그리고 λέξις("문체")라는 술어는 '단어의 선택'을 나타내는 말로도 사용된다. 즉, "말씨"(diction, Arist. *Rh.* 3.8.1.1408b.; Dion. Hal. *Comp.* 2; Demetr. *Eloc.* 2.77, 116-117; 4.237) 혹은 "발언/발화"(Arist. *Rh.* 3.1.9.1404a; Dion. Hal. *Comp.* 3).

80) 할리카르나소스의 디오니시우스(Dionysius of Halicarnassus)에 대해서는 Kennedy, *The Art of Persuasion*, 264-73; *The Art of Rhetoric*, 342-63을 보라.

문체를 장식하고 수식하는 데 적합한 하나하나의 단어들을 발견할 때, 연설자는 흔히 볼 수 있고 통용하는 단어뿐만 아니라, 또한 "드물게 보는 단어, 새로운 신조어 그리고 은유적으로 사용되는 단어"를 사용할 수 있다(Cic. *De Or*. 3.38.152; 3.37.149-43.170). 그리고 단어들을 결합할 때, 연설자는 "특히 두 가지, 곧 먼저 배열 그리고 다음에 리듬과 균형"을 다루어야 한다(Cic. *De Or*. 3.43.171; 3.44.173). 디오니시우스는 이와 관련하여 다른 어휘를 사용하면서 네 가지로 확장한다. 즉, "매력적이며 아름다운 문체(λέξιν ἡδεῖαν καὶ καλήν)를 구성할 수 있는 요인 중 가장 중요하고 효과적인 것은 네 가지가 있는데 곧 멜로디, 리듬, 변화(다양성) 및 이 세 요인의 적절한 사용이다"(Dion. Hal. *Comp*. 11).

배열은 키케로의 표현대로 "자음의 어떤 거친 충돌이나 모음의 어떤 탈락도 생기지 않고 일종의 연결과 매끄러움을 지니는 그러한 구조로 단어들을 함께 두는 것"이다(Cic. *De Or*. 3.43.171). 『헤레니우스를 위한 수사학』의 저자는 "예술적인 구성(Artistic Composition)은 모든(각) 부분에서 담화에 한결같은 끝손질(마무리)을 제공하는 단어의 배열에 있다"고 말한다(*Rhet. Her*. 4.12.18; 또한 Dion. Hal. *Comp*. 11; Quint. *Inst*. 9.4도 보라). 배열의 목적에 관하여 키케로는 다음과 같이 말한다.

> 문장에서 단어들을 배열할 때 세 가지 목적을 고려한다. (1) 마지막 음절들이 뒤따르는 처음 음절들과 가능한 한 산뜻하게 맞아들어 가고, 또 단어들이 가장 듣기 좋은 소리를 내게 하는 것, (2) 바로 단어들의 형태와 대칭이 단어들 자체의 세련된 도미문(period)을 만들어 내게 하는 것, (3) 이 도미문에 적절한 리드미컬한 운율이 있게 하는 것이다(Cic. *Orat*. 44.149)).

그리고 단어들을 결합할 때 리듬이 불가결함에 관하여, 아리스토텔레스는 "말씨의 형태(τὸ σχῆμα τῆς λέξις)는 운율이 있어서도 안 되고 리듬이 없어서도 안 된다"고 말한다(Arist. *Rh.* 3.8.1.1408b). 리듬은 기본적으로 세 종류가 있다. 영웅찬미적인 것(ὁ ἡρῷος), 약강격적인 것/단장격적인 것(ὁ ἴαμβος) 및 강약격적인 것/장단격적인 것(ὁ τροχαῖος) 그리고 (본디 아폴로 신에게 바치던 승리 감사의 노래에서 나온) 찬가(ὁ παιάν)이다(Arist. *Rh.* 3.8.4-7.1408b-1409a). 이들에 대해 아리스토텔레스는 다음과 같이 설명한다.

영웅찬미적인 것은 위엄이 있으나 보통 대화 속의 조화로움('하모니')이 부재하고, 약강격적인 것은 많은 사람들이 사용하는 언어이며, 그래서 흔히 볼 수 있는 말(연설)에서 모든 운율 중 가장 많이 사용된다……. 강약격적인 것은 '코르닥스'[cordax, 고대 그리스 희극의 도발적이며, 방종하며, 종종 외설적인 가면 댄스]와 너무나 흡사하다. …… 찬가는 이미 언급된 것들과 밀접하게 관련된 세 번째 종류의 리듬이다. 찬가의 [리듬] 비율은 3:2이고, 다른 것들[나머지 두 리듬]의 비율은 1:1 그리고 2:1인데, 비율이 1.5:1인 찬가는 이 두 리듬과 관계가 있는 것이다(Arist. *Rh.* 3.8.4.1408b-9a).

한 문장에서, 리듬은 문장 전체에 걸쳐 나타날 수도 있다(Cic. *Orat.* 59.199). 하지만 문장의 끝 혹은 결말(*clausulae*)에서는 더 일찍 나온 부분들에서보다 리듬에 대해 훨씬 더 신중한 주의를 기울일 필요가 있다고 하는데,[81] "왜냐하면 바로 여기[문장의 끝 혹은 결말]서 완벽한 마무리를 주로 시험하기 때문이다"(Cic. *De Or.* 3.50.192). 그리고 문체를 나타냄에 있어서 하나하나의 단어들은 원하는 결과를 산출하도록 순수하고, 분명하고, 우아하고 또 잘 맞추어져야 한다. 문체에서 단

---

81) "문장의 종결 혹은 결말" 혹은 "각 콜론의 끝맺는 리듬"(*clausulae*)에 대해 Cic. *De Or.* 3.46.181; 3.47.183; 3.50.192-93; *Orat.* 63.212-65.219; Lausberg, *Handbuch der literarischen Rhetorik*, 1:483-505(§§ 985-1052) 등을 보라.

어의 배열은 정확하고, 적절히 배치되고 또 알맞은 비유적 표현들 (figures)로 장식되어야 한다(Quint. *Inst.* 8.1.1). 이제 문체의 특성에 대해 논의하고자 한다.

(2) 문체의 특성

문체의 "특성"은 문체의 "덕목", "장점", "탁월함"이라고도 한다.[82] 아리스토텔레스는 명쾌함(perspicuity, λαφῆ)을 문체의 주된 장점 중 하나라고 생각하지만, 또한 순정함(정확함, τὸ ἑλληνίζειν), 문체의 고 상함(ὄρκος) 그리고 적절함(πρέπον)도 다룬다(Arist. *Rh.* 3.2.1.1404b; 3.5; 3.6; 3.7). 데오프라스투스(Theophrastus)는 순정함 혹은 정확함 (ἑλληνισμός), 명쾌함 혹은 명료함(σαφήνεια, τὸ σαφές), 적합함 혹은 적절함(τὸ πρέπον) 그리고 장식함 혹은 치장함(κατασκευή)이라는 문체 의 네 가지 특성을 처음으로 제시하였는데, 마지막에 나오는 장식함 (치장함)은 단어의 선택(ἐκλογὴ ὀνομάτων), 배열 혹은 예술적 구성 (ἁρμονία) 그리고 비유적 표현들(figures, σχήματα)로 세분된다(*Rhet. Her.* 4.12.17; Dion Hal. *Isoc.* 3; *Comp* 1 참조). 그의 이론의 독창성 에 대하여 긍정적으로 보거나 혹은 부정적으로 보기도 하는 시각이 있다.[83] 그러나 후대의 수사학자들은 일반적으로 그의 체계를 기초로

---

82) "특성"(qualities)이라는 말에 사용되는 술어로는 ἀρεταί(Dion. Hal. *Lys.* 1; "덕목"[virtues], Arist. *Rh.* 3.12.6.1414a; "장점"[merits], Arist. *Rh.* 3.2.1.1404b; "탁월함"[excellence], Dion. Hal. *Comp.* 3; *Pomp.* 3), *virtutes*(Quint. *Inst.* 11.1.48; "탁월함", Quint. *Inst.* 1.5.1; "덕목", Quint. *Inst.* 4.2.35-37), *res*(*Rhet. Her.* 4.12.17), *laudibus*(Cic. *Orat.* 24.79) 등이 있다.

83) 문체 이론에 대한 데오프라스투스의 독창성의 정도에 관한 비판적 논의를 위 하여 D. C. Innes, "Theophrastus and the Theory of Style," *Theophrastus of Eresus: On His Life and Work* (ed. W. W. Fortenbaugh; Rutgers University Studies in Classical Humanities 2; New Brunswick and

문체의 특성을 해설한다. 『헤레니우스를 위한 수사학』의 저자는 적절하고 세련된 문체는 풍미(맛, taste, *elegantia*), 예술적 구성(*conpositio*) 그리고 탁월함(위엄, *dignitas*)의 "세" 가지 특성을 보여주어야 한다고 단언한다(*Rhet. Her.* 4.12.17). 하지만 그의 체계는 데오프라스투스의 체계와 본질적으로 동일한데, '풍미'가 정확한 라틴어법(순정함, *Latinitas*)과 명료함(명쾌함, *explanatio*)으로 세분되기 때문이다(*Rhet. Her.* 4.12.17). 그러나 '적합함'은 문체에 대한 논의에서 문체의 특질에 명확하게 포함되지 않는 대신 예술적 구성이 포함되기는 한다(*Rhet. Her.* 4). 키케로는 데오프라스투스의 체계를 재생한다(Cic. *De Or.* 1.32.144; 3.10.37; 3.36.144; *Orat.* 23.79). 퀸틸리아누스 역시 네 가지 덕목에 대해 논의하지만, 명료함(*perspicuitas*)을 "좋은 문체의 첫 번째 본질적 요소"로 간주한다(Quint. *Inst.* 8.2.22). 동시에 "문체는 세 종류의 탁월함, 곧 정확함, 명료함 그리고 우아함(elegance)을 지니고 있다(많은 사람들이 적합함이라는 극히 중요한 특성을 우아함이라는 항목 안에 넣기 때문이다)"라고 언급하기도 한다(Quint. *Inst.* 1.5.1; 8.1.1). 그런데 스토아학파 철학자들은 분명히 데오프라스투스가 제시한 네 가지 덕목에 간결함(brevity)을 더해 다섯 가지 덕목을 말한다는 사실이 눈에 들어온다(Diogenes Laertius 7.59).[84] 이제 문체의 각 특성을 간결하게 설명할 차례가 되었는데, 많은 수사학자들이 수용하는 문체의 네 가지 특성에 간결함(brevity)을 더 하여 다섯 가지 특성을 논의하고자 한다. '간결함'에 대해서는 다른 특성들 보다 더 간결하게

Oxford: Transaction Books, 1985), 251-67을 보고, 또 보다 더 관대한 평가를 위하여 특히 Kennedy, *The Art of Persuasion*, 273-78; *The Art of Rhetoric*, 63; *Classical Rhetoric*, 87을 보라.

84) Innes, "Theophrastus and the Theory of Style," 256.

설명하려고 한다. 문체 특성의 분류(즉, 본질적인 특성과 부수적인 특성)에 대해서는 논하지 않는다.[85]

(가) 정확함

"정확함"은 "순정함", "정확한 헬라어/라틴어 사용"이라고도 한다.[86] 이 특성은, "문체의 기초"이자 그것이 없으면 다른 덕목은 소용이 없는 "최고의 덕목"으로, 정확한 헬라어 어휘 및 관용어 혹은 정확한 라틴어법을 가리킨다(Arist. *Rh.* 3.5; Dion. Hal. *Pomp.* 3). 언어를 순수하게 유지하기 위하여 연설자는 '무무한 말투'("개별단어오류", barbarism)와 '어법 혹은 문법 위반'("문장오류", solecism)의 결점을 피해야 한다(Arist. *Rh.* 3.5.7.1407b; *Rhet. Her.* 5.12.17; Quint. *Inst.* 1.5.5-54). '무무한 말투'는 하나하나의 단어들과 관련하여 발생하는데, 부정확한 언어적 표현에서 생긴다(*Rhet. Her.* 4.12.17). 이에 관하여, 아리스토텔레스는 순정함(purity)이 좌우되는 다섯 가지 규칙을 제공한다. 즉, (1) 연결 불변화사(관사, 전치사, 접속사 따위)를 올바로 사용할 것,

---

85) 문체의 덕목(특성)에 대한 분류의 기원이 알려져 있지는 않지만, 디오니시우스가 문체 덕목을 본질적인 것과 부수적인 것으로 나누는 것에 대하여 처음으로 명시적으로 언급한다. 즉 "문체에 돌려지는 '덕목' 중에는 '본질적이며'(ἀναγκαῖαι), 쓴 모든 것에 나타나야 하는 것들이 있고, 반면에 '부수적이며'(ἐπίθετοι), 그 효과는 본질적 덕목의 존재에 의존하는 것들도 있다"(Dion. Hal. *Thuc.* 22).

86) "정확함"(correctness) 혹은 "순정함"(purity)에 사용되는 술어로는 ἑλληνισμός, τὸ ἑληνίζειν("순정함", Arist. *Rh.* 3.5.1.1407a; '정확한 헬라어 사용'), *Latinitas*("정확한 라틴어 사용", *Rhet. Her.* 4.12.17; Cic. *Brut.* 72.253), *emendata*("정확함", Quint. *Inst.* 1.5.1) 등이 있다. 그리고 이 특성에 대한 논의를 위하여 Arist. *Rh.* 3.5; *Rhet. Her.* 4.12.17; Cic. *De Or.* 3.10.37-12.47; *Brut.* 72.252-53; Dion. Hal. *Lys.* 2; *Pomp.* 3; Quint. *Inst.* 1.5; 8.1; Lausberg, *Handbuch der literarischen Rhetorik*, 1:254-74(§§ 463-527) 등을 보라.

(2) 일반적인 술어가 아니라 특별한 술어를 사용할 것, (3) 모호한 술어를 피할 것, (4) 성의 구별을 유지할 것 그리고 (5) (단수나 복수의) 수를 지킬 것이다(Arist. *Rh*. 3.5). 또한 라틴어의 무무한 말투와 관련해서는 키케로(Cic. *De Or*. 3.11.40)와 퀸틸리아누스(Quint. *Inst*. 1.5.5-33)를 보라.

어법이나 문법의 위반(σολοικίζειν)은 둘 이상의 단어에 대해 발생하는데, 단어들을 잘못되게 혹은 부적절하게 연결하거나 결합하는 것에서 생긴다(Arist. *Rh*. 3.5.7.1407b; *Rhet. Her*. 4.12.17; Quint. *Inst*. 1.5.34-54). 예를 들면, "소리"와 "빛깔"에 관해 이야기할 때 "보다"(seeing)라는 단어를 사용하지 말아야 하는데, "인지하다"(perceiving)는 "소리"와 "빛깔"에 다 적합한 말이지만, "보다"는 "소리"와 "빛깔" 둘 다에 적합하지는 않기 때문이다(Arist. *Rh*. 3.5.7.1407b).

(나) 명쾌함

"명쾌함"은 "명료함", "명백함"이라고도 한다.[87] 명쾌함이란 사람의 연설의 의미나 언어를 명료하고, 분명하고, 또 이해할 수 있게 하는 것을 가리킨다(Arist. *Rh*. 3.2.1.1404b; *Rh. Al*. 24.15.1435a.31; *Rhet*.

---

87) "명쾌함"(perspicuity)이라는 말에 사용되는 술어로는 τὸ σαφές(Arist. *Rh*. 3.2.8.1405a; "명료함"[lucidity], Demetr. *Eloc*. 4.191; "σαφῆ, 명쾌한", Arist. *Rh*. 3.2.1.1404b; "σαφῶς, 명백한", *Rh. Al*. 24.1435a.31), σαφήνεια(Dion. Hal. *Lys*. 4), *delicidum*(Cic. *De Or*. 3.10.38; *Part. Or*. 6.19; Quint. *Inst*. 4.2.36), *explanatio*(*Rhet. Her*. 4.12.17), *perspicuitas*(Quint. *Inst*. 8.2.1), *aperta*(Quint. *Inst*. 4.2.36) 등이 있다. 그리고 이 특성에 대한 논의를 위하여 Arist. *Rh*. 3.2-4; *Rh. Al*. 25; 30.1438a.22-37; *Rhet. Her*. 4.12.17; Cic. *De Or*. 3.13.48-51; *Part. Or*. 6.19; Dion. Hal. *Lys*. 4-5; Quint. *Inst*. 4.2.31-39; 8.2; Demetr. *Eloc*. 4.190-202; Lausberg, *Handbuch der literarischen Rhetorik*, 1:274-77(§§ 528-37) 등을 보라.

Her. 4.12.17). 연설은 청중에게 이해되기 위해 명료해야 한다. 아리스토텔레스는 명쾌함 혹은 명료함을 "너무 산만한" 것(ἀδολεσχία)과 "너무 간결한" 것(συντομία)의 중간(τὸ μέσον)이라고 정의한다(Arist. *Rh.* 3.12.5.1414a).

아리스토텔레스는 연설자가 특히 정확한 헬라어를 씀으로써 명쾌함(명료함)을 이룰 수 있다고 안내한다. 이 명쾌함을 이루기 위해 연설자는 많은 양의 일을 해야 한다. 우선, 적절한 품사(τὰ κύρια)를 사용해야 한다(Arist. *Rh.* 3.2.2.1404b). "이상한 말, 복합어나 합성어 혹은 신조어는 아주 드물게 소수의 장소에서만" 사용해야 한다(Arist. *Rh.* 3.2.5.1404b; 3.3, 7). 연설자는 산문체에서 오직 "적절하고 적합한 말과 은유"(τὸ δὲ κύριον καὶ τὸ οἰκεῖον καὶ μεταφορὰ μόναι)만 사용해야 한다(Arist. *Rh.* 3.2.6.1404b; 3.2.8.1405a-13.1405b). 특히 은유는 "명쾌함, 기쁨(즐거움) 그리고 색다른 분위기(τὸ σαφὲς καὶ τὸ ἡδὺ καὶ τὸ ξενικόν)"를 준다(Arist. *Rh.* 3.2.8.1405a). 그리고 명쾌함을 이루려면 문체의 경직성을 피해야 한다(Arist. *Rh.* 3.3).

명쾌함에 대한 또 한 편의 조언은 다음과 같이 『알렉산더를 위한 수사학』의 책장에서 나온다.

> 첫째, 초들어 말하는 모든 것을 꼭 들어맞는 이름으로 부르라, 모호함을 피하면서. 모음을 연이어 사용하는 것을 조심하라. 정신 차려 필요한 곳에 '관사'를 붙이도록 하라. 문장의 구문을 공부하여 단어의 혼동 및 전치(바꾸어 놓음)를 피하도록 하라. 이러한 것들은 뜻을 파악하기 어렵게 만들기 때문이다. 말문을 여는 연결 불변화사를 사용한 후에 그 뒤에 오는 불변화사를 넣으라[예를 들면, 한편으로는 …… 또 (다른) 한편으로는](*Rh. Al.* 25.1435a.32-39).

명쾌함을 이루려면 연설자는 또한 통용하는 말과 적합한 말을 사용해야 한다(*Rhet. Her.* 4.12.17). 명쾌함은 "표준적이고, 보통의, 일상적인 언어로 생각을 표현함"으로써 생기는 것이다(Dion. Hal. *Lys.* 3). 연설자는 또한 배열이나 구성에서 '모호함'(*obscuritas*), '애매함'(*ambi-guitas*) 그리고 '쓸데없는 말'(*inana verba*)을 피해야 한다(Quint. *Inst.* 8.2.12-15[=모호함]; 8.2.16[=애매함]; 8.2.17-21[=쓸데없는 말]; 또한 이러한 것들을 피하는 법에 대해 Demetr. *Eloc.* 4.190-202를 보라). 모호함이나 애매함이나 쓸데없는 말을 피하는 것에 대해 퀸틸리아누스는 다음과 같은 말로 요약해 준다.

> 나 자신으로서는 '명료함'(명쾌함, *perspicuitas*)을 좋은 문체의 첫 번째 본질적 요소로 간주한다. 즉, 우리의 단어들에는 적절함이 있어야 하고, 단어들의 순서는 똑발라야만 하고, 마침표 찍는 것을(도미문의 결론을) 오래 미루어서는 안 되고, 부족한 것과 남는 것이 있어서는 안 된다(Quint. *Inst.* 8.2.22).

연설자는 또한 사용하는 단어들에서 '적절함'을 추구해야 하는데, 이는 "명료함이 우선 단어들의 사용에 나타나는 '적절함'(*proprietas*)에서 생기기" 때문이다(Quint. *Inst.* 8.2.1-11).

(다) 적절함

"적절함"은 "적합함"이라고도 한다.[88] 고대의 한 문학 비평가는 적

---

88) "적절함"(propriety)이라는 말에 사용되는 술어로는 τὸ πρέπον(Arist. *Rh.* 3.7.1.1408a; Cic. *Orat.* 21.70; Dion. Hal. *Lys.* 9; "적합함"[appropriateness], *Comp.* 20), *apte/aptum*("적합함", Cic. *De Or.* 3.36.144; Quint. *Inst.* 11.1.1), *decorum*(Cic. *Orat.* 21.70) 등이 있다. 그리고 이 특성에 대한 논의를 위하여 Arist. *Rh.* 3.2.9.1405a; 3.7; Cic. *De Or.* 1.32.144; 3.10.37; 3.24.91; 3.55.210-12; *Orat.* 21.69-22.74; 35.122-38.133; Dion. Hal. *Lys.* 9; *Comp.* 20; Quint. *Inst.* 8.3.11-14; 11.1; 12.10.69-72; Lausberg, *Handbuch der literarischen Rhetorik*, 1:507-11(§§ 1055-62) 등을 보라.

절함을 "모든 문학적 특성 중 가장 중요한 것"으로 간주한다(Dion. Hal. *Pomp.* 3). 이에 대해 다른 이는 "우리가 재판관의 마음을 얻거나, 그에게 문제점을 설명하거나, 그를 감동시키는데 가장 적합한 문체가 무엇인지, 또 우리 연설의 서로 다른 부분에서 어떤 결과를 목표로 삼아야 하는지를 알아야 하는 것이 첫째로 중요하다"라고 말하면서 동의한다(Quint. *Inst.* 11.1-6). 세 종류의 수사(연설)는 각각에 적합한 자체의 특별한 문체가 있고(Arist. *Rh.* 3.12), 이와 관련하여 적절함 혹은 적합함은 "연설에서 어떤 문체가 가장 알맞은지"의 문제를 다룬다(Cic. *De Or.* 3.55.210-12). 적합함이란 "사건이나 사람에게 알맞고 적당한 것"이며(Cic. *Orat.* 22.74), 문체에는 또 "논제의 품위에 어울리는 방법과 어느 정도의 자비"가 있어야 한다(Cic. *De Or.* 1.32.144). 연설자에게는 "생각에서뿐만 아니라 또한 언어에서도 적절함을 찾는 눈이 있어야 하는데, 같은 문체와 같은 생각을 삶의 모든 조건 혹은 모든 계층, 지위나 나이를 묘사하는 데 사용해서는 안 되기 때문이며", 또 "사실은 장소, 때(시간) 그리고 청중에 관해 비슷한 구별이 이루어져야 한다"(Cic. *Orat.* 21.71; 또한 Quint. *Inst.* 11.1도 보라). 달리 말하면, "모든 소송(사건, 이유)이나 청중이나 연설자나 경우에 적합한" 단 한 종류의 웅변이란 없다는 것이다(Cic. *De Or.* 3.55.211; 또한 Dion. Hal. *Lys.* 9; *Comp.* 20; Quint. *Inst.* 11.1.4도 보라). 적절함은 "논의 중인 주제에 달려 있고, 또 연설자와 청중 양자의 성격에 달려 있다"(Cic. *Orat.* 21.71). 따라서 연설자는 수사학적 상황에 대하여 적절하게 이야기를 걸어야 한다. 이 점에 관해 키케로는 다음과 같이 잘 설명해 준다.

> 중요한 형사사건은 이런 언어의 문체를 필요로 하고 민사소송과 중요치 않은 사건은 저런 문체를 필요로 한다. 그리고 심의적 연설, 찬사, 법정 소송과

강의 그리고 위로, 항의, 논의, 및 역사적 내러티브에 요구되는 문체가 각각 다르다. 또한 청중이 중요하다. 곧 청중이 귀족인지 평민인지 재판관인지, 많은 청중인지 적은 청중인지 단 한 사람인지 여부 및 청중의 인격적 평판. 그리고 연설자 자신의 나이, 지위 및 직책이 고려되어야 하고, 또 평화의 때인지 전쟁 중인지, 긴급한지 시간적 여유가 많은지 등의 경우가 고려되어야 한다(Cic. *De Or.* 3.55.211).

연설자는 또한 "연설 및 연설의 다른 부분들에서 무엇을 해야 하는지" 고려해야 한다(Cic. *Orat.* 22.74). 한 번 더 키케로의 말을 빌리면, "전적으로 다른 문체가 연설의 다른 부분들에서 사용되어야 할 뿐만 아니라, 또한 전체 연설들이 이제는 이런 문체로, 이제는 저런 문체로 이루어져야 한다"는 것이다(Cic. *Orat.* 22.74). 따라서 문체의 종류 및 각 종류의 유형과 패턴에 대한 논의가 필요하다(Cic. *Orat.* 23.75-28.99를 보라). 이에 대해서는 나중에 "문체의 종류" 단락에서 다루게 된다.

그러면 연설자는 어떻게 문체의 적절함을 얻을 수 있는가? 아리스토텔레스는 연설자가 "감정(παθητική)과 인격(ἠθική)의 표현 그리고 주제(subject matter)에 비례하여(ἀνάλογος)" 적절함을 얻게 된다고 단언한다(Arist. *Rh.* 3.7.1.1408a; 또한 Cic. *Orat.* 35.122-38.133을 보라). 그리고 다음과 같이 설명을 이어간다.

문체는 주제에 비례하는데, 중요한 문제들이 아무렇게나 다루어지지도 않고, 사소한 문제들이 위엄 있게 다루어지지도 않고, 또 일상적인 말에 장식을 달지 않을 때이다(Arist. *Rh.* 3.7.2.1408a)…… 문체는 감정(παθητική)을 표현하는데, 이유도 없이 격분한 상태로 화가 나서 더럽거나 불경한 일들에 대해 그것들을 언급할 때조차 분개하거나 자제하면서, 칭찬할만한 일들에 대해 감탄하여, 불쌍히 여겨야 할 일들에 대해 야비하게, 그리고 다른 모든 경우에 그렇게 사람이 이야기할 때이다(3.7.3.1408a). …… 인격(ἠθική)은 또한 표징에서 얻은 증명(증거)에 의해 표현될 수 있는데, 왜냐하면 [나이, 성별, 국가에 관하여] 각 계층과 습관 [인생 속에서 사람의 인격을 형성하는 도덕적 상태]에 적합한 문체가 있기 때문이다……. 만일 누구든지 각각의 습관에 적합한 언어를 사용한다면, 그는 인격을 나타내는 것이다. 교육을 받지 못한 자는 같은 것에 대해 교육을 받은 자와 같은 방식으로 말하지 않을 것이다(Arist. *Rh.* 3.7.6-7.1408a).

(라) 장식함

"장식함" 혹은 장식은 "치장함", "(문체의) 개성", "우아함" 혹은 "장식품"이라고도 한다.[89] 문체에 '장식'을 붙이거나 '특징적인 장점'(distinction)이 있게 하는 것은 문체를 "다양함으로 꾸며서 장식하는 것"이며, 또한 '그라비타스'(*gravitas*, μεγαλοπρέπεια, "강한 인상을 줌", impressiveness)와 '수아비타스'(*suavitas*, τὸ ἡδύ, "매력 혹은 작은 장식물", charm)를 채택한다(*Rhet. Her.* 4.13.18; 또한 Cic. *Inv.* 2.15.49; *De Or.* 3.25.96-27.108을 보고, 문체의 품위[dignity, ὄγκος τῆς λέξεως]에 대해 논의하는 Arist. *Rh.* 3.6을 참조하라).

그렇다면, 연설자는 어떤 수단을 통하여 문체를 장식하는가? 『헤레니우스를 위한 수사학』의 저자는 장식함이 '전적으로' "비유적 표현"(figures, "문채", "수사적 표현")에 의해 성취된다고 생각하고 있지

---

89) "장식함" 혹은 "장식"(ornamentation)이라는 말에 사용되는 술어로는 κατασκευή(*Rhet. Her.* 4.13.18), κόσμος("치장함"[embellishment], Arist. *Rh.* 3.7.2.1408a), *dignitas*("[문체의] 특징적인 장점, 구별"[distinction], *Rhet. Her.* 4.12.17), *ornate/ornatum/ornatur*("우아함"[elegance], Cic. *De Or.* 1.32.144; "치장함", 3.26.103; "장식품"[ornament], Quint. *Inst.* 8.3.1) 등이 있다. 그리고 이 특성에 대한 여러 논의를 위하여 *Rhet. Her.* 4.13.18-56.59; Cic. *Or.* 3.24.91; 3.25.96-27.108; 3.37.148-55.210; *Part. Or.* 6.19-7.24; *Orat.* 24.80-25.86; Dion. Hal. *Isoc.* 3; Quint. *Inst.* 8.3-9.4; Lausberg, *Handbuch der literarischen Rhetorik*, 1:277-5-7(§§ 538-1054); Martin, *Antike Rhetorik*, 259-328 등을 보라.

만(Rhet. *Her.* 4.13.18), 연설자는 연설에서 '일차적으로' 하나하나의 단어들 및 단어들의 조합을 통해 장식을 이룬다(Quint. *Inst.* 8.13.15). 연설자는 단어들을 선택하고 그것들을 결합하는 가운데 문체를 나타내고 장식하는 것이다. 키케로는 장식함에 대한 주요 논의들 중 하나에서 "특정한 단어들의 가치, 단어들의 결합 그리고 문장의 리듬과 형식"을 고찰한다(Cic. *De Or.* 3.37.148-52.199; 53.20; *Part. Or.* 5.16-7.24). 이 단어들의 선택과 배열 혹은 결합을 통한 문체에 대해서는 앞에서 이미 간략하게 다룬 바 있다. 장식함은 전적으로는 아닐지라도 분명히 '비유적 표현'(figures) 속에도 존재한다. 디오니시우스에 의하면, 테오프라스투스는 장식함의 세 가지 수단에 대한 목록, 곧 단어들의 선택, 이 단어들을 선율이 아름답게 배열함 그리고 이 단어들이 놓이는 '말의 비유적 표현'(figures of speech)을 이야기하였다(Dion. Hal. *Isoc.* 3). 그리고 키케로와 퀸틸리아누스 또한 실제의 말씨(actual diction)에 관하여 '말의 비유적 표현'을 다룬다(Cic. *De Or.* 3.54.206-9; Quint. *Inst.* 8.6; 9.1-3).[90]

"'비유적 표현'(figure, *figura*)은 명백하고 일상적인 상응과는 다른 상응을 언어에 줄 때 사용되는 술어이다"(Quint. *Inst.* 9.1.4, 10-14). '비유적 용법'(tropes)과 달리, '비유적 표현'은 "단어들의 순서에 대해서든 엄밀한 의미에 대해서든 어떠한 변경도 필연적으로 수반하지는

---

90) "비유적 표현" 혹은 "수사학적인 비유적 표현"(rhetorical figures, *figurae*, σχήματα)에 대한 논의를 위해 Arist. *Rh.* 3.8.12; *Rh. Al.* 26.1435b.25-1436a.13; *Rhet. Her.* 4.13.18-55.69; Cic. *De Or.* 3.37.148-51.198; 3.52.200-25.86; 27.92-95; 39.135; 41.140; 44.149-71.236; Dion. Hal. *Isoc.* 13-14; Quint. *Inst.* 9.1-3; Demetr. *Eloc.* 2.59-113; 5.287-300; [Longinus], *Subl.* 16.1-41.3; Bulllinger, *Figures of Speech Used in the Bible*, 전체; Lausberg, *Handbuch der literarischen Rhetorik*, 1:308-455(§§ 600-910); Martin, *Antike Rhetorik*, 270-315 등을 보라.

않는다"(Quint. *Inst.* 9.1.7). 특별한 의미에서의 '비유적 표현'(*figura*), 즉 '스케마'(*schema*)는 "일상적이며 단순한 형태와는 다른, 의미나 언어의 합리적인 변화"를 뜻한다(Quint. *Inst.* 9.1.11,13,14).

'비유적 표현'에는 두 종류(*genera*)가 있다. '생각의 비유적 표현'과 '말의 비유적 표현'이다.[91] 퀸틸리아누스는 이에 대해 다음과 같이 공들여 설명한다.

> 내가 알고 있는 바로는 …… 다수의 저자들이 '비유적 표현'에 두 종류가 있다는 것을 인정한다. 곧, 마음이나 감정이나 개념들과 연관된 '생각의 비유적 표현' …… 그리고 단어나 말씨나 표현이나 언어나 문체와 연관된 '말의 비유적 표현'이다(Quint. *Inst.* 9.1.17; 또한 *Rhet. Her.* 4.13.18; Cic. *De Or.* 3.52.200; *Orat.* 24.81도 보라).

반면에 두 가지 '비유적 표현'의 차이에 대하여 키케로는 다음과 같이 설명해 준다.

---

91) "생각의 비유적(수사적) 표현"(figures of thought)이라는 말에 사용되는 술어나 어귀에는 διανοίας, *id est mentis vel sensus vel sententiarum*("마음, 감정 혹은 개념들의 비유적 표현", Quint. *Inst.* 9.1.17), σχήματα διανοίας, *sententiarum exornatio*(*Rhet. Her.* 4.8.11), *conformatio(-ones) sententiarum*(Cic. *De Or.* 3.52.200-1; Quint. *Inst.* 9.2.1), *conformatiarum sententiae*(Cic. *Orat.* 39.136), *figurae quae in sensibus sunt*(Quint. *Inst.* 2.13.11), *schemata, id est figurae quae* διανοίας *vocantur*(Quint. *Inst.* 1.8.16), *figurae mentis quae* σχήματα διανοίας *disuntur*(Quint. *Inst.* 6.3.70), *figurae sententiae*(Quint. *Inst.* 9.4.117), *figurae sententiarum*(Quint. *Inst.* 9.2.1), *figurae quae ad mentem pertinent*(Quint. *Inst.* 9.1.19) 등이 있다. 그리고 "말의 비유적(수사적) 표현"(figures of speech)이라는 말에 사용되는 용어나 어귀에는 λέξεως, *id est verborum vel dictionis vel elocutionis vel sermonis vel orationis*("단어, 말씨, 표현, 언어 혹은 문체의 수사적 표현", Quint. *Inst.* 9.1.17), *verborum exornatio*(*Rhet. Her.* 4.8.11; 4.13.18), *conformatio(-ones) verborum*(Cic. *De Or.* 3.52.200-1; Quint. *Inst.* 9.2.1), *figurae quae in verbis sunt*(Quint. *Inst.* 2.13.11), *schemata, id est figurae, quae* λέξεως *vocantur*(Quint. *Inst.* 1.8.16), *figurae orationis*(Quint. *Inst.* 1.5.5), *figurae verborum*(Quint. *Inst.* 9.1.16) 등이 있다.

그러나 말의 비유적 특성(figurative character)과 생각의 비유적 특성 사이에는 이러한 차이가 있다. 곧, 만일 사람이 단어들을 바꾸면 단어들에 의해 제시되는 비유적 표현(수사적 표현, 말 무늬)이 사라지나, 생각의 비유적 표현은 사람이 어떤 단어들을 사용하기로 결정하든 그대로 남아 있다는 것이다(Cic. *De Or.* 3.52.200).

한편, '말의 비유적 표현'은 "(꾸미기 위하여) 언어 자체를 세련되게 다듬는 데 있다"(*Rhet. Her.* 4.13.18).[92] '말의 비유적 표현'에는 다음과 같은 것들이 있다.

(1) '에파나포라'("첫머리 반복", "수구반복", epanaphora, *repetitio*, ἐπαναφορά), (2) '안티스로페'("끝머리 반복", antistrophe, *conversio*, ἀντιστροφή), (3) '쉼플로케'("교직법", interlacement, *conplexio*, συμπλοκή), (4) '안타니클라시스'("동일한 단어를 다른 의미로 반복함", antanaklasis, ἀνταανάκλασις)를 포함하여 '플로케'("전위법", tranceplacement, *tranductio*, πλοκή, ἀντιμετάθεσις, σύγκρισις), (5) 대조법(antithesis, *contentio*, ἀντίθεσις, ἀντίθετον, *contrapositum*,), (6) 돈호법(apostrophe, *exclamatio*, ἀποστροφή, ἐκφώνησις), (7) (수사학적) 질문(의문, interrogation, *interrogatio*, ἐρώτημα, [*rogatio*]), (8) 문답에 의한 추론(reasoning by question and answer, *ratiocinatio*, ἀντιλογία, ἐξετασμός, [*sibilipsi responsio*]), (9) 격언(maxim, *sententia*, γνώμη), (10) 정반대에 의한(정반대로) 추론(reasoning by contraries, *contrarium*, ἐνθύμημα, σχῆμα ἐκ τοῦ ἐναντίου), (11) 콜론 혹은 마디(colon or clause, *membrum*, κῶλον), (12) 콤마 혹은 어귀(comma or phrase, *articulus*, κόμμα, [*incisum*]), (13) 도미문(period, *continuatio*, περίοδος), (14) '이소콜론'(isocolon, *conpar*, ἰσόκωλον), ['파로모이오시스'("두 마디의 소리 대구법", paromoiosis, παρομοίωσις)], (15) '호모이오프토톤'("유사한 격들", homoeoptoton, *similiter cadens*, ὁμοιόπτωτον), (16) '호모이오텔류톤'("유사한 어미들", homoeoteleuton, *similiter desinens*, ὁμοιοτέλευτον),

---

92) "말의 비유적 표현"에 대해 *Rhet. Her.* 4.13.18-34.46; Cic. *De Or.* 3.54.206-8; *Orat.* 24.80; 39.134-35; Quint. *Inst.* 9.3; Demetr. *Eloc.* 2.59-67; Lausberg, *Handbuch der literarischen Rhetorik*, 1:310-74(§§ 604-754); Martin, *Antike Rhetorik*, 295-315 등을 보라.

(17) '파로노마시아'("동음이의어", paronomasia(adnominatio, παρονομασία), (18) '휘포포라'("연설자가 질문을 제기하고 그 질문에 대답하는 것", hypophora, subiectio, ὑποφορά, ἀνθυποφορά), (19) 점층법(climax, gradatio, κλῖμαξ), (20) 정의 내리기(definitio, ὁρισμός), (21) 전환법(transition, transitio), (22) 교정법 (correction, correctio, ἐπιδιόρθωσις, ἐπανόρθωσις), (23) '파라립시스'("너무 분명해서 논의할 필요가 없는 척함으로써 어떤 관념[생각]을 강조하는 법", paralipsis, occutatio, παράλειψις, praeteritio, ἀντίπρασις), (24) 분리법(disjunction, disiunctum, διεζευγμένον), (25) 접속법(conjunction, coniunctio, συνεζευγμένον), (26) 부가법(adjunction, adiunctio, ἐπεζευγμένον), (27) 중복법(reduplication, conduplicatio, ἀναδίπλωσις, [adiectio]), (28) 동의어 혹은 해석(synonymn or interpretation, interpretatio, συνωνυμία), (29) 상호 변화법(reciprocal change, commutatio, ἀντιμεταβολή), (30) 포기법(surrender, permissio, ἐπιτροπή), (31) 우유부단(indecision, dubitatio, ἀπορία, διαπόρησις), (32) 배제법(elimination, expeditio), (33) '아쉰데톤'("접속사 생략", asyndeton, dissolutum, ἀσύνδετον), (34) 돈절법("미완성의 생각 혹은 중단된 문장", aposiopesis, praecisio, ἀποσιώπησις) 그리고 (35) 귀결법(conclusion, conclusio, συμπέρασμα) 등이다.[93]

이 중 하나를 보면, '에파나포라'(ἐπαναφορά, repetitio, "첫머리 반복", "수구반복", "첫머리에서 동일한 단어나 어귀를 반복함")라 불리는 '말의 비유적 표현'은 연설자가 다음과 같이 하나의 동일한 단어를 사용하여 같은 생각(idea)과 다른 생각을 표현하는 어귀들의 첫머리를 연속적으로 형성할 때 발생한다. 즉, "당신에게 이에 대한 감사를 돌려야 하고, 당신에게 감사하는 것이 마땅하고, 당신에게 당신의 이 행위가 영광을 가져다줄 것이다"와 같은 것이다(Rhet. Her. 4.13.19). 다른 한편, '생각의 비유적 표현'은 "단어들에서가 아니라, 생각

---

93) 이들에 대한 각각의 정의와 예를 위하여 특히 Rhet. Her. 4.13.19, 20, 21; 4.15.21, 22; 4.16.23-24; 4.17.24-25; 4.18.25-26; 4.19.26, 27; 4.20.27-28; 4.21.29-23.32; 4.23.33-24.34; 4.25.34-35; 4.26.35, 36; 4.27.37, 38; 4.28.38, 39; 4.29.39, 40-41; 4.30.41을 보라.

(idea)에서 일정한 특징적인 장점(구별, distinction)"을 이끌어낸다
(*Rhet. Her.* 4.13.18).[94] '생각의 비유적 표현'에는 다음과 같은 것들
이 있다.

(1) 분배법(distribution, *distributio*, διαίρεσις, μερισμός), (2) 말의 솔직함
(frankness of speech, *licentia*, παρρησία, *oratio libera*), (3) 완서법("절제된 표
현", understatement, *deminutio*, ἀπείκασμα), (4) 생생한 묘사(vivid descrip-
tion, *descriptio*, διατύπωσις), (5) 분류법(division, *divisio*, προσαπόδοσις), (6) 축
적법(accumulation, *frequentatio*, συναθροισμός), (7) 다듬기(refining, *explitio*,
χεία), (8) 논점에 오래 머물기(dwelling on the point, *commoratio*, ἐπιμονή),
(9) 대조법(antithesis, *contentio*), (10) 비교법(comparison, *similitudo*, παραβολή),
(11) 예증(exemplification, *exemplum*, παράδειγμα), (12) 직유(simile, *imago*,
εἰκών), (13) 초상화법(portrayal, *effictio*, χαρακτηρισμός), (14) 성격 소묘
(character delineation, *notatio*, ἠθοποιία), (15) 가설적인 것을 포함하여 대화법
(*sermocinatio*, διάλογοι), (16) 의인법(personification, *conformatio*, προσωπο-
ποιία), (17) 강조법(emphasis, *significatio*, ἔμφασις), (18) 간명함(conciseness,
brevitas, βραχυλογία), [예기법(anticipation, *praesumptio*, πρόληψις)] 그리고
(19) 눈에 보이는 증거(ocular demonstration, *demonstratio*, ἐνάργεια) 등이다.[95]

이 중 하나를 보면, '파르레시아'(*licentia*, παρρησία, '말의 솔직함')
이라 불리는 '생각의 비유적 표현'은 "존경하거나 두려워해야 하는 자
들 앞에서 말하나, 어떤 잘못으로 인해 그들이나 그들에게 소중한 사
람들을 꾸짖는 것이 정당화되는 것으로 보이기 때문에 거리낌 없이

---

94) '생각의 비유적 표현'에 대한 논의를 위해 *Rhet. Her.* 4.35.47-55.69; Cic.
De Or. 3.53.202-54.206; *Orat.* 24.81; 39.136-40.139; Quint. *Inst.* 9.2;
Lausberg, *Handbuch der literarischen Rhetorik*, 1:375-455(§§ 755-910);
Martin, *Antike Rhetorik*, 275-95 등을 보라.
95) 이들에 대한 각각의 정의와 예를 위하여 특히 *Rhet. Her.* 4.35.47; 4.36.48-37.50;
4.38.50; 4.39.51; 4.40.52-41.53; 4.42.54-44.58; 4.45.58-48.61; 4.49.62, 63;
4.49.63-51.65; 4.52.65; 4.53.66; 4.54.67, 68; 4.55.68-69를 보라.

말할 권리를 행사할 때" 나타난다(*Rhet. Her.* 4.36.48). '파르레시아'의
한 예를 신약성서 자체에서 인용할 수 있을 것이다.

> 어리석도다 갈라디아 사람들아 예수 그리스도께서 십자가에 못 박히신 것이 너
> 희 눈앞에 밝히 보이거늘 누가 너희를 꾀더냐 내가 너희에게서 다만 이것을 알려
> 하노니 너희가 성령을 받은 것이 율법의 행위로냐 혹은 듣고 믿음으로냐 너희가
> 이같이 어리석으냐 성령으로 시작하였다가 이제는 육체로 마치겠느냐(갈 3:1-3, 개
> 역개정판).

'비유적(수사적) 표현'으로 문체를 장식하는 방법은 여러 가지이다.
문체의 장식에 관해 키케로는 연설조의 문체에 적용할 수 있는 규칙
중 몇 가지를 제공하는데 그중 하나는 다음과 같다.

> 연설의 치장은 첫째로 일반적인 문체에 의해 그리고 일종의 내재하는 색채
> 와 묘미에 의해 성취된다. …… 그러나 …… 이 장식이 연설 전체에 고르게 퍼
> 져 있을 필요는 없으나, 일종의 장식품으로 다양한 지점에 빛나는 보석들이 놓
> 여 있도록 분포되어야 한다(Cic. *De Or.* 3.25.96-27.108).

그는 계속하여, 연설자는 "청중의 주의를 붙들어 두도록 가장 잘 계산
된 연설 문체를 선정할" 필요가 있고, "그들에게 즐거움을 줄 뿐만 아
니라, 또한 즐거움을 지나치게 많이 주지 않으면서 그렇게 할 필요가
있다"고 단언한다(Cic. *De Or.* 3.25.97). 퀸틸리아누스도 문체를 치장
하는 법에 관해 조언하면서 "이러한 알맞은 장식은 장식이 적용되는
제재(내용, material)의 본질에 맞도록 변화가 가해져야 한다는 점을
주의하는 것이 더 중요하다"고 말하고, 장식은 주로 "은유의 능숙한
사용"을 필요로 한다고 주장하기도 한다(Quint. *Inst.* 8.3.11, 15). 이렇
게 '비유적 표현'에 의하여 문체를 장식하면 "강한 인상을 줌
(impressiveness, *gravitatem*), 특징적인 장점(구별, distinction, *dignitatem*)

그리고 매력("작은 장식물", charm, *suavitatem*)"을 준다(*Rhet. Her.* 4.56.69). 이러한 비유적 표현의 기능에 더하여 퀸틸리아누스는 다음과 같이 덧붙인다.

> 무엇보다도 '비유적 표현'은 우리의 말을 듣는 자들에게 우리가 하는 말을 추천하는 역할을 하는데, 변호인으로서의 인격에 대하여 승인을 얻으려고 노력하든지 혹은 변호하는 사건(소송, 이유)에 대하여 호의를 얻으려고 노력하든지, 언어의 변화를 통하여 단조로움을 완화하려고 노력하든지 혹은 가장 안전하거나 가장 알맞은 방식으로 의미를 나타내려고 노력할 때 그렇다(Quint. *Inst.* 9.1.21).

'비유적 표현'(figures)에 대한 논의는 필연적으로 단어의 "비유적 용법"(trope, "전의")을 포함한다.96) 『헤레니우스를 위한 수사학』의 저자는 '(문체의) 특징적인 장점'(구별, distinction, *dignitas*)을 '말씨의 비유적 표현'(figures of diction)과 '생각의 비유적 표현'(figures of thought)으로 분류한다(*Rhet. Her.* 4.13.18). '말씨의 비유적 표현'은 우리가 '비유적 용법'(trope, "전의")이라 부르는 열 가지 말씨의 비유적 용법을 포함한다(*Rhet. Her.*4.31.42-34.46). 퀸틸리아누스는 (열두 개의) 비유적 용법과 비유적(수사적) 표현을 따로따로 논의하는 반면에((Quint. *Inst.* 8.6; 9.1), 이 둘을 구분하는 선이 항상 명백하지는 않다(Quint. *Inst.* 9.1.1-9). 여하튼, '비유적 용법'은 개별 단어들과 관계가 있고, "단어나 어귀의 의미를 고유한 의미에서 다른 의미로 예술적

---

96) "비유적 용법"("전의", trope)이라는 말에 사용되는 술어로는 τρόπος(Cic. *Brut.* 17.69), *tropis*(Quint. *Inst.* 8.5.35), *tropus*(Quint. *Inst.* 8.6.1) 등이 있다. 그리고 "비유적 용법"("전의", trope)에 대한 논의를 위해 *Rhet. Her.* 4.31.42-34.46; Cic. *Brut.* 17.69; *Orat.* 27.92-94; Quint. *Inst.* 8.6; 9.1.1-9; Lausberg, *Handbuch der literarischen Rhetorik*, 1:282-307(§§ 552-98); Martin, *Antike Rhetorik*, 261-70 등을 보라.

으로 변경하는 것"으로 정의된다(Quint. *Inst.* 8.6.1). 언어는 "단어들의
일상적인 의미에서 떠나, 기꺼이(with a certain grace) 다른 의미로 적
용된다"(*Rhet. Her.* 4.31.42). "'비유적 용법'(trope, *tropos*)이라는 이름
은 문체를 치장하려는 생각으로, 자연스럽고 주요한 말뜻에서 다른 말
뜻으로 표현을 이전하는 것 혹은 …… 단어와 어귀가 엄밀하게 속한
장소에서 본래 속하지 않은 다른 장소로 단어와 어귀를 이전하는 것
에 적용된다"(Quint. *Inst.* 9.1.4). '비유적 용법'에는 다음과 같은 것들
이 있다.

(1) 성유 혹은 의성어(onomatopoeia, *nominatio*), (2) 환칭(antonomasia, *pro-nominatio*), (3) 환유(metonymy, *denominatio/hypallage*), (4) 완곡법(periphrasis, *circumitio*), (5) 도치(hyperbaton, *transgressio*), (6) 과장(hyperbole, *superiatio*), (7) 제유(synecdoche, *intellectio/ synecdoche*), (8) 오용(catachresis, *abusio*), (9) 은유(metaphor, *translatio/metaphora*), (10) 풍유(allegory, *permutatio/inversio*), (11) '메타렙시스'(metalepsis or transumption, *transumptio*, "비유적인 말에서 나온 단어나 어귀를 새로운 맥락에서 사용함 혹은 은유적인 옮김, 대체 응용 혹은 은유으로 '장소를 옮김'"), (12) 별명(epithet, *appositum*, "성질을 나타내는 형용어구") 등이다.[97]

이들에 대한 정의는 나중에 이 책의 4장에서 고린도전서 15장에 나
오는 것으로 생각되는 '비유적 용법'들을 골라서 설명하게 될 것이다.

---

97) 여기서 나열해 놓은 '비유적 용법'의 여러 정의와 예를 위하여 특히 *Rhet. Her.* 4.31.42; 4.32.43-44; 4.33.44-45; 4.34.45-46과 Quint. *Inst.* 8.6.4-51; 8.6.59-76을 보라.

(마) 간결함

"간결함"은 "간명함"이라고도 한다.[98] 간결함은 "아주 최소한의 필수적인 단어로 생각(idea)을 표현하는 것"이다(*Rhet. Her.* 4.54.68). 키케로는, 간결함은 "단순한 술어로 하나하나의 각 생각을 한 번에 표현함으로써, 또 표현의 분명함 외에는 어느 것에도 주의를 기울이지 않음으로써 이루어진다"고 제시한다(Cic. *Part. Or.* 6.19). 퀸틸리아누스는 "개인적으로, 간결함(*brevitatem*)이라는 단어를 사용할 때, 나는 상황이 요구하는 것보다 더 적게 말하는 것이 아니라, 더 많이 말하지 않는 것을 의미한다"는 의견을 피력한다(Quint. *Inst.* 4.2.43). 간결함은 명쾌함에 기여한다. 디오니시우스는 "(하지만) 간결함은 명확함(명쾌함)과 연합되는 것으로 보일 때에만 매력적으로 생각되며, 그렇지 못할 경우 간결함은 거칠다고 할 수 있을 것이다"라는 통찰을 제공한다(Dion. Hal. *Pomp.* 3). 간결함의 특성에 대한 간명한 기술로 문체의 특성들에 관한 논의가 완성되었다. 이제 문체의 종류에 대해 논의하기로 하자.

---

98) "간결함"(brevity)이라는 말에 사용되는 술어로는 συντομία("간명함"[conciseness], Pl. *Phdr.* 51.267B; Arist. *Rh.* 3.6.1.1407b; Dion. Hal. *Pomp.* 3; "간명한"[concise], Quint. *Inst.* 4.2.42), βραχυλογία/ἐπιτοχασμός("간명함", Cic. *De Or.* 3.53.202; Quint. *Inst.* 9.3.99), τὸ βραχύ(Dion. Hal. *Pomp.* 3), *brevitas* ("간명함", Arist. *Rh.* 3.6.1.1407b; Cic. *Part. Or.* 6.19; "간결함", Quint. *Inst.* 4.2.43) 등이 있다. 그리고 "간결함"에 대한 논의를 위해, Arist. *Rh.* 3.6; *Rh. Al.* 30.1438a.38-40; *Rhet. Her.* 4.54.68; Cic. *Part. Or.* 6.19; Dion. Hal. *Lys.* 4,13; *Pomp.* 3; Quint. *Inst.* 4.2.40-51; Lausberg, *Handbuch der literarischen Rhetorik*, 1:511-19(§§ 1063-77) 등을 보라.

(3) 문체의 종류

문체의 종류는 "말씨(와 구성)의 일반적 특성 및 어조"와 관계가 있다(Cic. *De Or.* 3.52.199).[99] 그리고 수사학 핸드북들은 가짓수로 볼 때 둘, 셋 혹은 네 종류의 문체를 논의한다.[100] 『헤레니우스를 위한 수사학』은 "일반적으로 후기 헬레니즘 시대의 논문들 중 가장 이른 것으로 믿어지는" 것인데, "문체의 종류를 셋으로 구분하는 것으로서 현존하는 가장 오래된 것"을 제공한다.[101] 문체의 세 종류는 웅대한 문체(Grand, ἁδρόν[μεγαλοπρεπές, περιττόν], *gravem*), 중간적 문체 (Middle, μέσον[μικτόν], *mediocrem*) 그리고 소박한 문체(Plain, ἰσχνόν[λιτόν], *extenuam*)이다(*Rhet. Her.* 4.8.11). 그의 저술 중 한 곳에서 키케로는 좋은 웅변의 유형에 대하여 두 가지 유형만 고찰한다. 하나는 단순하고 간결한 것이고, 다른 하나는 숭고하고 풍부한 것이다 (Cic. *Brut.* 55.201-3). 하지만 다른 곳에서는 세 가지 문체 유형("웅대

---

99) 문체의 "종류"(kinds)라는 말에 사용되는 술어로는 *genera*(*Rhet. Her.* 4.8.11; Cic. *Opt. Gen.* 1.2), *genera orationis*("문체의 종류"[kinds of style], Quint. *Inst.* 12.10.1), *genera dicendi*("세 가지 문체", Cic. *Orat.* 21.69; "말하기(연설)의 세 가지 문체", Quint. *Inst.* 12.10.58, 69), *tria genera*("세 가지 문체", Cic. *Orat.* 5.20), *tribus figura*("세 가지 문체", Cic. *De Or.* 3.52.199), *figura*("유형"[types], *Rhet. Her.* 4.8.11), χαρακτῆρες("유형", Demetr. *Eloc.* 2.36; "특성"[characters], Cic. *Orat.* 39.134; Cic. *Brut.* 55.201), χαρακτῆρες [πλάσματα, *figura*] τῆς λέξεως("유형", *Rhet. Her.* 4.8.11) 등이 있다.

100) 문체의 종류에 관한 일차 자료로는 *Rhet. Her.* 4.8.11-11.16; Cic. *De Or.* 3.45.177; 3.52.199; *Opt. Gen.* 1.2; *Brut.* 55.201-3; *Orat.* 5.20-6.22; 21.69; 23.75-31.112; Dion. Hal. *Dem.* 1-3,8; Quint. *Inst.* 12.10; Demetr. *Eloc.* 2.36-5.304; [Longinus], *Subl.* 등이 있다.

101) 인용은 각각 Russel, *Criticism in Antiquity*, 138과 H. Caplan, introduction to *Rhetorica ad Herennium* (LCL; Cambridge: Harvard University Press, 1954), xx에서 한 것이다. 이에 관하여 또한 *Rhet. Her.* 4(문체를 집중 연구하며, 세 가지 문체와 이에 상응하는 왜곡을 논의한다); Innes, "Theophrastus and the Theory of Style," 260-63을 더 보라.

한 문체, 소박한 문체, 조절된 문체")을 논의하기도 한다(Cic. *De Or.* 3.52.199-200; *Opt. Gen.* 1.2; *Orat.* 5.20-6.22; *Brut.* 40.147-50). 이에 대해 러셀은 다음과 같이 해설한다.

키케로는 연설자가 (세 가지 문체) 모두를 마음대로 처리할 수 있어야 한다고 생각했음에 틀림없다……. 더욱이, 그는 세 종류의 모델 역할을 할 수도 있을 세 가지 연설을 작성했다고 주장하였다. 즉, 특히 '나라치오'(*narratio*)에서 소박한 문체의 '프로 카에키나'(*pro Caecina*, "카에키나를 위하여"), 찬사의 요소가 많이 있는 중간적 문체의 '프로 레게 마닐리아'(*pro lege Manilia*, '마닐리아 법을 위하여']) 그리고 고도로 감정적인 정치적 주제를 다루는 웅대한 문체의 '프로 라비리오'(*pro Rabirio*, '라비리오를 위하여')이다.102)

비록 "거의 셀 수 없는 종류의 문체를 발견할 수 있는데, 각각의 문체는 얼마간의 세밀한 미묘한 차이로 인하여 서로 다르다"고 말하면서 웅변술(수사법)이 세 가지 문체 형식에 한정될 수 없다는 점을 분명히 지적하기는 하지만, 퀸틸리아누스 역시 세 종류의 문체를 논의한다(Quint. *Inst.* 12.10.66-67; 12.10.58-68). 그리고 디오니시우스도 문체를 3부로 나누는 진영에 합류한다(Dion. Hal. *Dem.* 1-3, 8). 그러므로, 데메트리우스(Demetrius)가 네 가지 단순한 유형의 문체("소박한"[plain, ἰσχνός], "기품 있는"[elevated, μεγαλοπρεπής], "우아한"[elegant, γραφυρός] 그리고 "강력한"[forcible, δεινός] 문체)에 대해 논의하며(*Eloc.* 2.36-5.304), "롱기누스"(Longinus)가 고상한 문체(sublime, περὶ ὕψους)에 집중함에도 불구하고 '3부로 나누어진 개요'를 기원후(공통시대, C.E.) 1세기 있어 문체의 종류에 관해 가장 잘 알려진 형태의 문체 이론으로 간주하고, 웅대한 문체, 중간적 문체 그리고 소박

---

102) Russel, *Criticism in Antiquity*, 138-39.

한 문체에 대해 차례로 논의하고자 한다.[103]

(가) 웅대한 문체

'웅대한 문체'는 "호사스러운 문체", "웅대한 유형", "장엄한 혹은 위엄 있는 문체", "당당한 문체", "박력 있는 문체", "과장된 문체", "웅대하고 강력한 문체" 혹은 "기품 있는 문체"라고도 한다.[104] 웅대한 유형의 문체는 "인상적인 단어들을 매끄럽고(막힘없고) 화려하게 배열함"으로 이루어져 있다(*Rhet. Her.* 4.8.11; 또한 4.13.19; 15.21, 22; 23.32; 29.39; 30.41). 문체를 웅대하게 만들기 위해, 연설자는 "가장 화려한 단어들", "인상적인 생각들" 그리고 "웅대함(장엄함)을 지닌 생각의 비유적 표현들과 말씨의 비유적 표현들"을 사용한다(*Rhet. Her.* 4.8.11). 이러한 연설자(웅변가)들은 "위대한 사고력과 장엄한(당당한) 말씨"를 보여주며, 또 "힘이 있고, 재주가 많고, 능변이며 엄숙하고, 감정을 자극하고 움직이는 훈련과 준비가 되어" 있다(Cic. *Orat.*

---

103) 이 세 종류에 대한 여러 논의를 위하여 *Rhet. Her.* 4.8.11-11.16; Cic. *De Or.* 3.45.177; 3.52.199; *Opt. Gen.* 1.2; *Orat.* 5.20-6.22; 21.69; 23.75-31.112; Quint. *Inst.* 12.10.58-65; Dion. Hal. *Dem.* 1-3; 그리고 Lausberg, *Handbuch der literarischen Rhetorik*, 1:519-25(§§ 1078-82); Martin, *Antike Rhetorik*, 329-45; Russel, *Criticism in Antiquity*, 137-39; Volkmann, *Die Rhetorik der Griechen*, 532-51 등을 보라.

104) "웅대한 문체"(grand style)라는 말에 사용되는 술어에는 *copisos*("호사스러운"[opulent], Cic. *Opt. Gen.* 1.2), *gravis*("웅대한 유형", *Rhet. Her.* 4.8.11; *grave*, 11.16; *graves*, "장엄한 혹은 위엄 있는 문체"[dignified style], Cic. *De Or.* 3.45.177; "당당한"[stately], Cic. *Opt. Gen.* 1.2), *grandis*("웅대한", Cic. *Opt. Gen.* 1.2), *vehemens*("박력 있는"[vigorous], Cic. *Orat.* 21.69), *grandilogui*("과장된 문체"[grandiloguent], Cic. *Orat.* 5.20), *grande atque robustum*/ἀδρόν("웅대하고 강력한", Quint. *Inst.* 12.10.58), μεγαλοπρεπής("기품 있는"[elevated], Demetr. *Eloc.* 2.36), *validum*("웅대한", Quint. *Inst.* 12.10.66) 등이 있다.

5.20-21; 28.97-99). 웅대한 유형은 설득에 가장 적합하다(Cic. *Orat.* 21.69; 또한 "감동시킴에 대하여"를 다루는 Quint. *Inst.* 12.10.59, 61-62를 보라).[105]

(나) 중간적 문체

'중간적 문체'는 "중간적 유형", "중간의 위치", "중도", "중간", "조절된 문체", "중간의 혹은 화려한 문체", "중간과 조절된 문체" 혹은 "중간 문체"라고도 한다.[106] 중간 유형의 문체는 "보다 더 저급한 종류의 단어들에 속하지만, 그렇다고 가장 저급하고 가장 구어체적인 종류의 단어들에 속하지 않는 단어들"로 이루어져 있다(*Rhet. Her.* 4.8.11). 이 문체는 "웅내한 문체와 소박한 문체의 요소들을 결합하고" 또 이 두 문체 사이의 "중도"를 택한다(Cic. *De Or.* 3.52.199; 3.45.177; *Orat.* 5.21). 만일 "담화에 얼마간 느즈러진 …… 문체가 있고, 그럼에도 불구하고 …… 가장 평범한 산문까지는 되지 않았다면" 중간 유형(문체)에 속하게 될 것이다(*Rhet. Her.* 4.9.13; 또한 Cic.

---

105) '웅대한 문체'에 대한 상세한 논의를 위하여 *Rhet. Her.* 4.8.11-12, 15; Cic. *Brut.* 55.201-3; *Orat.* 5.20-21, 21.69; 28.97-99; Dion. Hal. *Dem.* 1; 9-10; Quint. *Inst.* 12.10.59, 61-65; Demetr. *Eloc.* 2.38-127을 보라. 그리고 이 문체의 예를 위하여 Cic. *Caecin.*(특히 20-21); 히 1:1-4의 처음 단어들(첫머리 글자 π에 의한 두운법 및 πολύς의 어형들)을 보라. 디오니시우스는 고르기아스와 투키디데스를 이 문체의 주된 대표자들로 간주한다(Dion. Hal. *Lys.* 3; *Dem.* 1; 2; 6; 9-10).

106) "중간적 문체"(middle style)라는 말에 사용되는 술어에는 *mediocris*("중간 유형", *Rhet. Her.* 4.8.11; 11.16), *interiectos/medios*("중간의 위치"[intermediate position], "중도"[a mean], Cic. *Opt. Gen.* 1.2), *medium*("중간"[middle], Cic. *De Or.* 3.45.177), *temperatus*("조절된[tempered] 문체", Cic. *Orat.* 6.21), *medium/floridum/ἀνθηρόν*("중간의/화려한", Quint. *Inst.* 12.10.58), *medius et quasi temperatus*("중간; 조절된 문체", Cic. *Orat.* 6.21) 그리고 *modicum*("중간 문체", Cic. *Orat.* 21.69) 등이 있다.

Orat. 26.91-27.96). 이 문체는 "단순한 문체보다 더 풍부하며 얼마간 더 튼튼하다", 그러나 "가장 웅대한 문체보다는 소박하다"(Cic. *Orat.* 26.91). 이 문체에는 아마도 "최소한의 활기 그리고 최대한의 매력"이 있으며, 또 "모든 장식이 이 유형의 연설에 적합하다"(Cic. *Orat.* 26.91-92). 이와 관련하여 퀸틸리아누스는 다음과 같이 말한다.

> 중간적 문체는 보다 더 자주 은유에 의존하며 비유적 표현을 보다 더 매력적으로 사용하는 반면에, 유혹적인 여담을 소개하고, 리듬은 깔끔하고 [중간적 문체를] 감상할 때 기쁨을 가져다줄 것이다. 하지만 중간적 문체의 흐름은 물이 깨끗하나 양쪽의 초록색 강둑으로 인하여 그림자가 드리워지는 강의 흐름처럼 부드러울 것이다(Quint. *Inst.* 12.10.60).

중간적 문체는 "청중을 매혹하거나 …… 환심을 사는 데" 가장 적합하다(Quint. *Inst.* 12.10.59; 또한 "즐거움을 위하여"에 대해 논하는 Cic. *Orat.* 21.69도 보라).[107]

(다) 소박한 문체

'소박한 문체'는 "단순한 유형", "억제된 문체", "평이한 문체" 혹은 "간명한 문체"라고도 한다.[108] 문체의 단순한 유형은 "표준적인 연설

---

107) 중간적 문체에 대한 상세한 논의를 위하여 *Rhet. Her.* 4.8.11; 9.13; 11.16; Cic. *De Or.* 3.45.177; 3.52.199; *Orat.* 5.21; 26.91-27.96; Dion Hal. *Dem.* 3; Quint. *Inst.* 12.10.59.60을 보라. 그리고 이 중간적 문체의 한 예를 위하여는 Cic. *Leg. Man.*(특히 69-70)을 보라. 디오니시우스는 플라톤, 데모스데네스 그리고 이소크라테스를 중간적 문체의 가장 성공적인 대표적 인물들로 간주한다(Dion. Hal. *Dem.* 3; 5; 8; 14).

108) "소박한 문체"(plain style)라는 말에 사용되는 술어로는 *extenuatam/adtenuata* ("단순한"[simple] 유형, *Rhet. Her.* 4.81; 11.16), *subtiles*("소박한", Cic. *De Or.* 3.45.177; *Orat.* 5.20; 21.69; Quint. *Inst.* 12.10.58; "억제된"[restrained], Cic. *Opt. Gen.* 1.2), *tenuis*("소박한, 평이한", Cic. *De Or.* 3.52.199; *Opt.*

이나 말의 가장 널리 통용하고 있는 관용구로까지 내려간다"(*Rhet. Her.* 4.8.11; 10.14; Cic. *Orat.* 23.76). 이 문체는 "정확하고 정선된 단어들로 이루어져 있고"(*Rhet. Her.* 4.11.16; Cic. *Orat.* 24.79), "모든 것을 설명하고 모든 점을 인상적이 되게 하기보다는 이해가 되게 해 주며, 장식이 벗겨진 세련되고 간결한 문체를 사용하여, 분명하고 (평이하고), 요점이 명확하다"(Cic. *Orat.* 5.20). 소박한 문체는 단순하고 간명하며, 명료해야 하고, 간결하고 기쁨을 가져다주며, 정확하고, 또 군더더기가 없어야 한다(Cic. *Brut.* 5.201; 23.77-26.90; Demetr. *Eloc.* 4.190-235; Quint. *Inst.* 12.10.64; Dion. Hal. *Dem.* 2). 하지만 이러한 종류의 문체를 구사하는 연설자는 빈약함, 메마름 그리고 건조함을 피하려고 노력해야 한다(Cic. *Brut.* 52.202; Demetr. *Eloc.* 4.236-39). 단순한 유형의 문체에 속하는 연설사는 "지적인 호소"를 사용한다(Cic. *Orat.* 5.21). 소박한 문체는 증명과 교훈에 가장 적합해 보인다(Cic. *Orat.* 21.69). 이에 퀸틸리아누스는 "우리가 사실들을 진술하고 증거들을 제시할 터이면 주로 소박한 문체로 한다"고 말하며 동의한다(Quint. *Inst.* 12.10.59).[109]

지금까지 설명한 세 가지 문체, 곧 단순한 문체, 중간적 문체 그리고 웅대한 문체는 기본적인 문체들이다. 연설자가 사용할 문체는 환경 혹은 상황, 전체적인 주장 혹은 주장의 각 부분의 요구에 따라 결정될

Gen. 1.2), *brevis*("간명한"[concise], Cic. *Opt. Gen.* 1.2) 그리고 ἰσχνός ("소박한", Demetr. *Eloc.* 2.36; Quint. *Inst.* 12.10.58) 등이 있다.

109) 소박한 문체에 대한 상세한 논의를 위하여 *Rhet. Her.* 4.8.11; 10.14; 11.16; Cic. *Brut.* 5.201-2; *Orat.* 5.20-21; 23.75-26.90; Dion. Hal. *Dem.* 2; Quint. *Inst.* 12.10.59; Demetr. *Eloc.* 4.190-235를 보라. 그리고 이 문체의 예에 대해서는, Cic. *Rab.*(특히 11-13)을 보라. 디오니시우스는 루시아스 (Lysias)를 이 문체의 모델로 간주한다(Dion. Hal. *Dem.* 2; *Lys.* 2-3; 5).

것이다. 즉, 연설자는 "환경/상황이 요구하는 대로 모든 문체들"을 사용할 것이며, "그리고 이 [문체의] 선택은 전체로서의 주장(소송, 사건, case)에 의해서뿐만 아니라, 이 주장의 각각의 부분들의 요구에 의해서도 결정될 것이다"(Quint. *Inst.* 12.10.69-72). 문체는 또한 연설의 종류에 따라 결정되기도 한다. 각각의 수사(연설) 종류에 알맞은 문체가 있는 것이다(Arist. *Rh.* 3.12). 그리고 연설자는 문체의 변화를 통해 싫증남이나 지루함을 피하도록 노력해야 한다(*Rhet. Her.* 4.11.16; 또한 Dion. Hal. *Dem.* 8-16, 33-58).

(4) 구성의 종류

'구성'은 "작문", "구조" 혹은 "배합"이라고도 한다.110) "구성은 그 이름 자체가 나타내는 것처럼 연설의 부분들(품사들) 혹은 어떤 이들이 부르는 것과 같이, 말씨의 요소들을 배열하는 일정한 과정이다"(Dion. Hal. *Comp.* 2). 아리스토텔레스는 문장 구조에 관하여 헬라어에 있어 두 가지 정반대 유형의 문체를 구별한다. 즉, 연속적인 것(the continuous, εἰρομένη)과 주기적인 것(the periodic, κατεστραμμένη; ἐν περιόδοις)이 그것이다(Arist. *Rh.* 3.9; 또한 BDF, §458도 보라). 연속적인 문체는 "그 자체에 끝이 없으며 오직 의미가 완전할 때에만 멈추는 것"이다(Arist. *Rh.* 3.9.2.1409a). 그것은 계속 뻗어나가고, 무제한적으로 어휘를 사용한다. '주기적인 것'(a period, "도미문")은 "그

---

110) "구성"(composition)이라는 말에 사용되는 술어로는 ἡ σύνθεσις τῶν ὀνομάτων(Dion. Hal. *Comp.* 1), *compositio*(Quint. *Inst.* 9.4.1), *structura* 등이다. 그리고 구성에 대한 상세한 논의를 위해 *Rhet. Her.* 4.12.18; Dion. Hal. *Comp.* 전체; *Dem.* 37-41; Quint. *Inst.* 9.4; [Longinus], *Subl.* 8, 39; Lausberg, *Handbuch der literarischen Rhetorik*, 1:455-507(§§ 911-1054); Martin, *Antike Rhetorik*, 315-28 등을 보라.

자체의 시작 및 끝이 있고 쉽게 붙잡을 수 있는 만큼의 크기(양)가 있는" 문장이다(Arist. *Rh*. 3.9.3.1409b). 그것은 접고 개키며, 생각을 분리하려고 '마침표'들을 사용한다.

퀸틸리아누스는 아리스토텔레스와 마찬가지로 구성에 관하여 두 종류의 문체를 확인한다. 하나는 '보다 더 느슨한 문체'(*oratio soluta*, διαλελυμένη λέξις)이고, 다른 하나는 '보다 더 빽빽하게 결합된 문체'(*oratio vincta atque contexta*, λέξις κατεστραμμένη)이다(Quint. *Inst*. 9.4.19-147). 그에 의하면, 보다 더 빽빽하게 결합된 문체는 세 개의 요소로 이루어져 있으니, 곧 '콤마'(*comma, incisum*, κόμματα), '콜론'(*colon*, membrum, κῶλα) 그리고 '페리오도스'(period, "도미문", *ambitus, circumductum, continuatio, conclusio*, περίοδος)이다(Quint. *Inst*. 9.14.22, 32, 122).111) '콤마' 혹은 '어귀(구, Phrase, *articulus*)'는 "하나하나의 단어들이 단음적인(staccato) 말[연설]에서 휴지(일시적인 중지)에 의해 따로 떼어질 때" 생긴다(*Rhet. Her.* 4.19.26). '콜론' 혹은 마디(절, Clause, *membrum*)는 "전체적인 생각을 표현하지 않으나, 차례로 또 하나의 콜론에 의해 보완되는, 간결하면서도 완결된 문장 분절(마디, member)"이다(*Rhet. Her.* 4.19.26). '도미문'은 의미와 문법

---

111) '콤마'(*comma*)에 대해 Quint. *Inst*. 9.4.122; *Rhet. Her*. 4.19.26; Cic. *Orat*. 62.211; Demetr. *Eloc*. 5.241을 보고, '콜론'(*colon*)에 대해 Quint. *Inst*. 9.4.124; *Rhet. Her*. 4.19.26; Arist. *Rh*. 3.9.5-10.1409b-1410a를 보고, 또 '도미문'(period)에 대해서는 Arist. *Rh*. 3.9.3.1409a; *Rhet. Her*. 4.19.27; Cic. *De Or*. 3.48.186; *Orat*. 61.204; Quint. *Inst*. 9.4.22를 보라. 특히 도미문에는 세 종류가 있다. 즉, 내러티브적인 도미문(περίδος ἱστορική), 수사학적인 도미문(περίδος ῥητορική) 그리고 대화적인 도미문(περίδος διαλογική)이 그것이다(Demetr. *Eloc*. 1.19, 20, 21). 연설자는 세 곳, 즉 격언(*sententia*), 대조(*contrario*, ἐνθύμημα) 그리고 결론(*conclusione*)에서 도미문을 가장 잘 사용하게 되어 있다(*Rhet. Her*. 4.19.27; 또한 Quint. *Inst*. 9.4.126-30도 보라).

상으로 문미에 가서 완결되는 문장이다(*Rhet. Her.* 4.19.27). 이 도미 문에는 두 가지 형식이 있다. "하나는 단순하며, 수많은 단어로 표현되고 적절히 끝이 마무리된 한 가지 생각으로 이루어져 있다. 다른 하나는 수많은 상이한 생각들로 구성되는 '콤마'(*commata*)와 '콜론'(*cola*)으로 이루어져 있다(Quint. *Inst.* 9.4.124; 또한 Arist. *Rh.* 3.9.3-10.1409a-10b; Quint. *Inst.* 9.4.124-30). 후자의 경우 도미문은 적어도 두 개의 콜론(*cola*)이 있어야 한다(Quint. *Inst.* 9.4.125; 참조, Cic. *Orat.* 66.122).

모든 예술적 구성(*compositio, structura*)에는 세 가지 필요한 특성이 있으니, 곧 '순서'(*ordo*), '연결'(*iunctura*) 그리고 '리듬'(*numerus*)이다 (Quint. *Inst.* 9.4.22, 27). 순서는 "단어들을 하나하나씩 취할 때에도 결합하여 취할 때에도" 고려되어야 한다(Quint. *Inst.* 9.4.23-32). 연결은 단어, '콤마'(*commata*), '콜론'(*cola*), '페리오도스'(도미문, periods) 사이에 일어난다(Quint. *Inst.* 9.14.32-44). 리듬은 "시간의 어떤 길이들로 이루어지고", 운율(보격, 박자, metre)은 이 길이들이 배열된 순서로 결정된다"(Quint. *Inst.* 9.4.46; 또한 9.4.45-130; Cic. *Orat.* 49.163-71.238).[112]

---

112) '리듬'(rhythm)은 기본적으로 세 종류로 되어 있다. 즉, 영웅 리듬(the heroic), 단장격 및 장단격 리듬(iambic and trochaic) 그리고 찬가 리듬 (paean)이다(Arist. *Rh.* 3.8.4-7.1408b-9a; Quint. *Inst.* 9.4.46-47). 참고로, 퀸틸리아누스는 "모든 산문 리듬은 음보/운각(feet)로 이루어져 있다"고 한 다(Quint. *Inst.* 9.4.79). 그는 한 음보/운각이 세 음절이상 길어서는 결코 안 된다고 생각한다(9.4.79). 또한 리듬은 "그 모든 범위를 통하여 산문 전신"(the whole body of prose through all its extent)에 널리 퍼진 다"(Quint. *Inst.* 9.4.61). 하지만 리듬이 가장 필요하고도 가장 명백하게 존재해야 할 곳은 도미문의 결론부이다(Quint. *Inst.* 9.4.61-71; 또한 Cic. *Orat.* 63.212-64.218; Quint. *Inst.* 9.4.18,29,70; Lausberg, *Handbuch der literarischen Rhetorik*, 1:483-505[§§ 985-1052 등]).

반면에, 디오니시우스는 퀸틸리아누스와 달리 다음과 같이 세 개의 서로 다른 종류의 구성을 구별한다.

나는 …… 단지 세 가지 일반적으로(generically) 서로 다른 종류의 구성 [σύνθεσις, ἁρμονίαι]만이 있다고 믿는다……. 나는 은유적인 술어로 그것들에 이름을 붙이는데, 첫 번째 것은 '꾸미지 않은'[αὐστηρόα], 두 번째 것은 '닦인'[γλα πυράι/ἀνστηρόα], 세 번째 것은 '잘 섞인' [εὔκρατοι] 구성이다(Dion. Hal. *Comp.* 21-24; 또한 *Dem.* 37-41도 보라).

구성의 '꾸미지 않은' 문체의 특별한 특성에 대해 디오니시우스는 다음과 같이 말한다.

그것은 단어들이 확고히게 독립해 있고 강한 위치들을 차지할 것과, 문장의 부분들이 서로에게서 상당히 떨어져 있어야 할 것을 요구한다……. 그것은 거칠고 귀에 거슬리는 말의 배열을 마다하지 않는다……. 그것은 넓은 공간에 걸쳐 있는 긴 단어들로 확장하는 것을 일반적으로 좋아한다(Dion. Hal. *Comp.* 22; 또한 *Dem.* 38-39; Demetr. *Eloc.* 2.38-127도 보라).

구성의 '닦인' 문체에서는, '꾸미지 않은' 유형에서 발견되는 특징의 대부분이 부재한다, 따라서, '닦인' 문체에는 다음에서 말하는 특성이 있다.

그것은 모든 단어가 사방에서 보이게 하려고 하지 않고, 모든 단어가 넓고 확고한 기초에 서 있게 하려고 하지도 않고, 모든 단어들 사이의 시간 간격이 길어야 하는 것도 아니다……. 그것은 단어들이 계속하여 움직이고 있을 것을 요구한다……. 그것은 (닦인 문체의, 구성의) 성분들을 함께 섞어 짜 넣고 이 성분들로 하여금 하나의 발설 결과(효과)를 가능한 한 멀리 전달하게 하려고 (착수)한다……. 그것은 [닦아진 문체의] 모든 단어들이 선율이 아름답고, 매끄러우며 부드러울 것을 요구한다……. 그것은 거칠고 귀에 거슬리는 음절들을 향한 일종의 질색함과 경솔하고 위험한 모든 것을 조심스럽게 피함을 보여준다 (Dion. Hal. *Comp.* 23; 또한 *Dem.* 40도 보라).

그리고 세 번째, '절충된'(εὔκρατον) 문체는 "그 자체에 독특한 형태가 없으나, 사려 분별 있게 두 문체를 혼합한 것의 일종이며 각 문체의 가장 효과적인 특성들(qualities)을 골라 놓은 것이다"(Dion. Hal. *Comp.* 24; 또한 *Dem.* 41도 보라).

라. 요약

지금까지 수사(연설)의 종류와 수사술(수사학)의 부분들에 관하여 고전 수사학 이론들을 개관하였다. 간단히 요약하자면, 청중의 종류(부류)에 따라 수사(연설)는 세 종류가 있고, 수사술(수사학)의 부분들은 발견, 배열, 문체, 기억 그리고 전달(연설)로 이루어져 있다. 이 다섯 개의 부분들 중에서 발견, 배열 그리고 문체에 대해 논의하였다.

문체('스타일')는 무엇보다도 하나하나의 단어들과 단어의 배열(구성)에서 나타난다. 문체는 정확함, 명쾌함, 적절함, 장식함 그리고 간결함과 같은 몇 가지 덕목을 가지고 있어야 한다. 문체에는 서로 다른 세 종류의 문체가 있다. 즉, 웅대한 문체, 중간적 문체 그리고 소박한 문체가 그것이다. 예술적 구성에 대해, 아리스토텔레스와 퀸틸리아누스는 세 종류의 문체를 구별하였다. 즉, '보다 더 느슨한 문체', '연속적인 문체' 그리고 '보다 더 빽빽하게 결합된 문체'가 그것이다. 반면에, 다른 관점에서 디오니시우스는 구성에 있어 세 종류의 문체를 확인하였다. 즉, '꾸미지 않은 문체', '닦인 문체' 그리고 '절충된(잘 섞인) 문체'가 그것이다.

수사(수사학)는 '설득의 예술 혹은 기술'(수사술)이다. 이 수사술의 다섯 부분은 또한 연설자가 청중을 설득할 때 수행하는 임무이기도 하다. 연설자는 먼저 수사학적 상황을(어떤 종류의 수사와 쟁점인지를) 파악해야 한다. 그리고 자기의 주장(case)을 지지하는 증명의 모든 방식('모드')을 늘어놓고 그것들을 적절한 방식('모드'), 곧 적절한 문체('스타일')로 제시해야 한다.

다음 4장에서는 3장에서 기술한 고전 수사학 이론들에 따라 고린도전서 15장에 나타나는 바울의 수사/수사학을 분석하게 될 것이다. 이 논문(책)의 목적에 맞게 바울은 하나의 '연설자'로 간주되며,[113] 바울이 연설자로서 죽은 자들의 부활을 지지하는 자기의 주장(case)을 고린도인들에게 제시할 때 얼마나 설득력 있고 효과적인지 살펴보게 될 것이다.

---

113) M. Jones, *St. Paul the Orator: A Critical, Historical, and Explanatory Commentary on the Speeches of St. Paul* (London: Hodder and Stoughton, 1910), 1-3을 보라.

제4장

고린도전서 15장에 대한 수사학적 분석

▍1. 서론

수사비평이 역사적 연구(탐구)이기도 해야 하며, 따라서, 고전 수사학의 포괄적 활용이기도 해야 한다는 것을 분명히 역설하였다. 그리하여 선정된 성서 본문(문절)에 대한 수사학적 분석의 범위는 발견, 배열 그리고 문체를 포함해야 한다고 주장하였다. 4장에서는 이전의 장들에서 확립하려고 노력한 방법론을 고린도전서 15장에 대한 수사학적 분석에 적용한다. 첫째로, 가장 중요한 수사학적 문제, 쟁점 그리고 수사의 종류를 파악(확인)하고자 노력할 것이다. 그 다음으로, 발견, 배열 그리고 문체를 차례로 분석할 것이다. 그리고 마지막으로, 이렇게 하는 가운데 다양한 부분들(발견, 배열 그리고 문체)이 어떻게 고린도 청중을 설득하려는 하나의 목적에 이바지하는지 살펴보려고 노력할 것이다.

하지만 방금 말한 것을 수행하려고 진행해 나가기 전에 전체로서의 고린도전서에 대해 몇 가지 예비적인 의견을 말하는 것이 필요하다. 고린도전서의 통일성과 고린도전서의 나머지에 대한 열다섯 번째 장 (15장)의 관계에 관한 것이다. 이렇게 함으로써 열다섯 번째 장을 적절한 관점과 맥락에서 보게 될 것이다.

▍2. 몇 가지 예비적 고찰

고린도전서의 통일성에 이의를 제기하는 학자들도 있다.[1] 이 논문 (책)의 목적을 위해서는 허드(J. C. Hurd, Jr.)가 지적하는 것처럼 거의 모든 고린도전서 분할이론의 근본적인 기초는 고린도전서 1장 11절 이하에서 바울이 고린도에 비호의적인 구두 정보를 다루는 것과 고린도전서 7장 1절 이하에서 시작하는 고린도인들의 편지에 대하여 바울이 응답하는 것 사이에 존재하는 차이점이기에[2] 분할이론을 뒷받침하려고 περι δε라는 공식문구에 관한 주장을 내세우는 어느 대표적인 진술을 논의하는 것만으로 충분하겠다. 슈미탈즈(Schmithals)가 이 대표적인 진술을 다음과 같이 제공한다.

그런데 고린도전서 7장 1절에서부터 편지의 마지막 부분에 이르기까지 바울이 고린도 교인들에 의해 자기에게 보내어진 편지 속의 문의들을 다양한 방식으로 언급한다는 관찰은 중요한 관찰이다. περι δε로 시작되는 단락들은 의심의 여지없이 바울의 같은 편지에 속하며(7:1, 25; 8:1; 12:1; 16:1; 16:12), 또 이

---

1) 특히 J. Hering, *The First Epistle of Saint Paul to the Corinthians* (tr. A. W. Heathcote and P. J. Allock; London: epworth, 1962), xii-xiv; W. Schmitals, *Gnosticism in Corinth: An Investigation of the Letters to the Corinthians* (tr. J. E. steely; Nashville/New York: Abingdon, 1971), 87-113; 그리고 J. Weiss, *The History of Primitive Christianity* (2 vols.; tr. Four Friends; ed. F. C. Grant; New York: Wilson-Erickson, 1937; reprint, *Earliest Christianity : A History of the Period A. D. 30-150*, New York: Harper & Brothers, 1959), 323-57을 보라. 또한 H. Probst, *Paulus und der Brief: Die Rhetorik des antiken Briefes als Form der paulinischen Korintherkorrespondenz* (1 Kor 8-10) (WUNT 2/45; Tübingen: Mohr, 1991), 106, 361-68은 "고전 8-10장은 여러 개별적인 단편(고전 1-4장; 5-6장; 7장; 8-10장; 11장; 12-14장; 15장)으로 분리되는 한 편의 긴 서신인 고린도전서의 일부이다"(106쪽)라고 한다.
분할가설에 대한 간략한 개관을 위해 전경연, 『고린도서신 신학논제』 (서울: 대한기독교출판사, 1988), 65-69; H. Conzelmann, *1 Corinthians: A Commentary on the First Epistle to the Corinthians* (tr. J. W. Leitch; Hermeneia; Philadelphia: Fortress, 1975), 2-4; H. Merklein, "Die Einheitlichkeit des ersten Korintherbriefes," *ZNW* 75 (1984), 154-56; 그리고 J. C. Hurd, Jr., *The Origin of 1 Corinthians* (New ed.; Macon: Mercer University Press, 1983), 43-47을 보라.
2) Hurd, *The Origin of 1 Corinthians*, 43.

편지는 거기에 16장 1-12절도 확실히 속하는 사실상의 서신 B이다. 기대하건대, 바울은 어떤 주요한 여담들도 없이 그[고린도인들의] 편지에 대하여 답변하는 일을 성취한다. 바울이 이를 염두에 두었다는 것은 7장 1절의 περὶ δε ὧν ἐγράψατε 를 볼 때 분명한데, 이 어귀는 그 뒤의 7장 24절에까지 이르는 진술을 이끌 뿐만 아니라, 나중에 나오는 περὶ δε 표제들과는 구별되고, [고린도] 회중이 보낸 편지 속의 일련의 모든 문의들에서 눈을 떼지 않는다. 따라서 8장 1절의 περὶ τῶν εἰδωλοθύτων 진술을 12장 1절의 περὶ τῶν πνευματικῶν 진술과 격리하는 11장 2-34절 단락 또한 서신 A에 속하는 것으로 뽑아낼 수 있겠다. 그러나 같은 방식으로 15장 역시 16장 1절(περὶ δε τῆς λογείας)이 12-14장의 περὶ τῶν πνευματικῶν 진술과 연결되는 것을 단절시킨다. 이런 이유로, 나는 15장 역시 사도의 첫 번째 고린도 서신(A)에 배당한다.[3]

그는 이렇게 고린도전서를 (고린도후서의 일부를 포함시켜) 두 개의 편지로 분류한다. 서신A는 고린도후서 6장 14절에서 7장 1절까지, 고린도전서 6장 12절에서 20절까지, 9장 24절에서 10장 22절까지, 11장 2절에서 34절까지, 15장 그리고 16장 13절에서 24절까지 이루어지는 반면에, 서신B는 고린도전서 1장 1절에서 6장 11절까지, 7장 1절에서 9장 23절까지, 10장 23절에서 11장 1절까지, 12장 1절에서 14장 40절까지 그리고 16장 1절에서 12절까지 이루어진다는 것이다.[4] 하지만 이러한 주장은 전혀 설득력이 없다. 우선, 분할이론과 관련하여 바레트(C. K. Barett)가 제기하는 바와 같이 "반드시 묻고 답할 본질적인 질문은 고린도전서가 현재 형태로 이치에 닿는지, 아니면 아주 명백히 자체와 상반되어 편지의 비논리적 전개와 내적 모순들이 일치하지 않는 부분들을 상이한 상황에서 기록된 상이한 편지들로 분리함으로써만

---

3) Schmitals, *Gnosticism in Corinth*, 91-92.
4) Schmitals, *Gnosticism in Corinth*, 95). 하지만 후에 그는 고린도전서를 다시 다섯 개의 서로 다른 편지로 분류한다. 이에 대해서는 Schmitals, "Die Korintherbriefe als Briefsammlung," *ZNW* 64 (1973), 263-88을 보라.

고쳐질 수 있는 것인지 하는 것"이다.5) 고린도전서는 현재 형태로 충분히 이치에 닿게 읽혀질 수 있다. 그리고 περὶ δέ에 대해 말하면, 미첼이 보여준 바 있듯이, 이 "περὶ δέ라는 공식문구는 매우 다양한 고대 헬라 텍스트들(편지들을 특별히 강조함)에서 발견되는 것처럼 단순히 화제를 표시해 주는 것, 즉 다음의 논의 주제를 소개하는 속기 방식에 지나지 않는다."6) 바꾸어 말하면, 고린도전서에 나오는 περὶ δέ 공식문구들이 반드시 바울이 7장 1절(περὶ δὲ ὧν ἐγράψατε)에서 언급하는 고린도 교인들이 자기에게 보낸 편지에 대하여 조목조목 응답하는 단 하나의 발췌된 편지 속의 연속적인 부분들을 소개하는 것은 아니다.7) 오히려 미첼의 결론처럼 "우리가 명확하게 말할 수 있는 것은 바울이 περὶ δέ 공식문구로 소개하는 각각의 화제들(처녀들, 우상제물, 영적인 사람들/일들, 모금과 아볼로)은 *그들이 공유한 경험의 어떤 요소를 통해* 고린도교인들과 바울 모두에게 익히 알려진 것이라는 점이다."8) περὶ δέ가 군이 분할이론의 근거로 사용될 이유가 없다는 것이다.

이 논의는 고린도전서의 구성을 조사하는 데 중요한 함의를 수반한다. 즉, "고린도전서의 구성, 구조 그리고 배열은 바울의 수사학적 목적에 의해 결정되었지, 고린도인들의 편지에 의해 결정되지 않았다"라

---

5) C. K. Barrett, *A Commentary on the First Epistle to the Corinthians* (HNTC; New York/Evanston: Harper & Row, 1968), 14-15.

6) M. M. Mitchell, "Concerning ΠΕΡΙ ΔΕ in Corinthians," *NovT* 31 (1989), 234, 236: "περὶ δέ라는 공식문구는 화두를 소개하는 방식 이상도 이하도 아니고, 유일한 요건은 이 화두가 저자와 및 독자에게 쉽사리 알려져 있어야 한다는 것이다." 이 주장에 대한 증거 문서들은 이 논문 238-54쪽의 각주들에 나와 있다.

7) Mitchell, "Concerning ΠΕΡΙ ΔΕ in Corinthians," 229-30.

8) Mitchell, "Concerning ΠΕΡΙ ΔΕ in Corinthians," 256.

는 것이다.9) 그리하여 미첼은 수사비평적인 근거들에서 고린도전서의 통일성을 주장한다. 그녀에 따르면, 바울의 수사학적 목적은 고린도인들에게 마음과 생각을 같이하여 하나가 되라고 호소하는 것이다.10) 그녀는 다음과 같이 정리한다,

> 나는 고린도전서가 바울 자신의 '인벤찌오'(inventio)와 '디스포시찌오'(dispositio)를 반영하는 바울 자신의 창작물로 여러 상이한 당사자들을 통해 알게 된 고린도 교회의 가지각색이면서도 논쟁을 불러일으키는 상황에 반응하는 것이라는 점을 주장하려고 한다. 바울이 문제를 진단할 수 있는 것은 바로 다양한 관점에서 상황을 인식하고 있었기 때문인데, 단지 고린도인 자신들이 묘사했을 수 있는 것처럼 문제를 진단하지 아니하고, 개별적인 말다툼들이 더 높은 이해관계를 지니고 있음을 나타내는 보다 더 포괄적인 말, 즉 '바로 교회의 일치와 안정성'이 문제라고 진단한다.11)

따라서 바울은 고린도전서 전체에 걸쳐 일치(연합함, 하나 됨, unity)를 권하는 자기의 논증(주장)들을 배열하여 1장 10절의 명제진술을 옹호하는 수사학적 완전체를 형성하였다.12) 미첼은 그리하여 고린도전서가 통일성이 있는 하나의 편지라는 결론을 내린다.13) 이 논문(책)에

9) Mitchell, "Concerning ΠΕΡΙ ΔΕ in Corinthians," 256.
10) Mitchell, "Paul and the Rhetoric of Reconciliation," 91.
11) Mitchell, "Paul and the Rhetoric of Reconciliation," 263.
12) Mitchell, "Paul and the Rhetoric of Reconciliation," 259.
13) Mitchell, "Paul and the Rhetoric of Reconciliation," 254-57. 미첼은 고린도전서를 통일성이 있는 편지로 보고 서간학적 수사학적 구조의 개요를 제공하는데, 이 개요의 큰 뼈대는 다음과 같다.

    1. 1:1-3 '서간학적 서문/규정'
    2. 1:4-9 '서간학적 감사'(편지 본론에 나오는 논증에 대한 προοίμιον['서론']을 형성함)
    3. 1:10-15:58 '서간학적 본론'(심의적 논증을 포함함)
        1) 1:10 논증에 대한 πρόθεσις('명제 진술'): 일치 및 파벌주의 종식의 요청
        2) 1:11-17 διήγησις('사실의 진술'): 현 상황에 대한 묘사 및 있을 수 있는 오해 교정

서 취하는 견해는 미첼을 비롯한 많은 학자들과 더불어 고린도전서를
바울에 의해 기록된 하나의 통일성 있는 편지로 보는 것이다.[14)]

　　3) 1:18-15:57 πίστεις('증명/증거'): 네 개의 소단락으로 된, 교회의 화합
　　　(일치) 도모 및 유지를 위한 조언
　　　(1) 1:18-4:21 '첫 번째 증명 단락'
　　　(2) 5:1-11:1 '두 번째 증명 단락'
　　　　(ㄱ) 5:1-7:40 Πορνεία와 공동체 연대 책임
　　　　(ㄴ) 8:1-11:1 고기, 자유 그리고 공동체 일치
　　　(3) 11:2-14:40 '세 번째 증명 단락'
　　　　(ㄱ) 11:2-16 예배에서의 분열을 일으키는 풍습
　　　　(ㄴ) 11:17-34 성만찬에서 분열
　　　　(ㄷ) 12:1-14:40 영적 은사와 일치
　　　(4) 15:1-57 '네 번째 증명 단락': 부활과 최종 목표, παραδόσεις에서의 일치
　　4) 15:58 편지 본론의 논증에 대한 ἐπίλογος('결론/요약'). 일치(조화)를 위
　　　하여 건축 은유에 요약적으로 호소함
　4. 116:1-24 '서간학적 끝맺음'(관례적인 업무, 여행 계획, 마지막 훈계와 문
　　안 등)

14) K. E. Bailey, "The Structure of 1 Corinthians and Paul's Theological
　　Method with Special Reference to 4:17," *NovT* 25 (1983), 152-81;
　　Barrett, *The First Epistle to the Corinthians*, 12-17; L. L. Belleville,
　　"Continuity or Discontinuity: A Fresh Look at 1 Corinthians in the Light
　　of First Century Epistolary Forms and Conventions," *EvQ* 59 (1987),
　　15-37; F. F. Bruce, *1 and 2 Corinthians* (NCB: London: Oliphants,
　　1971), 23-25; Conzelmann, *1 Corinthians*, 2-4, 11; G. D. Fee, *The First
　　Epistle to the Corinthians* (NICNT; Grand Rapids: Eerdmans, 1987),
　　15-16; Hurd, *The Origin of 1 Corinthians*, 47, 70, 71, 87-89, 130-42, H.
　　Koester, *History and Literature of Early Christianity*, vol. 2, *Introduction
　　to the New Testament* (Philadelphia/Berlin/New York: Fortress/Gruyter,
　　1982), 56; W. G. Kümmel, *Introduction to the New Testament* (rev. ed.;
　　tr. H. C. Kee; Nashville/New York: Abingdon, 1975), 276-78; E. Lohse,
　　The Formation of the New Testament (tr. M. E. Boring; Nashville:
　　Abingdon, 1981), 65-66; D. Lührmann, "Freundschaftsbrief trotz Spannungen:
　　Zu Gattung und Aufbau des Ersten Korintherbriefs," *Studien zum Text
　　und zur Ethik des Neuen Testaments, Festschrift zum 80. Geburtstag von
　　Heinrich Greeven* (BZNW 49; ed. W. Schrage; Berlin/New York:
　　Gruyter, 1986), 298-314; W. Marxen, *Introduction to the New Testament:
　　An Approach to Its Problems* (tr. G. Buswell; Philadelphia: Fortress,
　　1968), 76; Merklein, "Die Einheitlichkeit des ersten Korintherbriefes,"
　　153-83; 그리고 A. C. Thiselton, "Realized Eschatology at Corinth," *NTS*

고린도전서가 하나의 통일성 있는 편지임에 틀림없으나, 그 속에 들어 있는 고린도전서 15장은 그 자체로 하나의 단락을 이루고, '죽은 자의 부활'이라는 독특한 주제를 다룬다. 그것은 "죽은 자들의 부활에 대한 자기 충족적인 논문"이며, "수사학적 입론(논증)의 완벽한 한 예"이다.15) 리츠만(Lietzmann)은 "앞에서 말하여진 것과 내적 혹은 외적 연관 없이, 새로운 테마를 다루는 것[15장]이 뒤 따른다"고 말하고, 오르(W. F, Orr)와 월터(J. A. Walter)는 15장을 "부활에 대한 여담"이라고 부름으로써 이 15장을 앞뒤와 연관성을 맺게 하는 것에 대해 주저함을 나타낸다.16) 정말로 갑작스러운 주제의 변화로 인하여 언뜻 보기에는 이 열다섯 번째 장(15장)이 다른 장들과 고립된 것 같다. 그러나 깊이 들여다 보면 편지의 다른 부분들로부터 전적으로 고립된 것이 아님을 알게 된다. 바르드는 이 15장을 "편시의 주제(테마)"로 인정해야 한다고 생각한다.17) 이 15장은 바로 앞서 나오는 12-14장의 관심사와 전체로서의 편지에 나타나는 많은 다른 문제들과 의미심장하게 관계가 있다.18) 예를 들면, 15장은 일차적으로 특정한 공동체 위

---

24 (1978), 510-26(="그러나 우리는 고린도전서에서 바울이 모두 두 개의 동일한 기본 원인[종말론과 영적 열광주의]으로부터 발생한 다양한 범위의 쟁점들에 대해 한 벌의 조직적이며 일관성 있는 응답을 확립한다는 점을 보여주려 노력했다"); *The First Epistles to the Corinthians* (NIGTC; Grand Rapids: Eerdmans/Carlisle: Paternoster, 2000)를 보라.

15) Conzelmann, *1 Corinthians*, 249; Mack, *Rhetoric and the New Testament*, 56.

16) 리츠만의 말은 K. Barth, *The Resurrection of the Dead* (tr. H. J. Stenning; New York/London/Edinburgh: Revell, 1933), 6에서 인용한 것이며, 오르와 월터의 말은 W. F. Orr and J. A. Walter, *1 Corinthians: A New Translation, Introduction with a Study of the Life of Paul, Notes, and Commentary* (AB; Garden City: Doubleday, 1976), 319에 나온다.

17) Barth, *The Resurrection of the Dead*, 6-7. 이에 R. A. Harrisville, *1 Corinthians* (ACNT; Minneapolis: Augsburg, 1987), 22, 247이 동의한다(= 고린도전서 15장은 "이 편지의 중심 혹은 중추"이다). 이 문제에 관한 바르트와 불트만의 입장을 위하여 Conzelmann, *1 Corinthians*, 249를 보라.

기, 즉 죽은 자의 부활을 부인하는 것에 대해 이야기한다(15:12: "πῶς λέγουσιν ἐν ὑμῖν τινες ὅτι ἀνάστασις νεκρῶν οὐκ ἔστιν"). 죽음 은 7장 39절과 11장 30절에서도 언급되어 있다(15:6, 18, 29도 보라). 이 점에 대해 고린도전서 15장 12절에서 언급된 쟁점은 고린도인들 사이에 죽음에 대하여 응답하는 과정에서 발생한 의견의 차이를 반영 한다고 추론할 수도 있을 것이다.19)

■ 3. 고린도전서 15장의 수사학적 장르

가. 서론

열다섯 번째 장을 하나의 별도의 "편지"로 간주하지 않으면(그리고 그렇게 간주하지 않는다), 이 15장의 수사학적 장르는 반드시 고린도 전서 전체의 장르에 의존한다. 이에 따라, 여기서 고린도전서(전체 혹 은 다른 부분들)의 수사학적 장르를 논의하는 가운데, 특히 고린도전 서 15장도 '심의적 수사'의 특징들을 공유한다고 주장하려고 한다.

---

18) Fee, *The First Epistle to the Corinthians*, 713; Barth, *The Resurrection of the Dead*, 5-7, 95-96, 107.

19) M. C. de Boer, *The Defeat of Death: Apocalyptic Eschatology in 1 Corinthians 15 and Romans 5* (JSNTSup 22; Sheffield: JSOT, 1988), 93-95, 104-5. 고린도전서 15장과 나머지 장들 간에 관계된 다른 문제들, 즉 주제들, 술 어들 및 화두들에 대하여 15:1-11//1:1-9; 15:1//3:6; 4:15; 15:3//11:23; 15:5//1:12; 15:8-9//9:1; 15:10//3:6, 10; 15:19//4:9; 15:23//6:14; 15:28//3:23; 12:6, 15:32//16:8, 9; 15:33//6:9; 15:34//6:5; 15:38//12:18; 15:44//2:14; 15:50//6:9; 15:51//13:2, 14:2; 15:58//16:10; 15:51-53//1:4-9; 4:1-5; 9:24-27; 13:8-13을 보라.

'수사'(연설)에는 세 종류(*genera*)가 있다. 즉, 법정적인 것, 심의적인 것 그리고 예찬적인 것이다(Arist. *Rh*. 1.3.1358a). 법정적인 연설에서는, 연설자가 과거에 발생한 사건들에 관해 판단을 내리도록 청중(혹은 소송 당사자)을 고발(비난)하거나 변호하려고 노력하고, 심의적인 연설에서는 일어날 일들에 관해 조언함으로써 미래에 어떤 행동을 취하도록 청중을 설득하거나 만류하려고 노력하고, 또 예찬적인 연설에서는 현재의 일들의 기존 상태를 칭찬하거나 비난하려고 노력한다 (Arist. *Rh*. 1.3.3-7.1358b-1359a).[20] 고린도전서는 그리고 열다섯 번째 장(15장)도 마찬가지로, 심의적 담화로 이해함이 가장 좋을 것이다. 하지만 때때로 세 개의 범주가 각각 고린도전서 혹은 그 일부에 대하여 가장 적당한 수사학적 장르로 제안되었다.[21] 따라서 먼저 다른 두 개의 선택지를 비평적으로 평가하고, 그런 다음에 '심의적 장르'라는 세 안에 대해 살펴보고자 한다.[22]

나. 법정적 장르? 혹은 예찬적 장르?

달(Nils A. Dahl)은 고린도전서 1장 10절에서 4장 21절까지를 "바울의 사도적 사역을 위한 변호(변명)"로 보고, 다음과 같이 주장하였다.

---

20) Duke, *Persuasive Appeal of the Chronicler,* 74-77을 참조하라.
21) Mitchell, "Paul and the Rhetoric of Reconciliation," 15, n. 38 및 17, n. 4.
22) 고린도전서의 수사학적 장르 제안에 관한 논의에 대해 예를 들어 Fiorenza, "Rhetorical Situation," 390-93을 보라. 또한 Mack, *Rhetoric and the New Testament*, 35, 67; Wire, *The Corinthian Women Prophets*, 4를 참조하라. 맥과 와이어는 보다 더 다양한 성경 본문들을 딱 들어맞는 어느 한 종류의 수사(연설, 담화)로 분류하려는 시도들에 대해 의문을 제기한다.

이 단락은 고린도전서의 전체적인 구조 속에서 명백하면서도 중요한 기능을 가지고 있다. [고린도인들에 의해] 제기된 질문들에 대답을 할 수 있기 전에 바울은 잘못된 평가들과 잘못된 반대들을 극복해야 했고, 또 고린도에 있는 전 교회의 창립자이자 영적 아버지로서 자기의 사도적 권위를 다시 세워야 했다.[23]

그리고 "이 단락은 편지의 후속 부분들에 대한 기초를 놓고, 바울의 참된 권위를 다시 세우는 역할을 하고, 또 변증적 요소들을 담고 있는데, 특히 4:2-5와 4:18-21을 보라"고 말하기도 한다.[24] 비슷한 맥락에서, 뷘커는 고린도전서 1장 10절에서 4장 21절까지와 15장 1-58절이 '법정적' 혹은 '사법적' 담화의 수사학적 구조를 가지고 있다는 점을 보여주고자 노력하였고,[25] 또 바울이 특히 1장 10절에서 4장 21절까지에서, 파벌들로 에워싸인 공동체에서 자기의 권위를 다시 세우고자 노력했다고 주장하고, 이 과정에서 바울이 형식적으로는 고린도의 전 공동체를 대상으로 말하지만 실제는 교육을 잘 받고 신분이 높고, 또 고린도에서 파당 싸움을 일으킨 소수의 고린도 그리스도인들과 더불어 논하고 있는 것이라고 결론지었다.[26]

---

23) N. A. Dahl, "Paul and the Church at Corinth According to 1 Corinthians 1:10-4:21," *Christian History and Interpretation: Studies Presented to John Knox* (ed. W. R. Farmer, C. F. Moule, and R. R. Niebuhr; Cambridge: Cambridge University Press, 1967), 329.

24) N. A. Dahl, "Paul and the Church at Corinth According to 1 Corinthians 1:10-4:21," in *Studies in Paul: Theology for the Early Christian Mission* (assisted by Paul Donahue; Minneapolis: Augsburgh, 1977), 61, n.50. 달의 입장에 대한 간략한 논의를 위해서는 Fiorenza, "Rhetorical Situation," 394-97; N. Hyldahl, "The Corinthian 'Parties' and the Corinthian Crisis," *ST* 45 (1991), 19-21을 보라. Plank, *Paul and the Irony of Affliction*, 40-123은 1-4장을 변증적인 것으로 보는 점에서 달의 인도를 따른다. Mitchell, "Paul and the Rhetoric of Reconciliation," 74-75는 고전 4:1-5를 변증적인 것으로 보는 견해에 대해 반증한다.

25) Bünker, *Briefformular und rhetorische Disposition,* 72.

26) Bünker, *Briefformular und rhetorische Disposition,* 48-76.

제4장_고린도전서 15장에 대한 수사학적 분석_193

고린도전서는 통일성이 있는 편지이다. 따라서 수사학적 장르에 대한 논의는 편지 전체에 관하여 이루어져야 한다. 뷘커의 논의가 지닌 약점들 중 하나는 그렇게 하지 못했다는 것이다. 이후에 수사학적 연구에서 고린도전서 전체를 다룬 미첼의 경우와는 달리 그는 편지 전체를 고려하지 않았다. 더군다나, 바울이 지혜롭고, 능하고, 문벌이 좋은(1:26) 소수의 고린도 그리스도인들과 더불어 논했다는 그의 결론은 고린도전서의 끝 부분에서 언급된 것과 일치하지 않아 보인다. 고린도전서 16장 15-18절에서 바울 자신은 '고린도인들'에게 스데바나와 그의 동역자들의 리더십을 인정하고 받아들이라고 호소한다. 이로 보건대, 고린도전서의 전반적 장르는 변증적인 것이 아니라 심의적인 것이라는 견해를 취하는 것이 좋다.27) 바꾸어 말하면, 바울은 자기의 권위를 다시 세우기 위해 지혜롭고, 능하고, 문벌이 좋은 소수의 고린도 그리스도인들과 더불어 논하고 있는 것이 아니라, 고린도 회중에게 교회의 지도자들/사역자들에게 복종하라고 권면하고 있었다(παρακαλῶ, 16:15-18). 바울은 자신을 변호하고 있는 것이 아니라, 고린도인들에게 원하는 행동 방침을 취하라고 그들을 설득하고 있는 것이었다.

반면에, 윌너는 고린도전서를 '예찬적인' 담화 혹은 '예증적인'(논증적인) 담화를 나타내는 것으로 이해하고, 험프리즈는 1-4장을 '예찬적인 담화'라고 명명하며, 또 클라우스(B. Klaus)는 고린도전서 15장 11절에서 58절까지를 예찬적 입론(논증)을 지닌 전형적인 본문 중의 하나로 나열한다.28) 윌너와 험프리즈는 고린도전서가 예찬적 담화라는

---

27) Fiorenza, "Rhetorical Situation," 392-93, 399-400을 보라.
28) Wuellner, "Greek Rhetoric," 185-88; "Paul as Pastor," 62(="우리가 수사의 문문들에 의해 표현된 '칭찬'과 '수치'에 대한 잦은 언급들을 고려할 때 고린도전서 전체의 장르로 예찬적 장르를 선정하는 것이 분명해진다"); Humphries, "Paul's Rhetoric of Argumentation," 135; 그리고 B. Klaus, *Formgeschichte*

자기들의 견해를 페렐만이 다시 정의하여 제공한 예찬적 수사 개념에 의거하였다.[29] 따라서 월너는 다음과 같이 주장했다.

여담들은 전통적으로 예찬적인 담화에서 사용된 수단 중 하나이다. 청중에게 연설자를 본받으라고 호소하는 것은 비슷한 기능을 가지고 있다. 바울의 "그리스도 안에 있는 길들"(4:9-13 뒤에 나오는 4:16; 혹은 9장 뒤에 나오는 10:33-11:1을 보라)은 기림을 받는 가치들에 대한 하나의 예, 하나의 '패러다임'이며, 이를 통해 바울은 한편으로 이 가치들에 대한 지지(신봉, 충성)를 증대시키려고 노력하고, 다른 한편으로 행동하려는 의향을 강화시키려고 노력한다.[30]

하지만 일찌감치 앞에서 언급하였듯이, '범례(예)'는 심의적 수사에 사용하는 데 가장 좋은 입론(논증)형식이다. 그리고 월너는 "고린도전서가 바라는 행동은 …… 1장 10절에서 진술되고, 또 16장 13-14절에 나타나는 '요점의 반복'(*recapitulatio*)에서 다시 진술되는 행동, 즉 그들이 모두 '한 마음'이 되라는 것이다"라는 자신의 관찰을 정당하게 다룬 것으로 보이지 않는다.[31] 이러한 관찰을 통해서는 고린도전서를 심의적 담화라고 생각해야 할 터인데, 그 속에서 바울이 고린도인들에게 하나가 되기 위해 행동을 취하라고 설득을 하려고 하기 때문이다.

---

des Neuen Testaments (Heidelberg: Quelle & Meyer, 1984) 101-6.

29) 페렐만은 고대 수사학자들이 했듯이 연설자의 상연에 관해서가 아니라 오히려 청중과 청중의 가치들에 관하여 예찬적인 수사를 다시 정의하려고 노력하였다 (Perelman and Olbrechts-Tyteca, *The New Rhetoric*, 48-49, 54). 또한 Wuellner, "Greek Rhetoric," 185; Fiorenza, "Rhetorical Situation," 391을 보라.

30) Wuellner, "Greek Rhetoric," 184.

31) Wuellner, "Greek Rhetoric," 183.

다. 심의적 장르

웰본(Laurence L. Welborn)은 「고린도에서의 불화에 대하여: 고린도전서 1-4장과 고대 정치」라는 소논문에서 고린도전서 1-4장을 "특성상 심의적"이라고 간주한다.[32] 바울이 갈라디아서와 빌립보에서는 논쟁에 관여하지만, 고린도전서 1-4장에서는 "'다른 복음'을 논박하려고 노력하지 않고, 서로 다투는 고린도인들에게 '같은 마음과 같은 뜻으로 온전히 합하라'고 권면한다(1:10)"는 것이다(Welborn, 89). 그는 고린도전서 1-4장을 기록하게 만든 갈등은 신학적 논쟁이 아니라 권력 투쟁이었다는 견해를 제안한다. 그리고 다른 소논문에서 고린도전서 1-4의 특성이 심의적이라는 것에 대해 다음과 같이 설명한다.

> 그것은 συμβουλευτικόν γένος['심의적 종류']에 속한다. 고린도인들을 설득하여 말다툼을 좋아하는 행위를 단념시키는 것이 바울이 글을 쓴 목적이다. 따라서 그는 수사학에 대한 저술가들이 추천하는 대로 그들의 행동이 해로우며 수치스러운 것임을 숙고하도록 그들에게 권한다. 내러티브['이야기']는 최소한으로만 유지하고, …… 훌륭한 심의적 연설자처럼 바울은 마땅한 곳에서 비난을 돌리고, 또 παραδείγματα['(신화적인) 범례[예]/보기/모범']를 사용한다.[33]

왓슨은 고린도전서 10장 23절에서 11장 1절까지를 심의적 수사로 판정한다. "(8장 1절에서 11장 11절까지의 전체는 말할 것도 없고) 10장 23절에서 11장 1절까지의 전체는 심의적 수사로 분류하는 것이 가장 좋은데, 이는 이 종류가 지니는 주요한 특징들을 보여주기 때문이

---

32) Welborn, "On the Discord in Corinth: 1 Corinthians 1-4 and Ancient Politics," *JBL* 106 (1987), 85-111.
33) Welborn, "A Conciliatory Principle in 1 Cor. 4:16," *NovT* 29 (1987), 334.

다"라는 것이다.34)

케네디는 고린도전서가 "얼마간의 법정적(사법적)인 문절들을 담고 있으나, 대체적으로 심의적이다"라고 생각한다.35) 피오렌자는 이 견해에 동의하고, 고린도전서의 배열 개요를 제공하는데, 이는 '서론'(exor- dium, 1:10), 주요 쟁점들이 나오는 중심이 되는 본론 혹은 증명들 (5-7; 8:1-11:1; 11:2-14:40; 15:12-37; 16:1-4) 그리고 '결론'(peroratio, 16:15-18)으로 이루어져 있다.36) 전체적인 고린도전서의 수사학적 장르에 대해 무언가를 논증하려는 지속된 노력 속에서 미첼은 고린도전서가 심의적 수사의 어떤 필수적인 특징들을 공유한다는 점을 보여준다.37) 이 특징들은 이전에 살펴본 바 있는 것들과 동일하다. 즉, '시간의 틀로서의 미래', '목적으로서의 이익(유익)', '증명의 수단으로서의 범례(예)' 그리고 '심의를 하기에 적합한 주제'이다.38)

시간의 틀로서의 '미래'는 심의적 수사에 가장 적합하고, '과거'는 법정적 수사에 가장 적합하며, '현재'는 예찬적 수사에 가장 적합하다 (Arist. *Rh*. 1.3.4.1358b). 바울은 1장 10절, 15장 58절 그리고 16장

---

34) Watson, "1 Corinthians 10:23-11:1," 301-18(특히 302).

35) Kennedy, New Testament Interpretation, 87, 144.

36) Fiorenza, "Rhetorical Situation," 393. 또한 Betz, "The Problem of Rhetoric and Theology," 24-39도 고린도전서를 심의적 수사로 간주하며, 서론(*exordium*, 1:4-9), 편지의 본론(5-15장) 그리고 결론(*peroratio*, 15:58)으로 구분한다.

37) Mitchell, "Paul and the Rhetoric of Reconciliation," 27-89.

38) Baldwin, *Ancient Rhetoric and Poetic*, 14-15(="미래를 바라보고, 유리함/이로움을 역설하는, '심의적인 것'[the *deliberative*], 현재 논의되고 있는 문제들에 대한 공공 집회들에서의 설득"); G. M. A. Grube, *The Greek and Roman Critics* (Toronto: University of Toronto Press, 1965), 93(=심의적 수사는 "미래와 관련이 있으며, 일정한 행동 방침을 따르도록 설득하려고 하며, 또 이로운 것 혹은 해로운 것을 다룬다"); 그리고 Stowers, *Letter Writing in Greco-Roman Antiquity*, 107(="심의적 수사는 보통 연설자가 누군가를 권면하거나 미래의 행동 방침을 따르지 않도록 만류하기 위하여 유리함으로부터 논증들을 전개하는 공공 논쟁의 수사로 정의되었다").

15-16절에서 미래 지향적인 말들을 한다.[39] 거기서 바울은 고린도인들에게 합하라고 권면하고, 그들의 수고가 주 안에서 헛되지 않은 줄 알고 "견실하며, 흔들리지 말고, 항상 주의 일에 더욱 힘쓰는 자들이 되라"고 명령하며, 또 교회의 지도자들에게 복종하라고 강권한다. 이 무엇보다 중요한 '미래'에 대한 강조는 고린도전서를 심의적 수사로 보게 만들기에 적합한데, 현재적 시간의 요소, 즉, 바울의 응답을 불러일으킨 상황과 고린도인들을 설득하여 어떤 행위를 하지 않도록 단념시키는 호소들로 사용된 몇몇 과거적 시간의 범례(10:1-13 등)에도 불구하고 그렇다(Quint. *Inst.* 3.8.6을 보라).

심의적 연설자들은 이로운 것/편리한 것/유리한 것 혹은 해로운 것을 목적으로 하고, 법정적 연설자들은 정당한 것 혹은 부당한 것을 목적으로 하고, 또 예찬적 연설자들은 명예로운 것과 수치스러운 것을 목적으로 한다(Arist. *Rh.* 1.3.5.1358b).[40] 이익/이로움/유익함/유리함 외에 심의적 연설자들은 또한 자기들이 제안하는 행동방침을 따르도록 청중에게 납득시킬 수 있는 다른 호소들을 사용할 수도 있다(Arist. *Rh.* 1.6; *Rh. Al.* 1.1421b.20-33; 1.1422a.5-15; *Rhet. Her.* 3.2.3-4.7; Cic. *Inv.* 2.51.156; 2.56.168-69, *De Or.* 2.82.334). 바울은 6장 12절, 7장 35절, 10장 23, 33절, 12장 7절에서 συμφέρειν이라는 동사의 다양한 형태들을 사용할 때, 고린도인들이 얻을 수 있는 '이익/이로움/유익함/유리함'(τὸ συμφέρον)에 호소하는 것이다(마 5:29,30; 18:6; 19:10; 요 11:50; 16:7; 18:14; 행 19:19; 20:20; 고후 8:10; 12:1; 히 12:10

---

39) Mitchell, "Paul and the Rhetoric of Reconciliation," 31-33.
40) "이익"(advantage, τὸ συμφέρον, *utilitas*)에 대해 Arist. *Rh.* 1.3; *Rh. Al.* 1.1421b.20-33; 1.1422a.5-16; 32.1439a.35-40; *Rhet. Her.* 3.2.3-4.7; Cic. *Inv.* 2.51.156; 2.52.157-58; 2.56.168-69; *De Or.* 1.141; 2.82.334-36; *Part. Or.* 24.83; Top. 24.91; Quint. *Inst.* 3.8.1-3, 34-35, 42를 보라.

등을 보라). 자기가 충고하는 행동 방침의 여러 가지 긍정적 측면을 위하여 바울은 선한 것(τὸ καλόν, 5:6), 정당한 것(τὸ δίκαιον, 6:1-11), 필요한 것(τὸ ἀναγκαῖον, 7:37; 9:16; 12:12) 그리고 본성적인 것(τὸ ἡ φύσις, τὸ φυσικόν, 11:4)과 같은 다른 호소들을 사용한다. 따라서, 바울은 이익/유익/이로움/유리함에 대한 호소와 또한 다른 가치들에 대한 호소를 사용하는 점에서 다른 심의적 연설자들과 의견이 같다.41)

심의적 수사에 사용되는 특유의 증명 형식은 '범례(예)'(παραδείγματα) 이고, 법정적 수사의 경우는 '생략삼단논법'(ενθυμήματα)이며, 예찬적 수사의 경우는 '확충'(αὔξησις)이다(Arist. Rh. 1.9.40.1368a; Rhet. Her. 3.5.9; Cic. De Or. 2.82.335). 바울은 고린도전서에서 범례(예)를 많이 사용한다(1:22, 26; 4:16; 11:1[=바울 자신]; 9:7; 10:1-13; 11:1[=그리스도; 12장[=그리스도의 몸 이미지]; 13장[='아가페, ἀγάπη'의 의인화]; 14장; 15장등).42) 그는 고린도전서에서 논증을 함에 있어 사건, 사람 그리고 구약에서 실행된 것을 예로 사용하고(3:16-17; 5:7-8; 7:18-19; 9:8-9, 13; 10:1-13, 18; 12:29; 15:22), 또한 헬레니즘 문화에서 나오는 예들과 이미지들을 사용하기도 한다(5:1; 9:24-27; 12:1-17; 14장; 15:36-38, 40-41).43) 보다 더 중요하게도 바울은 자기 자신을 고린도전서에서 본받아야 할 한 예로(4:15; 11:10), 방금 자기가 공표한 원리의 한 예로(8-9장), 또 죽은 자의 부활을 논증함에 있어 한 예로

---

41) Mitchell, "Paul and the Rhetoric of Reconciliation," 33-54을 보라.
42) Mitchell, "Paul and the Rhetoric of Reconciliation," 54-82도 보라. 그런데 뷘커는 바울이 세네카에 비해서는 예를 거의 사용하지 않는 편임을 지적한다 (Bünker, Briefformular und rhetorische Disposition, 45).
43) Conzelmann, 1 Corinthians, 5; R. M. Grant, "Hellenistic Elements in 1 Corinthians," Early Christian Origins: Studies in Honor of Harold R. Willoughby (ed. A. Wickgren; Chicago: Quadrangle Books, 1961), 60-66; 그리고 Mitchell, "Paul and the Rhetoric of Reconciliation," 66도 보라.

(15:9-10, 14-15, 30-32) 사용한다. 게다가 그는 그리스도를 한 예로 사용하기도 한다(11:1; 15:12-18).44) 따라서 범례(예)들은 고린도전서 에 나타나는 바울의 논증에 힘을 보태며, 이와 같은 사실은 고린도전 서를 심의적 수사로 보게끔 유도한다.

심의적 연설자들이 다루도록 되어 있는 주제는 다수이다(*Rh. Al.* 2; Cic. *De Or.* 2.82.335; Dion. Hal. *Thuc.* 49; *Isoc.* 12; Quint. *Inst.* 3.8.14). 이들 중에는 국가를 위하여 '편리한 혹은 이로운' 것이 있는 데, 이는 '일치'(화합, ὁμόνοια)를 포함한다(*Rh. Al.* 1.1422a.10-15). 미 첼이 설득력 있게 보여주었듯이, 고린도전서는 처음부터 끝까지 파당 주의와 일치의 주제들에 관여하며, 바울은 고린도인들의 일치와 파당 주의 종식을 호소한다.45) 1장 10절에서 바울은 고린도인들에게 모두 가 같은 말을 하고, 그들 가운데 분열들(σχίσματα)이 없고, 같은 마음 과 같은 뜻으로 온전해지라고 권면한다(또한 11:18; 12:25[σχίσμα]; 1:11; 3:3[ἔρις]; 11:19[αἵρεσις]도 보라). 이 파당들은 주로 고린도인들 의 지도자들을 둘러싸고 일어난 것으로 보인다(1:12). 따라서 16장 10-18절에서 바울은 고린도인들에게 디모데와 아볼로가 바울과 함께 일하는 동역자라는 것을 보여줌으로써, 또 그들에게 고린도 교회의 지 도자들에게 복종하라고 강권함으로써, 고린도인들에게 합하라고 권면 한다.

결론적으로, 고린도전서는 심의적 수사의 특유한 특징들을 공유하며, 그래서 한 편의 심의적 담화로 이해하는 것이 가장 좋다. 맥은 "일반 적으로, 초기 기독교 수사는 (믿음, 행동 및 사회적 쟁점들에 대한 판

---

44) Conzelmann, *1 Corinthians*, 7-8.
45) Mitchell, "Paul and the Rhetoric of Reconciliation," 83-89, 90-253.

결을 포함하여……) 새로운 설득의 모든 국면이 공동체의 …… 미래를 결정하게 될 정책의 문제로 접근되어야 했다는 의미에서 심의적이었다"라는 말을 통해 에둘러 이를 지지한다.46) 이제 본격적으로 고린도전서 15장의 수사학적 종류에 대한 문제로 돌아가서, 고린도전서 15장 역시 수사학 핸드북들에서 규정된 심의적 수사의 주요 특성들을 보여준다는 것을 주장하고자 한다. 하지만 이 특징들을 살펴보기 전에 고린도전서 15장에 나타나는 바울의 "수단"과 "청중" 문제를 고려하는 것이 필요하다. 청중의 종류에 따라 수사(연설)의 종류가 결정되기 때문이다. 바울은 고발하며 변호하는가?, 설득하며 단념시키는가?/만류하는가? 혹은 칭찬하며 비난하는가?(Arist. *Rh.* 1.3.3.1358b). 그는 누구에게 이야기를 거는 것인가?

고린도전서 15장에서 바울은, 볼스터(J. N. Volster)가 말한 것처럼 "사도적 전승을 대표하면서 '옹호자'의 역할을, 부활을 부인하는 자들은 '반대자'의 역할을 그리고 고린도전서의 독자들은 '심판자'의 역할을 한다."47) 그렇지만 바울은 반대자에게 직접적으로 말을 걸지 않고 (ἐν ὑμῖν τινες, 12절), 고린도인들을 "형제들과 자매들"(ἀδελφοί)이라 부르고(1, 50, 58절), 직접화법을 사용함으로써(1, 2, 3, 12, 34, 51절의 ὑμῖν; 14, 17, 58절의 ὑμῶν; 17절의 ἐστὲ) 고린도인들을 향해 말한다. 바울은 "반대자"에 대항해서 자신을 변호하지 않는다. 오히려 특정한 신앙과 행동에 관하여 고린도인들에게 조언하고 설득하려고 분명히 노력한다(12, 32-34, 35, 52, 58절).

고린도전서 15장에서는 고린도인들의 믿음에 관하여 비난하는 것과

---

46) Mack, *Rhetoric and the New Testament*, 35.

47) J. N. Volster, "Toward an Interactional Model for the Analysis of Letters," *Neot* 24 (1990), 120.

칭찬하는 것이 정말로 발견된다(1-2, 34절).[48] 하지만 칭찬이나 비난/
질책은 예찬적인 것이 아닌 다른 종류의 수사(소송, 원인)들에서 사용될
수도 있음을 알아차려야 한다. 『헤레니우스를 위한 수사학』은 "예찬적
수사가 그것만으로 독자적으로는 아주 거의 사용되지 않을지라도, 여전
히 법정적 및 심의적 연설(소송, 이유, causes)들에서는 긴 단락들이 종
종 칭찬이나 책망에 할애된다"고 말한다(*Rhet. Her.* 3.8.15). 일찍이 아
리스토텔레스도 "고발과 변호 양자가 [심의적 연설 자체로서는 아니나,
but not *qua* deliberative speech] 종종 심의적 [연설]에서 발견된다"는
점을 지적한다(Arist. *Rh.* 3.13.3.1414b). 여기서 조사하고 있는 15장에서
는 이 예찬적인 요소 이외에 몇 가지 법정적인 요소들도 발견된다. 나중
에 보고 또 논의하겠지만, 바울은 고린도전서 15장에서 수많은 생략삼단
논법과 법정적인(시법적인) 입론(논증) 구조를 사용한다. 이는 심의적 연
설이 법정적 연설의 모든 부분을 사용할 수도 있다는 점을 고려하면 이
상한 일이 아니다(*Rhet. Her.* 3.4.7-5.7; 또한 Arist. *Rh.* 3.13.3.1414b;
Rh. Al. 29-34를 참조하라). 바울이 법정적 요소들을 사용함은 고린도인
들에게 원하는 행동 방침을 취하도록 권하기 전에 자신이 죽은 자의 부
활을 논증해야 한다는 사실에 기인한다. 이에 대해 맥은 "명제가 부분적
으로는 철학적이고, 부분적으로는 사실의 쟁점이기 때문에 …… 법정적
입론양식(논증모드)에서 나온 전략들이 본질적으로 심의적인 연설문 속
에 뒤섞인다"고 관찰한다.[49] 그리고 고린도전서 15장이 가장 중요하게
지향하는 목표는 바로 심의적 연설의 목표이다(58절).

---

48) Humphries, "Paul's Rhetoric of Argumentation," 111-12을 보라.
49) Mack, *Rhetoric and the New Testament*, 56.

Ὥστε, ἀδελφοί μου ἀγαπητοί, ἑδραῖοι γίνεσθε, ἀμετακίνητοι, περισσεύοντες ἐν
τῷ ἔργῳ τοῦ κυρίου πάντοτε, εἰδότες ὅτι ὁ κόπος ὑμῶν οὐκ ἔστιν κενὸς ἐν κυρίῳ

그러므로 내 사랑하는 형제들아 견실하며 흔들리지 말고 항상 주의 일에 더욱
힘쓰는 자들이 되라 이는 너희 수고가 주 안에서 헛되지 않은 줄 앎이라(개역개정)

이제는 고린도전서 15장에서 심의적 연설의 특유한 특징들을 찾아
야 할 차례가 되었다. 고린도전서 15장에 나타나는 시간의 가리킴
(time reference)은 주로 미래이다. 2절, 12-13절, 15-16절에 나타나는
동사들(σώζεσθε, ἔστιν, εὑρισκόμεθα, ἐγείρονται)은 현재 시제이나, 미
래적인 것(미래주의적 현재 시제들; '헤테로시스'[=변경, heterosis]라는
비유적 표현)을 위하여 사용되고 있다. 22절, 49절 그리고 51절에서
변화는 미래에 일어날 것이다. 58절에는 분명히 미래 지향적인 진술이
나타난다. 거기서 바울은 주의 일에 항상 힘쓸 것을 명하면서 충성스
러운 자들이 받을 미래적 포상을 언급한다(고전 3:8; 16:13-14 참조).
하지만 심의적 수사의 특징으로서(Arist. *Rh.* 1.8.7.1366a), 12절(λέγουσιν)
에서와 같이 현재 시간이 지시하는 대상(present time referent)도 있는
데, 이는 반대자들의 신원확인이 그들의 현재 활동에 의존하는 까닭
이다.

심의적 연설자의 목적(τέλος)은 "이로운 것(the expedient) 혹은 해로
운 것(the harmful)"이다(Arist. *Rh.* 1.3.5.1358b). 1-2절에서 바울은 복
음을 믿는 것이 고린도인들에게 주는 이익(은전)에 호소한다. 즉, "너
희가 만일 내가 전한 그 말(λόγος)을 굳게 지켰으면 …… [너희는] 그
로 말미암아 구원을 받으리라"(2절). 13-14절과 16-17절에서는 죽은
자의 부활을 부인하는 것이 그들에게 주는 해로운 결과에 호소함으로
써 죽은 자의 부활이 있다는 것을 보여주려고 노력한다. 즉, "…… 너

희 믿음도 헛것이며"(14절), "…… 너희의 믿음도 헛되고 너희가 여전히 죄 가운데 있을 것이요"(17절). 29-32절에서는 죽은 자를 위해 세례 받는 자들 및 자기의 고난의 예들을 들어 죽은 자의 부활로 인하여 얻는 이익(profit, τὸ ὄφελος)을 암시한다. 그리고 50-53절에서 바울은 고린도인들이 썩지 아니할 것으로 다시 살리심을 받을 때 누리게 될 유익/이점에 관해 이야기한다. 즉, 변화가 고린도인들에게 유리하거나 이익/유익이 되도록 일어날 것이다. 하지만 이익/유익/이점의 문제를 중심으로 한 바울의 논증은 "너희 수고가 주 안에서 헛되지 않은 줄을 앎이니라"(ὁ κόπος ὑμῶν οὐκ ἔστιν κενὸς ἐν κυρίῳ, 58절)는 바울의 결론에서 절정에 이른다. 바울은 여기서 고린도인들이 자기가 추천하는 행동 방침을 선택하도록 강권하기 위하여 미래의 이익, 곧 최종적이고, 종말론적인 포상에 호소한다(32-34절 참조).[50]

바울은 고린도전서 15장의 논증에서 수많은 범례(예)를 사용한다. 범례(예)는 두 종류이다. 즉, 역사적(역사에서 얻은) 예들과 고안한(만들어낸) 예들이다. 역사적 범례(예)는 사람, 사건 또는 사실에서 끌어내어진다. 35-44절에서 바울은 씨와 천체들의 다양한 조명("영광")의 예를 사용하여 부활체의 본질을 설명한다.[51] 하지만 이 15장에서 가

---

50) '미래의 이익/유익'에 대해 Quint. *Inst.* 3.8.35(="유리함/이로움의 문제는 또한 시간/때[예를 들면, '유리하지만/이롭지만 지금은 아니다') 혹은 장소 …… 혹은 특정 인물 …… 혹은 우리 행동방법 …… 혹은 정도와 관계가 있을 수도 있다"); 8.3.1-3을 보라.
   고린도전서에 나타나는 종말론적 견지에 대해 1:4-9; 4:1-5; 6:13; 8:3; 9:24-27; 13:8-13을 보라. 고린도전서에서의 종말론의 중요성은 Barth, *The Resurrection of the Dead*, 107, 109; R. Bultmann, "Karl Barth, The Resurrection of the Dead," a chap. in *Faith and Understanding I* (ed. Robert W. Funk; tr. Louise Pettibone Smith; New York and Evanston: Harper & Row, 1969), 74에 의해 주목되었다.

51) Dawes, "'But if you can gain your freedom'," 686-89; Grant, "Hellenistic Elements in 1 Corinthians," 63-64를 보라. 그리고 바울이 사용한 예증이나

장 중요한 예는 죽은 자의 부활을 논증함에 있어 바울이 역사적 예로 사용하는 '예수의 부활'이다. 바이스(Weiss)가 말한 대로 "부활에 관한 장 전부(고전 15장)는 그리스도의 부활이라는 의문의 여지가 없는 사실에 의존하는데, 그리스도의 부활은 결코 의심되지 않는다. 만일 이 기초가 약해진다면, 전체의 논증이 망그러질 것이다."[52]

결론적으로, 수사(연설, 담화)의 세 범주가 모두 고린도전서에 적합한 것으로 제안되어 왔다. 이 논문(책)은 고린도전서를 심의적 담화로 이해하는 것이 가장 좋다고 주장하고, 이를 열다섯 번째 장에 나타나는 심의적 수사의 일정한 특징들로 뒷받침하였다.

▌4. 발견

연설자는 자기가 이야기하려는 것에 관하여 할 수 있는 한 많은 정보를 수집해야 한다. 바꾸어 말하면, 연설자는 자기가 응답해야 하는 상황에 대해 어떤 인식(관념)을 가지고 있을 필요가 있다. 고린도전서를 저술하도록 촉진한 상황에 대해 바울은 다만 시사적인 방식으로 나타낼 뿐이며, 생략하지 않고 상세하게 전부 말하지는 않는다. 고린도에서 발생한 상황에 관해 바울에게 도달한 구두 혹은 글로 쓰인 보고들은 바울로 응답을 하지 않을 수 없게끔 하였다(1:11; 5:1; 7:1; 16:17, 18).[53] 이 응답의 결과로 고린도전서가 나왔다.

예는 롬 7:2-3; 9:21-23; 11:16-24; 고전 3:5-17; 7:17-24; 9:25-27; 12:14-27; 14:7-8; 갈 4:1-2에서 볼 수 있다. 또한 고전 15:8-10; 14-15, 19, 29, 30-32 도 참조하라.

52) Weiss, *The History of Primitive Christianity*, 441.

바울로 하여금 고린도전서 15장을 쓰게끔 만든 긴급사태(절박한 사정과 원인)는 고린도 회중 가운데 죽은 자의 부활을 부인하는 자들이 생긴 것이다(12절). 12절의 언어(εν ὑμῖν τινες, "너희 중에서 어떤 사람들")는 이러한 자들이 회중 내부에 있었음을 나타난다. 그들은 외부에서 침입해 들어온 자들이 아니었다. 그들은 바울이 죽은 자 가운데서 다시 살리심을 받은 그리스도를 전하는 것을 들었음에 틀림없다. 그러나 어떻게 그들이 죽은 자의 부활이 없다는 주장을 하게 되었는지는 시사되어 있지 않다. 그들의 정체에 대해, 학자들은 서로 다른 의견들을 가지고 있다. 이에 대해 피(Gordon D. Fee)는 다음과 같이 편리하게 요약해 준다.

각각에 변종들이 있고, 각각의 혼종('하이브리드') 형태들이 있기는 하지만, 기본적으로는 다섯 가지 입장이 있다. 즉, (1) 대적자들은 부활을 전적으로 거부하는 사두개파 신학을 가진 얼마간의 유대인들이라는 것, (2) 고린도인들이 헬라 철학을 받아들여 영혼의 불멸은 믿었지만 몸의 부활은 거부했다는 것, (3) 고린도인들 중 얼마의 사람들이 영지주의적 견해들을 채택하고 실제로 그리스도의 부활을 거부했다는 것, (4) 그들은 나중에 에베소에서 부활이 영적인 의미에서 이미 일어났다고 주장하면서 후메내오와 빌레도에 의해 옹호된(딤후 2:17-18) "지나치게 실현된" 종말론의 선구자들이었다는 것, (5) 그들은 성례전을 통해 그리스도와의 연합함으로써 현재적 불멸을 받았다고 믿고, 따라서 때때로 네 번째 입장과 함께 주장되는 입장인, 그들이 부인한 것은 죽음의 가능성 자체라는 것이다.[54]

<hr />

53) Kennedy, *New Testament Interpretation*, 35.
54) Fee, *The First Epistle to the Corinthians*, 715-17(715, n. 6). 그리고 고린도에서 죽은 자의 부활을 부인한 자들의 정체에 대한 논의를 위해 Boer, *The Defeat of Death*, 96-105; G. L. Borchert, "The Resurrection: 1 Corinthians 15," *RevExp* 80 (1983), 401-15; Conzelmann, *1 Corinthians*, 261-63; W. Dykstra, "I Corinthians 15:20-28 and Essential Part of Paul's Argument Against Those Who Deny the Resurrection," *CTJ* 4 (1969), 195-211; F. Foulkes, "Some Aspects of St. Paul's Treatment of the Resurrection of Christ in 1 Corinthians XV," *AusBR* 16 (1968), 15-30;

부인하는 자들의 정체에 대해 여러 견해가 있음에도 불구하고 본문을 볼 때 한 가지는 확실하다. 바울은 분명히 긴급사태가 중차대함을 인식했다는 것이다. 그는 이 원인을 긴급하고 즉각적인 주의를 요구하는 것으로 간주했는데, 왜냐하면 이러한 가르침은 믿음 자체에 치명적이며(13-14절, 15-19절), 또 이미 그들의 가르침에 속임을 당한 사람들이 있을는지도 모르기 때문이다(33-34절).

바울은 죽은 자의 부활을 부인하는 자들이 틀렸다는 것을 청중, 곧 고린도의 형제들과 자매들이 확신하기를 바란다. 그는 부인하는 자들에 의해 이미 설득을 당한 자들에게 활발히 납득을 시켜 죽은 자의 부활을 부인하는 자들과 그들의 길을 포기하게 하려고 노력한다. 이런 식으로 그는 부인하는 자들의 영향력을 종식시키고 주의 일을 하는 데 회중이 게으르지 않게 하기를 희망한다(32-34절, 58절). 부인하는 자들은 고린도 회중 가운데 존재하였다. 바울이 말을 거는 고린도 형제들과 자매들은 긴급사태에 지배를 받기 쉬우나 동시에 요구받은 대로 긴급사태를 변경시킬 수 있다. 공동체가 조언을 들은 대로 호의적

R. A. Horsely, "'How Can Some of You Say that There is No Resurrection of the Dead?': Spiritual Elitism in Corinth," *NovT* 20 (1978), 203-31; Hurd, *The Origin of 1 Corinthians*, 229-33, 285-86; D. J. Murphy, "The Dead in Christ: Paul's Understanding of God's Fidelity: A Study of I Corinthians 15" (Ph. D. diss., Union Theological Seminary, NT, 1977), 9-161(이 논문의 정보는 Fee, *The First Epistle to the Corinthians*, 715, n. 6에서 얻었음); K. A. Plank, "Resurrection Theology: the Corinthian Controversy Reexamined," in *Perspectives in Religious Studies* 8 (1981), 41-54; R. Sloan, "Resurrection in 1 Corinthians," 1-19; A. C. Thiselton, "Realized Eschatology at Corinth," *NTS* 24 (1978), 510-26; K. W. Trim, "Paul: Life after Death: An Analysis of 1 Corinthians," *Crux* 14 (1978), 129-50; A. J. M. Wedderburn, "The Problem of the Denial of the Resurrection in 1 Corinthians XV," *NovT* 23 (1981), 229-41; J. H. Wilson, "The Corinthians Who Say There Is No Resurrection of the Dead," *ZNW* 59 (1968), 90-107 등을 보라.

으로 응답할 수 있고 또 응답하리라는 충분한 확신이 이 장(15장) 어조의 밑바탕에 깔려 있다(58절).

가. '스타시스'("쟁점")

바울과 고린도인들 간의 논쟁은 문자로 되어 있는 문서에 대한 것이 아님이 명백하다. 오히려 어떤 (논리적) 증명에 의하여 결정되는 일반적 추론의 경우(case)이다. '스타시스'의 네 가지 주요 형태들(사실, 정의[뜻매김], 특성, 사법권) 중에서 고린도전서 15장의 스타시스는 주로 사실의 스타시스에 속한다. 월너는 고린도전서가 특성의 쟁점(quality-status)을 사용하는 것으로 볼 수 있다고 하나, 맥은 15장의 쟁점에 대해 부분적으로 사실의 쟁점임을 인정한다.[55] 심의적 수사의 특징들을 공유하는 한 편의 작품으로서, 고린도전서 15장의 가장 중요한 목표는 "우리가 무엇을 할 것인가?"라는 쟁점에 대해 말하는 것이다. 하지만 바울은 "우리가 무엇을 할 것인가?"라는 쟁점에 대답할 수 있기에 앞서 사실의 쟁점을 다루어야 했다. 『헤레니우스를 위한 수사학』에 의하면, "주제가 저절로 심의를 일으키는 소송(이유)들에서, 전체 담화는 주제 자체에 할애된다"(*Rhet. Her.* 3.2.2). 퀸틸리아누스는 심의적 연설에서 특성의 기초 외에 다른 기초를 사용할 수 있는 여지가 있음을 인정한다. 즉, "심의적 연설을 명예와 이로움에 관계가 있는 *특성의 기초*(basis of quality)에 한정시키는 것은 충분하지 않다. 종종 추측의 여지도 있기 때문이다"라고 말하는 것이다(Quint. *Inst.* 3.8.4). 고린도인들 가운데 있는 부인하는 자들은 죽은 자의 부활이 없

---

55) Wuellner, "Paul as Pastor," 60; Mack, *Rhetoric and the New Testament*, 56.

다고 말하며 죽은 자의 부활을 정말 의문시하였다(12절). 고린도전서 15장의 쟁점은 죽은 자의 부활이 있는지 없는지 하는 것이다. 고린도전서에서 νεκρός가 사용되는 열세 개의 구절은 모두 15장에 있다 (12[x2], 13, 15, 16, 20, 21, 29[x2], 32, 35, 42, 52절).

나. 질문

쟁점은 사실에 관한 쟁점이며, 고린도전서 15장 수사의 배후에는 단 하나의 질문이 있다. 이런 면에서 단순한 경우(소송, 사건, case)에 해당된다(Cic. *Inv.* 1.12.17). 질문은 "죽은 자의 부활이 있는가?"이다. 비록 바울이 다양한 방식으로 죽은 자의 부활이 있다는 것을 증명하려고 노력하였지만, 이 경우(사건, 주장, case)는 문제가 되어 있는 질문에 대한 답변에 따라 성립되든지 와해되든지 할 것이다(Quint. *Inst.* 3.6.9).

질문은 또한 이성적인 질문에 속한다(Quint. *Inst.* 3.5.4). 게다가 지식/신앙과 관계있는 종류의 질문이다. 따라서, 연설자 바울은, 수고가 주 안에서 헛되지 않을 줄을 알고 주의 일에 더욱 힘쓰도록 고린도인들을 권면하기 위하여 연설 전부를 죽은 자의 부활이 있다는 것을 증명하는 방향으로 나가야 할 것이다(58절). 와그너(G. Wagner)는 "이 장 전체를 통해 바울이 추구하는 목표가 이 권면, 즉 …… [15.58]에 이르는 것이라고 주장하는 것은 지나치다고 생각하지 않는다"라는 말로 동의한다.56)

---

56) G. Wagner, "If Christian refuse to act, then Christ is not risen: Once more 1 Corinthians 15," *IBS* 6 (1984), 28.

다. 증명

청중/독자를 설득하려고 노력할 때, 연설자는 증명과 더불어 자기의 주장(case)을 제시해야 할 것이다. 증명들은 두 종류이다. 즉, 비인위적 증명과 인위적 증명이다. 고린도전서 15장에 두 종류의 증명이 다 나온다.57)

(1) 비인위적 증명

비인위적 증명이란 이미 존재하고 있는 증명을 말한다. 신약에서는 세 종류의 비인위적 증명, 곧 구약 인용, 기적 그리고 이름이 언급된 증인들이 일반적이다.58) 바울은 당해 장(15장)에서 다수의 비인위적 증명을 사용한다. 1-11절에서 그는 전승(3-5절)과 증인들(6-8절)을 사용한다. 또한 논지를 완전히 이해시키려고 여러 곳에서 구약을 인용하고(45절, 54-55절; 참조, 25절, 27절, 32절),59) 또 그의 논증 속에서 그리스(헬라) 희극 시인 메난더(Menander)의 다음과 같은 격언을 인용하기도 한다. μὴ πλανᾶσθε· φθείρουσιν ἤθη χρηστὰ ὁμιλίαι κακαί(33

---

57) C. F. G. Heinrici, *Der erste Brief an die Korinther* (Meyerk; 8th ed.; Göttingen: Vandenhoeck und Ruprecht, 1896), 441-42; Mitchell, "Paul and the Rhetoric of Reconciliation," 402, n. 561을 보라.

58) Kennedy, *New Testament Interpretation*, 14.

59) 이 주제에 대한 고전적인 논의에 대해 E. E. Ellis, *Paul's Use of the Old Testament* (Grand Rapids: Eerdmans, 1957)를 보고, 또한 최근의 논의를 위해, D. A. Carson and G. K. Beale, eds., *Commentary on the New Testament Use of the Old Testament* (Grand Rapids: Baker Academics, 2007); 그레고리 빌, 『신약의 구약사용 핸드북』 (이용중 역; 서울: 부흥과 개혁사, 2013)[=Gregory K. Beale, *Handbook on the New Testament Use of the Old Testament: Exegesis and Interpretation*, 2012]를 보라.

절, "속지 말라 악한 동무들은 선한 행실을 더럽히나니", 개역개정).

(2) 인위적 증명

인위적 증명이란 입론(논증)의 방법에 의해, 범례(예)에 의해 그리고 연설자 자신들의 노력에 의해 세워지는 증명을 말한다. 인위적 증명들은 기본적으로 세 가지 종류가 있다. 즉, '에토스', '파토스' 그리고 '로고스'이다. 고린도전서 15장과 관련하여 이 세 가지 양식/모드의 증명들을 상세히 고찰하려고 한다.[60]

(가) '에토스'

'에토스'란 연설자의 도덕적 인격을 제시함으로써 달성되는 증명 수단이다. 연설자는 청중을 향하여 긍정적으로 노출되어 자기 청중을 설득하는 일정한 특성/자질을 소유하고 있음을 보여주어야 한다(Arist. *Rh.* 2.1.3.1377b). 에토스는 실제적인 의미에서 가장 효과적인 증명 수단이다.[61] 퀸틸리아누스는 "'심의적' 연설들에서 참으로 가장 큰 무게를 지니는 것은 연설자의 권위이다"라고 진술한다(Quint. *Inst.* 3.8.12-13; 또한 Arist. *Rh.* 1.2.4.1356a; Cic. *De Or.* 2.81.333). 아리스토텔레스는 다음과 같이 기록한다.

---

60) S. J. Kraftchick, "Ethos and Pathos Appeals in Galatians Five and Sic: A Rhetorical Analysis," (Ph. D. diss., Graduate School of Emory University, 1985), 209-80을 참조하라.

61) Duke, *Persuasive Appeal of the Chronicler,* 105-38을 참조하라.

연설자는 자기를 신뢰할 만하게 하는 그런 방식으로 연설을 전달할 때 도덕적 인격으로[διὰ τοῦ ἤθους] 설득하는 것이다. 우리는 일반적으로 모든 것에 대해 가치가 있는 사람들에게서 더 크게 또 더 쉽게 신뢰를 느끼기 때문이나, 확실성이 없고 의심의 여지가 있는 곳에서, 우리의 신뢰는 무조건적이다. 그러나 이 신뢰는 연설 자체에서 기인해야 하고[διὰ τὸν λόγον], 연설자의 인격에 대한 어떤 선입관에 기인해서도 안 된다. 연설자의 가치가 결코 그의 설득 능력에 기여하지 않는다는 것은 …… 실은 그렇지 않음이다. 이에 반하여 도덕적 인격[τὸ ἤθος]은, 말하자면 가장 효과적인 증명 수단이다(Arist. *Rh*. 1.2.4.1356a).

이를 이루려면 연설자는 '자기의 연설 속에서' 일정한 특성/자질을 보여주어야 하는데, 이 특성/자질에 대해 아리스토텔레스는 세 가지 이름을 말한다.

이 특성들/자질들은 양식(분별, good sense, φρόνησις), 덕(virtue, ἀρετή) 그리고 호의(goodwill, εὔνοια)이다. 연설자들이 잘못된 내용을 말하고 또 잘못된 조언을 주는 것은 그들에게 이 자질들/특성들 중 셋 모두 혹은 하나가 결여되어 있기 때문이다. 양식의 부족으로 부정확한 의견들을 형성하든지 혹은, 만일 그들이 형성한 의견들이 정확하다면, 사악함으로 자기들이 생각하는 것을 말하지 않든지 혹은, 만일 그들이 양식이 있고 선하다면, 호의가 결여되어 있음이다. 그러므로, 비록 최선의 조언이 무엇인지 알고 있을지라도, 그들이 최선의 조언을 주지 않는 일이 일어날 수도 있다(Arist. *Rh*. 2.1.5-6.1378a; 또한 1.8.6.1366a; 2.1.5-7.1378a를 더 보고, Quint. *Inst*. 2.15.34; 3.8.13; 6.2.18-19를 참조하라).

'양식'이란, 아리스토텔레스의 정의에 의하면, "행복과 연관된 것으로 언급되어 온 선한 일과 악한 일에 대해 덕분에 사람들이 현명한 결정을 내릴 수 있는, 이성의 덕"이다(Arist. *Rh*. 1.9.13.1366a; 또한 행복에 대하여 논하는 1.5.1-18.1360b-62b도 보라). '덕'에 대해 아리스토텔레스는 다음과 같이 기록한다.

덕이란, 아무래도, 좋은 것들을 마련하고 보존하는 능력, 사실상, 모든 경우들에 모든 것들의 많고 큰 이익/유익들을 만들어 내는 능력이다. 덕의 성분들은 공의(정의, justice)[δικαιοσύνη], 용기(courage)[ἀνδρία] 자제(self-controm)[σωφροσύνη], 장대(장엄, magnificence)[μεγαλοπρέπεια], 아량(도량, magnanimity)[μεγαλοψυχία], 너그러움(관대함, liberality)[ἐλευθεριότης], 온화함(gentleness)[πρᾳότης], 실제적인 지혜와 사변적인 지혜(φρόνησις, σοφία)이다(Arist. *Rh.* 1.9.4-13.1366a-b; 또한 Cic. *Part. Or.* 8.28 참조).

'호의'란 청중에게 친절한 자질/특성이다. 아리스토텔레스는 우정과 적의의 감정들에 대해 논의하는 중에 호의를 우정(φιλία)과 관련하여 다룬다(Arist. *Rh.* 2.1.7.1378a; 2.4). 아리스토텔레스는 친구들 간의 사랑이나 우호적인 감정을 다음과 같은 말로 정의한다.

그러면, 사랑하는 것[τὸ φιλεῖν]을, 우리가 좋다고 믿는 것들을 누군가를 위해, 곧 우리 자신을 위해서가 아니라 그를 위해 소원하고, 우리 능력이 미치는 한 그를 위해 좋은 것들을 조달해 주는 것으로 정의 내리게 하자(Arist. *Rh.* 2.4.2.1380b).

반면에, 키케로는 '서론'(*exordium*)과 관련하여 호의를 논의한다. 그에 따르면, 청중의 호의는 네 방면으로부터 얻어진다. 즉, 연설자 자신의 인격(인물, person)으로부터, 반대자들의 인격(인물)으로부터, 청중의 인격(인물)으로부터 그리고 사건(소송, 주장, case) 자체로부터 얻어진다Cic. *Inv.* 1.16.22). 연설자 자신의 인격으로부터 오는 호의에 대해 키케로는 다음과 같이 기록한다,

만일 우리 자신의 행위들과 봉사들을 오만함이 없이 언급한다면, 만일 제기된 고발들의 결과를 약화시킨다면 혹은 덜 명예롭게 조치하였다는 우리에게 가하여진 어떤 혐의의 결과를 약화시킨다면, 만일 우리에게 닥친 불행이나 여전히 우리를 괴롭히는 곤경에 대해 상세히 설명한다면, 만일 겸손하고 복종하는 마음

으로 기도와 간청을 드린다면, 우리는 우리 자신의 인격으로부터 호의를 얻을 것이다(Cic. *Inv.* 1.16.22; 또한 Arist. *Rh.* 3.14.7.1415a; *Rhet. Her.* 1.4.8; Quint. *Inst.* 4.1.6-22 참조).

요약하면, 효과적으로 설득하는 사람이 되기 위하여 연설자에게는 세 가지 특성/자질이 있어야 한다. 즉, 양식, 덕 그리고 호의이다. 양식이 부족한 연설자는 좋은 조언을 줄 것 같지 않다. 좋은 도덕적 인격을 지닌 사람은 자기의 청중을 위해 가장 좋은 것을 원한다는 신뢰를 받을 수 있다. 이러한 사람은, 만일 논증이 받아들여진다면, 청중의 선을 위해 힘을 다하게 될 논증을 제시할 것이다. 호의를 소유하고 있는 연설자는 청중을 오도하지 않고, 오히려 청중과 더불어 우정을 나누고 싶어 하는 마음을 확립할 것이다.

① 고린도전서 1-14장의 에토스

고린도전서 15장은 고린도전서의 일부이므로, 먼저 그 지점에 이르기까지 바울의 에토스가 어떻게 확립되었는지를 고찰함이 필요할 듯하다. 바울이 고린도인들에 보낸 편지는 특정한 청중을 염두에 두지 않은 신학적인 논문 그 자체가 아니라, 자기가 이전에 섬기던 회중에게 보낸 "목회적인" 서신이다. 그러므로, 바울은 고린도 형제들과 자매들을 설득하고 교훈하려고 시도할 때 관계, 인격 그리고 감정에 기반을 두는 호소들을 사용한다.

바울은 자기 자신을 κλητὸς ἀπόστολος Χριστοῦ Ἰησοῦ διὰ θελήτος θεοῦ("하나님의 뜻을 따라 그리스도 예수의 사도로 부르심 받은", 개역개정)으로 정의함으로써, 또 자기 자신을 "형제 소스데네"(καὶ Σωσθένης ὁ ἀδελφός)와 구별함으로써 편지를 시작한다(1:1). 그는 자기가 받은 사도로서의 신적인 위임을 초들어 말함으로써 자기의 권위를 세운다(1:1, 17; 3:10; 9:1). 이렇게 신적인 공인에 호소함으로써 바울은 (도덕적) 인격에 대한 증명의 어조를 설정한다. 1장 3절에 나타나는 은혜와 평강을 기원하는 관례적인 외침은 바울의 편지들에서 정상적인 일이다(예를 들어, 롬 1:7; 고후 1:2; 갈 1:3을 보라). 그렇지만 이 요청은 자기의 독자들의 (영적) 복지에 대한 바울의 관심을 보여주며, 그래서 그의 윤리적 호소를 촉진시킨다.

바울은 1장 4-9절에서 청중/독자인 고린도인들에게 집중한다. 바울은 그들에 관하여, 곧 그리스도 예수 안에서 그들에게 주어진 하나님의 은혜, 즉 그리스도 안에 있는 영적인 부요함과 자신과의 교제로 인하여 항상 하나님께 감사한다고 말함으로써 그들을 향하여 호의를 보여준다. 그는 또한 그들의 믿음, 곧 그리스도에 관한 증언을 확인함과 주의 나타나심을 기다림을 인정함으로써 그들을 향하여 호의를 보여준다(또한 11:1-2, 17-22를 보라). 그리고 바울은 그들 가운데 일치(연합함)가 있게 하라고 고린도인들을 권면하면서(1:10), 그들을 "형제들"(ἀδελφοί)이라고 부른다. 따라서 바울이 여기서 그리고 다른 곳들에서 회중을 "형제들" 혹은 "나의 형제"들로 성격을 규정하는 것은 설득의 윤리적 양식('모드')에 이바지한다(1:10, 11, 26; 2:1; 3:1; 4:6; 7:24, 29; 10:1; 11:33; 12:1; 14:6, 20, 26, [39]; 15:1, [31], 50, 58; 16:15). 고린도인들은 바울이 자기 "형제들"로서 그들을 위하여 가장 좋은 것을 원하리라는 것을 신뢰할 수 있기 때문이다.

바울은 오만하지 않은 태도로 자기의 섬김(봉사)을 언급함으로써 청중으로부터의 호의를 성취한다. 바꾸어 말하면, 자기는 복음을 전하도록 그리스도에 의해 보냄을 받았다는 것을 지적하면서(1:17), 그리스도 아래에 있는 자신의 위치를 명확하게 한다(1:13). 따라서 자기 자신을 그리스도의 권위와 복음을 전할 의무 아래 놓을 때 그는 에토스에 호소하는 것이다. 바울은 또한 자기의 으뜸가는 관심이 그리스도의 십자가의 유효성에 있다는 것을 보여줌으로써 설득의 윤리적 양식을 향상한다(1:17). 그는 으뜸가는 관심이 항상 그리스도의 십자가의 복음에 있고 자기 자신의 이익에 있지 않은 '보내심을 받은 자'로 자기 자신을 나타낸다(9:23: "내가 복음을 위하여 모든 것을 행함은 복음에 참여하고자 함이라", 개역개정; 9:16-17도 보라).

2장 1-4절에서 바울은 고린도인들 가운데 있으면서 하나님의 증거를 선포할 때 보여준 자신의 행위들과 말들을 초들어 이야기한다. 거기서 그는 자신의 유일한 목적이 십자가에 못 박히신 예수 그리스도를 아는 것과 나누는 것임을 보여줌으로써 에토스에 호소한다. 또한 자기 자신을 작아지게 하고(2:3; 참조, 1:26-31) 자신의 유효성을 하나님의 성령에 돌림으로써(2:4; 참조, 3:5-9) 고린도인들의 호의를 얻는다. 바울은 지혜로운 건축 청부업자로서 기초를 놓았다. 그러나 그 일은 자기에게 주어진 하나님의 은혜에 따른 것이라고 말할 때 청중으로부터 호의를 얻는데(3:10), 그가 오만하게 보이지 않기 때문이다. 바울은 자기가 그리스도의 종이며 자책할 것이 아무것도 없다고 말할 때 자기의 '신뢰할 수 있음'을 향상한다(4:1-5).

바울은 복음을 위한 그리고 고린도인들을 위한 자기의 고난과 수고를 초들어 말한다(4:9-13). 이 점에 관해 바울은 그들을 부끄럽게 하려고 자신의 고난과 수고를 초들어 이야기하는 것이 아니라 그들의 이익(행복)을 위해 훈계하려는 것이라고 말할 때 고린도인들을 향하여 자신의 호의를 보여주는 것이다(4:14; 또한 10:33도 보라: "나와 같이 모든 일에 모든 사람을 기쁘게 하여 자신의 유익을 구하지 아니하고 많은 사람의 유익을 구하여 그들로 구원을 받게 하라", 개역개정). 이렇게 해서 바울은 자기 유익을 위하지 아니하고, 다른 사람들의 유익,

곧 고린도인들의 이익(행복)을 위함을 보여준다. 이에 더하여, 바울은 고린도인들에게 자신이 그들의 영적인 아버지라는 사실을 상기시킨다(4:14-21). 즉, "그리스도 예수 안에서 내가 복음으로써 너희를 낳았음이라"(15b절). 바울은 고린도인 신자들의 영적인 아버지로서 그들에게 명령하고, 권면하고, 또 가르친다(1:10; 4:16; 4:14-15, 21; 9:1-2, 11-12; 11:2, 23). 바울이 그들의 영적인 아버지이므로, 고린도인들은 그의 권면과 가르침이 그들의 최상의 복지를 위한 것임을 확신할 수 있다(눅 11:11-13 참조). "나는 너희가 알지 못하기를 원하지 아니하노니……"(10:1), "그러나 나는 너희가 알기를 원하노니……"(11:3), "그러므로 내가 너희에게 알리노니……"(12:3) 하는 바울의 말은 그가 고린도인들을 위한 최선의 조언을 만들어낼 양식을 지니고 있음을 함축한다. 또한 바울은 그들에게 명령하고 질문(심문)할 때 자신이 고린도인들에 관하여 권위 있는 위치에 있다는 점을 보여준다. 그는 편지 전체에 걸쳐 "명령법"을 사용한다(1:10, 26; 3:18; 4:16; 6:18; 8:9; 10:7, 14; 11:1, 13; 14:1, 20). 편지를 쓰는 경과 중에 바울은 또한 "너희가 ……을 알지 못하느냐?"라는 의문문 형식을 사용한다(3:16; 5:6; 6:2, 3, 9, 15, 16, 17; 9:13, 24).[62] 질책하는 대신에 의문문(질문)과 명령법을 사용함으로써 바울은 고린도인들을 향하여 자기의 에토스를 향상한다. 게다가 어떤 의견을 말할 때, 그는 7장 25절에서처럼 겸손함의 정신으로 그 의견을 말한다. 즉, "처녀에 대하여는 내가

---

62) 이 의문문들에 대해 피는 "바울이 수사학에게 도움을 청하여 고린도인들이 이미 전해들은 무언가를 떠올리기보다 사물의 본질 자체에 의해 그들이 알아야 할 실재를 가리킨다"거나, "아이러니 혹은 풍자 쪽으로 더 가깝게 이동하는" 것으로 생각하고(Fee, *The First Epistle to the Corinthians*, 146, n. 3), 또 해리스빌은 "이 표현은 바울의 '다이아트리브'[diatribe] 문체에 속하는데, 여기서 자기와 자기 독자들이 공유하는 전제를 언급하거나 그들과의 접촉점을 획립한다"고 본다(Harrisville, *1 Corinthians*, 61).

주께 받은 계명이 없으되 주의 자비하심을 받아서 충성스러운 자가 된 내가 의견을 말하노니"(개역개정).

바울은 9장 24-27절에서 "내가 내 몸을 쳐 복종하게 함은 내가 남에게 전파한 후에 자신이 도리어 버림을 당할까 두려워함이로다"(27절)라고 말할 때 '자제'의 덕목을 보여준다. 바울은 또한 다시 한 번 더 자기가 정말로 자신의 유익이 아니라 형제들의 유익에 관심이 있음을 보여준다. 즉, "그러므로 만일 음식이 내 형제를 실족하게 한다면 나는 영원히 고기를 먹지 아니하여 내 형제를 실족하지 않게 하리라"(8:13, 개역개정). 그는 자기 형제가 실족하지 않도록 하기 위해 사도로서의 자기 권리까지를 포기할 수 있다(9장).[63] 바울의 호의는 14장 18-19절에서도 나타나는데, 거기서 그는 방언으로 말할 수 있으나, 사람들이 이해할 수 있는 다섯 마디 말로 이야기하는 것을 선호한다고 밝힌다. 이는 다른 사람들의 유익을 위해 사는 한 사람으로서 바울의 인격을 드러낸다(또한 7:35도 보라).

② 고린도전서 15장의 에토스

고린도전서 1-14장에서와 마찬가지로, 바울의 '에토스'는 15장에서 다양한 방식으로 나타난다. 바울이 청중의 성격을 "형제들"(1절, 31절, 50절, 58절)로 규정하는 것은 우호적인 말로 이야기한다는 점에서 그들을 향한 자기의 호의를 보여준다. 바울이 그들에게 어떻게 전파했고 그들이 자기에게 어떻게 응답했는지를 다시 말함으로써 자신이 그들의 주요한 선생이라는 기억을 되살린다(1-5절). 바울은 부활하신 주께서

---

63) 고린도전서 9장이 변증적인 것인지의 여부에 대한 논의를 위하여 Mitchell, "Paul and the Rhetoric of Reconciliation," 339-50; Willis, "An Apostolic Apologia?," 33-40을 보라.

자기에게 보이신 것을 초들어 말한다(8절). 이는 고린도인들을 위한 그의 '에토스'를 향상할 것인데, 바울이 부활하신 주를 목격한 증인들 중 하나이기 때문이다. 자기는 거짓 증인이 아니라는 것을 함의할 때 바울은 또한 '에토스'에 호소하는 것이다. 그리스도의 부활을 재차 단언함은 바울이 그리스도의 부활을 증언하였다는 점에서 증인으로서의 신뢰성과 관계된다(15절).

자기 자신을 작게 만듦으로써(ἐγω εἰμι ὁ ἐλάχιστος τῶν ἀποστόλων, 9절), 바울은 청중의 호의를 얻는다. 그는 고린도인들에게 있어서 자신이 권위 있는 선생임을 보여준다. 하지만 오만한 방식으로 그렇게 하지 않는다. 그는 또한 열심히 수고한 것이 자기가 아니라, 하나님의 은혜로 말미암은 것임을 강조한다(10절). 그는 명령형을 사용함으로써 자기의 권위를 보여주며(33절, 34절, 58절), 성경을 인용함으로써 자기의 권위를 향상한다(45절, 54-55절; 참조, 27절, 32절, 33절). 자료를 제시하는 방식으로 독자를 대하는 권위적인 입론(논증) 스타일 역시 '에토스'에 호소하는 역할을 한다(1절, 31절, 50절, 52절, 58절). 이에 대해 바울이 (수사학적) 의문문들(12절, 35절)과 '돈호법'이라는 비유적 표현(35절, τις, "누가"; 36절, ἄφρων, "어리석은 자여")을 사용하는 것을 인용할 수도 있겠다.[64]

(나) '파토스'

'파토스'는 감정에 호소하는 증명의 수단으로, 청중이 연설을 통해 감동하여 감정이 흥분될 때 일어난다. 연설자는 청중의 감정을 돋우도

---

64) 실제 연설들에서 '에토스'가 사용되는 예를 위하여 Dem. *De Cor.* 4, 57, 107, 108, 109, 298; Cic. *Cat.* 3.1-3; *Sull.* 33 등을 보라.

록 노력해야 하는데, 아리스토텔레스가 말하는 것처럼, "기쁨 혹은 슬픔, 사랑 혹은 미움에 의해 영향을 받을 때 내리는 판단들이 동일하지 않기 때문"이다(Arist. *Rh.* 1.2.5.1356a).[65] 아리스토텔레스는 '파토스'를 연설자의 전달이 아니라, 연설의 내용에 관하여 다룬다(Arist. *Rh.* 2.1.8.1378a-11.7.1388b). 그는 '파토스' 호소를 이성적 논증의 전개에 조화되는 예술적 호소로 간주하기 때문이다.[66] 말하자면, 원하는 감정적 응답을 불러일으키기 위해 어떤 생략삼단논법적인 입론(논증)형식들을 사용할 수 있다는 것이다. 예를 들어, "A는 Z이므로, 여러분은 Y를 느껴야 한다"는 식이다.[67]

'파토스' 호소와 '에토스' 호소는 이성적 호소('로고스')를 보완한다. '파토스'와 '에토스'는 모두 청중이 연설자와 연설의 내용에 관하여 내리는 결정에 영향을 끼치는 감동(감정)을 나타내는 응답과 관계있다. 아리스토텔레스는 다음과 같이 설명한다.

> 그러나 수사(연설)의 목적은 판단[κρίσις]이므로 …… 연설 자체를 논증적(예증적)이며 설득력 있게 만드는 법을 숙고하는 것이 필요할 뿐만 아니라, 또한 연설자가 자기 자신이 어떤 인격의 사람임을 보여주어야 하고 재판관에게 어떤 마음의 상태를 심어주는 법을 알기도 해야 한다. 연설자가 자기 자신이 어떤 자질(특성)을 소유하고 있음을 보여주어야 하고, 청중이 연설자가 그들을 향하여 어떤 식의 마음을 품고 있는지 생각해야 하고, 또 더 나아가 청중 자신들이 연설자를 향하여 어떤 식의 마음을 품어야 한다는 것은 …… 확신을 생기게 함에 관하여 큰 차이를 만들어내기 때문이다……. 사람이 판단을 내리려고 하는 자를 향하여 호의적인 마음을 품고 있을 때, 피고인이 전혀 잘못을 저지르지 않았

---

65) '파토스'에 대한 간결한 논의를 위하여 Duke, *Persuasive Appeal of the Chronicler,* 139-47을 보라.

66) Kennedy, *The Art of Persuasion,* 93-95.

67) Duke, *Persuasive Appeal of the Chronicler,* 139.

다고 생각을 하든지, 그의 범죄는 하찮다고 생각한다. 그러나 피고인을 미워하면, 정반대의 경우가 발생한다(Arist. *Rh.* 2.1.2.1377b-4.1378a).

그는 또한 분노(노여움)와 온순함, 사랑함과 적대감, 두려움, 수치와 파렴치함, 자비심과 그 반대되는 것, 연민과 분개함, 질투 그리고 경쟁심 등과 같은 감정에 관한 조직적인 설명에 할애한다(Arist. *Rh.* 2.2-11). 그는 세 개의 제목 하에 각각의 감정을 분석한다. 예를 들면, 분노에 관해 (1) 사람들을 화나게 만드는 마음의 성향, (2) 보통 사람들이 화를 내는 대상 인물들 그리고 (3) 화가 나게 하는 상황들로 나누어 분석한다(Arist. *Rh.* 2.1.9.1378a; 또한 1.2.7.1355a).

바울은 고린도전서 15장에서 분노나 두려움 등 여러 가지 방법으로 청중의 감정('파토스')을 자극한다. 바울은 청중을 '분노하게' 한다. 12절에서 그릇된 교리에 대하여 몇몇 사람을 책망하여 고린도 회중에게 분노의 감정을 일으킨다(35-36절 참조). 역시 고린도인들에게 사망을 향하여 분노하게 하는데, 바로 다음과 같이 말할 때이다.

> 사망아, 너의 승리가 어디 있느냐?
> 사망아, 네가 쏘는 것이 어디 있느냐?
> 사망이 쏘는 것은 죄요,
> 죄의 권능은 율법이라.
> (55-56절, 개역개정, 구두법은 필자의 첨가임)

바울은 또한 '두려움'을 느끼게 한다. 만일 죽은 자의 부활이 없다면 구원을 잃을지도 모른다는 것을 말할 때 청중에게 두려움의 감정을 일으킨다(2절, 13-19절). 바울은 '연민'의 감정에 호소하기도 하고(19절; 참조, 30-32절), 청중 가운데 얼마는 하나님을 알지 못한다는 것을 지적할 때 청중에게 '수치'를 느끼게도 한다(34절).

ἀγνωσίαν γὰρ θεοῦ τινες ἔχουσιν, πρὸς ἐντροπὴν ὑμῖν λαλῶ

하나님을 알지 못하는 자가 있기로 내가 너희를 부끄럽게 하기 위하여 말하
노라. (개역개정; 또한 15:36 및 6:5를 보라)

그리고 하나님의 역사와 신자의 사역이라는 주제는 여러 지점에 나
타난다(15절, 19절, 23-24절, 30절, 58절).[68] 그렇지만 만일 죽은 자가
살아나지 못하면 이와 관련한 믿음은 다 헛된 것이다(2절, 17절; 참조,
32절). 따라서, 결론 부분에서 바울은 그들이 하는 주의 일에 대한 보
답(포상)의 약속으로 청중의 감정을 자극한다(58절).[69]

(다) '로고스'

연설자는 또한 ἐν αὐτῷ τῷ λόγῳ, "연설 자체로"(Arist. *Rh.* 1.2.3.1356a)
청중을 설득한다.[70] 이 어귀에서 λόγος는 물론 '연설'이나 '말'을 의미한
다. 그렇지만 그것이 가리키는 증명 양식('모드')은 이성적 수준이나 논리
적 수준에서 일어나는 것이다.[71] '로고스'에서 나오는 추론 양식은 두 가
지가 있는데, 하나는 연역적인 것('삼단논법', '생략삼단논법')이고 다른 하
나는 귀납적인 것('귀납법', '예')이다(Arist. *Rh.* 1.2.8-10.1356a-b). 그리
고 로고스에서 나오는 추론 양식에 밀접하게 얽매여 있는 것은
τόποι(topics, "논제, 전제", "화두" 혹은 "장소")라는 주제이다.[72] 논제

---

68) Wagner, "If Christian refuse to act," 28-31.
69) 실제의 연설들에서 '파토스'가 사용된 예를 위하여 Dem. *De Cor.*(분노, anger)
   를 보라.
70) '로고스'에 대한 논의를 위하여 Duke *Persuasive Appeal of the Chronicler,*
   81-104; Wire, *The Corinthian Women Prophets,* 12-38(=페렐만과 올브렉츠
   -타이테카의 논증 분류를 활용하여 고린도전서에서 바울이 사용한 논증들을
   분석함) 등을 보라.
71) Duke, *Persuasive Appeal of the Chronicler,* 81.

는 논증을 구성하는 것과 관계가 있다. 논제들 중에는, 논증들의 발견에 내용적으로 도움이 되는 것들이 있고, 형식적으로 도움이 되는 것들도 있다. 바꾸어 말하면, 연설자가 논의 중인 주제들에 관하여 말하는 무언가를 찾는 "장소"인 논제도 있고, 연설자가 논증을 표현하기 위해 사용하는 패턴을 나타내는 논제도 있다.[73] 이 점에 관해서는 아리스토텔레스가 세 가지 유형의 논제를 논의한다. 즉, '공통논제들'(혼해빠진 논제, 기억해 두어야 할 어귀나 문장, 인용구 혹은 공통장소, commonplaces, κοινά), '특유한 혹은 특별한 논제들'(specific or special topics, εἴδη) 그리고 '일반적인 논제들'(common topics, κοινοὶ τόποι)이다(Arist. *Rh.* 1.2.21-22.1358a; 2.18.2-5.1391b-92a; 2.23-24).[74] '공통논제'는 세 종류의 수사(연설) 모두에 적용되고, '특유하거나 특별한 논제'는 세 종류의 수사(연설) 각각에 적용된다. '일반적인 논제'는 논증을 위한 내용을 제공하지 않는다. 오히려 증명을 하는 데 사용되는 논리적 구조이며, 그에 따라 생략삼단논법이 세워질 수 있는 추리(추론)의 형식적 방법을 제공한다. 고린도전서 15장에서 바울은 '로고스'에서 나오는 추론의 두 가지 양식을 다 사용한다. 이 15장의 수사학적 장르를 논의하는 부분에서 이미 귀납적 형식, 즉 '범례(예)'가 고찰된 바 있다.

이제 바울이 '로고스'에서 나오는 추론의 연역적 형식들을 사용하는 것에 대해 조사하려는데, 고린도전서 15장에서 바울이 해야 할 과제는 동전의 양면을 지니고 있다. 바꾸어 말하면, 죽은 자의 부활을 부인하는 자들을 향해 직접적으로 말하지는 않을지라도 고린도인들 가운데

---

72) Duke, *Persuasive Appeal of the Chronicler,* 86-92.
73) Kennedy, *New Testament Interpretation,* 20.
74) Duke, *Persuasive Appeal of the Chronicler,* 87.

있는 "적대자들"의 죽은 자의 부활이 없다는 주장을 반박해야 하고, 또 동시에 고린도 ἀδελφοί("형제들과 자매들")에게 죽은 자의 부활이 있다는 것을 보여주어야 한다. 따라서 바울의 논증들은 특히 12-19절에서 양쪽으로 기능을 발휘한다. 다시 말하면, 거기에는 '증명의 생략삼단논법'과 '논박의 생략삼단논법'이 기능상 혼합되어 있다.[75] 증명의 생략삼단논법은 상대방이 인정하는 사실들에서 결론을 끌어내는데 반하여, 논박하는 것도 동일한 것에서 결론을 끌어내나, 이 결론은 상대방의 의심을 산다(Arist. *Rh.* 2.22.15.1396b; 2.23.30.1400b; 3.17.13-16.1418b). 바울과 고린도인들은 그리스도께서 죽은 자 가운데서 다시 살아나셨다는 전승을 공유해 왔다(3-11절). 하지만 고린도인들 중에는 죽은 자의 부활이 있다는 것을 부인하는 자들이 있었다. 바울은 이 공유하는 전승에 근거하여 죽은 자의 부활이 있다는 것을 증명한다. 한편으로, 죽은 자의 부활을 부인한 자들에게는 바울의 논증에 나타나는 생략삼단논법이 '논박의 생략삼단논법'으로 기능을 발휘한다. 그리고 다른 한편으로, 나머지 고린도 형제들에게는 '증명의 생략삼단논법'으로 기능을 발휘한다. 이에 대해서는 이어서 조금 더 자세하세 살펴 볼 수 있을 것이다.

12절에서 "그리스도께서 죽은 자 가운데서 다시 살아나셨다 전파되었거늘 너희 중에서 어떤 사람들은 어찌하여 죽은 자 가운데서 부활이 없다 하느냐"(개역개정)고 할 때, 바울은 '잇따라 일어나는 일들을 부인함, 결과 혹은 귀결의 부인'(denial of consequents; Quint. *Inst.* 5.14.1-4, 24-26)으로부터 결론을 이끌어 내었을 것이다. 잇따라 일어나는 일들을 부인함(결과 혹은 귀결의 부인)에서 오는 생략삼단논법은

---

75) T. M. Conley, "The Enthymeme in Perspective," *QJS* 70 (1984), 168-87.

여기서 이렇게 전개된다. 즉, "죽은 자의 부활이 있는 것은 그리스도께서 죽은 자 가운데서 다시 살아나셨다는 것을 아무도 부인할 수 없기 때문이다." 13절 및 16절에서 바울은 자신의 논제(τόπος)를 "더 많은 것과 더 적은 것"(the more and the less, ἐκ τοῦ μᾶλλον καὶ ἧττον, "만일 더 적은 것이 존재한다면 더 많은 것도 역시 존재한다는 규칙", Arist. *Rh.* 2.23.4-5.1397b)에서 끌어낸다. 바울은 그리하여 그리스도의 부활은 죽은 자의 부활이 있다는 사실을 증거 한다고 논증한다. 그의 논증은 다음과 같은 식으로 전개될 수 있을 것이다.

> 죽은 자의 부활이 있다.
> 그러므로 그리스도께서 죽은 자 가운데서 다시 살아나셨다.

혹은 거꾸로,

> 그리스도께서 죽은 자 가운데서 다시 살아나셨다.
> 그러므로 죽은 자의 부활이 있다.

그리고 12-19절에서 바울은 자기 입장에 반대하여 말하여진 것을 적대자들에게 들이대기도 한다(Arist. *Rh.* 2.23.7.1398a). 적대자들은 죽은 자의 부활이 없다고 말한다. 그러나 바울은, 만일 그들이 말한 것이 옳다면 그리스도는 죽은 자 가운데서 다시 살아나지 못하셨을 것이고, 그렇다면 그들의 믿음도 헛되며 쓸데없게 될 것이라고 주장하면서, 적대자들의 말을 그들에게 들이대는 것이다. 따라서, 바울은 죽은 자의 부활이 있다는 것을 은연중에 논증한다.

이제, 바울은 20-28절에서 죽은 자의 부활이 있다는 것을 증명하려는 노력 속에서 '필연적 표징'(τεκμήριον)을 사용한다. 그리스도의 부활을 "잠자는 자들의 첫 열매"($\dot{\alpha}\pi\alpha\rho\chi\dot{\eta}$ $\tau\hat{\omega}\nu$ $\kappa\epsilon\kappa\omicron\iota\mu\eta\mu\acute{\epsilon}\nu\omega\nu$, 20절)라고 말한다(또한 23절 참조). 첫 열매는 필연적으로 나머지 곡식의 추수를 수반한다. 그래서 바울의 논증을 다음과 같이 재구성해 보게 된다.

> 그리스도의 부활은 죽은 자의 부활의 첫 열매이다.
> 첫 열매는 나머지의 추수를 보증한다.
> 그러므로 나머지 죽은 자의 부활이 확실히 뒤따를 것이다.

바울은 29-31절에서 죽은 자의 부활이 있다는 것을 증명할 때 '생략 삼단논법'을 또 사용한다. 거기서 바울은 형식적 결론을 끌어내지 않으나, 죽은 자의 부활이 있다는 결론을 청중이 이해하도록 만든다.

> 어떤 사람들이 죽은 자를 위하여 세례를 받는 것은
> 여하튼 죽은 자들이 다시 살아날 것이기 때문이다.
> 그러므로 죽은 자의 부활이 있다 (29절).

또,

> 우리가 언제나 위험에 처하는 것은 우리가 (고난으로)
> 죽을지라도 다시 살아날 것이기 때문이다.
> 그러므로 죽은 자의 부활이 있다 (30-31절).

그리고 36-49절에서 부활체의 본질에 대하여 논증할 때 바울은 '사물의 유비'(사물에 나타나는 유비, analogy in things, $\dot{\epsilon}\kappa$ $\tau\hat{\omicron}\hat{\upsilon}$ $\dot{\alpha}\nu\acute{\alpha}\lambda\omicron\gamma\omicron\nu$ $\tau\omicron\hat{\upsilon}\tau\alpha$ $\sigma\upsilon\mu\beta\alpha\acute{\iota}\nu\epsilon\iota\nu$, Arist. *Rh.* 2.23.17.1399a)에서 연유한 논제를 사용한다. 바울의 논증을 다음과 같이 재구성할 수 있을 것이다.

> 너희가 뿌리는 것은 살아나기 위하여 죽어야 한다.
> 하나님은 각각의 씨에 그 자체의 몸(형체)을 주셨다.
> 마찬가지로, 하나님은 죽은 자를 썩지 아니할 몸으로 다시 살리신다.

요약하면, 지금까지 고린도전서 15장에 나타나는 바울의 발견에 대해 살펴보았다. 한편으로는, 부정적인 측면에서 바울은 고린도인들 가운데 있는 죽은 자의 부활이 없다는 "적대자들"의 주장을 논박해야 했다. 다른 한편으로는, 긍정적인 측면에서 그리스도의 부활을 근거로 하여 죽은 자의 부활이 있다는 것을 증명해야 했다. 이 목적을 위해 바울은 자기의 '에토스', 청중의 '파토스' 그리고 자기의 연설 자체를 이용할 수 있었다. 이제 바울이 "발견한" 내용(자료)의 배열에 관해 분석해 보고자 한다.

▌5. 배열

배열(τάξις, *dispositio*)이란 "이렇게 발견된 논증들을 적당한 순서로 분배하는 것"을 말한다(Cic. *Inv.* 1.7.9). 배열은 두 종류로 이루어져 있다. 하나는 수사학의 원리에 근거한 것이고 다른 하나는 특수한 환경에 순응한 것이다(*Rhet. Her.* 3.9.16-10.18). 그렇지만 수사학의 원리에서 생기는 배열 역시 두 가지이다. 하나는 전체적인 연설을 위한 것이고, 다른 하나는 개별적인 논증들이나 부분들을 위한 것이다. 여기서 다루어지는 고린도전서 15장은 통일성이 있는 편지의 일부로 간주되었다. 따라서 개별적인 논증들이나 부분들을 위한 배열이 고린도전서 15장에 적용된다.

증명과 논박에서 논증들을 배열하는 것에 관해서는 『헤레니우스를 위한 수사학』의 저자가 다음과 같은 지침을 제공한다.

(1) 가장 강한 논증들은 변론의 처음과 끝에 놓여야 하며; (2) 중간 정도의 힘을 지닌 논증들 그리고 만일 따로따로 개별적으로 제시된다면 약하나, 다른 것들과 합쳐질 때 강하고 그럴듯하게 되는, 담화에 쓸데없지도 않고 증명에 필수적이지도 않은 논증들 역시 중간에 놓여야 한다……. (3) 그리고 나머지에 관해서는, 마지막에 말하여진 것이 쉽게 기억되므로 연설을 마칠 때, 어떤 매우 강한 논증을 청중의 마음에 새롭게 남겨두는 것이 유용하다(*Rhet. Her.* 3.10.18; 또한 2.18.27-19.3을 더 참조).

고린도전서 15장에 나타나는 죽은 자의 부활을 위한 논증들에 대한 바울의 배열은 대체로 이 길을 따른다. 그는 자기의 주장(case)을 지지하는 가장 강한 논증을 처음에(12-19절), 중간 정도의 힘이 있는 논증을 중간에(29-34절) 그리고 또 하나의 강한 논증을 마지막에 놓는다(50-57절). 하지만 그리스도의 부활 전승을 15장의 첫째 부분에 놓은 것을 보면(1-11절), 바울은 문제 자체의 중요성에 대한 인식에 따라 재료를 배열하는 것으로 보인다(*Rhet. Her.* 3.9-10.17 참조). 바울이 문제를 보는 것과 같이(1:11, 12, "ἐδηλώθη γάρ μοι περὶ ὑμῶν ……. λέγω δὲ τοῦτο ὅτι ……." 참조), 죽은 자의 부활을 부인하는 것은 복음 자체와 사활적으로 관계가 있는데, 이 복음의 중심 요소들은 그리스도의 죽음, 장사 그리고 부활로 이루어져 있다(3-5절). 바울에게 있어서, 죽은 자의 부활을 부인하는 것은 그리스도의 부활을 부인하는 것이 된다(13절, 16절). 따라서, 고린도 ἀδελφοί("형제들과 자매들")에게 자기가 전한 복음(τὸ εὐαγγέλιον)을 먼저 상기시킨다(1-11절). 그 결과, 다음과 같은 고린도전서 15장의 수사학적 배열을 제안할 수 있게 되었다.

고린도전서 15장
죽은 자의 부활을 찬성하는 논증

15:1-11 증명을 위한 준비: 공유하는 그리스도의 부활의 복음

15:1-2   '서론'(*exordium*)

15:1a   연설자: 나 [바울]

       청중: 너희 [고린도] 형제들

15:1b-2   주제: 복음

        복음의 전수와 수용

        복음의 구원을 위한 중요성

        복음의 조건

15:3-11   '사실의 진술'(내력, *narratio*)

15:3a   전승에로의 전환

15:3b-5a   그리스도의 부활에 관한 전승

       [성경]

15:3b   1. 그의 죽음

15:4a   2. 그의 장사

15:4b   3. 그의 부활

15:5a   4. 그의 게바에게 나타나심

15:5b-8   그리스도의 나타나심(들)

       [증인들]

15:5b   1. 열둘[열두 제자]에게

15:6   2. 오백 명 이상의 형제들에게

15:7a   3. 야고보에게

15:7b   4. 모든 사도들에게

15:8   5. 바울에게

15:9-11   바울을 향한 하나님의 은혜

15:9   1. 바울의 자기 자신에 대한 묘사

       (1) 사도들 중 가장 작은 자

       (2) 사도라 불리기에 합당하지 않음

       (3) 교회를 박해한 자

15:10   2. 하나님의 은혜

15:11   3. 바울/그들의 사역 및 사역의 결과

15:12-34	죽은 자의 부활을 찬성하는 논증들
15:12	'분할'(*partitio*)
15:12a	1. 일치: 그리스도께서 죽은 자 가운데서 다시 살림을 받으셨다는 것
15:12b	2. 불일치: 죽은 자의 부활이 없다는 것
15:13-19	첫 번째 '증명'(*probatio*)
15:13	1. 첫 번째 논증: 죽은 자의 부활을 부인하는 것은 그리스도의 부활을 부인하는 것이다; 그의 부활은 죽은 자의 부활의 한 예이다.
15:14-15	2. 두 번째 논증: 우리의 전파하는 것과 증거하는 것은 그리스도의 부활에 근거한다.
15:14	(1) 우리의 전파하는 것과 너희의 믿음
15:15	(2) 우리는 참된 증인들이다.
15:16	3. 첫 번째 논증의 반복 [강조하기 위하여]
15:17-19	4. 두 번째 논증의 반복: 너희의 믿음과 우리의 소망은 부활에 근거한다.
15:17	(1) 너희의 믿음
15:18	(2) 그리스도 안에서 잠자는 자들
15:19	(3) 우리의 소망
15:20-28	두 번째 '증명'(*probatio*)
15:20-22	1. 첫 번째 논증: 그리스도의 부활은 첫 열매로 죽은 자의 부활을 보증한다.
15:20	(1) 부활의 첫 열매인 그리스도
15:21-22	(2) 아담과 그리스도의 유비
	ㄱ. 사망은 아담으로 말미암아 왔다.
	ㄴ. 죽은 자의 부활은 그리스도로 말미암아 왔다.
15:23-24	2. 부활의 순서
15:23a	(1) 첫 열매 그리스도
15:23b	(2) 그리스도께서 오실 때에 그에게 속한 자들
15:24	(3) 그다음 끝이 온다.
	ㄱ. 그리스도는 나라를 하나님 아버지께 바치신다.
	ㄴ. 그리스도는 모든 정사와 모든 권세와 능력을 폐하셨다.
15:25-28	3. 그리스도의 통치
15:25	(1) 그의 모든 원수들을 그에게 복종하게 함
15:26	(2) 마지막 원수인 사망이 폐하여질 것임

15:27	(3) 성경의 증명(증거)
15:28	(4) 아들의 아버지께 복종함
15:29-34	세 번째 '증명'(*probatio*)
15:29	1. 첫 번째 논증: 죽은 자를 위하여 받는 세례는 죽은 자의 부활이 있다는 것을 증명한다.
15:30-32a	2. 우리가 기꺼이 위험을 무릅씀은 죽은 자의 부활에 대한 소망이 있기 때문이다.
	(1) 때마다 위험에 처함
	(2) 날마다 죽음
	(3) 역경과 대항하여 싸움 [맹수와 더불어 싸움]
15:32b-34	3. 권면
	(1) 죽은 자의 부활을 부인함이 삶에 끼치는 결과들
	(2) 경고
	(3) 권면
15:39-49	'논박'(*refutatio*): 죽은 자의 부활을 논증할 때 나타나는 난점들에 대하여
15:35	예상되는 이의들
15:35a	1. 어떻게 죽은 자가 다시 살려지는가?
15:35b	2. 어떤 종류의 몸으로 죽은 자가 오는가?
15:36-49	이의들에 대한 답변
15:36-38	1. 첫 번째 논증: 씨는 죽음을 통해 살아나고 하나님이 형체를 주신다.
15:36	(1) 씨는 살아나기 위하여 죽어야 한다.
15:37	(2) 뿌려진 씨는 알갱이에 불과하다.
15:38	(3) 하나님께서 그것에 형체를 주신다(죽은 자가 하나님에 의해 다시 살리심을 받는다는 것을 함축함)
15:39-41	2. 두 번째 논증: 모든 몸이 같지 않다.
15:39	(1) 모든 육체가 같지 않다.
	ㄱ. 사람들의
	ㄴ. 짐승들의
	ㄷ. 물고기의
15:40-41	(2) 모든 영광이 같지 않다.
	ㄱ. 하늘에 속한 몸들(형체들)의
	ㄴ. 땅에 속한 몸들(형체들)의

15:57	(3) 우리 주 예수 그리스도로 말미암아 사망을 이기는 승리의 감사에 넘치는 외침
15:58	'결론적인 권면'(*exhortatio*)
	1. 권면: 주의 일을 계속하라
	2. 포상의 약속: 너희의 수고가 주 안에서 헛되지 않다.[76]

이제 뒤 따르는 곳에서 고린도전서 15장에서 각 연설 부분의 요소들이 수행하는 기능에 관하여 관찰할 수 있는 내용들을 간단히 논의하려고 한다. 또한 고린도전서 15장의 발견에 대해 논의하는 가운데 어떤 통찰들을 발견하였는지에 대하여도 그렇게 함이 유용해 보이는 곳에서 마다 주목하련다. 문체('스타일')에 대해서는 나중에 이 장 뒷부분에서 논의하려고 한다.

가. 증명을 위한 준비
: 공유하는 그리스도 부활의 복음(1-11절)

무엇보다도 먼저, 바울은 그리스도의 죽음, 장사, 부활 그리고 나타남에 관한 전승을 진술한다. 이는 고린도인들과 공유하고 있는 것이다. 12절에 나타난 것과 같이, 바울과 고린도인들 간의 이 공유전승은 죽은 자의 부활을 찬성하는 바울의 논증의 기초가 된다. 통일성이 있

---

76) 이와 다른 고린도전서 15장 배열 개요들에 대해 Bünker, *Briefformular und rhetorische Disposition*, 72; Gordo, "Es 1 Co 15 UNA HOMILIA?" 9-98; Mack, *Rhetoric and the New Testament*, 41-47, 56-57(=고린도전서 15장을 '크레이아'["다듬기, Refining", *expolitio*, χρεία; *Rhet. Her.* 4.42.54-44.59]의 한 예로 간주함) 등을 보라. 그리고 '크레이아'에 대해 R. F. Hock and E. N. O'Neil, *The Chreia in Ancient Rhetoric: Volume I. The Progymnasmata* (Atlanta: Scholars Press, 1986)를 보라.

는 편지의 일부로서, 고린도전서 15장은 그 자체로서 *exordium*('서론')
이 있어야 할 필요가 없을는지도 모른다. 그렇지만, 바울은 고린도전
서에서 지금까지 분열(1-4장), 부도덕(5장), 소송(6장), 결혼(7장), 우상
에게 바쳐진 제물(8-10장), 예배를 위한 모임과 영적 은사들(11-14장)
등 많고도 다양한 쟁점을 다루어 왔고, 이제 새로운 주제, 즉 죽은 자
의 부활 문제에 대해 말하려는 참이다. 따라서, 이 주제를 소개하는
일정한 서론을 필요로 한다. 바로 1-2절이 서론의 기능을 수행한다고
생각된다.

'서론'의 목적은 청중으로 하여금 주의를 기울이게 하고(경청하게
하고), 잘 받아들이게 하고(수용하게 하고), 또 호의를 지니게 하는(호
의적인 마음을 갖도록 하는) 것이다. 많은 이슈를 길게 논의한 후에
이제 막 새로운 주제를 시작하려고 할 때, 바울은 특히 청중의 주의를
기울이게 할 필요가 있었다. 그리하여 그는 "형제들아 내가 …… 복음
을 너희에게 알게 하노니"(Γνωρίζω δὲ ὑμῖν, ἀδελφοί, τὸ εὐαγγέλιον,
1절)라고 말함으로써 청중의 주의를 기울이게 하려고 한 번 더 노력한
다(Arist. *Rh*. 3.14.9.1415b). 바울은 또한 자기가 이제 막 논의하려고
하는 주제, 즉, 복음이 중요하다는 것(3절, "먼저", ἐν πρώτοις)과 복음
이 청중 속에 있는 자들에게 관련 있음을 보여줌으로써 청중으로 하
여금 주의를 기울이게 만든다. 바울은 자기 자신의 행위와 섬김을 오만
하지 않게 언급함으로써(1절, 8-10절) 자신의 인격(사람됨)으로부터 그
리고 청중이 행한 것에 관하여 언급하며(1-2절) 자기 청중을 "형제들"
(ἀδελφοί)이라고 부름으로써(1절) 청중으로부터(1-2절) 호의를 얻는다.

주제를 보다 더 적절하게 소개하기 위하여 연설자는 이 주제가 어
떤 종류의 이유(소송, 사건, *causa*)인지를 숙고해야 한다. 고린도전서
15장의 이유는 명예로운 종류에 속하는 것인데, 이는 "우리가 모든 사

람들이 당연히 방어해야 하는 것을 방어하든지 혹은 모든 사람들이 공격해야 할 의무가 있는 것으로 보이는 것을 공격하든지" 할 때 발생한다(*Rhet. Her.* 1.3.5). 바울은 모든 신자들이 당연히 방어해야 하는 것으로 보이는 것, 곧 복음을 다룬다. 바꾸어 말하면, 이유는 바울의 청중, 곧 고린도 신자들에게 명예로운 것인데, 왜냐하면 그들이 바울과 더불어 공유하고 또 구원받는 수단인 복음(τὸ εὐαγγέλιον)을 바울이 방어하기 때문이다. 그리고 '서론'(*exordium*)과 관련하여 바울은 *principium*("도입" 혹은 "직접개시")의 형식을 취하는데(Cic. *Inv.* 1.15.20), 이는 직접적으로 또 분명한 언어로 청중에게 말할 때 청중으로 하여금 자기가 말하려고 하는 것에 주의하도록 직접 준비시키는 것이다. 비록 길을 잃은 동료 그리스도인들이 얼마간 있기는 하지만, 바울은 그들을 향해 말하지 않는다.

3-11절에서 바울은 죽은 자의 부활을 부인하는 자들과 어떻게 그들이 그것을 부인하게 되었는지에 관한 사실들을 서술(이야기)하지 않는다. 아마도 청중 곧 고린도인들이 "사실들을 총체적으로 아주 철저하게 파악하여 다른 방식으로 그들을 가르치는 것이 …… 아무런 유익이 없을 때"라서 바울이 그렇게 했는지 모른다(Cic. *Inv.* 1.21.30). 그럼에도 불구하고 그는 이 문제(사건, case)에 관계가 있는 사실들을 정말로 공표한다. 바울이 청중으로 하여금 긴급사태에 관하여 내리기를 원하는 결정은 그리스도의 부활에 관한 과거의 사건들에 대한 서술(이야기)에 의해 도움을 받기 때문이다. "논의와 관련성이 있는 외적 문제들에 대한 진술들은 얼마든지 자주 도입될 수 있다"(Quint. *Inst.* 3.8.11). 어떻게 고린도인들이 그리스도의 죽음, 장사, 부활 그리고 여러 나타나심에 관한 전승을 받게 되었는지에 대하여 서술(이야기)하는 것은 죽은 자의 부활을 찬성하는 바울의 논증을 펼치도록 무대를 놓

아주는 것이다. 이 3-11절의 '사실의 진술'은 "신뢰를 얻거나 우리 적대자에게 죄를 씌우거나 전환을 초래하거나 무언가를 위한 장을 마련하는 수단으로 종종 연설에 끼어드는" 유형에 속한다(Rhet. Her. 1.8.12; 또한 Quint. Inst. 9.2.107).

한편으로는, 이 내러티브(이야기)는 부분적으로 역사적인 사실들에 근거하고(3-8절), 또 부분적으로 사람들에 근거한다(9-11절; Rhet. Her. 1.8.13). 사람들에 근거한 내러티브 단락에서 자기 자신을 작아지게 만드나(9-10절), 그래도 자기의 권위를 세우는 데 실패하지 않을 때 바울은 자기를 향한 청중의 호의를 이끌어 내는 '에토스'(ethos)에 호소한다(Quint. Inst. 4.2.125). 다른 한편으로는 바울은 그리스도의 죽음, 장사, 부활 그리고 여러 나타나심(현현)에 관한 전승을 역사적인 사실들에 근거한 내러티브 속에 짜 넣는다. 청중은 전승에 대하여 아무런 교훈이 필요하지 않았을 터인데, 이미 그것을 들었기 때문이다. 하지만 바울은 자기의 청중에 관계있는 지점에서 시작한다(3절). 그들의 신앙을 재차 확인하기 위하여(Quint. Inst. 4.2.21 참조), 그들에게 그리스도의 죽음, 장사, 부활 그리고 추종자들에게 나타나심의 전승을 전달하였다는 점을 청중에게 상기시킨다.

바울의 서술(3-11절)은 전적으로 바울에게 호의적이며, 또 narratio ('내력' 혹은 '사실의 진술')의 세 가지 특성을 얼마간 나타낸다(Rhet. Her. 1.9.14; Quint. Inst. 4.2.31, 33). 바울이 사건들이 일어난 대로 그것들을 하나씩 하나씩 제시하고 또 시간상으로 사건들의 순서를 보존하므로(ὅτι/καὶ ὅτι/καὶ ὅτι/καὶ ὅτι/εἶτα/ἔπειτα/ἔπειτα/εἶτα/ἔσχατον, 3-8절) 내러티브('이야기')는 명쾌하다(Rhet. Her. 1.9.15; Cic. Inv. 1.20.29; Quint. Inst. 4.2.36). 또한 적절하고 뜻있는 단어들로 이야기를 말함으로써 또 사실들과 사람들을 순서대로 뚜렷하게 기술함으로써 명쾌함이 성취된다(παρέδωκα/παρέλαβον/ἀπέθανεν/ἐτάφη/ ἐγήγερται/ὤφθη). 내러티브는 또한 그리스도의 세례, 공적 생애의 시작에서 시작하지 아니하고, 시작할 필요가 있는 장소, 곧 그리스도의 죽음(3절)에서 시작함으로써 또한 간결성을 성취한다. 이 내러티브는 요약적이며, 상세하지 않다(*Rhet. Her.* 1.9.14). 바울은 그냥 "그가 죽었고, 장사되었고, 살아났고, 또 나타났다"라고 쓸 수 있었을 것이다. 그러나 주제가 아주 중요해서 그는 "꼭 필요한 것과 꼭 충분한 것"을 주제에 덧붙였다(Quint. *Inst.* 4.2.45). 그리고 바울은 내러티브를 세 개의 표제, 즉 원전승(3-5절), 추가 전승(6-8절) 그리고 바울 자신(9-11절)으로 나눔으로써 지루함을 피한다(Quint. *Inst.* 4.2.49-50). 하지만 그 배후에 있는 구전 역사 및 문학적 역사를 진지하게 받아들이지 않고서는 3-11절이라는 소단위의 수사학적 특징들을 조사할 수 없다는 반대론을 펼 수도 있을 것이다. 예를 들어, 만일 여기서 정말로 간결성이 자체의 형식적 규칙들에 순종하는 기존의 신조 전통을 인용하고 있는 것이라는 사실에서 온다면 사람들은 바울이 내러티브에서 통상적인 수사학적 간결성을 예증하고 있는 경우는 참으로 아닐까라고 생각할 수 있다. 이는 합법적인 질문이다. 하지만 고린도전서 15장에서 나타나는 바울의 수사를 분석하려는 이 논문(책)의 목적을 위해서는 3-11절 본문을 바울에 의해 작성된 것으로 취하면 충분하다. 고린도인들은 본문 배후의 구전 역사 및 문학적 역사가 아니라, 바울이 본문에서 말하려는 것을 읽었음에 틀림없기 때문이다.[77]

---

77) 고전 15:3-8에 대한 분석을 위해, W. Baird, "What Is the Kerygma? A Study of 1 Cor 15:3-8 and Gal 1:11-17," *JBL* 76 (1957), 181-91; Conzelmann, *1 Corinthians*, 251-54; "Zur Analyse der Bekenntnisformel I. Kor. 15,3-5," *EvT* 25 (1965), 1-11; "On the Analysis of the Confessional Formula in I Corinthians 15:3-5," *Int* 20 (1966), 15-25; P.

바울은 성경에 호소함으로써, 또 부활하신 그리스도께서 그들에게
나타난 증인들로써 그리스도의 부활의 사실성을 확립한다. 바울은 부
활하신 그리스도께서 나타나신 자들의 대부분이 지금까지도 살아 있다
는 것을 언급할 때 이 내러티브의 개연성을 강화하는 것이다. 바울은
또한 부분적으로 부활하신 그리스도께서 자기에게 나타나신 경험에 대
한 간증으로 그리스도의 부활에 대한 내러티브의 신뢰성을 더욱 높이
고, 그로써 연설자로서의 자기 '에토스'를 향상한다(Quint. *Inst.*
4.2.11-12, 62 참조).

나. 죽은 자의 부활을 찬성하는 논증들(12-34절)

증명을 하기 위한 토대를 놓은 바울은 이제 죽은 자의 부활을 지지
하는 논증으로 나아간다. 죽은 자의 부활을 찬성하는 바울의 논증은
세 단락으로 구분된다. 즉, '부정적 형식의 논증'(12-19절), '긍정적 형
식의 논증'(20-28절) 그리고 '권면을 동반하는 보충적 논증'(29-34절)
이다.

12-19절에서 논증들은 부정적 형식으로 나타난다. 좀 더 자세히 설
명하면, 12-15절에서는 바울이 자기와 고린도인들 중 몇 사람 사이에
의견을 같이 하는 것과 논쟁이 되고 있는 것이 무엇인지를 먼저 분명

J. Kearney, "He Appeared to 500 Brothers (1 Cor. xv 6)," *NovT* 22
(1980), 264-84; J. Kloppenborg, "An Analysis of the Pre-Pauline
Formula 1 Cor 15:3b-5 in Light of Some Recent Literature," *CBQ* 40
(1978), 351-67; R. H. Mounce, "Continuity of the Primitive Tradition:
Some Pre-Pauline Elements in 1 Corinthians," *Int* 13 (1959), 417-24; J.
Murphy-O'Connor, "Tradition and Redaction in 1 Cor 15:3-7," *CBQ*
(1981), 582-89; R. C. Webber, "A Note on 1 Corinthians 15:3-5," *JETS*
26 (1983), 265-69 등을 보라.

히 하고(12절), 그 다음에 자기의 주장(case)을 지지하는 논증으로 진행한다(13-19절). 따라서 12절은 *partitio*("분할")의 기능을 하는데(*Rhet. Her.* 1.3.4; 1.10.17; Cic. *Inv.* 1.22.31), 이 '분할'(*partitio*)의 결과로서, 바울은 고린도 청중을 위하여 그들이 주의를 고정시켜야 할 명확한 문제를 설정하고, 이 문제에 대하여 자기의 주장을 펼치는 것이다. 비록 그리스도께서 죽은 자들 가운데서 다시 사셨다는 것은 합의가 이루어져 있지만, 죽은 자의 부활을 부인하는 자들이 존재한다. 그래서 바울은 논증들을 제시함으로 말미암아 자기의 주장이 정당함{옳음}을 청중에게 설득하려고 노력한다(13-19절; Cic. *Inv.* 1.24.34; Quint. *Inst.* 4.2.79; *Rhet. Her.* 1.3.4 참조).

퀸틸리아누스는 네 가지 형식의 증명에 대해 다음과 같이 간략히 설명한다.

> 첫째로, '지금은 낮이며 따라서 밤이 아니다'라는 것과 같이, 이것이 긍정되기 때문에, 저것이 부정된다고 논증할 수도 있다. 둘째로, '태양이 떠올랐고 따라서 낮이다'라는 것과 같이, 이것이 긍정되기 때문에, 저것이 긍정된다고 논증할 수도 있다. 셋째로, '지금은 밤이 아니며, 따라서 낮이다'라는 것과 같이, 이것이 부정되기 때문에, 저것이 긍정된다고 논증될 수도 있다. 마지막으로, '그는 이성적인 존재가 아니며, 따라서 인간이 아니다'라는 것과 같이, 이것이 부정되기 때문에, 저것이 부정된다고 논증될 수도 있다(Quint. *Inst.* 5.8.7).

바울은 그의 논증들에서(13-19절) '어떤 것이 존재하지 않기 때문에 다른 것도 존재하지 않는다'라고 논증하는 증명 형식을 활용하는데, 죽은 자의 부활이 있다는 자기의 주장을 거꾸로 증명하기 위해 그렇게 한다. 바울의 논증은 다음과 같이 전개된다고 볼 수 있을 것이다.

> 만일 죽은 자의 부활이 '없다'면, 그리스도께서도 다시 살아나지 '않았다'.
> 만일 그리스도께서 다시 살아나지 '않았다'면, 우리의 전하는 것이 유효하지

'않고', 너희 믿음 역시 유효하지 '않다.'

'그러나' 그리스도께서는 우리가 동의하는 대로 다시 살아나셨다.

'그러므로' 죽은 자의 부활이 있다.

따라서 바울은 자신의 논증에서 그리스도의 부활을 죽은 자의 부활의 한 예로 사용한다(13절, 16절). 바울의 전하는 것과 증언하는 것은 또한 그리스도의 부활에 근거하고(14-15절), 우리의 믿음과 소망은 죽은 자의 부활에 근거한다(17-19절).

13-19절에서 바울은 또한 '확충/부연'에 의하여 논증을 강화하는데, 확충이란 "감정을 분기시킴으로써 연설하는 과정에서 신용을 얻으려고 계획된 일종의 더 유력한 단언"이다(Cic. *Part. Or.* 15.53; 또한 *Part. Or.* 15.53-17.58). 여기서는 확충이 단어들의 반복(13-15절, 16-19절)을 통해 그리고 더 낮은/약한 술어들에서 더 높은/강한 술어들로 점진적으로 상승함을 통하여 성취된다(14절의 κενὸν, 17절의 ματαία, 19절의 ἐλεεινότεροι을 보라). 바울은 또한 두려움의 감정과 불쌍함의 감정을 분기시키면서, 죽은 자의 부활을 부인함의 결과들을 요약할 때 확충하는 것이다(14-15절, 17-19절).

논증들은 20-28절에서 긍정적인 형식을 취한다. 앞의 단락에서 바울은 그리스도의 부활이 이미 청중에 의해 받아들여졌고, 대항자(반대자)에 의해 의문시되지 않았음을 지적함으로써 부인하는 자들의 입장을 약화시켰다(12절; Quint. *Inst.* 5.10.11-13을 보라). 그리고 아무도 그리스도의 부활을 부인하지 않을 것이므로 바울은 부정적인 방식으로 자기의 주안점을 증명하려고 노력할 수 있었다. 이제 바울은 그리스도의 부활이 잠자는 자들의 첫 열매로 죽은 자의 부활을 보증한다는 긍정적인 논증에 착수한다(20-22절). 여기서 사용된 증명은 인위적인 증명(ἔντεχνοι), 즉 '표징'이다. 이 표징은 첫 열매로 나머지 곡식의 추수,

곧 죽은 자의 부활의 조짐을 나타낸다(20절). 그리스도 안에서 모든 (죽은) 사람이 다시 살아나게 되리라는 것을 보여준 후(21-22절), 바울은 부활의 순서에 관하여 이야기한다. 즉, 첫 열매이신 그리스도, 그리스도께서 오실 때에 그에게 속한 자들 그리고 '죽음'을 포함하여 그의 모든 원수들이 없어지게 될 끝이 온다(23-28절). 부활의 순서에 대한 바울의 논의가 주제에 관련이 없는 것은 아니다. 오히려 바울의 논증을 강하게 하는 확충이다.[78] 바울은 죽은 자의 부활의 주제를 길게 논하나, 또한 주제의 범위를 확대하여 부활의 순서를 포함시킴으로써 이 주제를 확충한다([Longinus], *Subl.* 12.2 참조). 또한 27-28절에 나오는 ὑποτάσσειν라는 술어의 반복은 하나의 확충/부연일 수 있다(Cic. *Part. Or.* 15.54).

바울은 29-34절에서 논증을 보충한다. 그리스도 안에서 모든 사람이 다시 살아나게 되고 죽음이 없어지게 되리라는 것을 논증한 후에, 바울은 그들의 행동의 근거로서 죽은 자의 부활의 소망을 가리키는 예들, 즉 죽은 자를 위하여 세례를 받는 자들과 바울의 개인적인 고난 (29-32절)을 언급함으로써 논증을 보충한다(ἐπεί, "……하지 못하면", 29절). 바울은 이 두 개의 예가 죽은 자가 다시 살아나게 되리라는 믿음에 근거한다고 주장한다. 바꾸어 말하면, 그는 청중으로 하여금 이 예들로부터 죽은 자의 부활이 있다는 것을 추리하게 만든다(Quint. *Inst.* 5.10.80-86). 바울은 또한 죽은 자의 부활을 부인하는 것과 관련하여 권면을 준다(33-34절). 죽은 자의 부활을 부인하면 자유 방종한 삶의 양식('스타일')에 빠지게 될 것이다. 이는 하나님을 아는 지식이

---

78) Dykstra, "I Corinthians 15:20-28," 205(="바울의 논증의 힘은 일차적으로 논리에 의존하지 않고, 오히려 그리스도의 인격과 통치와 관련하여 구원사를 제시하는 것에 의존하려고 하였다")를 참조하라.

없어서 속임을 당하고 죄를 짓는 삶이다.

다. 죽은 자의 부활을 주장함에 나타나는 난점들에 대한 논박(35-49절)

죽은 자의 부활을 부인하는 자들은 죽은 자의 부활 사상을 곧바로 거부할 수 있다. 그러나 이 사상을 옹호하는 자로서 바울은 "천 개의 술책과 전략을 필요로 한다"(Quint. *Inst.* 5.13.2). 그리하여 바울은 자기의 주장(case)을 지지하는 논증을 펼친 후에 적대자에 의해 제기될 수 있는 몇 가지 난점에 착수한다(35-49절). 그리하여 이 단락은 입론(논증)에 있어 '논박'(*refutatio*)의 기능을 수행한다. 논박에서 연설자는 (1) 응답해야 하는 것이 무엇인지, (2) 적대자의 논증들을 '한 무더기로' 공격해야 하는지 혹은 하나하나씩 처리하여야 할지 그리고 (3) 적대자의 논증들을 논박해야 하는 방식을 고려해야 한다(Quint. *Inst.* 5.13.4, 11, 15).

바울은 자기의 논증들에 맞서서 제기될 수 있는 이의들(반대들)을 예상한다(35절).[79] 이 이의(반대)는 두 개의 관련된 질문으로 이루어진

---

79) '예상/예기'(anticipation)에 대해 *Rh. Al.* 33.1439b.3-14; 18.1432b-33b, προκατάληψις; Quint. *Inst.* 5.13.45-50을 보라. 또한 M. J. Harris, *From Grave to Glory: Resurrection in the New Testament Including a Response to Norman L. Geisler* (Academic Books: Grand Rapids: Zondervan, 1990), 191(="35절에서 바울은 '디아트리베'라는 수사학적 문체를 사용하여 부활 교리에 대한 두 가지 반대를 제시한다"); Nida and others, *Style and Discourse*, 147(="피드백의 한 가지 국면이 있다……. 즉, 예상(예기)적 피드백으로, 저자가 자기 수신자들이 보일법한 반응들을 예상(예기)하고 그 반대들을 잘 대응하도록 자기의 메시지를 조직하는 것이다. 만일 이것이 형식적이며 명시적인 방식으로 구축된다면 그 결과로 나오는 문학 장르는 '디아트리베'라 불린다[고전 15:12-58 참조]")을 참조하라.

다. 즉, (1) 어떻게 죽은 자들이 다시 살아나는가? 그리고 (2) 어떤 종류의 몸으로 그들이 오는가? 이 질문들은 죽은 자의 부활에 포함된 난점들로 인하여 부활이 없다는 것을 시사할 수도 있다. 거꾸로 바울은 이 난점들을 논박함으로써 죽은 자의 부활을 확립한다. 바울은 씨를 뿌림의 유비 및 아담과 그리스도의 유비를 사용함으로써 이의(반대)에 논박한다. 그는 첫 번째 질문을 직접적으로 다루지 않으나, "부활을 생각할 수 있는 가능성, 부활체(부활의 몸)의 가능성"을 논의함으로써 그것에 함축적으로 답한다.[80] 바울은 다만, 씨가 죽음을 통하여 살아난다는 것과 그것에 형체(몸)를 주시는, 즉 죽은 자를 살리시는 분은 하나님이라는 것을 말한다(36-38절). 그러고는 논증의 대부분을 "어떤 종류의 몸으로"라는 질문에 답하는 데 할애한다. 바울은 모든(every) 몸이 같지 않다(39-41절), 죽은 자의 부활체(부활의 몸)는 물질적인/육신의 몸과 다르다(42-442절) 그리고 부활체는 산 영혼(생령)인 아담과 살리시는 영(생명을 주시는 영)이신 그리스도의 유비에서 추리된다(45-49절)는 점을 논증한다. 이렇게 바울은 죽은 자의 부활을 지지하는 논증을 할 때 나타나는 난점들을 논박하는 것이다.

라. 죽은 자의 부활을 찬성하는 마지막 논증(50-57절)

이 단락은 '결론'(peroratio)으로서의 기능을 수행하는데, 바울의 논증들을 확충하고 요점을 되풀이하여 말하고, 또 청중의 감정들을 일으키기 때문이다(Arist. *Rh.* 3.19; *Rhet. Her.* 2.30.47). 바울은 방금 말한 요점을 짧게 되풀이하여 말하고 그것을 확충한다. 변화가 필요한데,

---

80) Harris, *From Grave to Glory*, 190.

살(육)과 피(혈), 곧 물질적인/육신의 몸은 하나님의 나라를 물려받을 수 없기 때문이다. 이 나라를 물려받기 위하여 모두 변화를 받을 것이다. 죽은 자는 썩지 않을 것과 죽지 않을 것으로 다시 살리심을 받을 것이다. 죽음에 대한 최후의 승리는 확보되어 있다(50-57절). 그렇게 '결론' 부분에서 죽음을 패배시키는 승리의 소리가 울려 퍼진다.

마. 결론적 권면(58절)

마지막으로, 청중(독자)이 호의적으로 응답하리라는 가정 위에서, 바울은 주의 일을 계속 하도록 그들에게 권면한다(58절; Arist. *Rh.* 1.3.3.1358b; *Rh. Al.* 1.1421b.7-33을 보라). 지금까지 그는 죽은 자의 부활을 지지하는 논증을 해왔다. 하지만 그의 결론은 논리적인 것이 아니라, 주의 일에 항상 많이 힘쓰라고 고린도인들에게 권면하는 것이다.

▌6. 문체

지금까지 바울의 발견과 배열을 조사해 왔다. 이제 발견한 것을 바울이 어떻게 말하는지('문체')의 문제에 손을 대고자 한다.[81] 이는 한

---

81) 문체를 다루는 고대 수사학자들에 대한 개관을 위해, Baldwin, *Ancient Rhetoric and Poetic*, 21-33(=아리스토텔레스), 56-61(=키케로), 102-31(=할리카르나수스의 디오니시우스, "롱기누스"); S. F. Bonner, *The Literary Treatises of Dionysius of Halicarnassus: A Study in the Development of Critical Method* (Cambridge Classical Studies 5; Cambridge: The University Press, 1939); J. D. Denniston, *Greek Literary Criticism* (1924; reprint, Port Washington/London: Kennikat Press, 1971); Grube, *The Greek and Roman Critics*, 103-9(=데오프라스투스), 110-21(=문체에 대하여

곳에서 먼저 문체를 논하고 다음에 배열을 논하는 아리스토텔레스의 순서와는 다르다(Arist. *Rh.* 3.9-12; 3:13). 여하튼 고린도전서 15장의 문체가 바울의 수사, 즉 설득술에 어떻게 기여하는지를 고찰하고자 한다.[82] 이 고찰은 단어와 단어의 배열에 나타난 문체, 이 문체들의 특성, 이 문체의 종류 그리고 구성의 종류로 이루어진다.

가. 단어와 단어의 배열에 나타난 문체

하나하나의 단어들에 대해서는 몇 가지 관찰로 족하다. 고린도전서 15장에서 바울은 각각 다양한 어형으로 나타나는 일흔아홉(79) 개의 명사, 예순두(62) 개의 동사, 서른네(34) 개의 형용사 그리고 스물두(22) 개의 부사를 사용한다. 전치사, 불변화사, 접속사, 대명사, 정관사 그리고 감탄사는 여기서 고려되지 않는다.

사용된 명사는 πάδελφός, εὐγγέλιον, λόγος, Χριστός, ἁμαρτια, γραφή, ἡμέρα, Κηφᾶς, Ἰάκοβος, ἀπόστολος, ἔκτρωμα, ἐκκλησία, πθεός, χάρις, ἀνάστασις, κήρυγμα, πίστις, ψευδόμαρτυς, ζωή, ἄντρωπος, ἀπαρχή, θάνατος, Αδάμ, τάγμα, παρουσία, τέλος, βασιλεία, πατήρ, ἀρχη, ἐξουσία, δύναμις, ἐχθρός, πούς, υἱός, ὥρα, καύχησις, Ἰησοῦς, κύριος, Ἔπεσος, ἦσος, ὁμιλία, ἀγνωσία, ἐντροπή, σῶμα, ἄφρων, κκκος, σίτος, σπέρμα, σάρξ, κτηνός, πτηνός, ἴχθυς, δόξα, ἥλιος, σελήνη, ἀστήρ, φθορά, αφθαρσία, ἀτιμία,

데메트리우스), 207-30(=할리카르나수스의 디오니시우스), 340-53(=위대한 글쓰기에 대하여 롱기누스) 등을 보라.

82) 바울의 문체에 대한 일반적인 논의를 위해 J. H. Moulton, *A Grammar of New Testament Greek*, vol. 4, Style, by N. Turner (Edinburgh: T&T Clark, 1976), 80-100; 그리고 A. T. Robertson, *A Grammar of the Greek New Testament in the Light of Historical Research* (3d ed.; New York: George H. Doran Co., 1919), 127-31 등을 보라.

ἀσθενεία, ψυχή, πνεῦμα, γῆ, οὐρανός, εἰκών, αἷμα, μυστήριον, ῥιπή, οφταλμός, σάλπιγξ, ἀφθαρσία, ἀθανασία, νῖκος, κέντρον, νόμος, ἔργον, κόπος 등이다. 사용된 동사는 γνωρίζω, εὐαγγελιζω, παραλαμβάνω, ἵστημι, σώζω, κατέχω, πιστεύω, παραδίδωμι, ἀποθνήσκω, θάπτω, ἐγείρω, ὀράω, μένω, κοιμάω, εἰμι, καλέω, διώκω, γίνομαι, κοπιάω, κηρύσσω, λέγω, εὑρίσκω, μαρτυρέω, ἀπόλλυμι, ἐλπίζω, ζῳοποιέω, καταργέω, δεῖ, βασιλεύω, τίθημι, ὑποτάσσω, εἶπον, ποιέω, βαπτίζω, κινδυνεύω, ἔχω, θηριομαχέω, ἐσθίω, πίνω, πλανάω, φθείρω, ἐκνήφω, ἁμαρτάνω, λαλέω, ἔρζομαι, σπείρω, ζῳοποιέω, τυγχάνω, δίδωμι, θέλω, διαφέρω, γράφω, ζάω, φορέω, φημί, κληρονομέω, δύναμαι, ἀλλάσσω, σαλπίζω, ἐνδύω, καταπίνω, οἶδα 등이다. 사용된 형용사는 πρῶτος, τρίτος, δώδεκα, πολύς, πᾶς, ἐλάχιστος, ἱκανός, κενός, νεκρός, ματαία, ἐλεεινός, ἴδιος, ἔσχατος, δῆλος, ὑμετέρος, χρηστός, κακός, γυμνός, λοιπός, ἐπουράνιος, ἐπίγειος, ψυχικός, πνευματικός, ἔσχατος, χοϊκός, δεύτερος, ἄτομος, ἄφπαρτος, φθαρτός, θνητός, ἀγαπητος, ἑδραῖος, ἀμετακίνητος, περρισσεύω 등이다. 그리고 사용된 부사는 καί, ἐκτός, εἰκῇ, εἶτα, ἔπειτα, ἐπάνω, πεντακοσίοι, ἐπάπαξ, ἄρτι, ἔσχατος, περισσός[περισσότερον], οὕτως, οὐδέ, ἔτι, μόνος, νυνί, τότε, ὅλως, αὔριον, δικαίως, πρῶτον, πάντοτε 등이다.

이 단어들을 면밀하게 조사해 보면 바울이 그 당시의 흔하고, 통용하는 단어들을 사용하는 것이지 특별히 성서적인 단어들을 사용한 것이 아님을 알 수 있다.[83] 고린도전서 15장에는 바울이 사용한 희귀한

---

83) J. H. Thayer, *Greek-English Lexicon of the New Testament Being Grimm's Wilke's Clavis Novi Testamenti* (Edinburgh, 1886; reprint, Grand Rapids: Zondervan, 1962), 693-96은 칠백육십일곱(767) 개의 성서 헬라어, 즉 신약 헬라어 단어를 나열한다. 하지만 이 단어들 중 거의 모두가 파피루스들에서 발견된다(W. D. Chamberlain, *An Exegetical Grammar of the Greek New Testament* [New York: Macmillan; reprint, Grand Rapids: Baker, 1941], vii-viii; G. A. Deissmann, *Light from the Ancient East: The New Testament Illustrated by Recently Discovered Texts of the New Graeco-Roman World* [tr. Lionel R. M. Strachan; 2d ed.; New York/London: Harper & Brothers, 1927], 78). 신약성서는 기원후(공통시대) 1세기 그리스 로마 세계에서 사용되던 일상 언어로 기록되었다는 것이 학자들의 합의이다. '코이네'(κοινή) 헬라어에 대한 보다 더 충분한 논의에

단어들이 많이 나타난다.[84] 바울이 만든 새로운 단어들은 발견되지 않
는다. 그리고 은유적으로 사용된 단어들도 있다.[85]

단어의 배열 혹은 단어들을 모아놓음에 대해 '배열'("예술적 구성")
을 간략히 살펴본다. 바울은 자음들의 빈번한 거친 충돌 또는 모음들
의 연이은 접속을 피함으로써 일종의 연결과 매끄러움을 주는 예술적

대해 J. H. Moulton and G. Milligan, *The Vocabulary of the Greek
Testament Illustrated from the Papyri and Other Non-Literary Sources*
(London: Hodder and Stoughton, 1914-29), vii-xx; J. H. Moulton, *A
Grammar of New Testament Greek*, vol. 1, *Prolegomena* (3d ed.;
Edinburgh: T&T Clark, 1908), 1-41; Robertson, *A Grammar of the
Greek New Testament*, 3-139를 보고, 또 N. Turner, *Christian Words*
(Edinburgh: T&T Clark, 1980)를 참조하라.

84) 고린도전서에 나오는 여든 네(84) 개의 '하팍스레고메나'(단회사용단어들) 중
에 열두(12)개가 15장에 나온다. 이 열두 개의 '하팍스레고메나'는 다음과 같
다. 즉, ἀμετακινητος(58절), ἄτομος(52절), ἐκνήφω(34절), ἔκτρωμα(8절),
ἦθος(33절), θηριομαχέω(32절), νή(31절), ὁμιλία(33절), πτηνός(39절), ῥιπή(52
절), τάγμα(23절), ὡσπερεί(8절) 등이다. 고린도전서의 다른 '하팍스레고메나'
목록에 대해서는 K. Aland, ed., *Vollständige Konkordanz zum griechischen
Neuen Testament*, Band II, *Spezialübersichen* (Berlin/New York: de
Gruyter, 1978), 455를 보라. 이 외에, '하팍스레고메나'는 아니나, 15장에만
나오고 고린도전서의 나머지 부분에서는 나오지 않는 단어로 쉰일곱(57) 개가
있다. 즉, ἀγνωσία(34절), Ἀδαμ(22, 45절[x2]), ἀθανασία(53, 54절), ἀλλάσσω(51,
52절), ἁμαρτία(3, 17, 56[x2]), ἀνάστασις(12, 13, 21, 42절), ἀρχή(24절), ἀστήρ(41
절[x3]), αὔριον(32절), ἀφθαρσία(42, 50, 53, 54절), ἄρρων(36절), γραφή(3, 4절),
γυμνός(37절), δῆλος(27절), διαφέρω(41절), δικαίως(34절), διότι(9절), δώδεκα(5절),
εἰκῆ(2절), εἶτα(5, 7, 24절), ἐλεεινός(19절), ἐνδύω(53[x2], 54절[x2]), ἐπάνω(6절),
ἐπίγειος(40절[x2]), ἐπουράνιος(40[x2], 48절[x2], 49절), ἐφάπαξ(6절), ἐχθρός(25, 26
절), ζωοποιέω(22, 36, 45절), ἥλιος(41절), θάπτω(4절), θνητός(53, 54절), Ἰάκωβος(7
절), ἰδού(51절), ἰχθυς(39절), καταπίνω(54절), καύχησις(31절), κενός(10, 14[x2], 58
절), κέντρον(55, 56절), κινδυνεύω(30절), κόκκος(37절), κτηνός(39절), μαρτυρέω(15
절), νεκρός(12[x2], 13, 15, 16, 20, 21, 29[x2], 32, 35, 42, 52절), νῖκος(54, 55,
57절), οἷος(48절[x2]), ὄφελος(32절), ποῖος(35절), σαλπίζω(52절), σελήνη(41절),
σῖτος(37절), σπέρμα(38절), φθορά(42, 50절), φορέω(49절[x2]), χοϊκός(47, 48[x2],
49절), χρηστός(33절), ψευδόμαρτυς(15절), ψυχή(45절) 등이다.

85) 8절(ἐκτρώματι), 9절(ἐλάχιστος), 20절 및 23절(ἀπαρχή), 24절(παραδιδῷ),
42-44절(σπείρεται, ἐγείρεται)을 보라.

구성을 달성한다(Cic. *De Or.* 3.43.171).[86] 나중에 비유적 표현들을 고찰할 때 알게 되겠지만, 바울은 또한 동일한 문자의 재발('두운법', alliteration, 14절), 동일한 단어의 반복("전위법", "이곳저곳에 놓음, 배치함", '플로케', πλοκή, transplacement, *traductio*) 그리고 (어귀들의 끝에서) 같은 격 어미들, (그리고 같은 어형 변화들 등)을 지닌 연속적인 일련의 단어들('호모이오프토톤', ὁμοιόπτωτον, *homoeoptoton*)을 사용하기도 한다. 하지만 이것들을 과도하게 사용하는 것을 피함으로써 예술적 구성을 성취한다(*Rhet. Her.* 4.12.18).[87]

나. 문체의 특성

하나하나의 단어들과 이 단어들의 배열을 통한 문체는 일정한 특성 또는 덕목을 나타내야 한다. 여기서 고린도전서 15장 문체의 네 가지 특성, 곧 정확함(순정함), 명료함(명쾌함과 간결성), 적절함 그리고 장식함(치장함)을 차례로 논의한다.

---

86) 고린도전서 15장 네스틀레-알란트(NA[27]) 헬라어 본문에는 팔백 마흔 다섯(845) 개의 단어가 나온다. 모음들의 접속(hiatus)이 단어들 사이에서 211번 발생하고(전체 단어 접속의 25%), 자음 충돌은 142번 나타난다(16.8%).

87) 고린도전서의 리듬에 관한 논의에 대해, Blass, *Die Rhythmen der asianischen*, 53-60(특히 15:1-12에 대한 55-60쪽)을 보고, 신약성서에 나오는 리듬에 대해, BDF, § 487; Robertson, *A Grammar of the Greek New Testament*, 419-23을 보고, 또 헬라 산문 운율의 역사(Demosthenes, Plato, Philo, Plutarch, 등)에 대해서는 A. W. de Groot, *A Handbook of Antique Prose-Rhythm* (Groningen: Wolters, 1919)을 보라.

(1) 정확함(Ἑλληνισμός)

이 특성은 정확한 헬라어 어휘와 관용구를 가리키며 언어(헬라어)의 문법과 관계가 있다. 바울은 헬라어 언어의 정확한 용법을 따른다. 2절에서 εἰ μὴ("……을 제외하고")는 ἐκτὸς에 의해 강조되며, 따라서 ἐκτὸς εἰ μὴ는 용어법('췌언', '장황한 말', '중복어')이 된다(고전 14:5; 딤전 5:19도 보라).[88] 3-8절에서 바울은 그리스도에 관하여 완료 시제와 부정과거 시제를 정확히 사용함을 보여준다. 그렇게 부정과거(ἀπέθανεν, ἐτάφη, ὤφθη)를 사용함으로써 단순히 그리스도의 죽음, 장사 그리고 나타나심에 주의를 환기시키고, 완료 시제(ἐγήγερται; 참조, 1:23[Χριστὸν ἐσταυρωμένον])를 사용함으로써 영구적인 결과들을 가지고 있는 그리스도의 부활을 기술한다.[89] 32절에서 αὔριον이라는 부사를 보고 미래 동사를 기대할 수도 있으나, '현재'(ἀποθνῄσκομεν)가 미래를 나타내는 데 사용되었다(미래적 현재).[90] 50절에서 바울은 καὶ로 연결되는 두 개의 명사를 지니고 있는 주어에 대하여 단 하나의 동사를 사용한다(σὰρξ καὶ αἷμα βασιλείαν ... οὐ δύναται). 이러한 현상은 '핀다리코스 스케마'(σχῆμα Πινδαρικόν)로 알려져 있으나, 단지 (문법적 일관성을 결하는) '파격 구문'의 특별한 사례일 뿐이다.[91]

---

88) 또한 Chamberlain, *An Exegetical Grammar*, 152; BDF, § 376; Robertson, *A Grammar of the Greek New Testament*, 640, 1205(="이 군더더기 말[잉여]은 보통 반복을 …… 생각하지 않는 언어 관습에 기인한다")를 보라.

89) BDF, § 342(1); Chamberlain, *An Exegetical Grammar*, 72; Robertson, *A Grammar of the Greek New Testament*, 844, 894, 896.

90) BDF, § 323(1).

91) Moulton, *A Grammar of New Testament Greek*, 1:58. 그리고 동일한 현상에 대해 마 5:18; 6:19; 막 4:41; 계 9:12를 보라. 몇몇 사본들(예를 들어, A C D Ψ)은 동사를 복수형(δύνανται)으로 바꾸었다.

8절(τῷ ἐκτρώματι)에서 정관사를 사용하여 자신에 관해 이야기할 때, 바울은 정확하게 그렇게 하는 것인데, 사도들 중에 자기만이 그리스도의 승천 이후에 그를 보았기 때문이다.[92] 10절에서 문법적인 관점에서 εἰμὶ ὅ εἰμί("I am *what* I am", "내가 나 *된* 것", 개역개정) 대신에 εἰμὶ ὅς εἰμί("I am *who* I am", "내가 나*인* 것")를 기대할 수도 있을 것이다. 하지만 이는 문법상의 오류가 아닌데, 바울이 중성 관계사로 자기 자신을 언급함으로써 성질상의 어조(qualitative note)를 나타내기 원하기 때문이다.[93] 바울은 또한 39절(μέν/δέ/δέ/δέ)과 40절(μέν/δέ)에서 불변화사들을 정확히 사용한다(Arist. *Rh.* 3.5).[94]

(2) 명쾌함(Σαφήνεια)

명쾌함(명료함, 명백함)은 사람의 연설의 의미나 언어를 명쾌하고, 분명하고, 또 이해할 수 있게 함을 가리킨다. 바울은 다수의 방식으로 명쾌함을 성취한다. 방금 주목한 것처럼, 바울은 정확한 헬라어를 사용하고, 이상한 말이나 새로 지어낸 신조어를 거의 사용하지 않는다 (Arist. *Rh.* 3.2.5.1404b). 오히려 통용하고, 평범한 말들을 사용한다. 전에 배열에 대해서 본 바와 같이, 바울은 또한 자기의 재료(내용)를 질서정연하고 똑바르게 제시함으로써 명쾌함을 성취한다. 즉, (1) "Γνωρίζω δὲ ὑμῖν, ἀδελφοί, τὸ εὐαγγέλιον……"(1-11절), (2) "Εἰ δὲ Χριστὸς κηρύσσεται ὅτι ἐκ νεκρῶν ἐγήγερται, πῶς λέγουσιν ἐν ὑμῖν τινες……"(12-34절), (3) "'Αλλὰ ἐρεῖ τις πῶς ἐγείρονται οἱ 'νεκροί;

---

92) Robertson, *A Grammar of the Greek New Testament*, 757.
93) Chamberlain, *An Exegetical Grammar*,49; Robertson, *A Grammar of the Greek New Testament*, 411, 713.
94) Chamberlain, *An Exegetical Grammar*, 161.

ποίῳ δὲ σώματι ἔρξονται;……"(35-49절), (4) "Τοῦτο δέ φημι, ἀδελφοί, ……"(50-58절) 그리고 (5) "Ὥστε, ἀδελποί μου ἀγαπητοί, ……"(59절) 등이다. 이 점에서, 바울은 또한 일어났거나 일어날 사건들을 하나씩 차례대로 제시하고 사건들의 시간적 순서를 보존한다(3-8절, 22-24절, 42-49절). 그리고 15절에서 ἐμαρτυρήσαμεν κατὰ τοῦ θεοῦ라는 어귀는 "우리가 '하나님으로'(by God) 증언하였다"든지 혹은 "우리가 '하나님을 거슬러'(against God) 증언하였다"로 이해될 수 있다. 하지만 어느 경우이든 의미를 모호하게 하지 않지만, 후자의 이해가 문맥에 더 잘 어울린다.

명쾌함은 또한 아리스토텔레스에 의해 너무 산만한 것(ἀδολεσχία)과 너무 간결한 것(συντομία) 사이의 중간으로 정의되기도 한다(Arist. Rh. 3.12.6.1414a). 간결함 혹은 간명함은 따로따로의 관념(사상)마다 한 번에, 단순한 말로 표현함으로써, 또 표현의 명확성 외에는 아무것에도 주의를 기울이지 않음으로써 성취된다(Cic. Part. Or. 6.19). 바울은 자기의 제시에서 같은 생각이나 유사한 생각을 반복할 때 지나치게 간결하게 하지 않는다(13-19절, 24-28절, 42-49절, 50-54절).

(3) 적절함(Πρέπον)

적절함 혹은 적합함이란 원인, 청중, 연설자 혹은 경우에 대해 가장 알맞은 문체를 가리킨다. 바꾸어 말하면, 연설자는 전달하는 연설의 주제, 청중, 경우 그리고 다양한 부분들에 적합한 문체로 연설해야 한다. 이 논문(책)은 고린도전서 15장이 심의적 수사의 특징을 공유하고, 15장의 궁극적인 목표는 죽은 자의 부활이 있음을 보여줌으로써 주의 일에 많이 힘쓰도록 청중을 설득하는 것이라고 주장하였다. 또한 전체적인 고린도전서의 일부로서 15장은 다섯 개의 소 단락으로 구분된다고 단언하였다(1-11절, 12-23절, 35-49절, 50-57절 그리고 58절).

바울은 주제의 내용("복음"과 "그리스도 및 죽은 자의 부활")을 청중의 신앙에 사활적인 것으로 간주한다. 그래서 단어들을 주의해서 선정함과 논증들을 잘 배열하여 제시함이 암시하는 것처럼, 그는 주제의 내용을 준비 없이 즉석에서 준비 없이 다루지 않고, 신중하게 다룬다. 바울은 주제(테마)에 적합한 단어들을 사용한다(예를 들면, γνωρίζω, παρέδωκα, ἐν πρώτοις; 또한 Arist. *Rh*. 3.7; Cic. *Orat.* 35.122-38.133을 보라). 그리고 청중의 영적인 아버지로서, 바울에게 있어서는 또한 복음을 그들에게 한 번 더 알게 하고(1절, 5절), 질문들을 하고(12절, 29-30절), 또 명령을 하는 것(33-34절, 58절)이 적절하다. 바울은 또한 논증들을 결론짓는 단락에서 사망에 대하여 이기는 승리의 소리를 적절하게 울려 퍼지게 함으로써 청중을 설득하여 바울이 그들에게 하기를 원하는 대로 행동하도록 한다(58절).

(4) 장식함(Κόσμος)

장식함은 연설자가 단어들을 선정하고 단어들을 결합하는 것으로 시작한다. 그렇지만 장식은 또한 연설자가 사용하는 '비유적 표현들'(figures) 속에도 존재한다. 비유적 표현들은 (말의) '비유적 용법'('전의', tropes), '말의 비유적 표현'(figures of speech), '생각의 비유적 표현'(figures of thought)으로 이루어져 있다.[95] 여기서는 고린도전

---

95) 비유적 용법(tropes)과 비유적 표현(figures)에 관한 간략한 묘사를 위해, H. W. Smyth, *Greek Grammar* (rev. Gordon M. Messing; Cambridge: Harvard University Press, 1966), 671-83(§§ 3004-48)을 보고, 또 Robertson, *A Grammar of the Greek New Testament*, 127-31을 참조하라. 또한 일반적

서 15장에서 말의 비유적 용법들(tropes)을 포함하는 많은 비유적 표현들(figures)을 발견하고, 이 15장의 입론(논증)에서 그들이 수행하는 기능이 무엇인지 이해하고자 한다.

(가) 말의 비유적 표현(Figures of Speech)

바울은 15장 처음부터 끝까지 '아쉰데톤'(Asyndeton, "접속사 생략")이라는 비유적 표현을 사용한다. '아쉰데톤'은 단어, 어귀, 절/마디 혹은 문장까지의 사이에 접속사를 생략할 때 일어난다. 즉, "'아쉰데

으로 문체에 대해 혹은 특별히 비유적 표현에 대해 BDF, 239-63(§§ 458-96); S. F. Bonner, *Education in Ancient Rome: From the elder Cato to the younger Pliny* (Berkeley/Los Angeles: University of California Press, 1977), 227-49; J. E. Botha, "Style, Stylistics and the Style of the New Testament," *Neot* 24 (1990), 173-84; Brandt, *The Rhetoric of Argumentation*, 117-71, 281-84; Bullinger, *Figures of Speech Used in the Bible*, 전체; J. D. Denniston, *Greek Prose Style* (Oxford: Clarendon Press, 1952; reprint, Frome: Hillman & Sons, 1965); T. S. Duncan, "The Style and Language of St. Paul in His First Letter to the Corinthians," *BSac* 83 (1926), 129-43; L. G. Gieger, "Figures of Speech in the Epistle of James: A Rhetorical and Exegetical Analysis" (Ph. D. diss., Southwestern Baptist Theological Seminary, 1981); Lanham, *A Handlist of Rhetorical Terms*, 전체; C. F. D. Moule, *An Idiom Book of New Testament Greek* (2d ed.; Cambridge: Cambridge University Press, 1959), 193-201; E. A. Nida and others, *Style and Discourse: With special reference to the text of the Greek New Testament* (Cape Town: Bible Society, 1983; Robertson, *A Grammar of the Greek New Testament*, 390-445, 1194-1208; A. H. Snyman and J. v. W. Cronje, "Toward a New Classification of the Figures (ΣXHMATA) in the Greek New Testament, *NTS* 32 (1986), 113-21; A. H. Snyman, "On Studying the Figures (schemata) in the New Testament," *Bib* 69 (1988), 93-107; Spencer, *Paul's Literary Style*, 280-313; 그리고 van der Westhuizen, "Stylistic Techniques and Their Functions in James 2:14-26," *Neot* 25 (1991), 89-107을 보라.

톤'[*dissolutum*, ἀσύνδετον]이란 접속사를 삭제하고, 따로따로의 부분들을 표현하는 것이다'(*Rhet. Her.* 4.30.41; 또한 Arist. *Rh.* 3.12.4.1413b-14a).[96] 바울은 1-2절, 14절(κενὸν, κενὴ), 17-18절(ματαία, ἔτι ἐστὲ, ἄρα), 24절(ὅταν, ὅταν), 35절(πῶς, ποίω), 42-44절(σπείρεται, ἐγείρεται), 45절(ἐγένετο ὁ πρῶτος, ὁ ἔσχατος), 47절(ὁ πρῶτος, ὁ δεύτερος), 52절(ἐν, ἐν, ἐν) 그리고 58절(ἑδραῖοι, ἀμετακίνητοι, περισσεύοντες, εἰδότες)에서 '아쉰데톤'("접속사생략")을 사용한다.[97] 이 비유적 표현으로써 바울은 생기(활기), 큰 힘(설득력), 흥분(자극), 생각의 신속성 혹은 긴박감을 성취한다(*Rhet. Her.* 4.30.41).[98] 특히 시작 및 끝에서(1-2절, 58절) 바울은 '아쉰데톤'("접속사 생략")이라는 비유적 표현을 사용함으로써 신속하게, 큰 힘이 있게, 또 간명하게 이야기한다.[99]

바울은 또한 '에파나포라'("첫머리 반복", ἐπαναφορά, epanaphora, *repetitio*), '쉼플로케'("교직[법]", "엇갈리게 놓음", "섞어 엮음", συμπλοκή, interlacement, *conplexio*), '플로케'("전위[법]", "자리바꿈", "이곳저곳에 놓음(배치함)", "동일한 단어의 반복", πλοκή, ἀντιμετάθεσις, σύγκρισις, transplacement, *traductio*) 그리고 '안타나클라시스'("하나의 단어나 어귀를 반복하나, 다른 뜻으로 함", ἀντανάκλασις, *antanaklasis*)와 같은

---

96) 접속사 생략(asyndeton)에 대한 보다 더 충분한 논의에 대해 Denniston, *Greek Prose Style*, 99-123을 보라.

97) 접속사 생략의 다른 예들에 대해 마 15:19; 요 5:13; 롬 1:29-31; 고전 3:12; 4:12, 13; 12:28; 13:4,13; 14:24,26; 엡 2:8을 보라. 반대로, 연속적인 접속사 사용(polysyndeton)의 한 예에 대해서는 고전 15:24을 보라.

98) Duncan, "The Style and Language of St. Paul," 141(="접속사 생략이라는 비유적 표현은 헬라 수사학에서 강렬한 감정의 결과인 신속함의 효과를 내기 위해 사용되었다"); Turner, *Style*, 85(="바울의 접속사 생략은, 새로운 단락을 강조하든지······, 대조를 부각시키든지, 그의 편지들 모두에서 효과적이다[엡 2:8; 고전 15:42f.]").

99) Denniston, *Greek Prose Style*, 116-20.

비유적 표현들을 사용하는데, 이들의 공통적인 특징은 단어들을 반복하는 것이다.

"'에파나포라'["첫머리 반복"]는 하나의 동일한 단어를 사용하여 같은 관념과 다른 관념을 표현하는 어귀들의 첫머리를 잇따라서 형성할 때 일어난다"(*Rhet. Her.* 4.13.19).[100] 바울은 이 비유적 표현을 대단히 빈번하게 사용하는데, 특히 그리스도의 부활에 관한 전승을 진술함(3-5절, 6-7절), 죽은 자의 부활을 찬성하여 논증함(12-14절, 16-19절), 부활의 몸(부활체)에 관한 질문에 대답함(40-44절), 사망에 대한 승리를 외침(55절) 속에서 눈에 띈다.

바울은 다음과 같이 '에파나포라'(epanaphora)를 사용한다. 즉, 3-5절에서는 καὶ ὅτι를 반복함으로써("[καὶ] ὅτι Χριστὸς ἀπέθανεν καὶ ὅτι ἐτάφη καὶ ὅτι ἐγήγερται⋯⋯καὶ ὅτι ὤφθη Κηφᾷ ⋯⋯"); 6-7절에서는 ἔπειτα ὤφθη를 반복함으로써("ἔπειτα ὤφθη ἐπάνω πεντακοσίοις⋯ἔπειτα ὤφθη Ἰακώβῳ ⋯⋯"); 11절에서는 εἴτε와 οὕτως를 반복함으로써("εἴτε οὖν ἐγὼ εἴτε ἐκεῖνοι, οὕτως κηρύσσομεν καὶ οὕτως ἐπιστεύσατε."); 12-14절에서는 εἰ δὲ를 반복함으로써("Εἰ δὲ Χριστὸς κηρύσσεται ὅτι ἐκ νεκρῶν ἐγήγερται⋯⋯εἰ δὲ ἀνάστασις νεκρῶν οὐκ ἔστιν⋯⋯εἰ δὲ Χριστὸς οὐκ ἐγήγερται ⋯⋯"); 16-19절에서는 εἰ를 반복함으로써("εἰ γὰρ νεκροὶ οὐκ ἐγείρονται⋯εἰ δὲ Χριστὸς οὐκ ἐγήγερται⋯εἰ ἐν τῇ ζωῇ ταύτῃ ἐν Χριστῷ ⋯⋯"); 24절에서는 ὅταν을 반복함으로써("εἶτα τὸ τέλος, ὅταν παραδιδῷ τὴν βασιλείαν τῷ θεῷ καὶ πατρί, ὅταν καταργήσῃ πᾶσαν ἀρχὴν καὶ πᾶσαν ἐξουσίαν καὶ ⋯⋯)"; 27-28절에서는 ὅταν δὲ를 반복함으로써("ὅταν δὲ εἴπῃ ὅτι πάντα ὑποτέτακται⋯ὅταν δὲ ὑποταγῇ αὐτῷ τὰ πάντα ⋯⋯"); 29-30절에서는 τί καὶ를 반복함으로써("τί καὶ βαπτίζονται ὑπὲρ αὐτῶν; Τί καὶ ἡμεῖς κινδυνεύομεν πᾶσαν ὥραν

---

100) Denniston, *Greek Prose Style*, 84-87; Duncan, "The Style and Language of St. Paul," 140; Lanham, *A Handlist of Rhetorical Terms*, 11(="집중적인 '아나포라'"[intensive anaphora]); 그리고 Spencer, *Paul's Literary Style*, 280-81도 보라.

······"); 32절에서는 εἰ를 반복함으로써("εἰ κατὰ ἄνθρωπον ἐθηριομάχησα ἐν Ἐφέσῳ,····· εἰ νεκροὶ οὐκ ἐγείρονται ······"); 36-37절에서는 ὃ σπείρεις를 반복함으로써("σὺ ὃ σπείρεις·····καὶ ὃ σπείρεις ······"); 40-44절에서는 σώματα, ἑτέρα, ἄλλη, δόξα, σπείρεται, ἐγείρεται를 반복함으로써("καὶ σώματα ἐπουράνια, καὶ σώματα ἐπίγεια· ἀλλὰ ἑτέρα μὲν ἡ τῶν ἐπουρανίων δόξα, ἑτέρα δὲ ἡ τῶν ἐπιγείων ἄλλη δόξα ἡλίου, καὶ ἄλλη δόξα σελήνης, καὶ ἄλλη δόξα ἀστέρων· ἀστὴρ γὰρ ἀστέρος διαφέρει ἐν δόξῃ οὕτως καὶ ἡ ἀνάστασις τῶν νεκρῶν σπείρεται ἐν φθορᾷ, ἐγείρεται ἐν ἀφθαρσίᾳ· σπείρεται ἐν ἀτιμίᾳ, ἐγείρεται ἐν δόξῃ· σπείρεται ἐν ἀσθενείᾳ, ἐγείρεται ἐν δυνάμει· σπείρεται σῶμα ψυχικόν, ἐγείρεται σῶμα πνευματικόν Εἰ ἔστιν σῶμα ψυχικόν, ἔστιν καὶ πνευματικόν."); 51절에서는 πάντες를 반복함으로써 ("πάντες οὐ κοιμηθησόμεθα, πάντες δὲ ἀλλαγησόμεθα"); 52절에서는 ἐν을 반복함으로써("ἐν ἀτόμῳ, ἐν ῥιπῇ ὀφθαλμοῦ, ἐν τῇ ἐσχάτῃ σάλπιγγι"); 그리고 55절에서는 ποῦ σου를 반복함으로써("ποῦ σου, θάνατε, τὸ νῖκος; ποῦ σου, θάνατε, τὸ κέντρον"). 또한 고전 1:20, 26; 6:13; 7:6, 14, 32; 9:19, 20; 12:4, 5, 6; 13:7; 14:15, 31도 보라.

한 단어나 단어군의 반복은, 기다림을 유발하면서 마디들(clauses)이 이어져 나오는 가운데 명료한 리듬을 확립하는 데 그리고 최고도로 매력과 장엄함과 활기를 주는 데 도움이 된다(*Rhet. Her.* 4.13.19). 바울은 '에파나포라'("첫머리 반복")라는 비유적 표현을 사용함으로써 청중에게 큰 장엄함과 활기를 주는 것이다.

그리고 단어들의 반복이라는 동일한 범주에 속하는 것으로 '안티스트로페'("끝머리 반복", *conversio*, ἀντιστροφή)가 있다. 이 '안티스트로페'("끝머리 반복")는 "잇따르는 어귀들에서 첫 번째 단어가 아니라 ······ 마지막 단어를 반복할 때" 생긴다(*Rhet. Her.* 4.13.19). 즉, '안티스트로페'("끝머리 반복")는 여러 (보통 잇따르는) 마디(절)들(clauses), 문장들 혹은 절들(verses)의 끝에서 마지막 단어나 단어들을 반복한다. 이 비유적 표현은 지금 고찰하고 있는 15장에서도 발견된다. 바울은

3-4절에서 κατὰ τὰς γραφὰς라는 어귀를 사용함으로써, 25-17절에서 ὑπὸ τοὺς πόδας αὐτοῦ를 반복함으로써, 44절에서 ψυχικόν 및 πνευματικόν 을 반복함으로써, 51-52절에서 ἀλλαγησόμεθα를 반복함으로써, 53-54절 에서 ἀθανασίαν을 반복함으로써 그리고 54-55절에서는 νῖκος를 반복함 으로써 '안티스트로페'("끝머리 반복", antistrophe)를 만들어 낸다(또한 고전 7:37, 38; 13:11도 보라). 이 비유적 표현을 사용함으로써 바울은 일련의 관념(생각)들에 힘(설득력)을 보탠다.

'쉼플로케'("교직")는 '안티스트르페'("끝머리 반복")와 '에파나포라' ("첫머리 반복")를 결합하여 사용하는 것이며, "잇따르는 어귀들에서 첫 번째 단어 및 마지막 단어를 반복할 때" 생긴다(Rhet. Her. 4.14.20). 바꾸어 말하면, '쉼플로케'("교직")는 잇따르는 마디들, 문장들 혹은 문 절들의 첫머리에서 하나의 단어나 어귀를 반복하고, 끝머리에서 또 하 나의 단어나 어귀를 반복하는 비유적 표현이다. 바울이 εἰ δὲ ⋯⋯ ἐγήγερται를 반복하는 12-14절에서 이 비유적 표현이 발견된다. 즉,

εἰ δὲ Χριστὸς κηρύσσεται ὅτι ἐκ νεκρῶν ἐγήγερται ⋯⋯
εἰ δὲ ἀνάστασις νεκρῶν οὐκ ἔστιν, οὐδὲ Χριστὸς ἐγήγερται
εἰ δὲ Χριστὸς οὐκ ἐγήγερται ⋯⋯

만일 그리스도께서 ⋯⋯ 다시 살아나셨다
만일 죽은 자의 부활이 ⋯⋯ 다시 살아나지
만일 그리스도께서 ⋯⋯ 다시 살아나지
(12, 13, 14절, 사역)

'플로케'("전위")라는 비유적 표현은 "품위를 상하지 않게 할 뿐 아 니라, 또한 문체를 보다 더 우아하게 만들기까지 하려고"(Rhet. Her. 4.14.20) 같은 단어를 빈번하게 반복할 때 일어난다. 자연스럽게도 이

문제의 단어는 문절의 본문을 형성하는 키워드이다. 바울은 '플로케' ("전위")라는 비유적 표현을 15장 전체에 걸쳐 사용한다. 즉, 1-3절 (παραλαμβάνω), 5-8절(ὤφθη/εἶτα/ἔπειτα), 10절(χάρις), 12-19절(Χριστός, ἐγείρω, νεκρός),[101] 39-49절(σῶμα, ψυχικός, πνευματικός), 42-44절(ἐγείρω, σπείρω), 53-54절(ἐνδύω), 54-57절(θάνατος, νῖκος), 57-58절(κύριος)에서 '플로케' ("전위")라는 비유적 표현을 통해 동일한 단어가 반복해서 재등장하도록 한다.

이 반복되는 단어들 및 다른 반복되는 단어들의 구절들은 다음과 같다. 즉, παραλαμβάνω(1, 3절), ὁράω/ὤφθη(5, 6, 7, 8절), χάρις(10절[x3]), ἀπόστολος(7, 9절[x2]), θεός(9, 10[x2], 15[x2], 24, 28, 34, 38, 50, 57절), κηρύσσω(11, 12절), ἀνάστασις(12, 13, 21, 42절), Χριστός(3, 12, 13, 14, 15, 16, 17, 18, 19, 20, 22, 23[x2], 31, 57절), ἐγείρω(4, 12, 13, 14, 15[x3], 16[x2], 17, 20, 29, 32, 35, 42, 43[x2], 44, 52절), θάνατος(21, 26, 54, 55[x], 56절), ἐχθρός(25, 26절), ὑποτάσσω(27[x3], 28[x3]), πᾶς(7, 8, 10, 19, 22[x2], 24[x2], 25, 27[x3], 28[x4], 30, 39, 51[x2]절), βαπτίζω(29절[x2]), ἀποθνῄσκω(3, 22, 31, 32, 36절), σῶμα(35, 37, 38[x2], 40[x2], 44절[x3]), σπείρω(36, 37[x2], 42, 43[x2], 44절), ζῳοποιέω(22, 36, 45절), σάρξ(39[x4], 50절), ἄλλος(39[x4], 41절[x3]), ἐπουράνιος(40[x2], 48[x2], 49절), ἐπιγειος(40절[x2]), ἕτερος(40절[x2]), δόξα(40, 41[x4], 43절), ἀστήρ(41절[x3]), ψυχικός(44[x2], 46절), πνευματικός(44[x2], 46[x2]), πρῶτος(3, 45, 46, 47절), τοιοῦτος(48절[x2]), χοϊκός(47, 48[x2], 49절), εἰκών(49절[2]), φορέω(49절[x2]), κληρονομέω(50절[x2]), ἐνδύω(53[x2], 54절[x2]), νῖκος(54, 55, 57절), κύριος(31, 57, 58절[x2]), κέντρον(54, 55, 57절), ἁμαρτία(3, 17, 56절[x2]) 등이다.

이렇게 같은 단어에 빈번히 의지함으로써 바울은 "말들/단어들이 설

---

101) Nida and others, *Style and Discourse*, 28(="고린도전서 15:12-19에서 동사 ἐγήγερται는 아홉[9] 번 등장한다. 이러한 반복은 주제를 부각시킬 뿐만 아니라 강조를 더한다").

명할 수 있는 것보다 귀가 보다 더 쉽게 구별할 수 있는 우아함"을 연출한다(*Rhet. Her.* 4.14.21). 그는 또한, 예를 들어 42-49절에서 반복을 통해 명쾌함을 성취한다.

'플로케'("전위")와 같은 유형의 비유적 표현에 속하는 것으로 '안타나클라시스'("하나의 단어나 어귀를 반복하나, 다른 뜻으로 함", ἀντανάκλασις)가 있다. 이 '안타나클라시스'에서는 "동일한 단어가 처음에는 이런 기능으로, 그다음에는 저런 기능으로 사용된다"(*Rhet. Her.* 4.14.21). 바울은 15절에서 이 비유적 표현을 사용하는데, 처음에는 ὅτι라는 단어를 "(왜냐하면) …… 때문에"(because)라는 뜻으로 쓰고, 그 다음에는 "(……이라는) 것"(that)이라는 뜻으로 쓴다.

바울에게서 일반적으로 그리고 특히 고린도전서[15장]에서 가장 눈에 띄는 비유적 표현들 중 하나는 '대조법'('안티데시스', Antithesis, *contentio*, ἀντίθεσις, ἀντίθετον, *contrapositum*)이다.[102] 대조법이란 말(단어들)이나 생각(사상) 속에 나타나는 반대되는 것들 위에 문체가 세워지는 비유적 표현이다(*Rhet. Her.* 4.15.21; 45.28). 고린도전서 15장 12-58절 전체 단락의 뼈대는 사실상 대조법으로 짜여 있는데, 죽은 자의 부활을 부인하는 것에 반대하는 논증 형식으로 되어 있는 생각(사상)의 점에서 그렇다. 그렇지만, 말(단어들)과 생각 속에 나타나는 대조법들도 나타난다. 예를 들어, 21-22절에서는 다음과 같이 사망과 부활이 대조된다.

ἐπειδὴ γὰρ δι' ἀνθρώπου θάνατος,
[   ] καὶ δι' ἀνθρώπου ἀνάστασις νεκρῶν.

---

102) N. Schneider, *Der rhetorische Eigenart der paulinishcen Antithese* (HUT 11; Tübingen: Mohr, 1970).

ὥσπερ γὰρ ἐν τῷ Ἀδὰμ πάντες ἀποθνῄσκουσιν,
οὕτως καὶ ἐν τῷ Χριστῷ πάντες ζωοποιηθήσονται.

39절에서, 또 하나의 대조법이 분명히 예증된다. 즉,

ἄλλη μὲν ἀνθρώπων,
ἄλλη δὲ σὰρξ κτηνῶν,
ἄλλη δὲ σὰρξ πτηνῶν,
ἄλλη δὲ ἰχθύων.[103]

40절에서, 하늘에 속한 것과 땅에 속한 것이 대조된다. 즉,

καὶ σώματα ἐπουράνια,
καὶ σώματα ἐπίγεια·
ἀλλὰ ἑτέρα μὲν ἡ τῶν ἐπουρανίων δόξα,
[ ] ἑτέρα δὲ ἡ τῶν ἐπιγείων [ ].

42-49절에서, 바울은 부활의 몸(부활체)을 설명할 때 다음과 같이 대조법이라는 비유적 표현을 훌륭하게 사용한다.

οὕτως καὶ ἡ ἀνάστασις τῶν νεκρῶν.
σπείρεται ἐν φθορᾷ, ἐγείρεται ἐν ἀφθαρσίᾳ·
σπείρεται ἐν ἀτιμίᾳ, ἐγείρεται ἐν δόξῃ·
σπείρεται ἐν ἀσθενείᾳ, ἐγείρεται ἐν δυνάμει·
σπείρεται σῶμα ψυχικόν, ἐγείρεται σῶμα πνευματικόν.
Εἰ ἔστιν σῶμα ψυχικόν,
ἔστιν καὶ πνευματικόν.

---

103) Robertson, *A Grammar of the Greek New Testament*, 1153.

οὕτως καὶ γέγραπται·
ἐγένετο ὁ πρῶτος ἄνθρωπος Ἀδὰμ εἰς ψυχὴν ζῶσαν,
[   ] ὁ ἔσχατος [   ] Ἀδὰμ εἰς πνεῦμα ζῳοποιοῦν.
ἀλλ' οὐ πρῶτον τὸ πνευματικὸν ἀλλὰ τὸ ψυχικόν,
ἔπειτα τὸ πνευματικόν.
ὁ πρῶτος ἄνθρωπος ἐκ γῆς χοϊκός,
ὁ δεύτερος ἄνθρωπος ἐξ οὐρανοῦ.
οἷος ὁ χοϊκός, τοιοῦτοι καὶ οἱ χοϊκοί,
καὶ οἷος ὁ ἐπουράνιος, τοιοῦτοι καὶ οἱ ἐπουράνιοι·
καὶ καθὼς ἐφορέσαμεν τὴν εἰκόνα τοῦ χοϊκοῦ,
φορέσομεν καὶ τὴν εἰκόνα τοῦ ἐπουρανίου.

말과 생각 속에 나타나는 대조법이 또한 50-54절에서 활용되는데, 바울은 다음과 같이 하나님의 나라를 상속받기 위해서는 몸의 변화가 필요함을 상술한다.

Τοῦτο δέ φημι, ἀδελφοί,
ὅτι σὰρξ καὶ αἷμα βασιλείαν θεοῦ κληρονομῆσαι
οὐ δύναται
οὐδὲ ἡ φθορὰ τὴν ἀφθαρσίαν κληρονομεῖ.
ἰδοὺ μυστήριον ὑμῖν λέγω
πάντες οὐ κοιμηθησόμεθα,
πάντες δὲ ἀλλαγησόμεθα,
ἐν ἀτόμῳ
ἐν ῥιπῇ ὀφθαλμοῦ,
ἐν τῇ ἐσχάτῃ σάλπιγγι·
σαλπίσει γὰρ
καὶ οἱ νεκροὶ ἐγερθήσονται ἄφθαρτοι

καὶ ἡμεῖς ἀλλαγησόμεθα.
Δεῖ γὰρ τὸ φθαρτὸν τοῦτο ἐνδύσασθαι ἀφθαρσίαν
καὶ τὸ θνητὸν τοῦτο ἐνδύσασθαι ἀθανασίαν.

ὅταν δὲ τὸ φθαρτὸν τοῦτο ἐνδύσηται ἀφθαρσίαν
  καὶ τὸ θνητὸν τοῦτο ἐνδύσηται ἀθανασίαν,
τότε γενήσεται ὁ λόγος ὁ γεγραμμένος·
  κατεπόθη ὁ θάνατος εἰς νῖκος.

대조법이라는 비유적 표현으로 바울은 청중을 위해 "장엄함(인상 깊음)과 특징적인 장점(구별, 탁월함)"을 만들어 낸다(*Rhet. Her.* 4.15.21).[104]

대조법은 '파로모이오시스'(paromoiosis, παρομοίωσις, ["대략적으로 크기가 같은 두 마디의 단어들 사이에 발생하는 소리의 대구법"])와 '파리소시스'(parisosis, παρίσωσις, ["음절로 측정했을 때 매우 비슷한 길이의 마디들"])를 사용할 때 보다 더 인상적인 것이 된다. '파리소시스'는 '이소콜론'(isocolon, ["같은 길이의 마디들로 대구법을 강화하는 비유적 표현"])이라고도 불리는데, 마디들이 (길이기) 같을 때 일어난다 (ἐὰν ἴσα τὰ κῶλα, "마디들의 [길이가] 같음"; Arist. *Rh.* 3.9.9-10.1410a-b).[105] '이소콜론'과 밀접하게 관계되는 것은 '콜론'(colon)이다. '콜론' 혹은 '마디'(clause, [member], *membrum*, κῶλον)는 "전체의 생각을 표현하지 않으나, 차례차례 다른 '콜론'에 의해 보충되는, 한 문장의 마디, 간결하고 완전한 마디"이다(*Rhet. Her.* 4.19.26; 또한 Arist. *Rh.* 3.9, Quint. *Inst.* 9.3.98). 그런데 바울은 '콜론', '이소콜론' 그리고 대조법

---

104) 15장에서 대조법이 나타나는 6, 21-22, 40, 41, 42-49절을 보라. 또한 Snyma and Cronje, "Toward a New Classification of the Figures," 118(15:42ff.에 대한)도 보라. 고린도전서에 나오는 더 많은 대조법을 위하여 1:18, 22, 23, 25-29; 2:5, 13; 4:10, 19, 20, 32; 5:3, 8; 7:7, 38; 9:25; 10:21; 11:17; 13:9, 11, 12; 14:2, 3, 4, 20을 보라.

105) *Rhet. Her.* 4.20.27(='이소콜론'[isocolon, *conpar*, ἰσόκωλον]은 "사실상 똑같은 수의 음절로 이루어져 있는 …… 콜론들로 구성된다"); Lanham, *A Handlist of Rhetorical Terms*, 93, 109(="대략 똑같은 길이와 상응하는 구조의 어귀들[구들]").

을 어떻게라도 하여 풍부하게 사용한다. 1-2절에서 '여러 콜론'(cola)
의 예를 찾을 수 있다. 즉,

Γνωρίζω δὲ ὑμῖν, ἀδελφοί, τὸ εὐαγγέλιον
 ὃ εὐηγγελισάμην ὑμῖν,
 ὃ καὶ παρελάβετε,
 ἐν ᾧ καὶ ἑστήκατε,
 δι' οὗ καὶ σῴζεσθε,
 τίνι λόγῳ εὐηγγελισάμην ὑμῖν εἰ κατέχετε,
  ἐκτὸς εἰ μὴ εἰκῇ ἐπιστεύσατε.

또한 11절, 12-14절, 16-17절, 22절, 39-40절, 42-44절, 47절, 48절,
49절, 51절 그리고 53-56절에서도 '파리소시스'와/나 '파로모이오시스'
라는 비유적 표현들이 나타난다.[106] 이 중에서 '이소콜론'/'파리소시
스'의 완벽한 하나의 예로 56절을 인용할 수 있을 것이다. 즉,

 τὸ δὲ κέντρον τοῦ θανάτου ἡ ἁμαρτία,
 ἡ δὲ δύναμις τῆς ἁμαρτίας ὁ νόμος·

---

106) '파리소시스'(parisosis)의 더 많은 예들을 위하여 고전 1:18, 19, 22, 23,
 24, 25; 7:17, 29, 38; 8:1; 9:26; 10:21; 14:15를 보고, 또 '파로모이오시
 스'(paromoiosis)의 더 많은 예들을 위하여 고전 1:27; 12:3도 보라. 또한
 Robertson, *A Grammar of the Greek New Testament*, 1200(="고전 13장;
 15:54-7; 골 1:10-12의 고상한 산문에 완벽한 시적 형태가 있다"); Turner,
 Style, 97(="'동의어적' 대구법이 있다"[예를 들면, 고전 15:54; 참조,
 15:42-43])을 참조하라.

'파로모이오시스'는 각 마디의 마지막 음절들이 비슷할 때 일어난다(ἐὰν ὅμοια τὰ ἔσχατα ἔχῃ ἑκάτερον τὸ κῶλον; Arist. *Rh.* 3.9.9-10.1410a-b).[107] '호모이오프토톤'(*similiter cadens*, ὁμοιόπτωτον, "격의 유사성")은 "동일한 도미문(period)에서 둘이나 그 이상의 단어가 동일한 격으로 그리고 비슷한 어미들(terminations, '종지', '접미사')을 지니고 나타날 때" 발생한다(*Rhet. Her.* 4.20.28; 또한 4.12.18; Quint. *Inst.* 9.3.77-80 참조). 즉, '호모이오프토톤'은 동일한 격으로 되어 있고 또 유사한 격 어미들을 지닌 다양한 단어들을 사용하는 비유적 표현이다. 이 비유적 표현은 고찰되고 있는 15장에서 39-40절, 42-44절, 48-49절, 51절, 53절, 54-55절 그리고 58절에 나타난다. 그리고 '호모이오텔류톤'(*similiter desinens*, ὁμοιοτέλευτον, "어미의 유사성")은 "비록 단어들이 어미(어형) 변화를 하지 않지만, 단어 어미들이 비슷할 때" 일어난다 (*Rhet. Her.* 4.20.28; 또한 Arist. *Rh.* 3.9.9.1410a-b["어미의 유사성", ὁμοιοτέλευτον]). 이 비유적 표현은 15장에서 12-19절(특히 15-16절), 39절, 42-44절, 48절, 49절, 51절 그리고 53-54절 등에 나타난다(고전 1:22; 3:15; 11:15, 16도 보라). 그런데 바울은 다음과 같이, 예를 들어 42-44절에서 이 비유적 표현들('호모이오프토톤'과 '호모이오텔류톤')을 함께 사용하기도 한다.[108]

οὕτως καὶ ἡ ἀνάστασις τῶν νεκρῶν.

---

107) Smyth, *Greek Grammar*, 681(="크기가 대략 혹은 정확히 똑같은 두 마디[절]의 단어들 간 소리의 대구법. 이 소리의 유사성은 처음에, 끝에[*homoioteleuton*], 중심에 나타나거나 혹은 전체에 가득 찰 수도 있다").

108) *Rhet. Her.* 4.20.28(="이 두 비유적 표현 중 하나는 유사한 단어 어미에 의존하고 다른 하나는 유사한 격 어미에 의존하는데, 서로 매우 흡사하다. 그리고 이 두 비유적 표현을 잘 사용하는 이들이 일반적으로 담화의 동일한 문절에서 이 둘을 함께 사용하는 것은 바로 그런 이유에서이다").

σπείρεται ἐν φθορᾷ, ἐγείρεται ἐν ἀφθαρσίᾳ·

σπείρεται ἐν ἀτιμίᾳ, ἐγείρεται ἐν δόξῃ·

σπείρεται ἐν ἀσθενείᾳ, ἐγείρεται ἐν δυνάμει·

σπείρεται σῶμα ψυχικόν, ἐγείρεται σῶμα πνευματικόν.

Εἰ ἔστιν σῶμα ψυχικόν, ἔστιν καὶ πνευματικόν.[109]

'파로노마시아'(adnominatio, παρονομασία, "동음이의어를 쓰는 익살 [말장난]")는 "소리를 변화하거나 글자(문자)들을 바꾸어서 주어진 하나의 동사나 명사에 아주 비슷한 것을 만들어내어 유사한 단어들이 유사하지 않은 것들을 표현하는 비유적 표현"이다(Rhet. Her. 4.21.29-23.32).[110] 이 비유적 표현은, 예를 들어 42절(σπείρεται ἐν φθορᾷ, ἐγείρεται ἐν ἀφθαρσίᾳ)과 53-54절(Δεῖ γὰρ τὸ φθαρτὸν τοῦτο ἐνδύσασθαι ἀφθαρσίαν; ὅταν δὲ τὸ φθαρτὸν τοῦτο ἐνδύσηται ἀφθαρσίαν)에 나타난다(고전 12:23, 26 도 보라).

'분리법'('디에쥬그메논', Disjunction, disiunctum, διεζευγμένον)은 "둘이나 그 이상의 마디들이 각각 어느 하나의 특별한 동사로 끝날 때" 일어난다(Rhet. Her. 4.27.37; 또한 Quint. Inst. 9.3.64).[111] 이 "분리법"이라는 비유적 표현은 1-2절, 3-5절, 11절, 22절 그리고 51절

---

109) Nida and others, Style and Discourse, 31(="동일한 어형[형태] 구조의 반복조차 형용사적인 파생어들인 ψυχικός '자연적인', πνευματικός '영적인', χοϊκός '땅에 속한', ἐπουράνιος '하늘에 속한'을 효과적으로 사용하는, 고린도전서 15:44-49에서처럼 수사학적으로 중요할 수 있다")을 참조하라.

110) 또한 Rhet. Her. 4.22.32-23.32(="호모이오프토톤', '호모이오텔류톤' 그리고 '파로노마시아'는 "우리가 실제의 소송[원인]에서 이야기할 때 아주 드물게 사용되어야 하는데 수고와 노력 없이 그것들을 발견하기가 불가능해 보이기 때문이다"); Cic. Part. Or. 21.72; Orat. 12.38; 25.84; Quint. Inst. 8.3.12 를 참조하라.

111) Lanham, A Handlist of Rhetorical Terms, 57(="연속되는 마디들[절들]에서 유사한 개념을 표현하기 위해 다른 동사들을 사용하는 것")을 참조하라. 이러한 분리법(disjunction) 비유적 표현은 1-2, 3-5, 11, 22, 51절에서 나타난다.

에 나타난다. '접속법'('쉬네쥬그메논', Conjunction, coniunctio, συνέ ζευγμένον)은 "앞에 나오는 어귀 및 뒤를 잇는 어귀가 그들 사이에 놓이는 동사로 결합되어질 때" 일어난다(Rhet. Her. 4.27.38). 이 비유적 표현은 37절(καὶ ὃ σπείρεις, οὐ τὸ σῶμα τὸ γενησόμενον σπείρεις ἀλλὰ γυμνὸν κόκκον...)과 58절(ἑδραῖοι γίνεσθε, ἀμετακίνητοι...)에서 볼 수 있다. 그리고 '부가법'('에페쥬그메논', Adjunction, adiunctio, ἐ πεζευγμένον)은 "문장을 결합하는 동사가 중간에 놓이는 것이 아니라, 처음이나 나중(끝)에 놓일 때" 일어난다(Rhet. Her. 4.27.38). 이 비유적 표현은 5절(…… ὤφθη Κηφᾷ εἶτα τοῖς δώδεκα), 7절(…… ὤφθη Ἰακώβῳ εἶτα τοῖς ἀποστόλοις πᾶσιν), 24절(…… καταργήσῃ πᾶσαν ἀρχὴν καὶ πᾶσαν ἐξουσίαν καὶ δύναμιν), 38절(ὁ δὲ θεὸς δίδωσιν αὐτῷ σῶμα ...., καὶ ἑκάστῳ...σῶμα) 그리고 45절(ἐγένετο ὁ πρῶτος ..., ὁ ἔσχατος ...)에 나타난다. '분리법'으로 바울은 우아함을 드러내고, 또 '접속법'과 '부가법'으로 간결성을 성취한다(Rhet. Her. 4.27.38).

'중복법'('아나디플로시스', Reduplication, conduplicatio, ἀναδίπλωσις)은 '확충'(부연, 확대, amplificatio) 혹은 '동정(연민)에 호소함'(commiseratio)을 위해 하나나 둘 이상의 단어들을 반복하는 비유적 표현이다(Rhet. Her. 4.28.38; Quint. Inst. 9.3.28[adiectio]; Dem. De Cor. 143). 고린도전서 15장에 나타나는 가장 중요한 예들 가운데 하나는 12-19절에 나오는데, 그 속에서 바울은 몇몇 어귀들이나 마디들을 반복함으로써 깊은 감명을 준다.112) 12-13절에서 ἀνάστασις νεκρῶν οὐκ

---

112) 또한 9-10절(ἀπόστολος, χάρις); 29절(εἰ ὅλως νεκροὶ οὐκ ἐγείρονται); 32절 (εἰ νεκροὶ οὐκ ἐγείρονται); 21절(δι ' ἀνθρώπου); 22, 51절(πάντες); 36-37 절(ὃ σπείρεις, σπείρεις); 44절(σῶμα ψυχικόν, σῶμα πνευματικόν); 45-47절 (πρῶτος); 55-56절(τὸ κέντρον)을 보라. 또한 23-28; 29; 47-49절도 보라.

ἔστιν이라는 어귀가 반복될 뿐만 아니라(21절도 보라), 또한 16-19절은 다음과 같이 13-15절을 되풀이하고 확충한다.

εἰ δὲ ἀνάστασις νεκρῶν οὐκ ἔστιν, οὐδὲ Χριστὸς ἐγήγερται·
εἰ δὲ Χριστὸς οὐκ ἐγήγερται,
    κενὸν ἄρα [καὶ] τὸ κήρυγμα ἡμῶν,
    κενὴ καὶ ἡ πίστις ὑμῶν·
    εὑρισκόμεθα δὲ καὶ ψευδομάρτυρες τοῦ θεοῦ,
      ὅτι ἐμαρτυρήσαμεν κατὰ τοῦ θεοῦ
        ὅτι ἤγειρεν τὸν Χριστόν,
           ὃν οὐκ ἤγειρεν
           εἴπερ ἄρα νεκροὶ οὐκ ἐγείρονται.
εἰ γὰρ νεκροὶ οὐκ ἐγείρονται, οὐδὲ Χριστὸς ἐγήγερται·
εἰ δὲ Χριστὸς οὐκ ἐγήγερται,
    ματαία ἡ πίστις ὑμῶν,
    ἔτι ἐστὲ ἐν ταῖς ἁμαρτίαις ὑμῶν,
    ἄρα καὶ οἱ κοιμηθέντες ἐν Χριστῷ ἀπώλοντο.
    εἰ ἐν τῇ ζωῇ ταύτῃ ἐν Χριστῷ ἠλπικότες
           ἐσμὲν μόνον,
    ἐλεεινότεροι πάντων ἀνθρώπων ἐσμέν.[113]

동일한 단어를 되풀이함으로써 바울은 청중에게 깊은 인상(감동, 장엄함)을 심어 주고 또 적대자에게는 큰 상처를 입힌다(*Rhet. Her.* 4.28.38).

'동의어' 혹은 '해석'('쉬노니미아', *interpretatio*, συνωνυμία)은 그것을 반복함으로써 같은 단어를 중복하지 않고 다른 사람들에 의해 같은 의미로 사용되어 오는 단어로 대체할 때 일어난다(*Rhet. Her.*

---

113) 구 혹은 마디의 반복에 대해 13-14//16-17절; 13//16절; 15//16절; 14//17절을 보라.

4.28.38; 또한 Quint. *Inst.* 9.3.98 참조). 이 비유적 표현은 28절에서
볼 수 있다.

ὅταν δὲ ὑποταγῇ αὐτῷ τὰ πάντα,
τότε [καὶ] αὐτὸς ὁ υἱὸς ὑποταγήσεται
τῷ ὑποτάξαντι αὐτῷ τὰ πάντα,
ἵνα ᾖ ὁ θεὸς [τὰ] πάντα ἐν πᾶσιν.[114]

"'돈호법'['아포스트로페', *exclamatio*, ἀποστροφή, ἐκφώνησις]은 어
떤 사람이나 도시나 장소나 사물을 향해 하는 연설로 슬픔이나 분개
함을 표현하는 비유적 표현[어법]이다"(*Rhet. Her.* 4.15.22).[115] 즉, 연
설자가 담화(연설)를 갑자기 그치고 그 자리에 있든지 없든지 하는 사
람이나 의인화된 사물을 향해 (이름을 부르고) 언설하는 것이다. 이
'돈호법'('아포스트로페')이라는 비유적 표현은 여러 곳에서 찾을 수
있다. 바울은 12-19절에서 죽은 자들의 부활을 부인하는 자들에게 향
하고(29절 참조), 34절에서 하나님을 알지 못하는 자들에 대해 이야기
하고, 35-37절에서 죽은 자의 부활에 얽힌 난점들을 생각하며 죽은 자
의 부활을 부인하는 것인지도 모르는 자들에게 시선을 돌리고, 또
54-57절에서는 사망에 손을 댄다. 이 '돈호법'이라는 비유적 표현(어
법)으로 바울은 청중 속에 자기가 원하는 만큼 많은 분개함을 스며들

---

114) 15장의 가능성이 있는 다른 예들로 14-15; 17-19; 38, 50; 51-52, 53-54절
을 보라. 또한 이 비유적 표현의 예로 고전 1:19; 4:1; 5:8; 14:13, 40, 53
을 더 보라.
115) Quint. *Inst.* 4.1.63; 9.2.7,38; 9.3.24-26,97; Lanham, *A Handlist of
Rhetorical Terms*, 20 등도 보라. 돈호법(apostrophe, ἀποστροφή)은 "연설
의 주의를 재판관[청중]에게서 딴 데로 돌리는 것에 존재한다"(Quint. *Inst.*
9.2.38-39).

게 하는 것으로 보인다(*Rhet. Her.* 4.15.22를 보라).

또한 바울이 그렇게 자주 사용되는 것은 아니나, 여전히 그의 수사를 더 설득력 있게 만들어 주는 말의 비유적 표현을 사용하는 몇몇 작은 '장식'들이 발견된다. '전환(법)'(*transitio*)은 "(이미) 말하여진 것을 간단히 상기하고, 마찬가지로 다음에 나오게 되어 있는 것을 간단히 발표하는 비유적 표현"이다(*Rhet. Her.* 4.26.35). 바울은 12절에서 이 비유적 표현을 사용하고 있다. 거기서 그는 이미 말한 것을 청중에게 상기시키고, 말하고자 하는 것에 대해 청중을 준비시킨다(*Rhet. Her.* 4.26.35).

'교정(법)'(*correctio*, ἐπιδιόρθωσις, ἐπανόρθωσις)은 "(이미) 말하여진 것을 취소하고 그것을 보다 더 적절해 보이는 것으로 대체하는" 비유적 표현이다(*Rhet. Her.* 4.26.36; 또한 Quint. *Inst.* 9.1.30). 바울은 이 비유적 표현을 10절(οὐκ ἐγὼ δὲ ἀλλὰ ἡ χάρις τοῦ θεοῦ [ἡ] σὺν ἐμοί)에서 사용하며, 또한 아마도 46절(ἀλλ' οὐ πρῶτον τὸ πνευματικὸν ἀλλὰ τὸ ψυχικόν, ἔπειτα τὸ πνευματικόν)에서도 사용하는 것으로 보인다.[116] 이 비유적 표현으로 바울은 청자에게 감동(깊은 인상, 장엄함)을 심어주는데, 바울이 말하고자 하는 생각(사상)이 보다 더 적절한 표현을 통해 보다 더 두드러지게 되기 때문이다(*Rhet. Her.* 4.26.36).

'격언'(maxim, *sententia*, γνώμη)은 "삶 속에서 일어나는 것이든지

---

116) A. B. du Toit, "Hyperbolical Contrasts: A Neglected Aspect of Paul's Style," *A South African Perspective on the New Testament: Essays by South African New Testament Scholars presented to Bruce Manning Metzger during his Visit to South Africa in 1985* (ed. J. H. Petzer and P. J. Hartin; Leiden: Brill, 1986), 183-84(=10절을 바울의 [변증법적인 부정으로 확인된] 과장법적인 대조의 한 예로 본다)를 참조하라. 토이트(Toit)가 인용한 과장법적인 대조들의 다른 예로는 살전 4:3; 고전 1:17; 7:10; 9:9-10; 고후 2:5; 롬 5:13; 7:17, 20; 9:13, 21 등이 있다.

일어나야만 하는 것이든지를 간명하게 보여주는, 삶으로부터 나온 어록"이다(*Rhet. Her.* 4.17.24; 또한 Arist. *Rh.* 2.21.1394a-95b; Demetr. *Eloc.* 9; Quint. *Inst.* 9.3.98). 바울은 32-34절에서 '격언'을 사용하여 죽은 자의 부활을 찬성하는 자기의 주장을 논증한다. '격언'들은 많은 탁월함(고상함, 특징적이 장점)을 더하고, 바울은 '격언'을 통해 청중의 암묵적 동의를 얻을 수 있다. 청중은 실제적인 삶으로부터 나온 의문의 여지가 없는 원리가 소송(이유, cause)에 적용되고 있음을 인식하기 때문이다(Arist. *Rh.* 2.21.15.1395b; *Rhet. Her.* 4.17.25).

(나) 말의 비유적 용법(Tropes)

지금까지 바울이 고린도전서 15장에서 사용한 '말씨의 다양한 비유적 표현들'(various figures of diction)을 고찰해왔다. 그렇지만 또한 바울이 두 가지 정도의 (말의) 비유적 용법(tropes, τρόποι)을 사용한다는 점도 발견할 수 있다. 곧 제유('쉬네크도케', *intellectio*, συνεκδοχή)와 은유('메타포라', *translatio*, μεταφορά)이다. '제유'는 "전체가 하나의 작은 부분을 통해 알려지거나 하나의 부분이 전체를 통해 알려질 때" 일어난다(*Rhet. Her.* 4.33.44; Quint. *Inst.* 8.6.19-22).[117] 이 비유적 표현을 22절과 50절에서 볼 수 있는데, 22절에서 아담과 그리스도는 전 인류를 대표하고, 50절에서 σὰρξ καὶ αἷμα는 자연적인 몸(ψυχικὸν σῶμα)을 가리킨다.[118]

---

117) Lanham, *A Handlist of Rhetorical Terms*, 148(="전체 대신 부분을 사용하는 것[부분으로 전체를 나타내는 것], 종 대신 속을 사용하는 것[속(genus)으로 종(species)을 나타내는 것] 혹은 그 반대").

118) Fee, *The First Epistle to the Corinthians*, 799; Thayer, *Greek-English Lexicon of the New Testament*, 570. 또한 Smyth, *Greek Grammar*,

'은유'는 "두 사물 사이의 유사성이 이러한 옮기기를 정당화하는 것으로 보이기 때문에, 한 사물에 적용되는 단어를 다른 사물로 옮겨서 사용할 때" 일어난다(*Rhet. Her.* 4.34.45).[119] 바울이 사용하는 은유의 예를 몇 개 인용할 수 있을 것이다. 즉, 20절(ἀπαρχὴ τῶν κεκοιμημένων, "첫 열매"), 32절(ἐθηριομάχησα, "[내가] 맹수와 더불어 싸웠다면"), 55-56절(κέντρον τοῦ θανάτου, "사망이 쏘는 것"; ἡ δὲ δύναμις τῆς ἁμαρτίας, "죄의 권능") 그리고 58절(ἀμετακίνητοι, "흔들리지 말고") 등이다. 은유(법)을 사용하여 바울은 감정을 움직이고, 생생함을 주며, 또 보다 더 큰 표현력을 성취한다(*Rhet. Her.* 4.34.45; Quint. *Inst.* 8.6.6, 11, 14, 19).

(다) 생각의 비유적 표현(Figures of Thought)

이전에 말의 비유적 표현을 다루는 부분에서 지나가는 말로 언급한 적이 있기는 하나 다시 한 번 말하면, 바울은 또한 죽은 자들의 부활을 지지하는 주장을 진술하는 가운데 다수의 '생각의 비유적 표현'을 사용한다. 그중 하나는 '수사의문문'(Rhetorical Question, Interrogation, *interrogatio*, ἐρώτησις)으로, 이는 "정보를 얻기 위해서가 아니라 논점

678(="'이사 일의'[hendiadys, ἓν διὰ δυοῖν]는 연계 접속사로 연결된 두 개의 단어를 사용하여 하나의 완전한 사상[관념]을 표현하는 것이다")을 참조하라.

119) Arist. *Rh.* 3.2.7-13.1405a-b; 3.2.4.1406b; Cic. *De Or.* 3.38.155; *Orat.* 27.92; Quint. *Inst.* 8.6.4-18; Demetr. *Eloc.* 2.78-88; Lanham, *A Handlist of Rhetorical Terms*, 100-1; Spencer, *Paul's Literary Style*, 293-97(=은유는 "본성이 같지 않으나 무엇인가 공통적인 것이 있는 두 사물 간에 함축적으로 혹은 암묵적으로 비교하여 첫째 사물의 하나 혹은 그 이상의 속성을 둘째 사물에 돌리는 것이다"([294쪽]; P. W. Macky, *The Centrality of Metaphors to Biblical Thought: A Method for Interpreting the Bible* (Studies in the Bible and Early Christianity 19; Lewiston/Queenston/Lampeter: Edwin Mellen, 1990)도 보라.

(요점)을 강조하기 위해 사용된다"(Quint. *Inst.* 9.2.7; 또한 Arist. *Rh.* 3.18.1-6.1419a-b). 물론 모든 질문 혹은 수사의문문이 인상적이거나 우아한 것은 아니다. 그러나 적들의 주장(원인, 소송, cause)에 대항하는 요점들을 요약할 때에 수사의문문은 연설자가 방금 전달한 논증을 강화한다(*Rhet. Her.* 4.15.22). 바울은 여러 곳에서 심문(질문) 혹은 수사의문문이라는 비유적 표현으로 논증을 강화하고 논점(요점)을 강조한다(12절, 29절, 30절, 32절 그리고 55절).[120]

'예기/예상'(Anticipation, *praesumptio*, πρόληψις)은 "이의들(반대들)의 기선을 제할 때(이의들을 앞질러 방해할 때)" 일어난다(Quint. *Inst.* 9.2.16-20). 바울은 죽은 자의 부활을 찬성하는 논증들 후에 35절에서 이 비유적 표현을 사용한다.

'Ἀλλὰ ἐρεῖ τις·
πῶς ἐγείρονται οἱ νεκροί;
ποίῳ δὲ σώματι ἔρχονται;

---

120) 이 '수사의문문'이라는 비유적 표현의 예로 고전 9:7, 18; 12:29; 14:6, 23을 더 보라. 수사의문문의 여러 기능에 대해 Quint. *Inst.* 9.2.6.16을 보라. 또한 Duncan, "The Style and Language of St. Paul," 142(=수사의문문이 "저자 편에서의 안달/분개를 표현한다"고 말함); 또한 *Rhet. Her.* 4.15.22(="모든 수사의문문이 인상 깊거나 우아한 것은 아니나, 상대방의 소송(원인, 주장)에 반하는 요점들이 요약될 때 수사의문문은 방금 전달된 논증을 강화한다"); Cic. *Orat.* 3.53.203("*rogatio*"); Quint. *Inst.* 9.2.7; 9.3.98을 참조하라. 수사의문문과 어느 정도 관계가 있는 것으로 "자문자답"(hypophora, *subiectio*, ὑποφορά, ἀνθυποφορά)이 있는데, 이는 "적대자들이 자기들에게 호의적으로 무엇을 말할 수 있는지 혹은 우리에게 불리하게 무엇이 말하여질 수 있는지를 우리가 적대자들에게 혹은 우리 자신들에게 묻고, 그 다음에 말해져야 할 것이 무엇인지 혹은 말해져서는 안 될 것이 무엇인지, 즉 우리에게 호의적으로 작용할 것 혹은 같은 이유로 상대방에게 불리하게 작용할 것을 덧붙일 때 일어난다"(*Rhet. Her.* 4.23.33-24.33).

여기서 바울은 죽은 자의 부활을 부인하는 데 이바지할 수도 있는 난점들을 예기(예상)하고 다양한 비유적 표현들을 사용함으로써 매우 인상적인 문체로 난점들에 대하여 답변한다(36-49절). 이 예기/예상에 대해 이전의 "죽은 자의 부활을 주장함에 나타나는 난점들에 대한 논박(35-49절)" 단락을 다시 보라.

'절제된 표현'(Understatement, *deminutio*, ἀντεναντίωσις, μείωσις, λιτότης, '완서법', '곡언법')은 "날 때부터, 운 좋게 혹은 부지런함으로 우리나 우리의 피보호민(가신)들이 다소의 예외적인 유리함을 소유하고 있다는 것을 우리가 말하는데, 오만한 과시의 인상을 피하기 위해 그것에 관한 진술을 온건하게 하고 부드럽게 할 때" 일어난다(*Rhet. Her.* 4.38.50). 이 비유적 표현은 1-11절에 나타난다.[121] 고린도인들의 영적인 아버지로서 바울이 복음을 알게 하나(γνωρίζω), 이 복음은 받은(παρέλαβον) 것이라는 사실을 끝내 덧붙이고 만다(1-3절). 더욱이 8-11절에서 바울은 만삭되지 못하여 태어난 자 같고, 사도들 중에서 가장 작은 자이며, 사도들 전부보다도 더욱더 많이 수고하였지만 그것은 자기가 아니라 자기와 함께한 하나님의 은혜라고 말함으로써 자신을 비하한다. 이 '절제된 표현'이라는 비유적 표현으로 바울은 사도로서 누리는 예외적인 유리함을 다룰 때에 신중함을 보여준다. 따라서 그는 이야기(연설)를 할 때 반감을 피할 수 있고, 거꾸로 청중으로부터 공감을 얻었을지도 모른다(*Rhet. Her.* 4.38.50).

'생생한 묘사'(Vivid Description, *descriptio*, διατύπωσις)는 "행동의 결과에 대해 분명하고, 명쾌하며, 또 인상적인 설명을 담고 있는 비유적 표현"이다(*Rhet. Her.* 4.39.51). 이 비유적 표현은 감정들(예를 들

---

121) Lim, "'Non in Persuasive Words of Wisdom'," 140.

면, 분개함이나 동정)을 일으키는데 유용하다(*Rhet. Her.* 2.30.49). 다시 말하면, "이러한 종류의 비유적 표현[비유적 어법]으로 분개하게 하거나 동정하게 할 수 있는데, 행동의 결과를 전체로 모아서 분명한 문체로 간명하게 공표할 때 그렇다"(*Rhet. Her.* 4.39:51). 바울은 12-19절에서 죽은 자의 부활을 부인함의 결과(κενός, ματαία, ἐλεεἰνότεροι)를 묘사할 때 이 비유적 표현을 사용한다.

'축적법'(Accumulation, *frequentatio*, συναθροισμός)은 "따로따로 표현되었기 때문에 시시하고 빈약해 보이는 함축들을 한 곳에 모아서 주제를 분명하게 해 주고 모호하지 않게 하는" 비유적 표현이다(*Rhet. Her.* 4.40.53; 또한 Cic. *Part. Or.* 11.40). 바울은 3-8절에서 그리스도에 관한 사실들을 축적하여 힘(설득력)이 있게 하고, 또 29-34절에서는 죽은 자의 부활의 필연성을 가리킬 수도 있으나 따로따로 진술된다면 시시하고 빈약해 보이는 두 개의 예('죽은 자를 위하여 받는 세례'와 '위험을 무릅씀/맹수와 더불어 싸움')를 축적한다. 따라서 그는 축적법이라는 비유적 표현을 사용함으로써 죽은 자의 부활을 주장하는 논증을 강화한다(*Rhet. Her.* 4.41.53).

'논점(요점)에 오래 머물기'(Dwelling on the Point, *commoratio*, ἐπιμονή)는 "전체의 주장(소송, 사건, the whole cause)을 좌지우지하는 가장 강력한 화두에 다소 오래 남아 있고, 또 종종 그 화두로 되돌아가는" 비유적 표현이다(*Rhet. Her.* 4.45.58). 바울은 15장 전체에 걸쳐 처음부터 끝까지 죽은 자의 부활(ἀνάστασις νεκρῶν)이라는 화두에 오래 머문다(12절, 13절, 16절, 20절, 29절, 35절, 42절 그리고 52절을 보라). 따라서 바울은 청중이 중심 화두에서 다른 데로 주의를 돌려버릴 기회를 제공하지 않는다(*Rhet. Her.* 4.45.58).

'예증'(범례, 예, Exemplification, *exemplum*, παράδειγμα)은 "행한

사람이나 저자의 이름을 명확히 밝히면서, 무엇인가 과거에 행하여졌 거나 말하여진 것을 인용하는 것"이다(*Rhet. Her.* 4.49.62). 고린도전 서 15장에 나타나는 가장 중요한 예증은 그리스도의 부활로, 죽은 자 의 부활을 주장하는 바울의 논증에 토대가 된다(12절; 또한 29-34절 참조). 범례/예들은 장식의 기능과 증명의 기능을 다 수행한다(*Rhet. Her.* 2.29.46; 3.3.4; 4.3.5; 4.49.62).

'직유'(Simile, *imago*, εἰκών)는 "두 상징(사물) 사이에 일정한 유사 성이 있다는 것을 함의하면서, 한 상징을 다른 상징과 비교하는 것"이 다(*Rhet. Her.* 4.49.62; 또한 4.45.59-48.61; Arist. *Rh.* 3.4; Cic. *Inv.* 1.30.49[="비교", *similitudo*, παραβολή] 참조). 직유는 하나의 은유이기 도 하다(Arist. *Rh.* 3.4.1.1406b). 그렇지만 "같은"(like), "처럼"(as) 등 과 같은 단어들을 사용함으로써 "하나의 사물을 다른 또 하나의 비슷 하지 않은 사물에 비기며, 비교가 명시적으로 이루어진다는 점에서 은 유와 구별된다."[122] 바울은 여러 곳에서 이 비유적 표현을 사용한다 (22절[ὥσπερ/οὕτως]; 42절, 45절[οὕτως καὶ]; 48절[οἷος/τοιοῦτοι]; 그리 고 49절[καὶ καθὼς]). 가장 중요한 것은 아담과 그리스도의 직유이다 (22절, 45절). 바울은 아담이 산 영혼("생령")이 된 반면에 그리스도는 살리는(생명을 주는) 영이 되었다는 것을 보여줌으로써 죽은 자의 부 활이 있다는 자기의 의견(논점)을 말한다.

'의인법'(Personification, *conformatio*, προσωποποιία)은 "그 자리에 없는 사람을 있는 것처럼 진술하거나 혹은 말을 못하는 사물이나 형 태가 없는 것을 말을 할 수 있는 것으로 만들고, 그것에 명확한 형태 와 언어 혹은 그것의 성격에 적합한 일정한 행동을 돌리는 것"에서

---

122) Lanham, *A Handlist of Rhetorical Terms*, 140.

존재한다(*Rhet. Her.* 4.53.66; 또한 Quint. *Inst.* 9.2.29-37). 이 비유적 표현은 "확충 제하의 분할들에서 그리고 '동정[연민]에 호소함(Appeal to Pity)에서" 가장 유용하다(*Rhet. Her.* 4.53.66; 또한 2.30.48-31.50). 의인법은 문체에 에너지가 생기게 하고, 또 어느 문절을 보다 더 격렬하고 힘차게 만듦으로써 그것을 보다 더 극적으로 만들 수도 있다 (Demetr. *Eloc.* 5.265-66, 282-85). 바울은 다음과 같이 이 비유적 표현을 죽음에 대해 이야기하는 55-56절에서 사용한다.

πῦ σου, θάνατε, τὸ νῖκος;
πῦ σου, θάνατε, τὸ κέντρον;
τὸ δὲ κέντρον τοῦ θανάτου ἡ ἁμαρτία,
ἡ δὲ δύναμις τῆς ἁμαρτίας ὁ νόμος·

지금까지 바울이 고린도전서 15장에서 사용한 다양한 비유적 표현들을 살펴보았다. 이 비유적 표현들은 단독으로 사용되거나 다른 것들과 함께 사용된다. 이러한 비유적 표현들은 바울의 문체를 장식하고 논증들을 강화한다.

다. 문체 및 구성의 종류

이제 여기서 고린도전서 15장의 문체의 종류 및 구성의 종류에 대해 간략히 논의한다.[123] 앞에서 살펴본 것처럼, 바울은 일상생활에서

---

123) 디오니시우스의 문체 체계에 대한 편리한 요약을 위해 Bonner, *The Literary Treatises of Dionysius of Halicarnassus*, 24를 보라. 보너가 옳게 지적하는 것처럼, 디오니시우스가 그의 작품 *Comp.*에서 명명한 세 가지 유형의 구성은 문체 유형의 구도에 정확히 일치하지는 않는다. 하지만 이 연구(책)의 목적상, 문체의 종류 및 구성의 종류에 대해 간략히 논의하는 것만으로도 충분하다.

매일 사용하는 일반적인 말들을 사용하고, 은유들을 사용하는 경우도 있다. 드물고, 낯설거나 낡은 말들은 거의 사용하지 않는다. 그의 구성은 거칠거나 엄밀하거나 하지 않고 볼품없지도 않다. 오히려 예술적이고, 매끄러우며, 조화를 이루고, 또 때로는 리드미컬하다. 바울은 15장 전체를 통하여 다양한 비유적 표현들을 사용한다. 그 가운데 대구법과 대조법이 두드러진다. 그의 문체에는 정확함, 명쾌함 그리고 장식함(치장함)의 덕목이 있다. 이러한 요인들을 고려하면 고린도전서 15장에 나타난 바울의 문체는 '중간적 문체'(middle style)에 속한다고 결론지을 수 있을 것이다.

▌7. 요약

4장에서는 3장에서 개관한 고전 수사학 이론들을 활용하여 고린도전서 15장의 수사/수사학을 분석하였다. 고린도전서의 일부로서 이 열다섯 번째 장은 '심의적 수사'의 특징을 공유한다. 주된 시간의 지시는 '미래'이다. 바울이 15장에서 염두에 두고 있는 목적은 고린도인들의 '이로움(유익)'이다. 그는 다양한 증명 수단을 사용한다. 하지만 가장 중요한 증명 수단은 '범례/예/예증'이다. 바울은 원시 전승에 의해 입증되는 그리스도의 역사적인 부활을 기초로 하여 죽은 자들의 부활을 지지하는 논증을 펼친다.

바울은 자기의 주장(소송, 이유, 대의, cause)에 관하여 말할 것(내용)을 발견했다. '쟁점'은 주로 사실에 관한 것이며, '질문'은 단순한 질문이다. 곧 '죽은 자의 부활이 있는가?' 하는 것이다. 죽은 자의 부활을 논증하기 위해 바울은 비인위적 증명과 인위적 증명을 둘 다 사용한다. 이 두 수단 중에서, 인위적 증명이 고린도전서 15장에서 보다 더 현저하다. 인위적 증명은 '에토스', '파토스' 그리고 '로고스'를 포함한다. 이미 살펴본 것처럼, 고린도전서 15장에서 가장 중요한 논리적 추론 양식은 '범례/예/예증'이라는 양식인데, 곧 그리스도의 부활이다.

바울의 논증 배열은 수사학자들에 의해 제공된 지침과 대체적으로 일치한다. 여기서는 다음과 같은 배열을 제안하였다.

고린도전서 15장
죽은 자의 부활을 찬성하는 논증

1-11절   증명을 위한 준비: 공유하는 그리스도의 부활의 복음
12-34절   죽은 사의 부활을 찬성하는 논증들
35-49절   죽은 자의 부활을 주장하는데 나타나는 난점들에 대한 논박
50-57절   죽은 자의 부활을 찬성하는 마지막 논증
58절   결론적 권면

바울의 문체는 하나하나의 단어들에 대한 선택과 이 단어들을 배열함에 나타난다. 그가 선정한 단어들은 일상적으로 사용되는 것들이다. 그는 모음 접속과 자음들의 거친 충돌을 피한다. 그리고 문체에서 다수의 덕목을 보여준다. 헬라 언어 사용은 정확하고 분명하다. 표현들은 지나치게 간명하지 않다. 하지만 간결함과 명쾌함(명료함)을 성취한다. 바울은 논증들을 장식하기도 하고 강화하기도 하기 위해 다양한 비유적 표현을 사용한다. 그의 문체는 중간적 문체에 속한다.

제5장　요약 및 결론

이제는 지금까지 수행해 온 연구의 내용을 요약하고 결론을 맺어야 하는 자리에 이르렀다. 먼저 주요 내용을 차례로 요약하고, 다음에 결론을 맺으려고 한다. 내용의 요약은 '서론'에서 진술한 것을 먼저 요약하고, 각 장의 주 내용을 요약하게 된다.

▌▌1. 요약

성서 해석자들은 신약성서에서 예수 그리스도의 부활에 대하여 문자로 기록된 가장 이른 증언이기도 하며, 죽은 자의 부활에 관한 신약 가르침의 주요 자료이기도 한 고린도전서 15장의 중요성을 충분히 파악해 왔다. 하지만 현대 신학자들 중에는 다양한 이유로 그리스도의 부활의 실재를 거부하거나 그것에 대해 의문을 던진 사람들이 있다. 그렇지만, 책임감 있는 신자로서, 우리의 일차적인 임무는 복음으로 받아들인 것에 관하여 '철학화'하는 것이 아니라, 자료들이 자료 자체들을 대변하게 함으로써 자료들이 말하는 것을 '경청하는' 것이다. 필자의 견해로는 받아들인 것을 경청하는 가장 좋은 방법 중 하나는 고린도전서 15장 본문을 연구할 때 고전 수사학 이론을 활용하는 것이다.

1장에서 수사학과 수사비평에 대한 서론을 제공하였다. '수사/수사학'의 많은 의미들 가운데 특별히 두 가지가 성서학에서 수사학을 활용하는 입장에 동조하는 자들 가운데 서로 경합을 벌였다. 하나는 페렐만이 상술한 '신수사학'이고, 다른 하나는 옛 고전 수사학이다. 필자는 고린도전서 15장 본문 분석도구로서 고전 수사학을 택했다. 이 연구는 신약성서가 속한 기원후(공통시대, C.E.) 1세기에 작동하던 문학적 및 수사학적 규약들에 비추어 역사적으로 수사학적인 분석을 하려고 의도한 것이기 때문이다. 따라서 고전 수사학은 본문에 대하여 수사학적인 분석을 할 때 역사적 통제력을 제공했다.

성서학자들 가운데 (아마 이 논문이 작성된 지 20여 년이 지난 지금도) 성서 본문들을 수사학과 관련시켜 다루는 것에 대하여 일정한 주저함이 여전히 남아 있다는 것을 관찰하였다. 이러한 사정을 고려하여 전반적으로 신약연구에 그리고 특별히 고린도전서 15장 연구에 고전 수사학을 사용하는 것을 정당화하려고 노력했다. 신약연구에 고전 수사학을 사용함은 여러 근거로 정당화될 수 있다. 즉, 역사적으로, 철학적으로, 신약성서 자체의 수사학적 본질로, 수사학이 기독교 신앙 개념의 가능성 있는 기원, 출처 혹은 유사물(analogue)이라는 점으로 그리고 수사학에 대한 현대적 관심의 부흥 등으로 정당화된다.

또한 고린도전서 전체나 일부에 대한 수사학적 연구를 개관하였다. 이 개관은 수사학이 성서학에서 다양하게 사용된다는 사실을 보여주었다. 하지만 이 개관을 통해 이 논문에서 사용할 방법론에 대하여 얻어진 가장 중요한 관찰은 수사학이 단편적으로 사용되어 왔다는 것이다. 즉, 수사학의 일정한 국면이나 일부만이 성서 저술들의 선정된 본문에 대한 연구에 활용되었다. 이와 대조적으로, 그리스-로마 세계에서 수사학/수사술은 다섯 부분, 즉 발견, 배열, 문체, 기억 그리고 전달(연설)로 이루어져 있다는 의미에서 포괄적인 과목이었다. 이 연구를 통해 공헌하려고 노력한 것 중의 하나는 수사학을 포괄적으로 성서 본문에 적용하는 것이었다.

이 점에 대해 케네디에 의해 제안된 수사비평 방법론을 논의하였다. 그의 방법론은 고전 수사학의 원리들과 개념들을 수사학의 본질과 기능에 대하여 현대에 정리한 것들과 결합한다. 그의 방법론이 몇 가지 점에서 다듬어지고 수정되어야 할 필요가 있다는 것과 고전 수사학의 이론이나 체계가 성서 본문들을 분석하는 데 충분하다고 주장하였다. 바꾸어 말하면, 고전 수사학의 이론이나 체계는 케네디에 의해 제안된 수사비평의 모든 측면을 다루기에 충분할 만큼 방대하며 복잡하였다. 고린도전서 15장에 나타난 바울의 수사학을 분석하는 데 필요한 방법론적 절차의 기초로서 고전 수사학의 방대하고 복잡한 체계에서 나오는 구도, 곧 연설의 종류 그리고 연설자의 작업 단계인 발견, 배열 그리고 문체를 포함하는 구도를 제출하였다. 연설자의 작업 단계 중에서 기억과 전달(연설)은 제외하였는데, 이들은 문자로 기록된 한 편의 작품에 대하여 수사학적으로 연구하는 것과 관계가 거의 없어 보이기 때문이다.

2장에서는 할 수 있는 한 간결하게 그러나 충분히 포괄적으로 고전 그리스-로마 수사학 이론들의 개요를 작성하였다. 수사(연설, 담화)에는 세 부류의 청중에 상응하여 세 종류가 있다. 법정적 수사, 심의적 수사 그리고 예찬적 수사가 그것이다. 종류마다 수사(연설, 담화)는 때, 목적, 수단 그리고 입론(논증)의 유형에 대해 자체의 특색을 가지고 있다.

연설자는 연설을 전달하기에 앞서 여러 단계를 거쳐야 했다. 이 단계들은 "연설의 부분들" 혹은 "연설자의 임무들"이라고 불렸다. 연설자는 말할 것(내용)을 먼저 '발견'해야 했다. 발견은 '스타시스'(쟁점), 질문(문제) 그리고 증명들(증거들)을 찾는 일을 포함했다. 말하려는 것을 발견한 후, 연설자는 각 부분이 배치되어 있어야 할 자리를 분명히 해주면서 그 자료를 배열해야 한다. 수사학의 원리에 기초한 배열은 두 개 내지 여섯 개의 부분으로 이루어진다. 가장 완전한 여섯 개의 부분은 '서론', '사실의 진술', '분할', '확증'('증명'), '논박' 그리고 '결론'이다.

연설자는 '말할 것'을 발견해야 할 뿐만 아니라, 또한 발견한 것을 '말하는 법'을 알아야 한다. 이는 문체와 관계가 있다. 문체는 무엇보다 하나하나의 단어들과 이 단어들의 배열이나 구성에서 나타난다. 문체에는 일정한 덕목이나 특성이 있어야 하는데, 정확함, 명쾌함, 적절함 그리고 장식함(치장함)과 같은 것이다. 문체는 웅대한 문체, 중간적 문체 그리고 소박한(단순한) 문체의 세 가지가 있다.

사실상 이 연구(책)의 핵심 부분인 3장에서는 이전의 장들에서 확립되고 묘사된 고전 수사학 이론들로 고린도전서 15장 본문을 분석하였다. 고린도전서 15장에 대한 다수의 수사학적 연구가 있었으나, 이 연구는 거의 전 국면에서 고전 수사학 이론들을 적용하는 '최초의' 시도였다. 바울 당시의 문학적·수사학적 이론들을 활용함으로써 바울이 고린도인들에게 말하려고 했던 것 그리고 우리에게도 말하려고 했던 것을 가능한 한 면밀히 들을 수 있었다.

필자는 고린도전서 열다섯 번째 장이 통일성 있는 편지의 일부로서 심의적 수사의 특징들을 공유한다고 주장했다. 고린도전서 15장에서 바울은 과거(1-8절)와 현재의 시간(12절)을 언급했다. 그럼에도 불구하고 바울은 뜻 있는 방식으로 다수의 미래를 가리키는 진술을 했다(2절, 12절, 15절, 22절, 49절, 51절). 바울이 고린도전서 15장에서 마음에 두었던 목적은 고린도인들의 이익 혹은 유익이었다. 그래서 여러 곳에서 그들이 누릴 유익(유리함)에 호소했다(1-2절, 50-53절, 58절; 참조, 29-32절). 동시에, 심의적 연설자의 전략에 따라, 죽은 자의 부활을 부인하는 것의 위험한 결과에 호소하기도 했다(13-14절, 16-17절). 또한 죽은 자의 부활을 지지하는 논증에서 다수의 범례(예)를 사용했다(8-10절, 14-15절, 19절, 29절, 30-32절, 35-44절). 가장 중요한 것은 물론 그리스도의 역사적 부활의 범례(예)였다(12-19절). 바울은 그리스도 부활이라는 유일한 역사적 예를 근거로 죽은 자의 부활을 논증했다.

이러한 특성들 외에, 또한 바울이 고린도전서 15장에서 죽은 자의 부활을 부인하는 자들에게 직접적으로 말하지 아니하고(12절), 고린도 회중을 향해 말하였다는 것을 필자는 관찰했다(1절, 2절, 3절, 12절, 14절, 17절, 34절, 50절, 51절, 58절). 이 관찰로 인하여 바울이 죽은 자의 부활을 부인하는 자들에게 대항해서든지 고린도인 자신들에 대항해서든지 자기 자신을 변호하는 것이 아니라, 특정한 믿음(신념)과 행동에 대해 고린도인들에게 조언하고 그들을 설득하려고 노력했다는 것을 주장하게 되었다(12절, 32절, 35절, 52절, 58절). 따라서 고린도전서 15장의 가장 중요한 목표는 바로 심의적 연설의 목표라고 주장하였다. 바울은 그들에게 유익하리라고 생각하는 행동지침을 취하도록 고린도인들을 설득하려고 노력하였던 것이다(58절).

바울이 고린도전서 15장을 쓰게끔 촉진한 원인(사건, 상황, cause)은 고린도 회중 가운데 죽은 자의 부활을 부인하는 자들이 있었다는 것이다(12절). 바울은 고린도 신자들 중의 어떤 이들이 어떻게 죽은 자의 부활을 부인하게 되었는지에 대해 이야기하지 않았다. 고린도인들 가운데서는 이미 잘 알려져 있을 수 있었기 때문에 그 이야기를 상세하게 말 할 필요가 없었을 것이라고 바울이 생각하지 않았을까 한다. 하지만 바울이 말한 것으로 미루어보아 이 문제가 고린도인들의 믿음에 치명적이라고 생각했음은 분명하다(13-14절, 15-19절). 바울은 또한 죽은 자의 부활을 부인하면 주의 일을 등한시하고(58절 참조), 방종한 삶에 빠지리라는 것을 예상했다(32-34절). 따라서 바울은 죽은 자의 부활을 부인함의 문제 및 이 부인함의 예측되는 결과들을 다루어야 했다.

쟁점('스타시스')은 주로 사실에 관한 쟁점이었다. 바울은 죽은 자의 부활이 있다고 하고, 부인하는 자들은 죽은 자의 부활이 없다고 하는 것이다. 이로써 이러한 질문이 생겼다. 즉, "죽은 자의 부활이 있는가? 아니면, 없는가?" 그래서 바울은 15장 전체에 걸쳐 죽은 자의 부활이 있다는 것을 증명하려고 노력했다(12절, 13절, 16절, 20절, 29절, 35절, 42절, 52절). 혹은 죽은 자의 부활을 부인하는 것에 대해 논박하였다. 이 쟁점을 해결하기 위하여 바울은 비인위적 증명 및 인위적 증명을 "발견했다". 바울에게 있어 비인위적 증명은 전승(3-5절), 증인(6-8절) 그리고 구약으로부터의 인용(45절, 54절, 55절; 참조, 25절, 27절, 32절, 33절)을 수반했다. 바울이 집합시킨 인위적 증명은 자기의 '에토스', 청중의 '파토스' 그리고 연설 자체로 이루어져 있다.

바울은 고린도전서 15장에서 수많은 방식으로 자신의 '에토스'를 세웠다. 고린도인들을 "형제들과 자매들"(ἀδελφοί)이라 부름으로써 그들을 향하여 호의를 보여주고(1절, 31절, 50절, 58절), 친히 부활하신 주를 본 적이 있다고 그들에게 말함으로써 자기의 '에토스'를 향상한다(8절). 또 그는 자기희생과 호의(선의)의 덕목을 보여 주었는데, 이렇게 함으로써, 죽은 자의 부활에 대한 자신의 믿음에 근거한 자신의 삶의 경험을 인용할 때(30-32절), 걸려 있는 문제에 관하여 고린도인들에게 있어 가장 좋은 조언을 줄 수 있었다. 바울은 또한 자신의 특권을 겸손하게 말할 때 청중에게서 호의를 확보함으로써 자기의 '에토스'를 향상시켰다(8절, 10절).

청중의 '파토스'에 대해 바울은 그들에게 분노(12절, 35-36절, 55절, 56절), 두려움(2절, 13-19절), 동정(19절, 30절) 그리고 부끄러움(34절) 등과 같은 감정을 느끼게 하였다. 또한 그들이 주를 위하여 일하는 것에 대한 포상을 약속함으로써 청중의 감정을 자극하기도 하였다(58

절). 그리고 바울은 또한 죽은 자의 부활을 논증하기 위해 논리적 추론('로고스')으로부터의 다양한 증명을 사용했다. 그리스도의 부활을 죽은 자의 부활에 대한 역사적 예로 사용하기도 하고 자기 주장의 근거로 사용하기도 하며(1-1절), 또한 생략삼단논법(12-19절, 29-30절), '더 많은 것과 더 적은 것'으로부터의 논제(13절, 16절), 필연적 표징(20절, 23절) 그리고 사물 속에 나타나는 유비로부터의 논제(36-49절)도 사용하였다.

앞에서도 언급했듯이, 열다섯 번째 장은 전체로서 고린도전서의 일부이다. 이는 이 15장의 배열이 연설의 한 부분에 적용될 수 있는 배열 규칙을 따라야 함을 의미한다. 고린도전서 15장은 죽은 자의 부활을 찬성하는 논증으로 이루어져 있고, 또 이 논증의 배열은 대체로 수사학자들에 의해 주어진 지침과 일치한다. 바울은 자기의 주장(case)을 지지하는 가장 강한 논증을 첫 번째 자리(12-19절)에 놓고, 중간 정도의 힘이 있는 논증은 가운데(29-34절)에 그리고 또 하나의 강한 논증은 마지막(50-57절)에 놓았다. 하지만 필자는 바울이 복음 자체의 더 넓은 문제의 관점에서 지금 걸려 있는 문제를 인식하고 있음을 관찰하였다. 죽은 자의 부활을 부인하는 것은 그리스도의 부활을 그 본질로 하고 있는 복음에 대해 치명적인 함축들을 지닌다는 것이다. 따라서 1-11절에서 바울은 먼저 죽은 자의 부활을 찬성하는 실제 논증들을 제시하기 위한 준비를 하였다.

필자는 또한 논증의 단락들이 고린도전서 15장에서 연설의 부분들의 기능을 수행한다고 주장하였다. 바울은 이 15장에 이르기 전에 많고도 다양한 쟁점들을 다루어 왔다. 따라서 그는 청중이 자기 및 자기가 주제에 관해 제공하려고 했던 것에 호의를 지니게 하고, 주의를 기울이게 하고, 또 잘 받아들이게끔 해야 했다. 이 15장은 그 자체로 죽은 자의 부활을 주제로 하는 하나의 단락을 이루었다. 바울은 자기의 주장(case)을 증명할 필요가 있고, 또 자기의 주장을 논증하는 가운데 나타나는 난점들을 논박할 필요도 있었다. 그리고 그는 자신이 제시한 것에 대해 결론을 내렸다. 고린도전서 15장의 배열에 대해서 다음과 같은 개요를 제시하였다.

고린도전서 15장
죽은 자의 부활을 찬성하는 논증

15:1-11:   증명을 위한 준비: 공유하는 그리스도의 부활의 복음
             15:1-2:   '서론'(*exordium*)
             15:3-11   '사실의 진술/내력'(*narratio*)
15:12-34:   죽은 자의 부활을 찬성하는 논증들
             15:12:   '분할'(*partitio*)
             15:13-32a   '증명'(*probatio*)
             15:32b-34:   '권면'(*exhortatio*)
15:35-49:   죽은 자의 부활을 주장하는데 나타나는 난점들에 대한 논박(*refutatio*)
15:50-57:   우리의 변화의 필요성을 통하여 하는 죽은 자의 부활을 찬성하는 마지막논증(*peroratio*)
15:58:   결론적인 권면(*exhortatio*)

이 배열에 대하여 약간의 설명을 덧붙여 본다. 무엇보다도 먼저, 바울은 고린도인들이 공유하고 있는 그리스도의 죽음, 장사, 부활 그리고 나타나심(보이심)에 관한 전승을 공표하였다. 이렇게 해서 증명을 하기 위한 준비를 해 놓는다. 바울과 고린도인들이 공유하는 이 전승(복음)은 죽은 자의 부활을 찬성하는 바울의 논증에 기초가 되었다. 그리고 이 복음은 청중에게 '명예로운 대의'(주장, 이유, the honorable cause)였다. 바울은 곧바로, 청중에게 직접 그리고 쉬운 말로 말함으로

써 자기가 말하게 될 것에 청중이 귀를 기울이도록 준비시켰다(1-2절). 그리고 자기의 주장(사건, 문제, case)에 관계가 있는 사실들을 진술하는데(3-11절), 명확하고 간결하게 제하였다. 바울은 또한 내러티브('이야기')를 세 개의 대목으로 나눔으로써 지루함을 피했다(3-5절, 6-8절, 9-11절).

바울은 다음에 죽은 자의 부활을 논증하는 데로 나아갔다(12-34절). 그는 논증들을 세 개의 작은 단락으로 진술하였다(12-19절, 20-28절, 29-34절). 또한 죽은 자의 부활을 찬성하는 자기의 주장(case)에 대해 제기될 수 있는 이의들(반대들)을 예기하였다(35-49절). 또한 자기의 논증들을 확충/부연하고, 요약해서 되풀이 하고, 또 청중의 감정을 자극하기도 하였다(50-57절). 마지막으로, 바울은 죽음에 대한 최종적인 승리를 확신하며 지기가 그들을 위하여 원하는 행동을 취하도록 고린도인들에게 권면하였다(58절).

이제 문체('스타일')에 대해 말할 차례이다. 바울의 수사는 문체를 통해 강화되었다. 이런 저런 방식으로 그의 논증들은 문체의 덕목에 의해 강화되었던 것이다. 그는 헬라 언어를 정확히 사용하였고, 이는 그가 말한 것에 명쾌함을 부여하였다. 또한 질서 정연하고 직접적인 방식으로 그리고 반복해서 자기의 자료(내용)을 진술함으로써 명쾌함을 성취하였다. 게다가, 바울이 사용하는 비유적 표현들은 큰 장엄함(감동, 깊은 인상)을 선사할 뿐만 아니라, 또한 논증들에 힘(설득력)을 보태주었다.

처음 시작 부분에서 '아쉰데톤'("접속사 생략")이라는 비유적 표현으로 바울은 생기, 신속성, 큰 힘(설득력) 그리고 간명함을 이루었다(1-2절). '절제된 표현'("완서법")이라는 비유적 표현으로 청중으로부터 호의를 얻었다(8-11절). '전환법'이라는 비유적 표현으로 자기가 이미 말한 것을 간략히 상기시키고, 또 마찬가지로 뒤에 나오게 되어 있는 것(말)을 간략히 공표하였다(12절). '생생한 묘사', '의인법' 그리고 '돈호법'이라는 비유적 표현들로 청중의 감정을 불러일으켰다(12-19절, 54-57절). 그리고 '예기'라는 비유적 표현으로 바울은 이의들(반대들)의 기선을 제하기도 하였다(35-37절).

바울의 비유적 표현들 사용은 계속된다. 몇 가지만 더 예를 들어 정리하도록 하자. '에파나포라'("첫머리 반복"), '플로케'("전위법, 자리바꿈") 그리고 대조법이라는 비유적 표현들로 바울은 청중에게 문체의 우아함, 장엄함(감동, 인상 깊음) 그리고 탁월함(구별, 특징적인 장점)을 준다. 이들 중에서 특히 대조법은 바울의 문체와 논증에서 아주 중요한 자리를 차지하였다. 바울의 논증 전체 단락(12-58절)의 틀은 사실상 생각의 점에서 보아 대조법으로 짜여 있다. 이 대조법이라는 비유적 표현으로 바울은 청중을 위하여 큰 장엄함(감동, 인상 깊음)과 탁월함(구별)을 만들어 내고(21-22절, 40절, 42-49절, 50-54절), 또 청중이 수용해야 할 바를 분명하게 보여줌으로써 논증들을 향상했다.

바울은 또한 '논점(요점)에 오래 머물기'라는 비유적 표현으로 청중이 죽은 자의 부활이라는 중심 화두에서 미처 다른 데로 주의를 돌릴 기회를 주지 아니하고(12절, 13절, 16절, 20절, 29절, 35절, 42절, 52절), '범례/예증'이라는 비유적 표현으로 죽은 자의 부활이 있음을 증명하고(12절; 참조, 29-34절), '축적법'이라는 비유적 표현으로 논증을 강화하고(29-34절), 또 바울은 '중복법'이라는 비유적 표현으로 청중에게 깊은 장엄함(감동, 인상)을 선사하고, 적대자에게는 보다 많은 상처를 입히면서 자기의 논증을 확충하였다(13-15절, 16-19절).

▐ 2. 결론

결론적으로, 바울은 그 당시의 가능한 모든 수사학적 규약을 활용하면서 죽은 자의 부활을 논증하였다. 바울은 그리스도의 부활을 죽은 자의 부활의 한 예로 사용하였는데, 이 그리스도의 부활은 원시 전승 및 부활하신 주를 대면한 자신의 경험으로 입증된 것이다. 바울이 전형적인 법정적 수사의 구조를 사용함에도 불구하고, 고린도전서 15장은 눈에 띄도록 심의적 수사의 특징들을 공유하였다. 고린도전서 15장에서 죽은 자의 부활에 대한 믿음에 근거하여 바울이 이르려고 하는 큰 목표는 고린도인들을 설득하여 그들에게 원하는 행동을 취하도록 하는 것이었다. 고린도전서 15장에 나타난 바울의 수사는 죽은 자의 부활을 부인하는 자들을 포함하여 고린도 신자들에게 축적된 능력으로 임했을 것이다. 이 뿐만 아니라 오늘의 우리에게도 동일한 축적된 능력으로 임해야 하는데, 이는 죽은 자의 부활에 관하여 바울이 말하려고 하는 바를 바울 자신의 당시 수사학적 규약을 활용하여 가능한 한 면밀히 들을 때 그렇게 될 것이다.

이 연구를 수행한 목적은 죽은 자의 부활에 관하여 바울이 말하려고 하는 바에 귀 기울여 듣기 위해 고린도전서 15장에 나타난 바울의 수사를 분석하는 것이었다. 하지만 결국 이러한 수사비평적인 분석이 일반적으로 고린도전서에 대한 연구와 특별히 그 열다섯 번째 장에 대한 연구에 관하여 무엇을 제안할 수 있는가? 몇 가지 쟁점에 대하여 수사학적 관점에서 숙고한 바를 간략히 제시하는 것으로 충분하리라고 본다.

첫째, 필자의 고린도전서 15장에 대한 수사학적 분석은 바울이 수사학적 전략에 있어 쟁점을 제기하고 자기의 주장(case)을 논증하기 전에 그리스도의 부활이라는 공유하는 복음으로써 자신이 하려는 증명을 준비했음을 보여주었다. 따라서, 필사의 분석은 고린도전서 15장에서 바울이 예수의 부활로부터 죽은 자의 부활을 논증했다고 이미 주장한 사람들에게 추가적인 지지를 보탠다.[1] 이 점에서, 필자의 분석은 새로운 해석을 하나 더 추가하지 않으나, 고린도전서 15장에 대한 표준적인 해석을 확증한다.

둘째, 고린도전서 15장을 해석함에 있어 주요한 쟁점들 중 하나는 1-11절이 그 나머지에 대해 어떤 관계가 있는가 하는 것이다. 학자들 중에는 6-10절에서 문제가 되는 것은 증인들을 인용함으로써 부활을 증명해야 할 필요성이 아니라, 고린도에서 공격을 받고 있는 바울의 사도직을 변호해야 하는 필요성이라고 주장하는 사람들이 있다.[2] 그들은 주장하기를, 바울이 정확히 여기서(6-10절) 변호하는 것은 자기가 이제 막 전통적인 복음을 해석하려 하고 있고, 또 이 해석의 권위는 사도에게 속하는 것이기 때문이라고 한다. 하지만 필자는 고린도전서 15장이 심의적 수사의 특징을 공유한다고 주장했다. 그래서 그 속에서

---

1) Foulkes, "Some Aspects of St. Paul's Treatment," 25(="이 장 전체의 주제는 그리스도의 부활과 그리스도인들의 부활 간의 관계이다"); J. Kremer, "Paul: The Resurrection of Jesus, the Cause and Exemplar of Our Resurrection," *Concilium* 60 (1970), 78-91을 보라.

2) 예를 들어, P. von der Osten-Sacken, "Die Apologie des paulinischen Apostolats in 1 Kor 15:1-11," *ZNW* 64 (1973), 245-62를 보라. 또한 뷘커(Bünker)는 바울이 파당들로 시달리는 고린도 공동체에서 권위를 다시 세우기 위해 고전 1:10-4:21과 15:1-18에서 법정적 종류를 활용한다고 주장했다. 하지만 법정적 구조가 반드시 사과(변명)와 관계가 있는 것은 아니다. 수사학 핸드북들이 언급하는 것처럼, 심의적 수사는 법정적 구조를 활용할 수도 있다. 그리고 이것이 고린도전서 15장에서 사실이라는 점을 필자는 주장해 왔다. 고르도(Gordo)의 고린도전서 15장 개요는 필자의 개요와 유사하다. 하지만 그는 이 15장을 고린도전서 전체와 관련하여 고찰하지 않았다. 고린도전서 15장에 대해 맥은 '케리그마'(3-11절)가 바울의 설득의 궁극적인 근거라고 옳게 주장한다(Mack, *Rhetoric and the New Testament*, 58).

바울이 이르려고 하는 큰 목표는 청중, 곧 고린도 '형제들'을 설득하여 그들에게 바라는 행동을 취하도록 하는 것이다. 심의적 연설자로서, 바울은 자기 자신을 변호할 필요가 없고 자기의 '에토스'를 보여줄 필요가 있을 뿐이었다. 그는 그리스도의 부활을 증언하고(15절), 또 '논점에 오래 머물기'(commoratio, ἐπιμονή)라는 비유적 표현을 논의할 때 살펴본 것처럼, 이 15장 전체에 걸쳐 죽은 자의 부활 문제에 대해 말한다. 따라서 필자는 수사학적 분석을 통하여 6-10절에서 바울이 자기 자신을 변호하는 것이 아니라 부활하신 그리스도에 대한 자신의 환상('봄')을 언급할 때 자기의 '에토스'를 향상한다는 결론을 내리게 되었다.

셋째, 수사학적 분석이 죽은 자의 부활을 부인하는 자들의 정체나 그들의 견해들을 알아내는 데 무엇을 공헌할 수 있는지에 대해서는, 필자의 분석이 이끌어 갈 수도 있는 방향을 시사하는 데 그치고자 한다. 바울은 죽은 자의 부활을 부인하는 자들에 본격적으로 착수하지 않는다. 하지만 그리스도인의 소망이 단지 이생의 소망으로 무너져버리는 것에 대한 바울의 도전(12-19절, "ἐν τῇ ζωῇ ταύτῃ... μόνον")과 부활의 미래성에 대한 그의 강조(20-28절, 50-57절)는 죽은 자의 부활을 부인하는 자들이 지나치게 실현된 종말론을 열광적으로 믿는 사람들이라는 견해의 방향을 가리킬 수 있을 것이다.[3]

마지막으로, 넷째, 열다섯 번째 장은 파당들과 분열이 있는 가운데 일치('합할 것')를 강권하는(1:10) 고린도전서의 전반적인 논증에 어떻게 들어맞는가? 바울은 '사실의 진술' 부분(1:11-17)에서 자신이 보기에 고린도인들 가운데 있는 으뜸가는 문제는 교회 지도자들을 둘러싼

---

3) Plank, "Resurrection Theology: the Corinthian Controversy Reexamined," 41-54; Thiselton, "Realized Eschatology at Corinth," 510-25를 보라.

분열이라고 말한다. 그래서 먼저 이 으뜸가는 문제를 다루고(1:18-4:21), 다음으로 역시 고린도인들 가운데 있는 분열에 기여한 다른 쟁점들을 다룬다(5:1-14:40). 이후에 죽은 자의 부활이라는 사활적 쟁점이 나온다(15:1-58). 고린도인들에게 '합하라'고 강권할 때, 바울은 쟁점에 따라 다른 조언을 준다(특히 1:17; 4:1; 5:2, 11; 6:7; 8:9-13; 10:29-33; 11:17-22, 34; 14:39-40을 보라). 하지만 고린도인들이 '합할 것'(일치)을 강권하면서(1:18-25) 바울은 처음부터 '그리스도의 십자가'(ὁ σταυρὸς τοῦ Χριστοῦ, 1:17)와 '십자가의 도[말씀]'(ὁ λόγος τοῦ σταυροῦ, 1:18)를 공표한다. 그리고 '일치'를 위한 논증들을 끝내려 할 즈음에 그리스도의 부활을 공표하고(15:1-11), 죽은 자의 부활을 함께 믿는 가운데 하나 되어서 주의 일에 더욱 힘쓰라고 강권한다. 그의 전체적인 입론(논증)은 그리하여 종말론적인 관점으로 둘러싸인다(1:4-9, ἡ ἀποκάλυψις τοῦ Χριστοῦ; 15:20-29, 50-58). 수사학적 전략의 점에서 보면, 바울은 그리스도의 십자가와 부활의 관점에서 쟁점들에 접근한다(Χριστὸς ἐσταυρωμένος, 1:23; Χριστὸς ἐγήγερται, [15:3-11]; 참조, 6:14).

고린도전서 15장은 또한 다음 장을 예비한다. 15장에서 바울은 주의 일에 더욱 힘쓰라고 고린도인들에게 권면하는데(58절),4) 이 주제는 16장 10절(τὸ ἔργον κυρίου) 그리고 15-16절(εἰς διακονίαν; παντὶ τῷ συνεργοῦντι καὶ κοπιῶντι)에서 다시 나타난다(참조, 16:1-7, 8-9). 16장 10-18절에서 바울은 고린도 교인들에게 교회 지도자들(디모데, 아볼로 그리고 스데바나의 식솔들)에 대해 올바른 태도를 취함으로써 연합하라고 강권한다(16:16). 즉, 바울은 고린도 교인들에게 주의 일을 하는 가운데 지도자들과 협력하라고 강권하는 것이다.

---

4) 하나님/주의 일과 신자들의 일이라는 주제는 고린도전서 15장 여러 지점에서 나타난다(15절, 19절, 23-24절, 30-58절).

요컨대, 고린도전서 15장에 대한 고전 수사학 이론들을 활용한 수사학적 분석은 바울이 죽은 자의 부활, 곧 부활하시고 살아 계신 주를 믿는 모든 신자들의 궁극적인 소망에 관해 말하고자 하는 것에 대해 우리로 하여금 매우 주의 깊게 경청할 수 있도록 만든다. 고전 수사학의 원리들에 기초한 추가적인 상세한 수사학적 연구들이 방금 숙고한 쟁점들에 대하여 더 많은 빛을 비추어 줄 것이다.

에필로그

　박사학위 논문을 작성하기 위하여 연구 방법론을 모색할 즈음까지 필자가 수사학에 대하여 가지고 있던 지식이란 고작 어거스틴(St. Augustine)이 회심하기 전에 수사학을 가르친 적이 있다는 정도였다. 그러나 까닭을 알 수는 없으나 어찌된 일인지 필자의 마음속에는 수사학에 대한 일정한 동경 같은 것이 있어 왔다. 『이야기로서의 마가』(Mark As a Story)라는 책을 저술하여 특히 복음서를 비롯한 신약성서의 서사('내러티브') 비평의 문을 활짝 열어 제치신 로즈 박사님(Dr. D. Rhoads)을 지도교수로 모시게 되었을 때에도 필자의 마음은 수사학과 수사비평적인 연구에 기울어 있었다. 아마도 로즈의 내러티브 비평은 당시에 발전 도상에 있었고, 고전적이든 현대적이든 수사학을 성서본문연구에 사용하는 것은 20세기의 8, 90년대에 하나의 학문적 유행을 이루는 중이었던 사실이 이유 중 하나라면 하나였을 것이다.

　필자는 박사과정의 과목들을 이수하는 과정에서 적을 두고 있던 학교에서든 이웃 학교에서든 하나의 과목으로서 수사학을 접할 기회가 없었다. 결국 수사학에 대한 공부와 이해는 필자의 몫이었다. 조금 더 과거로 거슬러 올라가면 1980년대에 유학을 떠나기 전에도 수사학을 배울 기회가 없었다. 비교적 최근에는 외국 학자들의 수사학 관련 책들이 다수 번역되고 국내 학자들의 저술도 얼마간 있기는 하지만, 그나마 겨우 7, 8년 전에야 키케로와 아리스토텔레스의 수사학 책들이 우리말로 번역된 점을 감안하면(이 책들의 서지사항에 대하여 참고도서 목록을 보시라), 우리나라에서 서양고전에 대한 연구가 일천하고, 또 고전 수사학에 대한 연구는 더욱 빈약하던 시절이었기 때문이다.[1] 하지만 수사학에 대한 이해의 필요성이 대두되었을 때 미국에는 미처 다 섭렵하는 것이 불가능할 만큼 수사학 연구에 필요한 자료가 얼마든지 널려 있음을 알게 되었다. 필자는 아주 많은 성서본문에 대한 수사학적 연구들과 숱한 수사학 관련 저술들 그리고 무엇보다도 고전 수사학자들의 수사학 핸드북들을 통하여 고전 그리스-로마 수사학 이론을 학습하였다. 고전학에 대한 배경이 전무한 상태에서 생소한 분야를 독학(?)한다는 것이 그리 쉽지만은 않았으나, 학위 논문을 작성하는데 방법론으로 사용할 정도의 고전 수사학 지식은 습득한 것을 다행으로 생각한다.

국내에서의 수사학 연구 및 발전과 관련하여 지금도 큰 아쉬움을 가질 수밖에 없는 대목은 학위를 마치고 귀국한 후에 수사학적 신약 연구에 천착하여 더 크게 발전시키지 못했다는 점이다. 사실 20년 전의 학위 논문을 우리말로 다시 출판하는 것도 이 아쉬움을 달래려는 시도일지 모른다. 결국은 핑계라는 질책을 들을 수밖에 없지만 굳이 이유를 생각해 내자면 다른 과목들을 가르치고 다른 주제들의 논문을 써내는 것이 더 급선무였고, 수사학을 가르치는 데 필요한 자료가 (사실은 필자를 비롯한 학자들이 만들어 냈어야 하는 것이었는데) 전무하다시피 했기 때문이라고 둘러대고 싶다. 학생들에게 읽힐 만한 자료가 없었다고 말이다. (고전 수사학 일차자료에 대한 접근은 외국어에 능통하지 않는 한 정말 용이하지 않다) 그래도 어떻게 해서 석사

---

1) 하지만 전무한 것은 아닌 듯했다. 최혜경, "Aristoteles의 「Rhetoric」에 관한 연구," (석사학위논문, 연세대학교, 1988)이 있었으니 말이다.

(Th.M./M.Div)과정에서 수사학을 이용하여 두세 편의 논문을 쓰도록 지도하였다.[2] 필자가 정식으로 수사학을 주제로 한 과목을 가르친 것은 아주 여러 해 전에 딱 한 번, 그것도 이웃 학교의 초청을 받아서 석사과정(Th.M.)에서 한 것이었다. 그때 필자의 기억으로는 우리말로 된 자료가 거의 없어 참으로 난감했던 생각이 난다. 국내의 수사학적 성서연구와 관련하여 이야기하고 지나가야 할 것은 그렇게 많지는 않은 것으로 알고 있으나, 그래도 몇몇 분은 수사학적 연구로 박사학위 논문을 쓰고 귀국하여 강단에서 가르치고 있는데 각자 바쁜 활동으로 인하여 학문적 교류를 나누지 못했다는 점이다. 혹자는 15년 전(1999년)에 발표한 소논문에서 그 때까지 수사학 방법론을 이용해서 성서본문을 분석한 글을 딱 하나 발견했다고 한다. (그러나 사실 1998년에 성결대학교 신학대학원에서도 수사학적 해석의 석사논문이 나온 바 있다.) 그리고 수사학에 대한 간략한 소개조차 두 개 밖에 없다고 말하고는, 이어서 "외국에서 수사학 분석을 사용해서 학위논문을 썼고, 현재 한국에서 활동 중인 사람은 서인선과 본 소논문의 필자"라고 관찰한 바 있다.[3] 필자가 아는 한에서 외국에서 수사학적 신약본문 연구를 통해 박사학위 논문을 쓴 사람이 필자를 포함하여 세 분 이상이 있다.[4] 수사학을 공부한 성서학자들의 교류가 활발하지 못한 상황에서

---

2) 이에 대한 구체적인 정보를 위하여 참고도서 목록을 보라.

3) 송봉모, "성서 해석 안에서 수사학 분석 연구-시험 케이스 본문: 1 고전 8,1-13," 「신학과 철학」 창간호(1999) 각주 4(출처: hompi.sogang.ac.kr/theoinst/journal/journal_1/1-3.pdf). 소개된 학위논문 및 소논문은, 최진영, "고린도전서 1-4장에 대한 수사학적 연구," (석사학위논문, 이화여자대학교 대학원, 1998); 권종선, "수사학과 신약 성서 해석," 「복음과 실천」 17 (1994) 11-36; 그리고 조갑진, "로마서 기록 동기에 관한 연구,"「신학과 선교」 22 (1997) 211-52이다. 하지만 현경식, "수사학적 비평이란 무엇인가?,"「신학사상」 102 (1998, 가을) 147-166도 있다. 그리고 성결대학교 신학대학원에서 나온 논문은, 우성훈, "예수님의 비유에 대한 수사학적 해석," (석사학위논문, 성결대학교신학대학원, 1998)이다.

그나마 다행하고 위안으로 삼을 수 있는 부분은 바라는 만큼에는 미치지 못하지만 그래도 성서본문에 대한 수사학적 연구 논문들이 여러 편 발표되고, 또 석사학위 논문들이 다수 나왔다는 것이다. 그리고 10년 전쯤에 설립된 '한국수사학회'(www.rhetorica.org)가 있다. 이 학회의 수사학적 관심 영역은 고전 수사학에 국한하지 않고 아주 넓은 편이어서 필자의 적극적인 활동을 유도하지는 못하였다.5)

필자가 박사과정을 이수하는 도중 학위 논문을 위해 연구계획서 (Proposal)를 제출하고 논문을 작성한 것은 1988-93 어간의 일이었는데, 최근에야 뒤늦게 발견한 사실 중 하나는 수사학을 이용한 필자의 고린도전서 15장 연구와 비슷한 작업이 얼마간 수행되고 있었다는 것이다. 예를 들면, 왓슨(Watson)은 「고린도전서 15장에 나타난 바울의 수사학적 전략」 이라는 논문을 발표하였고,6) 또 존슨 2세는 필자보다 1년 뒤인 1994년에 학위를 마쳤는데, 미네소타 주 세인트폴 시에 있는 루터신학대학원에서 작성된 그의 논문은 필자의 논문과 많은 점에서 유사하다.7) 아마 존슨 2세도 그랬겠지만, 필자는 거의 동일한 연

---

4) Jongseon Kwon, "A Rhetorical Analysis of the Johannine Farewell Discourse," (Ph. D. diss., Southern Baptist Theological Seminary, 1993); I. Saw, "Paul's Rhetoric in 1 Corinthians 15: An Analysis" (Th.D. diss., Lutheran School of Theology at Chicago, 1993); 그리고 Bong-Mo Song, "The Ασθεν-word Group in the Deliberative Rhetoric of 1 Corinthians," (Ph. D. diss, The Catholic University of America, 1997) 등.

5) 하지만 이와 관련하여 '크리소스톰 설교학 연구소'(Chrysostom Institute of Homiletic; 소장: 박희춘 목사/박사; 홈페이지: homiletic.org) [수사학 교실]에서 고전 수사학에 대한 다수의 유용한 정보를 얻을 수 있다. 또한 '레토릭 연구소'(http://rhetoric.or.kr)에서도 유용한 수사학 연구 자료를 얻을 수 있다.

6) Duane F. Watson, "Paul's Rhetorical Strategy in 1 Corinthians 15," in *Rhetoric and the New Testament: Essays from the 1992 Heidelberg Conference* (edited by Stanley E. Porter and Thomas H. Olbricht; JSNTSupp 90; Sheffield: JSOT Press, 1993) 231-49.

7) C. A. Johnson Jr., "Resurrection Rhetoric: A Rhetorical Analysis of 1

구가 동시에 진행되고 있었다는 사실을 전혀 알지 못했다. 고린도전서 15장은 필자가 이미 논문에서 밝혔듯이 다른 각도에서도 숱하게 연구되었지만 수사학적 관점에서도 상당히 많은 연구들이 이루어졌고, 지금도 계속 중요한 연구 주제로 남아 있다.

필자의 연구에 대한 평가는 수사학에 대한 견해와 수사학적 연구의 관점에 따라 긍정적이기도 하고, 부정적이기도 하다. 예를 들면, 마티 레이드(Marty Reid)는 필자의 저술에 대한 서평에서 비교적 호의적인 평가를 내놓았으나, 에릭슨(Anders Eriksson)은 그녀의 논문에서 다소 비평적으로 다루었다.8) 하지만 성서 학도로서 누릴 수 있는 큰 기쁨 중 하나는 필자 나름대로의 노작이 비평적이든 긍정적이든 다른 학자들에 의해 읽혀지거나 논의되거나 인용되고 있음을 보는 것이다. 크든 작든 한 자리를 차지하는 것은 뿌듯함을 느끼게 만든다. 하나도 빠짐없는 철저한 조사는 부질없는 노릇에 불과할 듯하나, 몇 가지 예를 들면서 구체적으로 이야기하고 싶다. 우선, 신약개론 중에서는 놀랍게도 브라운(Raymond E. Brown)이 필자의 책을 소개하고 있다. 즉, '22장 고린도전서'에서 '편지 본론의 제4부(15:1-58)' 단락에 대하여 "여기서 바울은 예수의 부활에 관하여 복음을 묘사하고 다음에 그것으로부터

Corinthians 15," (Th.D. diss., Luther Seminary, St. Paul, MN, 1994). 이 논문은 15장의 수사학적 전략을 아주 길게 논하는데, 15장을 '실제적(실천적) 입론/논법/논증'(practical argumentation)에 속하는 것으로 보고, 바울은 기독교적 실천을 위한 실생활 결과들을 목표로 한다는 것이다. 그런데 그는 15장의 논증 개요를 주제별 접근방식(a topical approach)으로 처리한다.

8) Marty Reid, review of *Paul's Rhetoric in 1 Corinthians 15: An Analysis Utilizing the Theories of Classical Rhetoric*, by Insawn Saw (Lewiston, NY/Queenston, ON/Lampeter, UK: Mellen, 1995) in *Critical Review of Books in Religion* 9 (1996), 266-68; 그리고 Anders Eriksson, *Traditions as Rhetorical Proof: Pauline Argumentation in 1 Corinthians*(ConBNT 29; Stockholm: Almqvist & Wiksell, 1998)를 각각 보라.

그리스도인들의 부활에 대한 함의들을 끌어낸다"라고 하면서 각주 41 번으로 필자의 책을 떡하니 하나 소개하고 있으며,[9] 또한 파월(Mark Allan Powell)도 그의 신약개론에서 13.3 고린도전서 참고도서의 '고린 도전서의 수사학' 항목에서 필자의 책을 목록에 싣고 있다.[10] 고린도 전서 주석 가운데는 특히 콜린스(Raymond F. Collins), 갈란드(David E. Garland), 티슬턴(Anthony C. Thiselton) 및 젤러(Dieter Zeller) 등 이 필자의 책을 인용하거나 논의하거나 언급하고 있다.[11] 또한 헤일 (John Paul Heil)은 자신의 단행본에서 필자의 책을 언급한다.[12]

방향을 돌려서 이야기하자면, 웨거너(Mark I. Wegener)는 "보다 더 분명하게 고린도전서 15장의 수사학적 개요와 전략을 확인하고 바울 의 청중에 대하여 끼칠 것 같은 영향뿐만 아니라 현대 독자에게 끼칠 잠재적인 영향도 보다 더 정확하게 명료화하려" 목적으로 고린도전 서 15장의 수사학적 전략을 논하는 소논문에서 맥(Mack, 1990), 왓슨 (Watson, 1992), 필자(I. Saw, 1993) 그리고 존슨 2세(Johnson, Jr.)의 논문을 분석했다. 웨거너 자신은 12절을 15장 전체의 전략을 이해하

9) Raymond E. Brown, *An Introduction to the New Testament* (ABRL; New York, 1997) 524 n. 41.

10) Mark Allan Powell, *Introducing the New Testament* (Grand Rapids: Baker Academic, 2009).

11) Raymond F. Collins, *First Corinthians* (Sacra Pagina 7; A Michael Glazier Book; Collegeville, MN: Liturgical Press, 1999) 528, 565, 573; David E. Garland, *1 Corinthians* (BECNT; Baker Academic; Grand Rapids: Baker Book House, 2003) 727, n. 1, 812; Anthony C. Thiselton, *The First Epistle to the Corinthians: A Commentary on the Greek Text* (NIGTC; Grand Rapids, MI/Cambridge, U.K.: Eerdmans; Carlisle: Paternoster, 2000) 1176-77, 1216, 1305-6; 그리고 Dieter Zeller, *Der erste Brief an die Korinther* (KEK 5; Goettingen: Vandenhoeck & Ruprecht, 2010) 24, 454, 455를 각각 보라.

12) John Paul Heil, *The Rhetorical Role of Scripture in 1 Corinthians* (SBLMS 15; Atlanta: SBL, 2005) 4, n. 8.

는 열쇠로 취하고 "죽은 자의 부활을 찬성하는 논증"이라기보다는 "죽은 자의 부활을 부인함에 대한 논박"으로 이해하는 것이 (결과는 마찬가지이지만 실상 미묘하지만 중요한 차이가 있다는 통찰과 함께) 더 낫다고 주장하면서 기본적으로 필자의 것과 거의 동일하나 보다 더 정교한 자신의 개요를 제시한다.[13] 세계신약학회(*Studiorum Novi Testamenti Societas*, S.N.T.S.)에서는 7년간(2002-2008년)에 걸쳐 "바울과 수사학" 세미나를 개최해 왔는데 세미나를 종료하면서 마지막으로 책을 하나 출판하였다. 이 책의 이름은 세미나의 이름과 같은 『바울과 수사학』이다(물론 세미나의 결과물로 이전에 많은 책이 출판되었음). 특히 트로이 마틴 (Troy W. Martin)은 "바울서신에 대한 수사학적 연구에 있어 발견과 배열"에 관해 논하면서 필자의 책을 여러 곳에서 다루고 있다. 예를 들면, 고린도전서 15장 자체의 장르가 가능하다는 필자의 견해, '발견'(*inventio*)에 대한 기술, '스타시스'(*stasis*) 이론에 대한 논의(필자의 영문 책 105-6쪽에 나오는 설명의 인용을 포함하여) 그리고 '파토스' 의 사용 및 '에토스'와 '파토스'의 구별에 대한 설명 등이다. 그는 필자가 아리스토텔레스가 다룬 여러 감정들(분노, 두려움, 동정 그리고 수치)을 15장에서 확인한 것을 인정하면서, 확인에 그치고 더 나아가서 이 감정들에 대해 이러한 감정들을 경험한 자들의 정신(마음) 상태에 대한 아리스토텔레스의 삼중 처리에 따라 추가적인 분석을 하지 않았음과 이 감정들이 바울이 고린도인들에게 원하는 결정에 어떻게 관계가 있는지에 대하여 구체적으로 설명하지 않았음을 109쪽에서 옳게 지적해 준다.[14] 또한 가장 최근에는 맬컴(Matthew R. Malcolm)이

---

13) Mark I. Wegener, "The Rhetorical Strategy of 1 Corinthians 15," *CurrTheoMiss* 31 (2004) 438-55.
14) Troy W. Martin, "Invention and Arrangement in Recent Pauline Rhetorical

자신의 학위논문에 필자의 논문을 본문의 두 곳에서 인용하고 있다.[15)] 필자가 알기로는 국내 학자로 필자의 책을 자기의 연구에 이용한 이는 홍인규가 유일하다.[16)]

고린도전서 15장에 대한 수사학적 연구와 관련하여 방법론적 측면에서 여전히 쟁점이 되는 것은 특히 두 가지가 있다고 생각한다. 하나는 순수하게 고전 수사학 이론만을 사용할 것이냐, 페렐만의 '신수사학'과 같은 현대적인 수사학 이론도 섞어서 사용할 것이냐 하는 것이고, 또 하나는 완전체인 고린도전서의 한 부분인 15장이 자체의 수사학적 장르를 가질 수 있느냐 없느냐 하는 것이다. 첫 번째 쟁점과 관련하여 최근에도 고전 수사학에 한정해서 월너(W. Wuellner)의 표현을 빌리자면, '수사학의 제한'(rhetoric restrained)에 빠질 것이 아니라 '신수사학' 이론을 사용해서 현대인들에게 더 설득력 있게 다가서야 한다는 주장이 강력하게 대두되곤 한다. 샐리어(Gary D. Salyer)는 수사학의 제한에 속하는 전형적인 예들 중의 하나로 필자의 연구를 들며 우리 자신들과 같은 비헬라 문화에 살고 있는 사람들에게는 고전 수사학에 근거한 분석만으로는 설득력 있게 상호작용하기 어렵지 않을

Studies: A Survey of the Practices and the Problems," in *Paul and Rhetoric* (edited by .J. Paul Sampley and Peter Lampe; New York/London: T & T Clark, 2010) 51, 68, 75, 88, 91, 104, 109, 111 그리고 147.

15) Matthew R. Malcolm, "Paul and the Rhetoric of Reversal: *Kerygmatic Rhetoric* in the Arrangement of 1 Corinthians," (Ph. D. diss., University of Nottingham, 2011) 268 n. 15 그리고 269 n. 19. 전자에서는 5쪽을 인용하고, 후자에서는 183쪽을 인용한다. 이 맬컴의 논문은 *Paul and The Rhetoric of Reversal in 1 Corinthians: The Impact of Paul's Gospel on His Macro-Rhetoric* (SNTSMS 155; Cambridge: CUP, 2013)으로 출판되었다.

16) 홍인규, "죽은 자의 부활에 대한 바울의 수사학적 논증", 『장종현 박사의 육영 30년 기념 논문집 I』 (서울: 백석출판사, 2006) 195-215. 이 논문은 나중에 홍인규, 『바울신학사색』 (서울: 킹덤북스, 2010) 279-310에 실린다.

까 생각한다.[17] 그렇지 않아도 신수사학을 활용하여 고린도전서 15장을 연구한 논문이 있다.[18] 필자는 신수사학을 사용하는 중 수사학의 확장 자체에 대하여 문제를 삼으려는 생각은 추호도 없다. 필자도 신수사학에 대하여 전혀 모르는 바는 아니기 때문이다. 다만 필자는 논문에서 분명히 밝혔듯이 신약 본문에 대한 역사적 통제를 놓치지 않으려고 했고, 또 필자가 하려고 의도했던 것은 성서 본문 석의를 위한 하나의 도구로 고전 수사학 이론을 활용한 것이라 말하고 싶다. 그리고 두 번째 쟁점과 관련하여, 필자가 한창 연구를 진행하는 중에 미첼(Margaret M. Mitchell)이 고린도전서 전체에 대하여 심의적 수사라는 것을 설득력 있게 논증하는 논문을 작성하였다.[19] 그녀의 명제와 주장은 다수에 의해 수용되지만, 특히 애쉬어(Jeffrey R. Asher)도 고린도전서 15장의 연구에 활용하였다. 그의 주된 논점을 요약하자면, 고린도전서 15장은 완전체인 고린도전서의 일부이기 때문에 독자적인 장르를 가질 수 없고, 12절의 "어떤 사람들"은 바울을 대적하는 '적대자들'이나 '원수들'이 아니라, 죽은 자의 부활에 대하여 보다 더 자세한 교훈을 필요로 하는 정보가 부족한 '학생들'(misinformed 'students')이며, 바울은 15장에서 부활의 교리에 대하여 그들이 하나 되게 하여 실제 문제든 잠재 문제든 교정하기 위하여(adversarial or forensic

---

17) Gary D. Salyer, "Reading Scripture as/for Public Knowledge," in *Rhetorics in the New Millennium:* Promise and Fulfillment(ed. James D. Hester and J. David Hester; Studies in Antiquity & Christianity; New Youk/London: T & T Clark, 2010) 64-65, n. 51.

18) 예를 들면, Johannes N. Vorster, "Resurrection Faith in 1 Corinthians 15," *Noet* 23 (1989) 287-307.

19) Margaret M. Mitchell, "Paul and the Rhetoric of Reconciliation: An Exegetical Investigation of the Language and Composition of 1 Corinthians," (Ph. D. diss., University of Chicago, 1989).

style이 아니라) "교훈하려는 의도로 특징이 지어지고 그 의도를 성취할 수 있는 방법들을 요청하는" '교훈적 문체'(didactic style)를 사용한다는 것이다.[20] 애쉬어는 필자가 고린도전서 15장도 자체적으로 심의적 수사의 장르를 가질 수 있다는 것과 그것을 논의하는 방법이 여러 가지로 적절하지 못하다고 비판적이지만,[21] 필자는 수사학 핸드북들이 경우에 따라 어느 한 장르가 다른 장르의 방법을 사용할 수도 있다고 이야기한다는 점을 이미 지적한 적이 있고, 또한 앤더슨 2세도 비슷한 관점에서 미첼에 맞서서 고린도전서를 "지속적인 수사학적 입론/논증"(in terms of sustained rhetorical argumentation)으로 분석할 수 없다고 주장한다.[22]

신약성서에 대한 수사학적 연구가 이제는 유행이 지난 방법론처럼 생각하는 사람이 있을 수 있다. 그러나 만약 그렇게 생각한다면 무지의 소치에 불과하다고 평하고 싶다. 왓슨이 평가한 것처럼, "수사비평은 하나의 표준적인 성서해석 방법으로 꽃피었다." 그것은 계속 성숙해지고 있고, 또 숱하게 많은 다른 주제들과 연구 분야들과 통합되어가고 있다.[23]

---

20) Jeffrey R. Asher, *Polarity and Change in 1 Corinthians 15: A Study of Metaphysics, Rhetoric, and Resurrection* (HUT 42; Tuebingen: Mohr Siebeck, 2000) 43-49.

21) Asher, *Polarity and Change in 1 Corinthians 15*, 44-45 n. 51.

22) R. Dean Anderson, Jr., *Ancient Rhetorical Theory and Paul*(rev. ed.; Contributions to Biblical Exegesis and Theology 18; Leuven: Peeters, 1999) 254-65(264쪽에서 인용).

23) Duane F. Watson, *The Rhetoric of the New Testament: A Bibliographic Survey* (Tools for Biblical Study series 8; Blandford Forum, UK: Deo Publishing, 2006) 9.

▌참고문헌

1차 자료

성경

Nestle-Alant, eds. *Novum Testamentum Graece.* 26. Auflage. Stuttgart: Deutsche
　　Bibelgesellschaft. 1898; 1979.
New American Standard Bible. Reference Edition. Philadelphia and New York: A.
　　J. Holman Co., 1975.
The Holy Bible: Containing *The Old Testament* and *The New Testament.* New
　　Interpretational Version. Grand Rapids: Zondervan Bible Publishers, 1978.

수사학 핸드북 원전

Aristotle. *The "Art" of Rhetoric.* Translated by John Henry Freese. LCL. Cambridge/London:
　　Harvard University Press/William Heinemann, 1926; reprint 1982.
＿＿＿＿. The "Art" of Rhetoric. 『아리스토텔레스의 수사학』. 이상윤 역. 대전, 보
　　성, 2007.
＿＿＿＿. 『수사학 I, II, III』(불어판: Rhetorique Livre 1/2/3 par Aristote). 이종오(I,
　　II), 이종오/김용석(III)역. 서울: 리젬, 2007-2008.
＿＿＿＿. 『아리스토텔레스의 레토릭: 설득의 변론 기술(Ars Rhetorica)』. 전영우 역.
　　서울, 민지사, 2009.
＿＿＿＿. *Topica.* Translated by E. S. Forster. LCL. Cambridge/London: Harvard
　　University Press/William Heinemann, 1960; reprint 1966. (In the volume
　　with Aristotle, *Posterior Analytics.*)
＿＿＿＿. *Rhetorica ad Alexandrum.* Translated by H. Rackham. LCL.
　　Cambridge/London: Harvard University Press/William Heinemann, 1937; re-
　　print 1983. (In the volume with Aristotle, *Problems II: XXII-XXXVIII.*)
＿＿＿＿. *The Poetics.* Translated by Hamilton Fyfe. LCL. Cambridge/London:

Harvard University Press/William Heinemann, 1927; reprint 1982. (In the volume with "Longinus," *On the Sublime, and Demetrius, On Style.*)

[Cicero]. *Ad. C. Herennium/De Ratione Dicendi (Rheotorica ad Herennium)*. Translated by Harry Caplan. LCL. Cambridge/London: Harvard University Press/William Heinemann, 1954; reprint 1981.

Cicero. *De Oratore: Books I, II*. Translated by E. W. Sutton and H. Rackham. LCL. Cambridge/London: Harvard University Press/William Heinemann, 1942; reprint 1988.

*마르쿠스 툴리우스 키케로. 『연설가에 대하여: 로마의 실천 변론법(Cicero, *De Oratore*, I, II)』. 전영우 역. 서울: 민지사, 2009.

_____. *De Inventione, De Optimo Genere Oratorum, Topica*. Translated by H. M. Hubbell. LCL. Cambridge/London: Harvard University Press/William Heinemann, 1949; reprint 1976.

_____. *De Oratore: Book III, De Fato, Paradoxa Stoicorum, De Partitione Oratoria*. Translated by H. Rackham. LCL. Cambridge/London: Harvard University Press/William Heinemann, 1943; reprint 1982.

*_____. *Partitiones Oratoriae*. 마르쿠스 툴리우스 키케로. 『화술의 법칙: 케케로의 수사학 교본』. 양태종 역. 개정판. 서울: 유로서적, 2005.

*_____. *Partitiones Oratoriae*. 마르쿠스 툴리우스 키케로. 『수사학: 말하기의 규칙과 체계』. 안재원 편역. 코기토 총서 세계의 고전 7. 서울: 길, 2006.

*_____. 마르쿠스 툴리우스 키케로. 『생각의 수사학: 대중을 상대로 말하는 방법』. 양태종 역. 서울: 유로서적, 2007.

_____. *Brutus, Orator*. Translated by. G. L. Hendrikson and H. M. Hubbell. LCL. Cambridge/London: Harvard University Press/William Heinemann, 1939; reprint, 1988.

_____. *Pro Lege Manilia, Pro Caecina, Pro Cluentio, Pro Rabirio, Perduelionis*. Translated by Grose Hodge. LCL. Cambridge/London: Harvard University Press/William Heinemann, 1927; reprint 1952.

_____. *In Catilinam I-IV, Pro Murena, Pro Sulla, Pro Flacco*. Translated by Louis E. Lord. LCL. Cambridge/London: Harvard University Press/William Heinemann, 1949; reprint 1976.

Demetrius. *On Style*. Translated by W. Rhys Roberts. LCL. Cambridge/London: Harvard University Press/William Heinemann, 1927; reprint 1982. (In the volume with Aristotle, *Poetics.*)

Demosthenes. *De Corona and De Falsa Legatione*. Translated by C. A. Vince and J. H. Vince. LCL. Cambridge/London: Harvard University Press/William Heinemann, 1926; reprint 1971.

Dionysius of Halicarnassus. *The Critical Essays in Two Volumes*. Translated by Stephen Usher. LCL. Cambridge/London: Harvard University Press/William Heinemann, 1974-85.

Diogenes Laertius. *Lives of Eminent Philosophers*. Translated by R. D. Hicks. 2 vols. LCL. Cambridge/London: Harvard University Press/William Heinemann, 1925; reprint 1991.

"Longinus." *On the Sublime*. Translated by H. M. Hubbell. LCL. Cambridge/London: Harvard University Press/William Heinemann, 1927; reprint 1982. (In the volume Aristotle, *Poetics*.)

Plato, *Lysis, Symposium, Gorgias*. Translated by W. R. M. Lamb. LCL. Cambridge/London: Harvard University Press/William Heinemann, 1925; reprint 1983.

_____. *Euthyphoro, Apology, Crito, Phaedo, Phaedrus*. Translated by H. M. Hubbell. LCL. Cambridge/London: Harvard University Press/William Heinemann, 1914; reprint 1982.

Quintilian. *Institutio Oratoria*. Translated by H. E. Butler. 4 vols. LCL. Cambridge/London: Harvard University Press/William Heinemann, 1920-22; reprint 1979-86. ("웅변교수론")

수사학 종합적 참고서

Anderson Jr., R. Dean. *Glossary of Greek Rhetorical Terms Connected to Methods of Argumentation, Figures and Tropes from Anaximenes to Quintilian*. Contributions to Biblical Exegesis and Theology 24. Leuven: Peeters, 2000.

Porter, S. E. ed. *Handbook of Classical Rhetoric in the Hellenistic Period 330 B.C.-A.D. 400*. Leiden: Brill, 1997.

Robbins, Vernon K. *Exploring the Texture of Texts: A Guide to Socio-Rhetorical Interpretation*. Harrisburg: Trinity Press International, 1996.

Sampley, J. Paul and Peter Lampe, eds. *Paul and Rhetoric*. New York/London:T & T Clark, 2010.

Spengel, L., ed. *Rhetores Graeci*. 3 vols. Leipzig: Teubner, 1856.

Walz, C. ed. *Rhetores Graeci*. 10 vols. 1832-36; reprint, Osnabrück: Otto Zeller, 1968.

Watson, Duane F. *The Rhetoric of the New Testament: A Bibliographic Survey*. Tools for Biblical Study series 8. Blandford Forum, UK: Deo Publishing, 2006.

Witherington III, Ben. *New Testament Rhetoric: An Introductory Guide to the Art of Persuasion In and Of the New Testament*. Eugene, OR: Cascade Books, 2009.

2차 자료

수사학

단행본 (일반)

김욱욱. 『수사학이란 무엇인가?: 일상 생활과 문학 속에서 사용되는 수사법 67가지』. 서울: 민음사, 2002.

김현 편. 『수사학』. 서울: 문학과 지성사, 1985.

르블(올리비에). 『수사학』(O. Reboul, *La Rhetorique*). 박인철 역. 한길크세주 6. 서울: 한길사, 1999.

리처즈(I. A. Richards). 『수사학의 철학』. 박우수 역. 수사학 총서 2. 서울: 고려대학교 출판부, 2001.

박규철, 외. 『그리스 로마 사회의 갈등 해소 모델 연구: 설득과 수사학을 중심으로』. 서울: 동과 서, 2008.

박성창. 『수사학』. 서울: 문학과 지성사, 2000.

_____. 『수사학과 현대 프랑스 문화이론』. 서울대학교 인문학연구총서 16. 서울: 서울대학교 출판부, 2002.

부스(Wayne C. Booth). 『소설의 수사학』. 최상규 역. 서울: 예림기획, 1999.

안광복. 『철학자의 설득법: 지성과 감성을 흔드는 소피스트』. 서울: 어크로스, 2012.

양태종. 『수사학 이야기』. 부산: 동아대학교 출판부, 1999.

_____. 『수사학이 있다: 수사학의 이해』. 서울: 유로서적, 2009.

안토니오, 외. 『수사학의 역사』(Hernandez Guerrero & etc., *Historia Breve de la Retorica*). 강필운 역. 현대의 문학이론 36. 서울: 문학과 지성사, 2001.

위딩(게르트). 『수사학의 재탄생: 계몽주의에서 현대까지』. 수사학 총서 11. 서울: 고려대학교 출판부, 2010.

_____.『고전 수사학』. 박성철 역. 동문선 현대신서 111. 서울: 동문선, 2003.

이대규.『수사학: 독서와 작문의 이론』. 개정판. 서울: 신구문화사, 1998.

푸어만(만프레드).『고대 수사학』. 김영옥 역. 서울: 시와 진실, 2012.

플렛(Heinrich F. Plett).『분류체계의 수사학: 구상과 분석』. 양태종 역. 나남 한국연
구재단 학술명저 번역총서 서양편 238. 서울: 나남 출판, 2009.

*고려대학교 언어정보연구소 편찬.『레토릭 사전』. 한국학술진흥재단, 2004.9-2006.8.

(성서)

권종선.『신약성서의 해석과 비평』. 대전: 침례신학대학교출판부, 2002.

맥, 벌턴 L.『수사학과 신약성서』(Burton L. Mack, *Rhetoric and the New Testament*).
유태엽 역. 믿음서신 61. 서울: 나단, 1993.

서용원.『마가복음과 생존의 수사학』. 서울: 대한기독교서회, 2003.

이상욱.『수사학적으로 로마서 읽기』. 서울: 한들출판사, 2008.

이상훈.『산상설교와 예수의 수사학』. 기독지식총서 실천지식 13. 서울: 프리칭아카데
미, 2006.

장흥길 (편).『서사로 성경읽기와 수사로 성경 읽기』. 성서학 학술마당 총서 1. 서울:
한국성서학연구소, 2008.

현경식, 이성호.『수사학적 성경해석의 이론과 실제』. 서울: 성경연구사, 2000.

소논문

권종선, "수사학과 신약성서 해석".「복음과 실천」17 (1994) 11-36.

_____. "빌립보서의 수사학적 분석".「복음과 실천」33 (2004) 7-32.

김광모. "하나됨의 수사학: 빌립보서의 그레코-로마 수사학적 분석".「성침논단」2
(2004) 187-220.

김덕기. "야고보서에서의 전승해석: 지혜문학과 수사학적 특징을 중심으로".「전통과
해석」1 (2003) 101-35.

김영숙. "성경연구방법론: 수사비평". (대구가톨릭대학교 대학원, 신학과 성서신학전공,
페이퍼, 2006. 4. 27).[출처: kclara.com]

김이곤. "마일렌버그의 수사비평학".「기독교 사상」424 (1994) 72-86.

김재수. "비유의 수사학적 해석과 적용: 비유를 어떻게 설교할 것인가?."「그 말씀」
109 (1998) 32-37.

리드(Marty L. Reid). "로마서 5:1-21의 수사학적 기능을 고려한 로마서 1:1-5:21의
수사학적 분석". 이준호 역.「신약연구」8/1 (2009) 155-78.

문영식. "수사학의 기독교적 전회: 아우구스티누스의 『기독교 교육론』4권을 중심으로". 「철학논집」 20 (2010) 165-96.

박윤만. "바울은 수사학자였는가?: 바울의 자서전적 진술에 기초한 연구". 「신약연구」 11/2 (2012) 393-423.

서인선. "수사비평이란 무엇인가?: 신약성서와 고전 수사학". 「신약논단」 2 (1996) 191-214.

소기천. "마태복음 15:21-28에 나타난 화해의 복음에 대한 수사학적 연구". 「신약논단」 8/2 (2001) 75-99.

송병모. "성서 해석 안에서 수사학 분석 연구 - 시험 케이스 본문: 1 고전 8,1-13". 「신학과 철학」 창간호 (1999) ??-??. [출처: 서강대학교 신학연구소 홈페이지]

안성국. "아리스토텔레스와 노자의 수사학적 비교 그리고 설교로의 적용". 「장신논단」 41 (2011) 237-59.

안재원. "키케로(Cicero, 기원 전 106년~43년)의 쟁점 구성 이론(status)에 대하여: 쿠리우스 소송(causa curiana)을 중심으로". 「(서울대학교) 법학」 51/2 (2010) 37-68.

양태종. "수사학의 이해". 「언어와 언어교육」 1 (1984) 91-116.

_____. "고전 수사학의 현대적 의미". 「인문과학」 90 (2009) 23-46.

왕인성. "갈라디아서의 수사학적 장르 고찰: 법정적, 심의적 혹은 제의적?". 「부산장신논총」 8 (2008) 37-57.

윤소정. "바울 서신에 나타나는 수사학의 역사적 배경 고찰". 「신약논단」 14/4 (2007) 1053-1084.

_____. "고린도전서 11:2-14:40에 나타난 바울의 수사학". 「신약논단」 15/4 (2008) 1017-1049.

이달. "요한 계시록에 나타난 복수의 수사학". 「신약논단」 8/2 (2001) 129-54.

이두희. "누가-행전에 나타난 수사적 서술 기법과 복음의 소통". 「신약논단」 20/2 (2013) 303-38.

이우제, "'수사학'의 이슈를 통해 바라본 본문과 청중의 관계". 「그 말씀」 208/10 (2006) 86-93.

정창교. "유다서의 거짓 교사와 저자의 신학적, 수사학적 대응전략". 「신학과 문학」 22 (2013) 89-120.

조갑진. "로마서 기록 동기에 관한 연구". 「신학과 선교」 22 (1997) 211-52.

조대훈, "아브라함과 그리스도의 믿음에 관한 수사학적 연구: 갈라디아서 3장을 중심으로", 「신약연구」 13/1 (2014) 130-55.

최갑종. "새로운 문학적 해석: 갈라디아서에 대한 수사학 및 서신적 분석의 실례". 「호남신학대학교 해석학 연구소 학술발표회 논문」 2 (1997) 289-359.

_____. "갈라디아서 3:10-12에 나타난 율법과 믿음의 반위[Antithesis] 관계". 「신약논단」 18/4 (2011) 1145-1181.

최병조. "법과 문학 사이에서 - 키케로 <수사학> 국역본에 대한 촌평: 법정연설 부분을 예증 삼아". 「(서울대학교) 법학」 49/4 (2008) 282-323.

크랜포드(Lorin L. Cranford). "갈라디아서 수사학적으로 읽기: 갈라디아서를 어떻게 설교할 것인가?". 「그 말씀」 114 (198) 20-30.

하재홍. "고전 수사학과 법적 논증술". 「경기법학논총」 10 (2010) 221-61.

허요환. "신학과 수사학의 만남으로 바라본 설교: 설득을 중심으로". 「장신논단」 45/4 (2013/12) 329-54.

현경식. "수사학적 비평이란 무엇인가?". 「신학사상」 102 (1998) 147?-???.

_____. "요한의 고별 담론과 사랑의 수사학". 「신약논단」 20/2 (2013) 371-408.

홍창표. "고대 헬라의 수사학과 산상복음". 「신학정론」 11/2 (1993) 383-418.

학위논문

강광원. "고전 2:6-16의 성령론 연구: 수사학적 접근". 석사학위논문. 총신대학교 신학대학원, 1996.

김광모. "아레오파고 설교의 그레코-로마 수사적 분석". 석사학위논문. 침례신학대학교 신학대학원, 1994.

_____. "빌립보서의 그레코-로마 수사학적 분석". 석사학위논문. 침례신학대학교 대학원, 1996.

김대중. "빌립보서의 통일성: 빌립보서의 수사학적 구조를 중심으로". 석사학위논문. 성결대학교 신학대학원, 1998.

김병수. "고후 10-13장에 나타난 바울의 사도권 변호: 수사학적 접근". 석사학위논문. 총신대학교 신학대학원, 1996.

김영호. "갈라디아서에 대한 하나의 수사학적 연구: 전체적인 구조 분석을 중심으로". 석사학위논문. 성결대학교 신학전문대학원, 2004.

김인수. "고린도전서에 나타난 바울의 에토스". 석사학위논문. 전주대학교 선교신학대학원, 2008.

김재수. "The Rhetorical Function of the Parable Discourse in Matthew 13". Doctoral diss. University of Stellenbosch: Ministry, 1996.

김형남. "갈라디아서 5장의 수사학적 분석". 석사학위논문. 침례신학대학교 신학대학원. 2003. [출처: http://blog.daum.net/asan9550/3]

문영식. "아우구스티누스 『그리스도교 교양』에 전개된 그리스도교 수사학 연구". 박사학위논문, 숭실대학교 일반대학원, 2013.
문은석. "고린도전서 15장에 나타난 부활의 수사학적 연구". 석사학위논문. 전주대학교 선교신학대학원, 2002.
박명수. "갈라디아서의 수사학적 분석". 석사학위논문. 침례신학대학교 신학대학원, 2007.
백병헌. "요한계시록 20장에 대한 수사학적 분석". 석사학위논문. 전주대학교 대학원, 2010.
우성훈, "예수님의 비유에 대한 수사학적 해석". 석사학위논문, 성결대학교 신학대학원, 1998.
이성희. "요한복음 14장에 대한 수사학적 분석". 석사학위논문. 전주대학교 선교신학대학원, 2000.
이정희. "한국교회의 설교 전달에 대한 수사학적 연구: 파토스적 전달 방법을 중심으로". 박사학위논문. 계명대학교 대학원, 2012.
이창호. "고린도후서 10장-12장 수사학적 분석". 석사학위논문. 침례신학대학교 대학원, 2007.
임은희. "빌립보서 3장에 나타난 바울의 십자가 심학과 그 수사학적 기능". 석사학위논문. 총신대학교 신학대학원, 1999.
조성화. "바오로 서신 속에 나타난 수사학적 서술에 대한 분식." 석사학위논문. 장로회신학대학교 대학원, 2001.
조용설. "고린도전서 13장 주해: 수사학적 해석의 측면에서". 석사학위논문. 총신대학교 신학대학원, 1996.
조형진. "현대 설교에 있어서의 효과적인 의사소통을 위한 수사학 사용의 문제 연구." 석사학위논문. 감리교신학대학원, 2000.
최진영. "고린도전서 1-4장에 대한 수사학적 연구". 석사학위논문. 이화여자대학교 대학원, 1998.
최혜경. "Aristoteles의 「Rhetoric」에 관한 연구". 석사학위논문. 연세대학교, 1988.
현선도. "계시록 2-3장의 수사학적 읽기". 석사학위논문. 한신대학교 대학원, 2003.
George, Binoy. "고린도전서 1-4장에 나타난 하나됨의 수사학". 석사학위논문. 전주대학교 대학원, 2010.

고린도전서 15장

공건수. "고린도전서 15장에 나타난 바울의 부활 이해: 존재의 변화". 석사학위논문. 협성대학교 신학대학원, 2010.

김광수. "고린도전서 15장의 사회적 기능: 정결 이념으로서의 부활". 「신약논단」 6 (2000) 95-136.

_____. "고린도전서 15장에서 죽은 자의 부활을 거부한 사람들의 헬라적 배경". 「복음과 실천」 39 (2007/봄) 11-38.

김원일. "고린도전서 15장에 나타나는 부활의 진실성". 석사학위논문. 협성대학교 신학대학원, 2010.

문은석. "고린도전서 15장에 나타난 부활의 수사학적 연구". 석사학위논문. 전주대학교 선교신학대학원, 2002.

문인섭. "고린도전서 15장에 나타난 부활에 대한 연구". 석사학위논문. 서울신학대학교 신학대학원, 2007.

바르트(칼). 「죽은 자의 부활: 고린도전서 15장 연구」. 전경연 역편. 복음주의신학총서 22. 오산: 한신대학 출판부, 1991.

서은정. "바울의 죽은 자 부활 이해: 고린도전서 15장을 중심으로". 석사학위논문. 장로회신학대학교 신학대학원, 2009.

이기석. "고린도전서 15장에 나타난 부활체 연구". 석사학위논문. 아세아연합신학대학교 대학원, 2009.

전경연. ""바울의 죽은 자의 부활 논증: 고린도전서 15장 연구". 275-313쪽. 「고린도 서신의 신학 논제」. 서울: 대한기독교출판사, 1988 (275-313쪽).

조광호. "부활을 부정하는 고린도 교인들과 이에 대한 바울의 논증(고전 15장)". 「신학논단」 60 (2010) 159-83.

홍인규. "죽은 자의 부활에 대한 바울의 수사학적 논증(고전 15장)". 「바울신학 사색」. 서울: 킹덤북스, 2010 (279-310쪽).

Khai, En Khaw. "The Rhetoric of Resurrection in First Corinthians 15". M.A. Thesis. 전주대학교 선교신학대학원, 2011.

Baker, K. "The Resurrection of Jesus in its Graeco-Roman Setting." *Reformed Theological Review* [Doncaster, Australia] 61 (1, 2003) 1-13; (2, 2003) 97-105.

Brown, Paul J. *Bodily Resurrection and Its Significance for Ethics: A Study of 1 Corinthians 15.* 2012.

De Wet, C. L. "John Chrysostom's Exegesis on the Resurrection in 1 Corinthians 15." *Neotestamentica* 45 2011) 92-114.

Eriksson, Anders. "Fear of Eternal Damnation: *Pathos* Appeal in 1 Corinthians 15 and 16." Pp. 115-26. In *Paul and* Pathos. Edited by Thomas H. Olbricht and Jerry L. Sumney. SBL Symposium Series 16. Atlanta: Society of Biblical Liturature, 2001.

Fergusson, D. "Barth's *Resurrection of the Dead*: further reflection." *ScotJournTheol* 56 (2003) 65-72.

Gillman, J. "Embracing the Cross, Hoping in the REsurrection: 1 Corinthians 15." *BibToday* 48 (2010) 261-66.

Grieb, A. K. "Last things first: Karl Barth's theological exegesis of 1 Corinthians in *The Resurrection of the Dead*." *ScotJournTheol* 56 (2003) 49-64.

Holleman, J. *Resurrection and Parousia: A Traditio-Historical Study of Paul's Eschatology in 1 Corinthians 15*. NovTSupp 84. Leiden: Brill, 1996.

Janssen, C. "Bodily Resurrection (1 Cor. 15)? The Discussion of the Resurrection in Karl Barth, Rudolf Bultmann, Dorothee Sölle and Contemporary Feminist Theology." *JournStudNT* 79 (2000) 61-78.

_____. "Mit welchem Körper werden wir auferstehen? Auferstehung und Neuschöpfung in 1 Kor 15." *BibKirch* 64 (2009) 93-98.

_____. "Zerbrechlicher Körper und Körper Christi. Die Kraft der Auferstehung in 1 Kor 15." *BibKirch* 67 (2012) 41-45.

Johnson, A. "Turning the World Upside Down in 1 Corinthians 15: Apocalyptic Epistemology, the Resurrected Body and the New Creation." *EvanQuart* 75 (2003) 291-309.

Lambrecht, J. "Three Brief Notes on 1 Corinthians 15." *Bijdragen* 62 (2001) 28-41.

Moiser, J. "1 Corinthians 15." *IBS* 14 (1992) 10-30.

O'Mahony, K. J. "The Rhetoric of Resurrection (1 Cor 15): An Illustration of a Rhetorical Method." *MilltownStud* 43 (1999) 112-44.

Perrin, N. "On Raising Osiris in 1 Corinthians 15." *TynBull* 58 (2007) 117-28.

Pester, J. "Living under the Divine Admistration through the Divine Dispensing of the Processed Christ as the Last Adam and Life-Giving Spirit: The Gospel Presented in 1 Corinthians." *Affirmation & Critique* [Anaheim, CA] 10 (2005) 26-40.

Ramasaran, Rollin A. "From Mind to Message: Oral Performance in 1 Corinthians 15." [2003년 이후?](출처: sbl-site.org/assets/pdfs/ramsaran.pdf).

Theobald, M. "'Wenn die Toten gar nicht auferstehen.' 1 Korinther 15." *ErbAuf* 86 (2010) 427-31.

Vos, J. S. "Argumentation und Situation in 1 Koe. 15." *Nov Test* 41 (1999) 313-33.

Wegener, Mark I. "The Rhetorical Strategy of 1 Corinthians 15." *CurrTheoMiss* 31 (2004) 438-55.

Williams, M. "Since Christ Has Been Raised from the Dead." *Presbyterion* 33 (2007) 65-71.

Wolmarans, J. L. P. "1 Corinthians 15: The Argument." *Ekklesiastikos Pharos* [Alexandria- Johannesburg] 80 (1998) 28-38.

Zeller, D. "Die angebliche enthusiastische oder spiritualistische Front im Kor 15." *StudPhilonAnn* 13 (2001) 176-89.

고린도전서

Ackerman, David A. *Lo, I Tell You a Mystery: Cross, Resurrection, and Paraenesis in Rhetoric of 1 Corinthians.* PTMS 54. Eugene, OR: Pickwick Publications, 2006.

Blattenberger, David F. *Rethinking 1 Corinthians 11.2-16 through Archaeological and Moral-Rhetorical Analysis.* Lewiston, NY: Mellen, 1997.

Burge, SSJ, Mary Katherine. *The Language of Belonging: A Rhetorical Analysis of Kinship Language in First Corinthians.* Contributions to Biblical Exegesis and Theology 31. Leuven: Peeters, 2003.

Bullmore, Michael A. *St. Paul's Theology of Rhetorical Style: An Examination of 1 Corinthians 2.1-5 in Light of First Century Greco-Roman Rhetorical Culture.* San Francisco/London/Bethesda: International Scholars Publications, 1995.

Fotopoulos, JOhn. Food Offered to Idols in Roman Corinth: A Socio-Rhetorical Reconsideration of 1 Corinthians 8:1-11:1. WUNT 2/151. J. C. B. Mohr(Mohr/Paul Siebeck), 2003.

Heil, John Paul. *The Rhetorical Role of Scripture in 1 Corinthians.* SBL Studies in Biblical Literature 15. Atlanta: SBL, 2005.

Litfin, Duane. *St. Paul's Theology of Proclamation: 1 Corinthians 1-4 and Greco-Roman rhetoric.* SNTSMS 79. Cambridge: CUP, 1994.

Malcolm, Matthew R. *Paul and The Rhetoric of Reversal in 1 Corinthians: The*

Impact of Paul's Gospel on his Macro-Rhetoric. SNTSMS 155. Cambridge: CUP, 2013.

Mihaila, Corin. *The Paul-Apollos Relationship and Paul's Stance Toward Greco-Roman Rhetoric: An Exegetical and Soci-historical study of 1 Corinthians.* LNTS(JSNTS) 402. New York/London: T & T Clark, 2009.

Ramsaran, Rollin A. *Liberating Words: Paul's Use of Rhetorical Maxims in 1 Corinthians 1-10.* Valley Forge, PA: Trinity Press International, 1996.

Smit, Joop F. M. *"ABOUT THE IDOL OFFERINGS": Rhetoric, Social Context and Theology of Paul's Discourse in First Corinthians 8:1-11:1.* Contributions to Biblical Exegesis and Theology 27, Leuven: Peeters, 2000.

고린도후서

Albanese, Zachary. *The Purpose of Paul's Use of Irony and Sarcasm in 2 Corinthians 10-13.* 2012.

Long, Fredrick J. *Ancient Rhetoric and Paul's Apology: The Compositional Unity of 2 Corinthians.* SNTSMS 131. Cambridge: CUP, 2004.

Milinovich, Timothy. *Now Is the Day of Salvation: An Audience-Oriented Study of 2 Corinthians 5:16-6:2.* Eugene, OR: Pickwick, 2011.

O'Mahony, Kieran J. *Pauline Persuasion: A Sounding in 2 2 Corinthians 8-9.* Sheffield: Sheffield Academic Press, 2000.

Peterson, Brian K. *Eloquence and the Proclamation of the Gospel in Corinth.* SBLDS 163. Atlanta: Schloars Press, 1998.

Schellenberg, Ryan S. *Rethinking Paul's Rhetorical Education: Comparative Rhetoric and 2 Corinthians 10-13.* SBL Early Christianity and Its Literature 10. Atlanta: SBL, 2013.

Vegge, Ivar. *2 Corinthians - A Letter about Reconciliation: A Psychological, Epistolographical and Rhetorical Analysis.* WUNT 2/239. Tübingen: <Mohr Siebeck, 2008.

Wan, Sze-kar. *Power in Weakness: Conflict and Rhetoric in Paul's Second Letter to the Corinthians.* New Testament in Context. Harrisburg: Trinity Press International, 2000.

원 논문 참고도서 목록

Abrams. M. H. *A Glossary of the Literary Terms*. Fifth Edition. Fort Worth: Holt, Rinehart and Winston, 1988.

Allen, Leslie C. "The Value of Rhetorical Criticism in Psalm 69." *JBL* 105 (1986) 577-98.

Aland. K. ed. *Vollständige Konkordanz zum griechischen Neuen Testament*. Band II. Spezialübersichen. Berlin/New York: de Gruyter,1978.

Anderson, B. W. "The New Frontier of Rhetorical Criticism: A Tribute to James Muilenburg." In *Rhetorical Criticism: Essays in Honor of James Muilenburg*, ed. Jared J. Jackson and Martin Kessler, ix-xviii. PTMS 1. Pitsburgh: Pickwick Press, 1974.

Arnold, C. C. "Perelman's New Rhetoric." *QJS* 56 (1970) 87-92.

_____. Introduction to *The Realm of Rhetoric*, by C. Perelman. Notre Dame and London: University of Notre Dame Press, 1982.

Attridge, H. W. *The Epistle to the Hebrews*. Hermeneia. Philadelphia: Fortress, 1988.

Augustine, Saint. *On Christian Doctrine*. Translated. with and Introduction, by D. W. Robertson, Jr. The Library of Liberal Arts. New York: Liberal Arts Press, 1958.

Aune, D. E. Review of *Galatians: A Commentary on Paul's Letter to the Churches in Galatia*, by H. D. Betz. In RelSRev 7 (1980) 323-28.

_____. *The New Testament in Its Literary Environment*. Library of Early Christianity 8. Philadelphia: Westminster/John Knox Press, 1987.

Bachmann, Philipp. *Der erste Brief des Paulus an die Korinther*. KNT 7. Deichert'sche Verlagsbuchhandlung, 1905.

Bahr, Gordon J. "Paul and Letter Writing in the Fifth [sic] Century," *CBQ* 28 (1966) 465-77.

_____. "The Subscription in the Pauline Letters," *JBL* 87 (1968) 27-41.

Bailey, J. L and L. D. Vander Broek, eds. *Literary Forms in the New Testament: A Handbook*. Louisville: Westminster/John Knox Press, 1992.

Bailey, Kenneth E. *Poet and Peasant: A Literary Cultural Approach to the Parables in Luke*. Grand Rapids: Eerdmans, 1976.

_____. "Paul's Theological Foundation for Human Sexuality: 1 Cor 6:9-20 in the Light of Rhetorical Criticism." *Theological Review* 3/1 (April 1980) 27-41.

_____. "The Structure of 1 Corinthians and Paul's Theological Method with Special Reference to 4:17." *NovT* 25 (1983) 152-81.

Bailey, Raymond. "Proclamation as a Rhetorical Art." *RevExp* 84 (1987) 7-21.

Baird, J. Arthur. "Genre Analysis as a Method of Historical Criticism." In *SBL 108th Annual Meeting Book of Seminar Papers*, vol. II, ed. Lane C. MaGaughy, 385-411. Missoula: Scholars Press, 1972.

Baird, William. "What Is the Kerygma? A Study of 1 Cor 15:3-8 and Gal 1:11-17." *JBL* 76 (1957) 181-91.

Baldwin, C. S. *Ancient Rhetoric and Poetic: Interpreted from Representative Works*. New York: Macmillan, 1924.

Barrett, C. K. *A Commentary on the First Epistle to the Corinthians*. HNTC. New York and Evanston: Harper & Row, 1968.

_____. Review of *Galatians: A Commentary on Paul's Letter to the Churches in Galatia*, by H. D. Betz. In *Int* 34 (1980) 414-17.

Barth, K. *The Resurrection of the Dead*. Translated by H. J. Stenning. New York/London/Edinburg: Revell, 1933.

Barton, S. "Paul and the Resurrection: A Sociological Approach." *Religion* 14 (1984) 67-75.

Baskerville, B. "Responses, Queries, and a Few Caveats." In *The Prospect of Rhetoric*, ed. L. F. Bitzer and E. Black, 151-65.

Belleville, L. L. "Continuity or Discontinuity: A Fresh Look at 1 Corinthians in the Light of First-Century Epistolary Forms and Conventions." *EvQ* 59 (1987) 15-37.

Berger, Klaus. *Formgeschichte des Neuen Testaments*. Heidelberg: Quelle & Meyer, 1984.

Bertholet, A. "The pre-Christian Belief in the Resurrection of the Body." *AJT* 20 (1916) 1-30.

Betz, Hans Dieter. "The Literary Composition and Function of Paul's Letter to the Galatians." *NTS* 21 (1975) 353-79.

_____. "The Sermon on the Mount: Its Literary Genre and Function." *JR* 59 (1979) 285-97.

_____. *Galatians: A Commentary on Paul's Letter to the Churches in Galatia.* Hermeneia. Philadelphia: Fortress Press, 1979.

_____. *2 Corinthians 8 and 9: A Commentary on Two Administrative Letters of the Apostle Paul.* Hermeneia. Philadelphia: Fortress Press, 1985.

_____. "The Problem of Rhetoric and Theology according to the Apostle Paul." In *L' Apotre Paul: Personalite, Style et conception du ministere*, ed. A. Vanhoye, 16-48. BETL 73. Leuven: Leuven University Press, 1986.

_____. Review of *New Testament Interpretation through Rhetorical Criticism*, by George A. Kennedy. In *JTS* 37 (1986) 166-67.

Bitzer, L. F. "The Rhetorical Situation." *Philosophy and Rhetoric* 1 (1968) 1-14.

_____. "Functional Communication: A Situational Perspective." In *Rhetoric in Transition: Studies in the Nature and Uses of Rhetoric*, 21-38.

Bitzer, L. F. and Edwin Black, eds. *The Prospect of Rhetoric*. Report of the National Developmental Project Sponsored by Speech Communication Association.
    Englewood Cliffs: Prentice-Hall, 1971.

Black II, C. Clifton. "The Rhetorical Form of the Hellenisti Jewish and Early Christian Sermon: A Response to Laurence Wills." *HTR* 81 (1988) 1-18.

_____. "Keeping up with Recent Studies: XVI. Rhetorical Criticism and Biblical Interpretation." *ExpTim* 100 (1988/89) 252-5

_____. Review of *Greek Rhetorical Origins of Christian Faith: An Inquiry*, by J. L. Kinneavy. In *CBQ* 51 (1989) 375-76.

_____. "Rhetorical Questions: The New Testament, Classical Rhetoric, and Current Interpretation." *Dialog* 29 (1990) 62-70.

Black, E. *Rhetorical Criticism: A Study in Method.* Madison: University of Wisconsin Press, 1978.

Blass, Friedrich. *Die Rhythmen der asianischen und römischen Kunstprosa.* Leipzig: Deichert, 1905.

Blass, F. and A. Debrunner. *A Greek Grammar of the New Testament and Other Early Christian Literature.* A Translation and Revision of the ninth-tenth German edition incorporating supplementary notes of A. Debrunner by Robert W. Funk. Chicago and London: University of Chicago Press, 1961.

Boer, Martinus C. de. *The Defeat of Death: Apocalyptic Eschatology in 1 Corinthians 15 and Romans 5.* JSNTSup 22. Sheffield: JSOT Press, 1988.

Boers, H. W. "Apocalyptic Eschatology in 1 Corinthians 15: An Essay in Contemporary Interpretation." *Int* 21 (1967) 50-65.

Bonner, S. F. *The Literary Treatises of Dionysius of Halicarnassus: A Study in the Development of Critical Method.* Cambridge Classical Studies 5. Cambridge: The University Press, 1939.

_____. *Education in Ancient Rome: From the elder Cato to the younger Pliny.* Berkeley/Los Angeles: University of California Press, 1977.

Boomershine. Thomas Eugene. *Mark, The Storyteller: A Rhetorical-Critical Investigation of Mark's Pasison and Resurrection Narrative.* Ph. D. diss., Union Theological Seminary, New York, 1974.

Booth, Wayne C. "The Scope of Rhetoric Today: A Polemical Excursion." In *The Prospect of Rhetoric,* ed. L. F. Bitzer and E. Black, 93-114.

_____. *The Rhetoric of Fiction.* Second Edition. Chicago: University of Chicago Press, 1982.

Borchert, Gerald L. "The Resurrection:1 Corinthians 15." *RevExp* 80 (1983) 401-15.

Botha, J. E. "Style, Stylistics and the Style of the New Testament." *Neot* 24 (1990) 173-84.

Brandt, W. J. *The Rhetoric of Argumentation.* Indianapolis and New York: Bobbs-Merrill, 1970.

Brinton, A. "Situation in the Theory of Rhetoric." *Philosophy and Rhetoric* 14 191981) 234-48.

Brock, Bernard L. and Robert L. Scott, eds. *Methods of Rhetorical Criticism: A Twentieth Century Perspective.* Third Edition. Detriot: Wayne State University Press, 1989.

Brodie, Thomas L. "Luke 7,36-50 as an Internalization of 2 Kings 4,1-37: A Study in Luke's Use of Rhetorical Imitation." *Bib* 64 (1983) 457-85.

Brown, M. T. "The Interpreter's Audience: A Study of Rhetoric and Hermeneutics." Ph. D. diss. Graduate Theological Union, Berkeley, 1978.

Bruce, F. F. *1 and 2 Corinthians.* NCB. London: Oliphants, 1971.

_____. "The New Testament and Classical Studies." *NTS* 22 (1976) 229-42.

_____. *The Epistle to the Galatians: A Commentary on the Greek Text.* NIGTC. Grand Rapids: Eerdmans, 1982.

Brueggemann, Water A. "Jeremiah's Use of Rhetorical Questions." *JBL* 92 (1973) 358-94.

Brunt, John C. "More on the Topos as a New Testament Form." *JBL* 104 (1985) 495-500.

Bryant, D. C. "Rhetoric: Its Functions and Its Scope." *QJS* 39 (1953) 401-24.

Bucher, Theodor G. "Die logische Argumentation in 1. Korinther 15,12-20." *Bib* 55 (1974) 465-86.

_____. "Nochmals zur Beweisführung in 1. Korinther 15,12-20." *TZ* 36 (1980) 129-52.

_____."Allgemeine Uberlegungen zur Logik im Zusammenhang mit 1 Kor 15,12-20." *LB* 53 (1983) 70-97.

Bullinger, E. W. *Figures of Speech Used in the Bible: Explained and Illustrated.* London: Messrs. Eyre and Spottiswoode, 1989; reprint, Grand Rapdis: Baker Book House, 1968.

Bultmann, R. *Der Still der paulinischen Predigt und die kynisch-stoische Diatribe.* FRLANT 13. Göttingen: Vandenhoeck & Ruprecht, 1910.

_____. "Karl Barth, The Resurrection of the Dead." Chap. in *Faith and Understanding I.* Edited by Robert Funk. Translated by Louise Pettibone Smith. New York and Evanston: Harper & Row, 1969.

Bünker, Michael. *Briefformular und rhetorische Disposition im 1. Korintherbrief.* Göttinger Theologische Arbeiten 28. Göttingen: Vandenhoeck & Ruprecht, 1983.

Burke, Kenneth. *A Rhetoric of Motives.* Berkeley and Los Angeles: University of California Press, 1969.

Byrne, Brendan. "Eschatologies of Resurrection and Destruction: The Ethical Significance of Paul's Dispute with the Corinthians." *DRev* 104 (1986) 288-98.

Caird, G. B. *The Language and Imagery of the Bible.* Philadelphia: Westminster Press, 1980.

Campbell, D. A. *The Rhetoric of Righteousness in Romans 3.21-26.* JSNTSup 65. Sheffield: JSOT Press, 1992.

Campbell, Karlyn Kohrs. *The Rhetorical Act.* Belmont: Wadsworth Publishing Co., 1982.

Caplan, H. *Introduction to Rhetorica ad Herennium.* LCL. Cambridge: Harvard University Press, 1954.

Castelli, Elizabeth Anne. "Mimesis as a Discourse of Power in Paul's Letter." Ph. D. diss., Claremont Graduate School, 1987.

_____. *Imitating Paul: A Discourse of Power.* Literary Currents in Biblical Interpretation. Louisville: Westminster/John Knox Press, 1991.

Cavallin, H. C. C. *Life After Death: Paul's Argument for the Resurrection of the Dead in 1 Cor 15. Part I: An Inquiry in to the Jewish Background.* Lund: GWK Gleerup, 1974.

Ceresko, Anthony R. "A Poetic Analysis of Ps 105, with Attention to Its Use of Irony." *Bib* 64 (1983) 20-46.

_____. "A Rhetorical Analysis of David's 'Boast' (1 Samuel 17:34-37): Some Reflections on Method." *CBQ* 47 (1985) 58-74.

Chamberlain, W. D. *An Exegetical Grammar of the Greek New Testament.* New York: Macmillan; reprint, Grand Rapids: Baker, 1941.

Chance, Bradley. "Paul's Apology to the Corinthians." *Perspective in Religious Studies* 9 (1982) 145-55.

Chun, K. Y. *Theological Issues of Paul's Letters to the Corinthians.* Korean language. Seoul: Christian Literature Society, 1988.

Church, F. Forrester. "Rhetorical Structure and Design in Paul's Letter to Philemon." *HTR* 71 (1978) 17-31.

Clark, Donal Lemen. *Rhetoric in Greco-Roman Education.* Morningside Heights: Columbia University Press, 1957.

Clarke, M. L. *Rhetoric at Rome: A Historical Survey.* London: Cohen & West Ltd., 1953.

Classen, Carl Joachim, "Paulus und die antike Rhetorik." ZNW 82 (1991) 1-33.

Clines, D. J. A., D. M. Gunn, and A. J. Hauser, eds. *Art and Meaning: Rhetoric in Biblical Literature.* JSOTSup 19. Sheffield: JSOT Press, 1982.

Cloonan, Father Benignus, T. O. R. *The Effect of Classical Rhetoric upon Christian Preaching during the First Five Centuries A. D.* Ph. D. thesis, Pennsylvania State University, 1959.

Cohen, Boaz. "Letter and Spirit in Jewish and Roman Law." In *Essays in Greco-Roman and Related Talmudic Literature.* 138-64. Edited by Henry A. Fischél. New York: KTAV Publishing House, 1977.

Conley, Thomas. M. "The Enthymeme in Perspective." *QJS* 70 (1984) 168-87.

_____. *Philo's Rhetoric: Studies in Style, Composition and Exegesis.* Berkeley: Center for Hermeneutical Studies, 1987.

Conzelmann, Hans. "Zur Analyse der Bekenntisformel I. Kor. 15,3-5." *EvT* 25 (1965) 1-11.

_____. "On the Analysis of the Confessional Formula in 1 Corinthians 15:3-5." *Int* 20 (1966) 15-25.

_____. *1 Corinthians: A Commentary on the First Epistle to the Corinthians.* Translated by James W. Leitch. Bibliography and References by James W. Dunkly. Edited by George W. MacRae. Hermeneia. Philadelphia: Fortress Press, 1975.

Corbett, Edward P. J. *Classical Rhetoric for the Modern Student.* Second Edition. New York: Oxford University Press, 1971.

_____. "Rhetoric in Search of a Past, Present, and Future." In *The Prospect of Rhetoric*, ed. L. F. Bitzer and E. Black, 166-78.

Cosby, Michael R. "The Rhetorical Composition of Hebrews 11." *JBL* 107 (1988) 257-73.

_____. *The Rhetorical Composition and Function of Hebrews 11.* Macon: Mercer University Press, 1989.

Cosgrove, Charles H. "Arguing Like a Mere Human Being: Galatians 3.15-18 in Rhetorical Perspective." *NTS* 34 (1988) 536-49.

Crouse, J. S. Review of *New Testament Interpretation through Rhetorical Criticism*, by George A. Kennedy. In Christian Scholar's Review 15 (1986) 199-201.

Dahl, M. E. *The Resurrection of the Body: A Study of 1 Corinthians 15.* SBT 36. London: SCM Press, 1962.

Dahl, N. A. "Paul and the Church at Corinth According to 1 Corinthians 1:10-4:21." In *Christian History and Interpretation: Studies Presented to John Knox*, ed. W. R. Farmer, C. F. D. Moule, and R. R. Niebuhr, 313-35. Cambridge: Cambridge University Press, 1967.

_____. "Paul and the Church at Corinth According to 1 Corinthians 1:10-4:21." Chap. in *Studies in Paul: Theology for the Early Christian Mission.* Assisted by Paul Donahue. Minneapolis: Augsburg, 1977.

Davies, W. D. Review of *Galatians: A Commentary on Paul's Letter to the Churches in Galatia*, by H. D. Betz. In *RelSRev* 7 (1981) 310-18.

Dawes, G. W. "'But if you can gain your freedom' (1 Corinthians 7:17-24)." *CBQ* 52 (1990) 681-97.

Dearin, R. D. "The Philosophical Basis of Chaim Perelman's Theory of Rhetoric." *QJS* 55 (1969) 213-24.

Deissman, G. A. *Light from the Ancient East: The New Testament Illustrated by Recently Discovered Texts of the Graeco-Roman World.* Translated by R. M. Strachan. 2d ed. New York/London: Harper & Borthers, 1927.

Denningston, J. D. *Greek Literary Criticism.* 1924; reprint, Port Washington/London: Kennikat Press, 1971.

_____. *Greek Prose Style.* Oxford: Claredon Press, 1952; reprint, Frome: Hillman & Sons, 1965.

Dixon, P. *Rhetoric.* Critical Idiom 19. London: Metheun, 1971.

Donfried, K. P. "False Propositions in the Study of Romans." *CBQ* 36 (1974) 332-55.

_____. Review of Galatians: A Commentary on Paul's Letter to the Churches in Galatia, by H. D. Betz. In *CBQ* 45 (1983) 303-6.

Doty, William G. "The Classification of Epistolary Literature." *CBQ* 31 (1969) 183-99.

_____. "The Concept of Genre in Literary Analysis." In *SBL 108th Annual Meeting Book of Seminar Papers,* vol. I, II, ed. Lane C. McGaughy, 413-48. n.p.: SBL, 1972.

_____. *Letters in Primitive Christianity.* Guides to Biblical Scholarship New Testament Series. Philadelphia: Fortress Press, 1973.

Douglas, Alan Edward. "The Intellectual Background of Cicero's Rhetorica: A Study in Method." *ANRW* I/3 (1973) 95-138.

Downing, F. G. Review of *Greek Rhetorical Origins of Christian Faith: An Inquiry,* by J. L. Kinneavy. In *Theology* 92 (1989) 327-28.

Duke, Rodney K. *Persuasive Appeal of the Chronicler: A Rhetorical Analysis.* JSOTSup 88. BLS 25. Sheffield: Almond Press, 1990.

Duncan, T. S. "The Style and Language of St. Paul in His First Letter to the Corinthians." *BSac* 83 (1926) 129-43.

Dykstra, W. "I Corinthians 15:20-28, An Essential Part of Paul's Argument Against Those Who Deny the Resurrection." *QTJ* 4 (1964) 195-211.

Edwards, Jr., O. C. Review of New Testament Interpretation through Rhetorical Criticism, by George A. Kennedy. In *ATR* 67 (1985) 369-72.

Ehninger, D. "Science, Philosophy—and Rhetoric: A Look Toward the Future." In *The Rhetoric of Western Thought,* ed. J. L. Golden, G. F. Berquist, and W. E. Coleman, 623-36.

Ellis, E. E. *Paul's Use of the Old Testament.* Grand Rapids: Eerdmans, 1957.

Enos, Richard Leo. "The Classical Period." In *The Present State of Scholarships in Historical and Contemporary Rhetoric,* ed. Winifred Bryan Horner, 10-39. Columbia & London: University of Missouri Press, 1983.

Evans, C. F. *Resurrection and the New Testament.* London: SCM Press, 1970.

Fee, Gordon D. *The First Epistle to the Corinthians.* NICNT. Grand Rapids: Eerdmans, 1987.

Fergusson, David. "Interpreting the Resurrection." *SJT* 38 (1985) 287-305.

Fiore, Benjamin. "'Covert Allusion' in 1 Corinthians 1-4." *CBQ* 47 (1985) 85-102.

_____. *The Function of Personal Example in the Socratic and Pastoral Epistles.* analecta biblica 105. Rome: Biblical Institute Press, 1986.

_____. "Rhetorical Criticism (NT Rhetoric and Rhetorical Criticism)." *Anchor Bible Dictionary* 5 (1992) 715-19.

Fiorenza, Elisabeth Schüssler. Bread not Stone: The Challenge of Feminist Biblical Interpretation. Boston: Beacon Press, 1984.

_____. *The Book of Revelation: Justice and Judgment.* Philadelphia: Fortress Press, 1985.

_____. "Rhetorical Situation and Historical Reconciliation in 1 Corinthians." *NTS* 33 (1987) 386-403.

_____. "The Ethics of Biblical Interpretation: Decentering Biblical Scholarship." *JBL* 107 (1988) 3-17.

_____. *Revelation: Vision of a Just World. Proclamation Commentaries.* Minneapolis: Fortress Press, 1991.

Fischel, Henry. "Story and History: Observations on Graeco-Roman Rhetoric and Pharisaism." In *American Oriental Society, Middle West Branch, Semi-Centennial Volume*, ed. Denis Sinor, 59-88. Asian Studies Research Institute, Oriental Series 3. Bloomington: Indiana University Press, 1969.

Fischer, James A. "Pauline Literary Forms and Thought Patterns: The Problem." *CBQ* 39 (1977) 209-23.

Fisher, W. R. "The Narrative Paradigm: An Elaboration." In *Methods of Rhetorical Criticism: A Twentieth-Century Perspective*, ed. B. L. Brock, R. L. Scott, and J. W. Chesebro, 234-55.

Forbes, C. "Comparison, Self-Praise and Irony: Paul's Boasting and the Conventions of Hellenistic Rhetoric." *NTS* 32 (1986) 1-30.

Forbes, C. B. "'Unaccustomed As I Am': St. Paul the Public Speaker in Corinth." *Buried History* 19 (1983) 1-16.

Forster, E. S. *Introduction to Topica*, by Aristotle. LCL. Cambridge: Harvard University Press, 1960.

Foulkes, F. "Some Aspects of St. Paul's Treatment of the Resurrection of Christ in 1 Corinthians xv." *AusBR* 16 (1968) 15-30.

Fowler, Robert M. Review of *New Testament Interpretation through Rhetorical Criticism*, by George A. Kennedy. In JBL 105 (1986) 328-30.

Frye, Northrop. *The Great Code: The Bible and Literature.* New York and London: Harcourt Brace Jovanovich, 1982.

Fung, R. Y. K. *The Epistle to the Galatians.* NICNT. Grand Rapids: Eerdmans, 1989.

Funk, Robert W. *Language, Hermeneutic, and Word of God: The Problem of Language in the New Testament and Contemporary Theology.* New York, Evanston, and London: Harper & Row, Publishers, 1966.

Gaffin, Richard B. *The Centrality of the Resurrection: A Study in Paul's Soteriology.* Baker Biblical Monograph. Grand Rapids: Baker Book House, 1978.

Gager, John G. "Body-Symbols and Social Reality: Resurrection, Incarnation and Asceticism in Early Christianity." *Religion* 12 (1982) 345-63.

Gieger, L. G. "Figures of Speech in the Epistle of James: A Rhetorical and Exegetical Analysis." Ph. D. diss., Southwestern Baptist Theological Seminary, 1981.

Gilchrist, J. M. "Paul and the Corinthians—The Sequence of Letters and Visits." *JSNT* 34 (1988) 47-69.

Gillespie, Thomas W. "A Pattern of Prophetic Speech in First Corinthians." *JBL* 97 (1978) 74-95.

Gitay, Yehoshua. "A Study of Amos's Art of Speech: A Rhetorical Analysis of Amos 3:1-15." *CBQ* 42 (1980) 293-309.

_____. *Prophecy and Persuasion: A Study of Isaiah 40-48.* Forum Theologiae Linguisticae 14. Bonn: Linguistica Biblica, 1981.

Golden, J. L., G. F. Berquist, and W. E. Colman, eds. *The Rhetoric of Western Thought.* Fourth Edition. Dubuque: Kendall/Hunt, 1989.

Gordo, P. A. P. "¿ES I Co 15 UNA HOMILIA?" *Burgense* 27 (1986) 9-98.

Grant, F. C. "Rhetoric and Oratory." *IDB* 4 (1962) 75-77.

Grant, Robert M. "The Wisdom of the Corinthians." In *The Joy of Study: Papers on New Testament and Related Subjects Presented to Honor Frederick Clifton Grant,* ed. Sherman E. Johnston, 51-55. New York: Macmillan, 1951.

_____. "Hellenistic Elements in 1 Corinthians." In *Early Christian Origins: Studies in honor of Harold R. Willoughby,* ed. Allen Wickgren, 60-66. Chicago: Quadrangle Books, 1961.

_____. "Paul, Galen, and Origen." *JTS* 34 (1983) 533-36.

Groot, A. W. de. *A Handbook of Antique Prose-Rhythm.* Groningen: Wolters, 1919.

Greenwood, David. "Rhetorical Criticism and Formgeschichte: Some Methodological Consideration." *JBL* 89 (1970) 418-26.

Grosheide, F. W. *Commentary on the First Epistle to the Corinthians*. NICNT. Grand Rapids: Eerdmans, 1953.

Grube, G. M. A. *The Greek and Roman Critics*. Toronto: University of Toronto Press, 1965.

Guthrie, D. *New Testament Introduction*. Fourth Edition. Downers Grove/Leicester: InterVarsity/Apollos, 1990.

Hall, Robert G. "The Rhetorical Outline for Galatians: A Reconciliation." *JBL* 106 (1987) 277-87.

Hammond, N. G. L. and H. H. Scullard, eds. *The Oxford Classical Dictionary*. Oxford: Clarendon Press, 1970.

Harrington, Daniel J. "Review of '¿ES I Co 15 UNA HOMILIA?,' by P. A. P. Gordo." *NTA* 31 (1987) # 272.

Harris, Murray J. *From Grave to Glory: Resurrection in the New Testament Including a Response to Norman L. Geisler*. Academic Books. Grand Rapids: Zondervan Publishing House, 1990.

Harrisville, Roy A. *1 Corinthians*. ACNT. Minneapolis: Augsburgh Publishing House, 1987.

Hauser, Alan Jon. "Johah: In Pursuit of the Dove." *JBL* 104 (1985) 21-37.

Hays, Richard B. *The Faith of Jesus Christ: An Investigation of the Narrative Substructure of Galatians 3:1-4:11*. SBLDS 56. Chico: Scholars Press, 1983.

Heiny, Stephen B. "The Motive for Metaphor: 2 Corinthians 2:14-4:16." *SBLASP* 26 (1987) 1-22.

Hengel, Martin. *Judaism and Hellenism: Studies in Their Encounter in Palestine During the Early Hellenistic Period*. Translated by J. Bowden. 2 vols. Philadelphia: Fortress Press, 1974.

_____. *The 'Hellenization' of Judaea in the First Century after Christ*. Translated by J. Bowden. London/Philadelphia: SCM/Trinity Press, 1989.

Henrichs, Albert. Review of *Der Apostel Paulus und die sokratische Tradition: Eine exegetische Untersuchung zu seiner "Apologie" 2 Korinthen 10-13*, by Hans Dieter Betz. In *JBL* 94 (1975) 310-14.

Heinrici, C. F. G. *Der erste Briefe an die Korinther*. Meyerk. 8th ed. Göttingen: Vandenhoeck und Ruprecht, 1896.

Hèring, Jean. *The First Epistle of Saint Paul to the Corinthians*. Translated from the Second French Edition by A. W. Heatcote and P. J. Allcock. London: The Epworth Press, 1962.

Hester, James D. "The Rhetorical Suructure of Galatians 1:11-2:14." *JBL* 103 (1984) 223-33.

_____. "The Use and Influence of Rhetoric in Galatians 2:1-14." *TZ* 42 (1986) 386-408.

_____. "Placing the Blame: The Presence of Epideictic in Galatians 1 and 2." In *Persuasive Artistry: Studies in New Testament Rhetoric in Honor of George A. Kennedy*, ed. Duane F. Watson, 281-307.

Hill, C. E. "Paul's Understanding of Christ's Kingdom in 1 Corinthians 15:20-28." *NovT* 30 (1988) 297-320.

Hill, Forbes, "The Amorality of Aristotle's Rhetoric." *GRBS* 22 (1981) 133-47.

Hock, Ronald F. and Edward N. O'Neil. *The Chreia in Ancient Rhetoric: Volume I*. The Progymnasmata. SBLTT 27. Graeco-Roman Religion Series 9. Atlanta: Scholars Press, 1986.

Hodgson, Robert. "Paul the Apostle and First Century Tribulation Lists." *ZNW* 74 (1983) 59-80.

Hommel, H. "Rhetorik." *Lexicon der alten Welt*. Zürich und Stuttgart: Artemis, 1965.

Horner, Winifred Bryan, ed. *Historical Rhetoric: An Annotated Bibliography of Selected Sources in English*. Boston: G. K. Hall, 1980.

_____. *The Present State of Scholarship in Historical and Contemporary Rhetoric*. Columbia & London: University of Madison Press, 1983.

Horsley, Richard A. "Pneumatikos vs. Psychikos: Distinctions of Spiritual Status among the Corinthians." *HTR* 69 (1976) 269-88.

_____. "Wisdom of Word and Words of Wisdom in Corinth." *CBQ* 39 (1977) 224-39.

_____. "'How Can Some of You Say that There is No Resurrection of the Dead?' Spiritual Elitism in Corinth." *NovT* 20 (1978) 203-31.

_____. "Consciousness and Freedom among the Corinthians: 1 Corinthians 8-10." *CBQ* (1978) 574-89.

_____. "Gnosis in Corinth: I Corinthians 8.1-6." *NTS* 27 (1980) 32-51.

Hübner, Hans. "Der Galaterbrief und das Verhältnis von antiker Rhetorik und Epistolographie." *TLZ* 109 (1984) 241-50.

_____. "Paulusforschung seit 1945: Ein kritischer Literaturbericht." *ANRW* II/25-4 (1987) 2649-2840.

Hughes, Frank W. *Early Christian Rhetoric and 2 Thessalonians*. JSNTSup 30.

Sheffield: JSOT Press, 1989.

Humphries, Raymond A. "Paul's Rhetoric of Argumentation in I Corinthians 1-4." Ph. D. diss., Graduate Theological Union, Berkeley, CA. Ann Arbor: Xerox University Microfilms, 1979.

Hurd, Jr., J. C. *The Origin of 1 Corinthians*. New Edition. Macon: Mercer University Press, 1983.

Hyde, M. J. and C. R. Smith. "Hermeneutics and Rhetoric: A Seen but Unobserved Relationship." *QJS* 65 (1979) 347-63.

Hyldahl, N. "The Corinthian 'Parties' and the Corinthian Crisis." *ST* 45 (1991) 19-32.

Innes, Doreen C. "Theophrastus and the Theory of Style." In *Theophrastus of Eresus: On His Life and Work*, ed. William W. Fortenbaugh, 251-67. Rutgers University Studies in Classical Humanities 2. New Brunswick and Oxford: Transaction Books, 1985.

Institute for New Testament Research and Computer Center of Münster University, eds. *Concordance to the Novum Testamentum Graece of Nestle-Aland, 25th Edition, and to the Greek New Testament, 3rd Edition*. 3d ed. Berlin/New York: de Gruyter, 1987.

Jackson, J. J. and Martin Kessler, eds. *Rhetorical Criticism: Essays in Honor of James Muilenburg*. PTMS 1. Pittsburgh: Pickwick Press, 1974.

Jaeger, Werner. *Early Christianity and Greek Paideia*. Cambridge: Belknap Press, 1961.

Jansen, J. F. "I Cor. 15.24-28 and the Future of Jesus Christ." *SJT* 40 (1987) 543-70.

Jeremias, J. "'Flesh and Blood Cannot Inherit the Kingdom of God' (1 Cor. xv.50)." *NTS* 2 (1955-56) 151-59.

Jewett, Robert. "Romans as an Ambassadorial Letter." *Int* 36 (1982) 5-20.

_____. *The Thessalonian Correspondence: Pauline Rhetoric and Millenarian Piety*. Philadelphia: Fortress Press, 1986.

Jobling, D. Review of *New Testament Interpretation through Rhetorical Criticism*, by George A. Kennedy. In *RelSRev* 11 (1985) 402.

Johnson, B. *The Critical Differences: Essays in the Contemporary Rhetoric of Reading*. Baltimore: John Hopkins University Press, 1980.

Jones, Maurice. *St. Paul the Orator: A Critical, Historical, and Explanatory Commentary on the Speeches of St. Paul*. London: Hodder and Stoughton, 1910.

Judge, Edwin A. "Paul's Boasting in Relation to Contemporary Professional Practice." *AusBR* 16 191968) 37-50.

_____. "St. Paul and Classical Society." *JAC* 15 191972) 19-36.

Kearney, Peter J. "He Appeared to 500 Brothers (1 Cor. xv 6)." *NovT* 22 (1980) 264-84.

Kennedy, George A. *The Art of Persuasion in Greece*. Princeton: Princeton University Press, 1963.

_____. *Quintilian*. TWAS 59. New York: Twayne Publishers, 1969.

_____. *The Art of Rhetoric in the Roman World: 300 B.C.-A.D. 300*. Princeton: Princeton University Press, 1972.

_____. *Classical Rhetoric and Its Christian and Secular Tradition from Ancient to Modern Times*. Chapel Hill: University of North Carolina Press, 1980.

_____. "An Introduction to the Rhetoric of the Gospels." *Rhetorica* 1 (1983) 17-31.

_____. *Greek Rhetoric under Christian Emperors*. Princeton: Princeton University Press, 1983.

_____. *New Testament Interpretation through Rhetorical Criticism*. Chapel Hill: North Carolina Press, 1984.

Kermode, F. Review of *New Testament Interpretation through Rhetorical Criticism*, by George A. Kennedy. In *Theology* 88 (1985) 309-10.

Kessler, Martin. "New Directions in Biblical Exegesis." *SJT* 24 (1971) 317-25.

_____. "An Introduction to rhetorical [sic] Criticism of the Bible: Prolegomena." *Semitics* 7 (1980) 1-27.

_____. "A Methodological Setting for Rhetorical Criticism." In *Art and Meaning: Rhetoric in Biblical Literature*, ed. David J. A. Clines, David M. Gunn, and Alan J. Hauser, 1-19. JSOTSup 19. Sheffield: JSOT Press, 1982.

Kevelso, R. "C. S. Peirces' Speculative Rhetoric." *Philosophy and Rhetoric* 17 (1984) 16-29.

Kikawada, I. M. "Some Proposals for the Definition of Rhetorical Criticism." *Semitics* 5 (1977) 67-91.

Kingsbury, J. D. Review of *New Testament Interpretation through Rhetorical Criticism*, by George A. Kennedy. In *Int* 40 (1986) 91-92.

Kinneavy, James L. *A Theory of Discourse: The Aims of Discourse*. Englewood Cliffs, N.J.: Prentice-Hall, 1971; Norton paperback, New York/London: W. W. Norton, 1980.

_____. "Contemporary Rhetoric." In *The Present State of Scholarship in*

Historical and Contemporary Rhetoric, ed. Winfred Bryan Horner, 167-213. Columbia & London: University of Missouri Press, 1983.

_____. *Greek Rhetorical Origins of Christian Faith: An Inquiry*. New York and Oxford: Oxford University Press, 1987.

Kirby, John T. "The Syntax of Romans 5.12: A Rhetorical Approach." *NTS* 33 (1987) 283-86.

_____. "The Rhetorical Situation of Revelation 1-3." *NTS* 34 (1988) 197-207.

Klauck, Hans-Josef. *1. Korintherbrief. Die Neue Echter Bibel*. Würzburg: Echter Verlag, 1984.

Klaus, B. *Formgeschichte des Neuen Testaments*. Heidelberg: Quelle & Meyer, 1984.

Kloppenborg, John. "An Analysis of the Pre-Pauline Formula 1 Cor 15:3b-5 in Light of Some Recent Literature." *CBQ* 40 (1978) 351-67.

Koester, H. *History and Literature of Early Christianity*. Vol. 2. *Introduction to the New Testament*. Philadelphia/Berlin/New York: Fortress/de Gruyter, 1982.

König, Ed. *Stilistik, Rhetorik in Bezug auf die biblische Literatur*. Leipzig: Dieterich'sche Verlagsbuchhandlung Theodor Weicher, 1900.

Kraftchick, S. J. "Ethos and Pathos Appeals in Galatians Five and Six: A Rhetorical Analysis." Ph. D. diss., Graduate School of Emory University, 1985.

Kremer, J. "Paul: The Resurrection of Jesus, the Cause and Examplar of Our Resurrection." *Concilium* 60 (1970) 78-91.

Krentz, Edgar M. *Galatians*. ACNT. Minneapolis: Augsburg Publishing House, 1985. (In the volume with *Philippians, Philemon*, by John Koenig; *1 Thessalonians*, by Donal H. Juel.)

_____. Review of *1 Corinthians*, by Roy A. Harrisville. In *CurTM* 16 (1989) 135-36.

_____. "Images of the Resurrection in the New Testament." *CurTM* 18 (1991) 98-108.

Kümmel, W. G. *Introduction to the New Testament*. Translated by H. C. Kee. Revised Edition. Nashville/New York: Abingdon Press, 1975.

Kuntz, J. K. "The Contribution of Rhetorical Criticism to Understanding Isaiah 51:1-16." In *Art and Meaning: Rhetoric in Biblical Literature*, 140-71.

Kurz, William S. "Hellenistic Rhetoric in the Christological Proof of Luke-Acts." *CBQ* 42 (1980) 171-95.

Kwiran, Manfred. *The Resurrection of the Dead: Exegesis of 1 Cor. 15 in German Protestant Theology from F. C. Baur to W. Künneth*. Th.D. diss. University of Basel. TD 8. Basel: Friedrich Reinhardt Kommisionsverlag, 1972.

_____. "The Resurrection of the Dead: 1 Corinthians 15 and Its Interpretation." *Springfielder* 39 (1975) 44-56.

Lambrecht, J. "Rhetorical Criticism and the New Testament." *Bijdr* 50 (1989) 239-53.

Lampe, P. "Theological Wisdom and the 'Word About the Cross': The Rhetorical Scheme in 1 Corinthians 1-4." *Int* 44 (1990) 117-31.

Lang, Friedrich. *Die Briefe an die Korinther.* NTD 7. 16 Auflage. Göttingen und Zürich: Vandenhoeck & Ruprecht, 1986.

Lanham, R. A. *A Handlist of Rhetorical Terms.* Second Edition. Berkeley/Los Angeles/Oxford: University of California Press, 1991.

Lausberg, H. *Handbuch der literarischen Rhetorik: Eine Grundlegung der Literaturwissenschaft.* 2 vols. München: Max Hueber, 1960.

Lieberman, Saul. "How Much Greek in Jewish Palestine?" In *Essays in Greco-Roman and Related Talmudic Literature,* 325-43.

_____. "Some Aspects of After Life in Early Rabbinic Literature." In *Essays in Greco-Roman and Related Talmudic Literature,* 387-424.

Lietzmann, D. Hans and Werner Georg Kümmel. *An die Korinther I, II.* HNT 9. Tübingen: J. C. B. Mohr (Paul Siebeck), 1949.

Lim, Timothy H. "Not in Persuasive Words of Wisdom, but in the Demonstration of the Spirit and Power." *NovT* 29 (1987) 137-49.

Lincoln, A. T. *Ephesians.* WBC 42. Dallas: Word Books, 1990.

Lindars, Barnabas. "The Rhetorical Structure of Hebrews." *NTS* 35 (1989) 382-406.

Linss, Wilhelm C. Review of *The Thessalonian Correspondence: Pauline Rhetoric and Millenarian Piety,* by Robert Jewett. In *CurTM* 19 (1992) 135-36.

Litfin, A. Duane. "St. Paul's Theology of Proclamation: An Investigation of 1 Corinthians 1-4 in the Light of Greco-Romans Rhetoric." D.Phil. diss., Oxford, 1983.

Lohse, E. *The Formation of the New Testament.* Translated by M. E. Boring. Nashville: Abingdon Press, 1981.

Longenecker, R. N. *Galatians.* WBC 41. Dallas: Word Books, 1990.

Longman, III, T. *Literary Approach to Biblical Interpretation.* Foundations of Contemporary Interpretation 3. Grand Rapids: Zondervan, 1987.

Lown, J. S. "Epistle." *ISBE*[2] 2 (1982) 122-25.

Luedmann, Gerd. *Paul, Apostle to the Gentiles: Studies in Chronology.* Foreword by John Knox. Translated by F. Stanley Jones. Philadelphia: Fortress Press, 1984.

Lührmann, D. "Freundschafts Brief trotz Spannungen: Zu Gattung und Aufbau des Ersten Korintherbriefs." In *Studien zum Text und zur Ethik des Neuen Testaments, Festschrift zum 80.* Geburtstag von Heinrich Greeven, ed. W. Schrage, 298-314. BZNW 49. Berlin and New York: de Gruyter, 1986.

Lund, Nils Wilhelm. *Chiasmus in the New Testament: A Study in Formgeschichte.* Chapel Hill: University of North Carolina Press, 1942.

Lundbom, Jack R. *Jeremiah: A Study in Ancient Hebrew Rhetoric.* SBSLS 18. Missoula: SBL and Scholars Press, 1975.

_____. "Poetic Structure and Prophetic Rhetoric in Hosea." *VT* 29 (1979) 300-8.

Luther, Martin. *Commentaries on 1 Corinthians 7, 1 Corinthians 15, Lectures on 1 Timothy.* Luther's Works. Volume 28. American Edition. Edited by Hilton C. Oswald. Saint Louis: Concordia Publishing House, 1973.

Lynch, Anthony. "Pauline Rhetoric: 1 Corinthians 1:10-4:21." Thesis. University of North Carolina at Chapel Hill, 1981.

Lyons. G. *Pauline Autobiography: Toward a New Understanding.* SBLDS 73. Atlanta: Scholars Press, 1985.

Mack, Burton L. *Rhetoric and the New Testament.* Guides to Biblical Scholarship New Testament Series. Minneapolis: Fortress Press, 1990.

Mack, Burton L. and Vernon K. Robbins. *Patterns of Persuasion in the Gospels.* Sonoma: Polebridge Press, 1989.

Macky, Peter W. *The Centrality of Metaphors to Biblical Thought: A Method for Interpreting the Bible.* Studies in the Bible and Early Christianity 19. Lewiston/Queenston/Lampeter: The Edwin Mellen Press, 1990.

Magass, Walter. "Ethos in Korinth und Saloniki." *Kairos* 26 ((84) 154-65.

Mainberger, G. K. "Der Leib der Rhetorik." *LB* 51 (1982) 71-86.

Malherbe, Abraham J. "Ancient Epistolary Theorists." *Ohio Journal of Religious Studies* 5 (October 1977) 3-77.

_____. "*MH ΓΕΝΟΙΤΟ* in the Diatribe and Paul." *HTR* 73 (1980) 231-40.

_____. "Antithenes and Odysseus, and Paul at War." *HTR* 76 (1983) 143-73.

Marrou, H. I. *A History of Education in Antiquity.* Translated by George Lamb. A Mentor Book. New York: New American Library of World Literature, 1964.

Marshall, Peter. "Hybrists Not Gnostics in Corinth." In *SBL 1984 Seminar Papers,* ed. Kent Harold Richards, 275-87. Chico: Scholars Press, 1984.

_____. *Enmity in Corinth: Social Conventions in Paul's Relations with the Corinthians*. WUNT 2/23. Tübingen: J. C. B. Mohr (Paul Siebeck), 1987.

Martin, Dale B. "Slave of Christ, Slave of All: Paul's Metaphor of Slavery and Corinthians 9." Ph. D. diss., Yale University, 1988.

_____. *Slavery as Salvation: The Metaphor of Slaver in Pauline Christianity*. New Haven: Yale University Press, 1990.

Martin, Josef. *Antike Rhetorik: Technik und Methode*. Handbuch der Altertumswissenschaft II/3. München: Beck, 1974.

Marxen, W. *Introduction to the New Testament: An Approach to Its Problems*. Translated by G. Buswell. Philadelphia: Fortress Press, 1968.

McDonald, James I. H. "Paul and the Preaching Ministry: A Reconsideration of 2 Cor 2:14-17 in Its Context." *JSNT* 17 (1983) 35-50.

McGee, Michael C. "A Materialist's Conception of Rhetoric." In *Explorations in Rhetoric: Studies in Honor of Douglas Ehninger*, ed. R. E. McKerrow, 23-48.

McGuire, M. "The Structural Study of Speech." In *Explorations in Rhetoric: Studies in Honor of Douglas Ehninger*, ed. R. E. McKerrow, 1-22.

McKeon, R. "The Uses of Rhetoric in a Technological Age: Architectonic Productive Arts." In *The Prospect of Rhetoric*, ed. L. F. Bitzer and E. Black, 44-63.

McKerrow, Ray E., ed. *Rhetoric: Studies in Honor of Douglas Ehninger*. Glenview. Scott, Foresman and Company, 1982.

Mearns, C. L. "Early Eschatological Development in Paul: The Evidence of 1 Corinthians." *JSNT* 22 (1984) 19-35.

Medhurst, M. J. Review of *New Testament Interpretation through Rhetorical Criticism*, by George A. Kennedy. In Homilectic 11, no. 1 (1986) 24-25.

_____. "Rhetorical Dimensions in Biblical Criticism: Beyond Style and Genre." *QJS* 77 (1991) 214-26.

Meeks, Wayne E. Review of *Galatians: A Commentary on Paul's Letter to the Churches in Galatia*, by H. D. Betz. In JBL 100 (1981) 304-7.

Merklein, H. "Die Einheitlichkeit des ersten Korintherbriefes." *ZNW* 75 (1984) 153-83.

Meyer, P. W. Review of *Galatians: A Commentary on Paul's Letter to the Churches in Galatia*, by H. D. Betz. In *RelSRev* 7 (1981) 318-23.

Mitchell, M. M. "Concerning *ΠΕΡΙ ΔΕ* in Corinthians." *NovT* 31 (1989) 229-56.

_____. "Paul and the Rhetoric of Reconciliation: An Exegetical Investigation of the Language and Composition of 1 Corinthians." Ph. D. diss., University of Chicago, 1989.

_____. *Paul and the Rhetoric of Reconciliation: An Exegetical Investigation of the Language and Composition of 1 Corinthians.* HUT 28. Tübingen: J. C. B. Mohr [Paul Siebeck], 1991.

Mohrmann, G. P., Charles J. Stewart and Donovan J. Ochs, eds. *Explorations in Rhetorical Criticism.* University Park and London: Pennsylvania State University Press, 1973.

Momigliano, Arnaldo. Review of *Judentum und Hellenismus: Studien zu ihrer Begegnung unter besonderer Burücksichtigung Palästinas bis zur Mitte des z. Jh. v. Chr.,* by Martin Hengel. In *JTS* 21 (1970) 149-53.

Morris, Leon. *The First Epistle of Paul to the Corinthians: An Introduction and Commentary.* Revised Edition. Leicester: Inter-Varsity Press; Grand Rapids: Eerdmans, 1985.

Moulder, W. Review of *Galatians: A Commentary on Paul's Letter to the Churches in Galatia,* by H. D. Betz. In *Trinity Journal* n.s. 1 (1980) 95-97.

Moule, C. F. D. *An Idiom Book of New Testament Greek.* 2d ed. Cambridge: Cambridge University Press, 1959.

_____. "St Paul and Dualism: The Pauline Conception of Resurrection." *NTS* 12 (1966) 106-23.

Moulton, J. H. *A Grammar of New Testament Greek.* Vol. 1. Prolegomena. 3d ed. Edinburgh: T. & T. Clark, 1908.

_____. *A Grammar of New Testament Greek.* Vol. 4. *Style,* by N. Turner. Edinburgh: T. & T. Clark, 1976.

Mounce, R. H. "Continuity of the Primitive Tradition: Some Pre-Pauline Elements in 1 Corinthians." *Int* 13 (1959) 417-24.

Muilenburg, James. "Form Criticism and Beyond." *JBL* 88 (1969) 1-18.

Mullins, Terrence Y. "Petition as a Literary Form." *NovT* 5 (1962) 46-54.

_____. "Formulas in New Testament Epistles." *JBL* 91 (1972) 380-90.

_____. "TOPOS as a New Testament Form." *JBL* 99 (1980) 541-47.

Murphy, D. J. "The Dead in Christ: Paul's Understanding of God's Fidelity: A Study of 1 Corinthians 15." Ph. D. diss., Union Theological Seminary, NY, 1977.

Murphy, J. J. ed., *A Synoptic History of Classical Rhetoric*. Davis: Hermagoras, 1983.

Murphy-O'Conner, J. "Tradition and Redaction in 1 Cor 15:3-7." *CBQ* 43 (1981) 582-89.

Nadaeu, R. "Hermogenes' *On States*: A Translation with an Introduction and Notes." *Speech Monographs* 31 (1964) 361-424.

Neill, Stephen and Tom Wright. *The Interpretation of the New Testament: 1861-1986*. Second Edition. Oxford/New York: Oxford University Press, 1988.

Neyrey, J. H. "Body Language in 1 Corinthians: The Use of Anthropological Models for Understanding Paul and His Opponents." *Semeia* 35 (1986) 129-70.

Nickelsburgh, George W. E. "An 'EΚΤΡΩΜΑ, though Appointed from the Womb: Paul's Apostolic Self-Description in 1 Corinthians 15 and Galatians 1." *HTR* 79 (1986) 198-205.

Nida, E. A., J. P. Louw, A. H. Snyman, and J. v. W. Cronje. *Style and Discourse: With special reference to the text of the Greek New Testament*. Cape Town: Bible Society, 1983.

Norden, Eduard. *Agnostos Theos: Untersuchung zur Formengeschichte religiöser Rede*. Leipzig/Berlin: Teubner, 1913.

_____. *Die antike Kunstprosa: vom VI. Jahrbundert v. Chr. bis in die Zeit der Renaissance*. 2 vols. Leipzig/Berlin: Teubner, 1915-18.

Ögden, Graham S. "The 'Better'-Proverb (Tôb-Spruch), Rhetorical Criticism, and Qoheleth." *JBL* 96 (1977) 489-505.

Olson, Stanley N. "Confidence Expressions in Paul: Epistolary Conventions and the Purpose of 2 Corinthians." Ph. D. diss., Yale University, 1976.

_____. "Epistolary Uses of Expressions of Self-Confidence." *JBL* 103 (1984) 585-97.

Orr, William F. and James Arthur Walther. *1 Corinthians: A New Interpretation, Introduction with a Study of the Life of Paul, Notes, and Commentary*. AB. Garden City: Doubleday & Co., 1976.

Osborne, Grant R. "Genre Criticism -Sensus Literalis." *Trinity Journal* 4 (1983) 1-27.

Osten-Sacken, von der P. "Die Apologie des paulinischen Apostolats in 1 Kor 15:1-11." *ZNW* 64 (1973) 245-62.

Patrick, D. and A. Scult. *Rhetoric and Biblical Interpretation*. JSOTSup 82. Sheffield: Almond Press, 1991.

Patte, Daniel. *Paul's Faith and the Power of the Gospel: A Structural Introduction to the Pauline Letters*. Philadelphia: Fortress Press, 1983.

Patton, J. H. Review of New Testament Interpretation through Rhetorical Criticism, by George A. Kennedy. In *QJS* 71 (1985) 247-49.

Peel, Malcolm L. "The Resurrection in Recent Scholarly Research." *Bible Review* 5 (1989) 14-21, 42-43.

Perelman, C. and L. Olbrechts-Tyteca. *The New Rhetoric: A Treatise on Argumentation*. Translated by John Wilkinson and Purcell Weaver. Notre Dame/London: University of Notre Dame, 1969.

_____. *The Realm of Rhetoric*. Translated by William Kluback. Introduction by Carroll C. Arnold. Notre Dame/London: University of Notre Dame Press, 1982.

_____. "Old and New Rhetoric." In *The Rhetoric of Western Thought*, ed. J. L. Golden, G. F. Berquist, and W. E. Coleman, 422-27.

_____. "The New Rhetoric and the Rhetoricians: Remembrances and Comments." *QJS* 79 (1984) 188-96.

_____. "The New Rhetoric: A Theory of Practical Reasoning." In *The Rhetoric of Western Thought*, ed. J. L. Golden, G. F. Berquist, and W. E. Coleman, 391-419. Fourth Edition. Dubuque/Kendal/Hunt, 1989.

Petersen, Norman R. *Rediscovering Paul: Philemon and the Sociology of Paul's Narrative World*. Philadelphia: Fortress Press, 1985.

_____. Review of *Greek Rhetorical Origins of Christian Faith: An Inquiry*, by J. L. Kineavy. In *TToday* 45 (1988) 356-60.

Plank, Karl A. "Resurrection Theology: the Corinthian Controversy Reexamined." *Perspectives in Religious Studies* 8 (1981) 41-54.

_____. "Paul and the Irony of Affliction: A Literary and Rhetorical Analysis of 1 Corinthians 4:9-13." Ph. D. diss., Vanderbilt University, 1983.

_____. *Paul and the Irony of Affliction*. SBLSS. Atlanta: Scholars Press, 1987.

Plevnik, Joseph. *What Are They Saying About Paul?* New York/Mahwah: Paulist Press, 1986.

Poythress, Vern S. "Analysing a Biblical Text: What Are We After?." *SJT* 32 (1979) 319-31.

Probst, Hermann. *Paulus und der Brief: Die Rhetorik des antiken Briefes als Form der paulinischen Korintherkorrespondenz* (1 Kor 8-10). WUNT 2/45. Tübingen: J. C. B. Mohr (Paul Siebeck), 1991.

Richard, Earl "Polemics, Old Testament, and Theology: A Study of 2 Cor 3:1-4;6." *RB* 88 (1981) 340-67.

Robbins, Charles J. "Rhetorical Structure of Philippians 2:6-11." *CBQ* 42 (1980) 73-82.

Robbins, Vernon K. *Jesus the Teacher: A Socio-Rhetorical Interpretation of Mark.* Philadelphia: Fotress Press, 1984.

_____. "The Woman Who Touched Jesus' Garment: Socio-Rhetorical Analysis of the Synoptic Accounts." *NTS* 33 (1987) 502-15.

_____. "Form Criticism (NT). *Anchor Bible Dictionary* 2 (1992) 841-44.

Robbins, Vernon K. and John H. Patton. "Rhetoric and Biblical Criticism." *QJS* 66 (1980) 327-37.

Roberts, J. H. "Pauline Transitions to the Letter Body." In *L'Apostre Paul*, ed. A. Vanhoye, 93-99. BETL 73. Leuven: Leuven University Press, 1986.

Robertson, Archibald and Alfred Plummer. *A Critical and Exegetical Commentary on the First of St. Paul to the Corinthians.* ICC. New York: Charles Scribner's Sons, 1911.

Robertson, A. T. *A Grammar of the Greek Testament in the Light of Historical Research.* 3d ed. New York: George H. Doran Co., 1919.

Russel, D. A. *Criticism in Antiquity.* Berkeley and Los Angeles: University of California Press, 1981.

Sampley, J. Paul. "Paul, His Opponents in 2 Corinthians 10-13, and the Rhetorical Handbooks." In *The Social World of Formative Christianity and Judaism: Essays in Tribute to Howard Clark Kee*, ed. J. Neusner, E. S. Frerichs, P. Borgen, and R. Horsley, 162-77. Philadelphia: Fortress Press, 1988.

Sandelin, Karl −Gustav. *Die Auseinandersetzung mit der Weisheit in 1. Korinther 15.* Meddelanden från Stiftelsens for Åbo Akademi Forskningsinstitut 12. Åbo: Åbo Akademi, 1976.

Schlatter, Adolf. *Paulus der Bote Jesus: Eine Deutung seiner Briefe an die Korinther.* 2d ed. Stuttgard: Calwer Verlag, 1956.

Schmeller, Thomas. *Paulus und die "Diatribe": Eine vergleichende Stilinterpretation.* Münster: Aschendorffsche Verlagsbuchhandlung, 1987.

Schmithals, W. *Gnosticism in Corinth: An Investigation of the Letters to the Corinthians.* Translated by J. E. Steely. Nashville/New York: Abingdon Press, 1971.

_____. "Die Korintherbriefe als Briefsammlung." *ZNW* 64 (1973) 263-88.

Schmoller, Alfred. *Handkonkordanz zum griechischen Neuen Testament: Nach dem*

Text des Novum Testamentum Graece von Nestle Aland 26. Auflage und des Greek New Testament Third Edition (Corrected). Revised by Beate Köster. Stuttgart: Deutsche Bibelgesellschaft, 1989.

Schneider, Gerhard. "Rez. Josef Zmijewski: Der Stil der paulinischen 'Narrenrede'." TR 75 (1978).

Schneider, Norbert. Die rhetorische Eigenart der paulinischen Antithese. HUT 11. Tübingen: J. C. B. Mohr (Paul Siebeck), 1970.

Scholl, P. A. Review of Greek Rhetorical Origins of Christian Faith: An Inquiry, by J. L. Kineavy. In Christianity & Literature 38:1 (1988) 83-85.

Schütz, John Howard. "Apostolic Authority and the Control of Tradition: 1 Cor. XV." NTS 15 (1969) 439-57.

_____. Paul and the Anatomy of Apostolic Authority. Cambridge: Cambridge University Press, 1975.

Scott, R. L. "Intentionality in the Rhetorical Process." In Rhetoric in Transition: Studies in the Nature and Uses of Rhetoric, ed. E. E. White, 39-60.

Scroggs, Robin. "Paul as Rhetorician: Two Homilies in Romans 1-11." In Jews, Greeks and Christians: Essays in Honor of William David Davies, ed. Robert Hamerton Kelly and Scroggs, 271-98. Leiden: Brill, 1976.

Sellin, Gerhard. Der Streit um die Auferstehung der Toten: Eine religionsge- schichtliche und exegetische Untersuchung von 1 Korinther 15. FRLANT 138. Göttingen: Vandenhoeck & Ruprecht, 1986.

_____. "Hautprobleme des ersten Korintherbriefes." ANRW II/25-4 (1987) 2940-3044.

Siegert, F. Argumentation bei Paulus gezeigt an Röm 9-11. WUNT 34. Tübingen: J. C. B. Mohr (Paul Siebeck), 1985.

Silva, M. Review of Galatians: A Commentary on Paul's Letter to the Churches in Galatia, by H. D. Betz. In WJT 45 (1983) 371-85.

Sloan, Robert. "Resurrection ni 1 Corinthians." Southwestern Journal of Theology 26 (1983) 69-91.

Sloan, T. O. and Ch. Perelman, "Rhetoric in philosophy: the new Rhetoric." The New Encyclopaedia Britannica: Macropaedia 15 (1974) 803-5.

_____. "The Genre of 1 Corinthians 13 in the Light of Classical Rhetoric." NovT 35 (1991) 193-216.

Smith, Morton. "Palestinian Judaism in the First Century." In Essays in Greco-Roman and Related Talmudic Literature, 183-97.

Smith, R. H. Review of *New Testament Interpretation through Rhetorical Criticism*, by George A. Kennedy. In *CurTM* 13 (1986) 57-58.

Smyth, H. W. Greek Grammar. Revised by Gordon M. Messing. Cambridge: Harvard Unversity Press, 1966.

Snyman, Andreas H. "On Studying the Figures (schemata) in the New Testament." *Bib* 69 (1988) 93-107.

_____. "Style and the Rhetorical Situation of Romans 8.31-39." *NTS* 34 (1988) 218-31.

Snyman, A. H. and J. v. W. Cronje. "Toward a New Classification of the Figures (*ΣXHMATA*) in the Greek New Testament." *NTS* 32 (1986) 113-21.

Soulen, Richard N. *Handbook of Biblical Criticism.* Second Edition. Atlanta: John Knox Press, 1981.

Spencer, Aida Besançon. "The Wise Fool (And the Foolish Wise). A Study of Irony in Paul." *NovT* 23 (1981) 349-60.

_____. *Paul's Literary Style: A Stylistic and Historical Comparison of II Corinthians 11:16-12:13, Romans 8:9-39, and Philippians 3:2-4:13.* ETSMS. Jackson: Evangelical Theological Society, 1984.

Spörlein, Bernhard. *Die Leugung der Auferstehung: Eine histrisch-kritische Untersuchung zu 1 Kor 15.* Biblische Untersuchungen 7. Regensburgh: Pustet, 1971.

Standaert, B. "La rehetorisque ancienne das saint Paul." In *L'Apotre Paul*, ed. A. Vanhoye, 78-92. BETL 73. Leuven: Leuven University Press, 1986.

Stanford, W. B. *The Sound of Greek: Studies in the Greek Theory and Practice of Euphony.* Berkeley & Los Angeles: University of California Press, 1967.

Stenger, W. "Beobachtungen zur Argumentatioinsstruktur von 1 Kor 15." *LB* 45 (1979) 71-128.

Stewart, Charles J. "Historical Survey: Rhetorical Criticism in *Twentieth Century America.*" In *Explorations in Rhetorical Criticism*, ed. G. P. Mohrmann, Charles J. Stewart and Donovan J. Ochs, 1-31. University Park and London

Stowers, Stanley Kent. *The Diatribe and Paul's Letter to the Romans.* SBLDS 57. Chico: Scholars Press, 1981.

_____. "Social Status, Public Speaking and Private Teaching: The Circumstances of Paul's Preaching Activity." *NovT* 26 (1984) 59-82.

_____. *Letter Writing in Greco-Roman Antiquity*. Library of Early Christianity 5. Philadelphia: Westminster Press, 1986.

Talbert, Charles H. *Reading Corinthians: A Literary and Theological Commentary on 1 and 2 Corinthians*. New York: Crossroad, 1987.

Taylor, J., W. F. Review of *New Testament Interpretation through Rhetorical Criticism*, by George A. Kennedy. In *Trinity Seminary Review* 8 (1986) 101-2.

Thayer, J. H. *Greek-English Lexicon of the New Testament Being Grimm's Wilke's Clavis Novi Testamenti*. Edinburgh, 1886; reprint, Grand Rapids: Zondervan, 1962.

Thiselton, A. C. "Realized Eschatology at Corinth." *NTS* 24 (1978) 510—26.

Thrall, M. E. Review of *Greek Rhetorical Origins of christian Faith: An Inquiry*, by J. L. Kinneavy. In *JTS* 40 (1989) 211-12.

Toit, A. B. du. "Hyperbolical Contrasts: A Neglected Aspect of Paul's Style." In *A South African Perspective on the New Testament: Essays by South African New Testament Scholars resented to Bruch Manning Metzger during his visit to South Africa in 1985*, ed. J. H. Petzer and P. J. Hartin, 178-86. Leiden: E. J. Brill, 1986.

Tompkins, Jane. *Reader-Response Criticism: From Formalism to Post-Structuralism*. Baltimore: John Hopkins University Press, 1980.

Towner, P. H. "Gnosis and Realized Eschatology in Ephesus (of the Pastoral Epistles) and the Corinthian Enthusiasm." *JSNT* 31 (1987) 95-124.

Trim, Kathryn Webster. "Paul: Life after Death: An Analysis of 1 Corinthians 15." *Crux* 14 (1978) 129-50.

Turner, Niegel. *Christian Words*. Edinburgh: T. & T. Clark, 1980.

Usher, S. *Introduction to Dionysius of Halicarnassus: Critical Essays*. Vol. I. LCL. Cambridge/London: Harvard University Press/William Heinemann, 1974.

Vickers, Brian. *In Defence of Rhetoric*. Oxford: Claredon press, 1988; reprint, 1990.

Vinson, R. B. Review of *New Testament Interpretation through Rhetorical Criticism*, by George A. Kennedy. In *RevExp* 83 (1986) 113-14.

Volkmann, R. *Die Rhetorik der Griechen und Römer in systematischer Uebersicht*. Second Edition. Leipzig: Tuebner, 1885.

Vorster, J. N. "Resurrection faith in 1 Corinthians 15." *Neot* 23 (1989) 287-307.

_____. "Toward an Interactional Model for the Analysis of Letters." *Neot* 24 (1990) 107-30.

Wagner, Guy. "If Christians refuse to act, then Christ is not risen: Once more 1 Corinthians 15." *IBS* 6 (1984) 27-39.

Wallace, K. R. "The Fundamentals of Rhetoric." In *The Prospect of Rhetoric*, ed. L. F. Bitzer and E. Black, 3-20.

Walsh, Jerome T. "Jonah 2,3-10: A Rhetorical Critical Study." *Bib* 63 (1982) 219-29.

Wanamaker, C. A. *The Epistles to the Thessalonians: A Commentary on the Greek Text*. NIGTC. Grand Rapids/Exeter: Eerdmans/Paternoster, 1990.

Warner, Martin, ed. *The Bible as Rhetoric: Studies in Biblical Persuasion and Credibility*. Warwick Studies in Philosophy and Literature. London and New York: Routledge, 1990.

Watson, Duane. F. Review of *New Testament Interpretation through Rhetorical Criticism*, by George A. Kennedy. In *CBQ* 47 (1985) 553-54.

_____. *Invention, Arrangement, and Style: Rhetorical Criticism of Jude and 2 Peter*. SBLDS 104. Atlanta: Scholars Press, 1988.

_____. "Rhetorical Criticism." *ISBE*[2] 4 (1988) 181-82.

_____. "A Rhetorical Analysis of Philippians and Its Implications for the Unity Question." *NovT* 30 (1988) 57-88.

_____. "The New Testament and Greco-Roman Rhetoric: A Bibliography." *JETS* 31 (December 1988) 465-72.

_____. "1 John 2.12-14 as *Disbributio*, *Conduplicatio*, and *Expolitio*: A Rhetorical Understanding." *JSNT* 35 (1989) 97-110.

_____. "A Rhetorical Analysis of 2 John According to Greco-Roman Convention." *NTS* 35 (1989) 104-30.

_____. "1 Corinthians 10:23-11:1 in the Light of Greco-Roman Rhetoric: The Role of Rhetorical Questions." *JBL* 108 (1989) 301-18.

_____. "A Rhetorical Analysis of 1 John: A Study in Epistolary Rhetoric." *CBQ* 51 (1989) 479-501.

_____. Review of *Greek Rhetorical Origins of Christian Faith: An Inquiry*, by J. L. Kinneavy. In *Cr* 1 (1989) 210-13.

_____. "The New Testament and Greco-Roman Rhetoric: A Bibliographical Update." *JETS* 33 (1990) 513-24.

Watson, Duane F., ed. *Persuasive Artistry: Studies in New Testament Rhetoric in Honor of George A. Kennedy*. JSNTSup 50. Sheffield: JSOT Press, 1991.

Webber, R. C. "A Note on 1 Corinthians 15:3-5." *JETS* 26 (1983) 265-69.

Wedderburn, A. J. M. "The Problem of the Denial of the Resurrection in 1 Corinthians XV." *NovT* 23 (1981) 229-41.

_____. *Baptism and Resurrection: Studies in Pauline Theology Against Its Graeco-Roman Background.* WUNT 44. Tübingen: J. C. B. Mohr (Paul Siebeck), 1987.

Weiss, Johannes. *Beiträge zur paulinischen Rhetorik: Sonderdruck aus den theologischen Studien, Festschrift zum 70. Gebrutstage des Herrn Wirkl. Oberkinsistoriaraths Weiss.* Göttingen: Vandenhoeck & Ruprecht, 1897.

_____. *Die Aufgaben der Neutestamentlichen Wissenschaft in der Gegenwart.* Göttingen: Vandenhoeck & Ruprecht, 1908.

_____. *Der erste Korintherbief.* MeyerK. 9th ed. Göttingen: Vandenhoeck & Ruprecht, 1910; reprint, 1970.

_____. *The History of Primitive Christianity.* 2 vols. Translated and edited by F. C. Grant with Four Friends. New York: Wilson-Erickson, 1937; reprint, *Earliest Christianity: A History of the Period A.D. 30-150.* New York: Harper & Brothers, 1959.

Welborn, Laurence L. "On the Discord in Corinth: 1 Corinthians 1-4 and Ancient Politics." *JBL* 106 (1987) 85-111.

_____. "A Conciliatory Principle in 1 Cor. 4:16." *NovT* 29 (1987) 320-46.

Westhuizen, J. N. D. van der. "Stylistic Techniques and Their Functions in James 2:14-26." *Neot* 25 (1991) 89-107.

White, Eugene E., ed. *Rhetoric in Transition: Studies in the Nature and Uses of Rhetoric.* University Park and London: Pennsylvania State University Press, 1980.

White, E. E. "Rhetoric as Historical Configuration." In *Rhetoric in Transition: Studies in the Nature and Uses of Rhetoric*, 7-20.

White, John L. "Saint Paul and the Apostolic Letter Tradition." *CBQ* 45 (1983) 433-44.

Wilder, Amos N. "Scholars, Theologians, and Ancient Rhetoric." *JBL* 75 (1956) 1-11.

_____. *The Language of the Gospel: Early Christian Rhetoric.* New York and Evanston: Harper & Row, Publishers, 1964.

Willis, Wendell. "An Apostolic Apologia? The Form and Function of 1 Corinthians 9." *JSNT* 24 (1985) 33-48.

_____. "The 'Mind of Christ' in 1 Corinthians 2,16." *Bib* 70 (1989) 110-22.

Wills, Lawrence. "The Form of the Sermon in Hellenistic Judaism and Early Christianity." *HTR* 77 (1984) 277-99.

Wilson, Jack H. "The Corinthians Who Say There Is No Resurrection of the Dead." *ZNW* 59 (1968) 90-107.

Winterowd, W. R. *Rhetoric. A Synthesis*. New York: Holt, Rinehart and Winston, 1968.

Wire, Antoinette Clark. *The Corinthian Women Prophets: A Reconstruction through Paul's Rhetoric*. Minneapolis: Fortress Press, 1990.

Wolthuis, Thomas R. "Jude and the Rhetorician: A Dialogue on the Rhetorical Nature of the Epistle of Jude." *CTJ* 24 (1989) 126-34.

Wuellner, Wilhelm. "Haggadic Homily Genre in 1 Corinthians 1-3." *JBL* 89 (1970) 199-204.

_____. "Methodological Considerations Concerning the Rhetorical Genre of First Corinthians." SBL Pacific Coast Regional Paul Seminar Paper, March 26, 1976.

_____. "Paul's Rhetoric of Argumentation in Romans." *CBQ* 38 (1976) 330-51.

_____. "Der Jakobusbrief im Licht der Rhetorik und Textpragmatik." *LB* (1978) 5-66.

_____. "Toposforschung und Torahinterpretation bei Paulus und Jesus." *NTS* 24 (1978) 463-83.

_____. "Greek Rhetoric and Pauline Argumentation." In *Early Christian Literature and the Classical Intellectual Tradition: In Honorem Robert M. Grant*, ed. W. R. Schoedel and R. W. Wilken, 177-88. Theologie Historique 53. Paris: Editions Beauchesne, 1979.

_____. "Paul as Pastor: The Function of Rhetorical Questions in First Corinthians." In *L'Apotre Paul*, ed. A. Vanhoye, 49-77. BETL 73. Leuven: Leuven University Press, 1986.

_____. "Where Is Rhetorical Criticism Taking Us?" *CBQ* 49 (1987) 448-63.

Young, R. E. and A. L. Becker. "Toward a Modern Theory of Rhetoric: A Tagmemic Contribution." *New Rhetorics*, ed. M. Steinmann, Jr., 77-107.

Zmijewski, Josef. *Der Still der paulinischen "Narrative": Analyse der Sprachgestaltung in 2 Kor 11,1-12 als Beitrag zur Methodik von Stiluntersuchungen neutestamentlicher Texte*. BBB 52. Koln-Bonn: Peter Hanstein Verlag GmbH, 1978.

Zweck, Dean. "The Exordium of the Areopagus Speech, Acts 17.22,23." *NTS* 35 (1989) 94-103.